Physik

Prüfungs- und Basiswissen der Oberstufe

Impressum

www.tandem-verlag.de

Autor: Rolf Hermes, Dirk Kähler, Hans-Dieter Klaas
Projektkoordination: Silke Schneider, Potsdam
Umschlaggestaltung: Marlies Müller, Potsdam

Printed in Germany

1 Einiges vorweg ...
1.1 »Abitur, na klar! ... Aber wie?« ... 9
1.2 Fahrplan zum Prüfungserfolg ... 10
1.3 Klausuren und mündliche Prüfungen leicht gemacht ... 12

2 Mechanik
2.1 Grundlagen ... 14
2.1.1 Grundgrößen der Mechanik ... 14
2.1.2 Inertialsysteme ... 14
2.1.3 Erhaltungssätze ... 15
2.1.4 Stoßvorgänge ... 15
2.2 Newton ... 17
2.2.1 Die Newton'sche Grundgleichung ... 17
2.2.2 Der schiefe Wurf ... 17
2.2.3 Die Kreisbewegung ... 18

3 Felder
3.1 Elektrostatisches Feld ... 19
3.1.1 Grundlegende Begriffe ... 19
3.1.2 Wirkungen ... 20
3.1.3 Der Plattenkondensator (homogenes Feld) ... 21
3.1.4 Inhomogene Felder ... 22
3.1.5 Der Millikan-Versuch ... 22
3.1.6 Die Braun'sche Röhre ... 24
3.2 Magnetisches Feld ... 25
3.2.1 Grundlegende Begriffe ... 25
3.2.2 Zusammengesetzte Felder: die Spule ... 26
3.2.3 Die Lorentzkraft ... 27
3.2.4 Der Halleffekt, Elektronengeschwindigkeit in Leitern ... 28
3.2.5 Induktion ... 28
3.2.6 Lenz'sches Gesetz, Selbstinduktion ... 29
3.2.7 Feldenergie ... 30
3.2.8 Kreisbahn für Elektronen ... 30

4 Schwingungen
4.1 Die harmonische Schwingung 32
4.1.1 Grundlegende Eigenschaften 32
4.1.2 Allgemeine Formeln 33
4.1.3 Überlagerung und Dämpfung 35
4.2 Spezielle Schwingungen 36
4.2.1 Das Fadenpendel 36
4.2.2 Der Schwingkreis 36

5 Wellen
5.1 Allgemeine Eigenschaften 37
5.1.1 Ausbreitung 37
5.1.2 Reflexion und Brechung 38
5.1.3 Die stehende Welle 39
5.1.4 Interferenz bei zwei Erregern 41
5.1.5 Der Einzelspalt 42
5.1.6 Doppelspalt und Gitter 43
5.2 Elektromagnetische Wellen 44
5.2.1 Die wichtigsten Eigenschaften 44
5.2.2 Die Lichtgeschwindigkeit 45
5.2.3 Energie elektromagnetischer Wellen 46
5.2.4 Der Fotoeffekt 47
5.2.5 Die Bragg-Reflexion 48
5.2.6 Der Compton-Effekt 49

6 Quantenphysik
6.1 Grundlagen 51
6.1.1 Paarbildung und Zerstrahlung 51
6.1.2 Wahrscheinlichkeitsdichte 52
6.1.3 Heisenberg'sche Unbestimmtheitsrelation 53
6.1.4 De-Broglie-Materiewellen 54
6.2 Atomaufbau 55
6.2.1 Der eindimensionale Potentialtopf 55
6.2.2 Der dreidimensionale Potentialtopf 56
6.2.3 Der Aufbau des Atomkerns 57
6.2.4 Atomradius des Wasserstoffs 58
6.2.5 Spektrallinien des Wasserstoffs 59
6.2.6 Der Franck-Hertz-Versuch 61

7 Spezielle Relativitätstheorie
7.1 Grundlagen ... 62
7.1.1 Inertialsysteme und die Galilei-Transformation ... 62
7.1.2 Die spezielle Relativitätstheorie ... 63
7.1.3 Die Lorentz-Transformation ... 64
7.2 Konsequenzen ... 65
7.2.1 Zeitdilatation und Längenkontraktion ... 65
7.2.2 Der relativistische Dopplereffekt ... 65
7.2.3 Relativistische Masse, Impuls und Energie ... 66

8 Thermodynamik
8.1 Kinetische Gastheorie ... 68
8.1.1 Die Temperatur und der Gleichverteilungssatz ... 68
8.1.2 Die Maxwell-Boltzmann-Verteilung ... 69
8.1.3 Der Druck ... 70
8.1.4 Das ideale Gasgesetz ... 71
8.1.5 Ideales und reales Gas ... 71
8.2 Die Hauptsätze der Thermodynamik ... 72
8.2.1 1. Hauptsatz (Energieerhaltungssatz) ... 72
8.2.2 2. Hauptsatz ... 73
8.2.3 3. Hauptsatz ... 73
8.3 Wärme und Energie ... 74
8.3.1 Die Wärmekapazität ... 74
8.3.2 Reversible und irreversible Prozesse ... 75
8.3.3 Reversible Prozesse idealer Gase ... 75
8.3.4 Der Carnot'sche Kreisprozess ... 78

9 Vorwort zum Übungsteil
9.1 Zum Umgang mit dem Übungsteil ... 80
9.2 Wie führe ich meine Abiturvorbereitung effizient durch? ... 82

10 Themenbezogene Aufgaben
10.1 Fall und Wurfbewegungen ... 85
10.1.1 Auf dem Mars ... 85
10.1.2 Das Unabhängigkeitsprinzip ... 87
10.2 Harmonische Schwingungen und Wellen ... 89
10.2.1 Einfache mechanische Schwingungen ... 89
10.2.2 Wasserwellen I ... 90
10.2.3 Wasserwellen II ... 91
10.2.4 Rubens'sches Flammenrohr ... 92
10.2.5 Schwingung eines Elektrons in elektrischen Feldern ... 93
10.3 Thermodynamik ... 94
10.3.1 Wärmekapazität ... 94
10.3.2 Brown'sche Molekularbewegung ... 95
10.3.3 Kreisprozess ... 96
10.4 Elektrisches und magnetisches Feld ... 98
10.4.1 Kapazitäten von Plattenkondensatoren I ... 98
10.4.2 Kapazitäten von Kondensatoren II ... 99
10.4.3 Aufladung eines Plattenkondensators und Energiebilanz ... 100
10.4.4 Coulomb-Gesetz ... 102
10.4.5 Spezifische Ladung ... 102
10.4.6 Elektronen im Kondensator ... 103
10.4.7 Protonen im E- und B-Feld ... 105
10.4.8 Massenspektroskop ... 106
10.5 Elektromagnetische Induktion ... 109
10.5.1 Auswertung Induktionsversuch ... 109
10.5.2 Induktionsstrom ... 111
10.6 Wechselstrom- und Schwingkreise ... 112
10.6.1 Widerstände im Wechselstromkreis ... 112
10.6.2 Elektromagnetischer Schwingkreis und Federpendel ... 113
10.6.3 Schwingkreis ... 116
10.6.4 Erzeugung elektromagnetischer Schwingungen ... 116
10.7 Wellenoptik ... 118
10.7.1 Welleneigenschaften des Lichts ... 118
10.7.2 Beugung am Gitter ... 119

10.8 Atome und Quanten ... 121
10.8.1 Polarisation ... 121
10.8.2 Bohr'sches Atommodell ... 121
10.8.3 Photonenimpulse ... 123
10.8.4 Lichtelektrischer und Compton-Effekt ... 125
10.8.5 Heisenberg'sche Unschärferelation ... 126
10.8.6 Materiewellen ... 127
10.9 Radioaktivität ... 128
10.9.1 Radioaktiver Zerfall ... 128
10.9.2 Methoden der Altersbestimmung ... 129
10.9.3 Untersuchung radioaktiver Strahlung ... 130
10.10 Relativitätstheorie ... 132
10.10.1 Geschwindigkeiten und Zeitdilatation ... 132
10.10.2 Äquivalenz von Masse und Energie ... 132
10.10.3 Lyman-α-Serie in relativistischer Sichtweise ... 133

11 Abituraufgaben
11.1 Schwingungen und Wellen ... 137
11.1.1 Resonanz im Schwingkreis ... 137
11.1.2 Kundt'sche Staubfiguren ... 139
11.1.3 Geschwindigkeit einer bewegten Schallquelle ... 141
11.2. Ladungen im homogenen Magnetfeld ... 142
11.2.1 Funktionsweise der Hall-Sonde ... 142
11.2.2 Das Induktionsgesetz ... 143
11.2.3 Bestimmung der spezifischen Ladung des Elektrons ... 145
11.3 Massen- und Energiespektroskopie ... 147
11.3.1 Spektroskopische Analyse eines Bor-Isotopengemischs ... 147
11.3.2 Energiespektren beim radioaktiven Zerfall von Bismut212 ... 150
11.3.3 Möglichkeiten der spektroskopischen Analyse ... 152
11.4 Elektromagnetische Wellen ... 153
11.4.1 Eigenschaften von Mikrowellen ... 153
11.4.2 Die Äther-Hypothese ... 156

11.5 Das Wasserstoff-Emissionsspektrum 159
11.5.1 Untersuchung des Wasserstoff-Spektrallichts mit einem Gitterspektrometer 159
11.5.2 Das Bohr'sche Atommodell 161
11.5.3 Die spektrale Rotverschiebung und ihre kosmologische Bedeutung 164
11.6 Das Coulomb'sche Kraftgesetz und das Coulomb-Potential 165
11.6.1 Experimenteller Nachweis des Coulomb-Gesetzes 165
11.6.2 Das Atommodell von Rutherford 169
11.7 Teilchen- und Wellenaspekt des Elektrons 172
11.7.1 Das Elektron als klassisches Teilchen in der Braun'schen Röhre 172
11.7.2 Elektronenbeugung und -interferenz als typische Wellenphänomene 176
11.8 Neuere Formen der Energieversorgung 179
11.8.1 Nutzung von Kernenergie 179
11.8.2 Nutzung von »Umwelt-Energie« 183
11.9 Exponentiell abklingende Prozesse 187
11.9.1 Radioaktiver Zerfall von Iod128 187
11.9.2 Herleitung und Anwendung der Zerfallsgesetze 189
11.9.3 Exakte und näherungsweise Beschreibung eines Abkühlvorgangs 192
11.10 Methoden und Probleme der Zeitmessung 194
11.10.1 Justierung einer Pendeluhr 194
11.10.2 Justierung einer elektronischen Uhr 196
11.10.3 Zeitmessung bei der relativistischen Raumfahrt 199

Anhang

Formelsammlung zu den Kapiteln 203
Konstanten 214
Physikalische Konstanten 215
Einheiten 216
Größen und SI-Einheiten 216
Atommassen einiger Nuklide 217
Stichwortverzeichnis 218

1 Einiges vorweg ...

1.1 »Abitur, na klar! ... Aber wie?«

Diese Frage stellt sich jede Oberstufenschülerin und jeder Oberstufenschüler früher oder später. Der Prüfungsstoff türmt sich im Lauf der Zeit zu einem Berg auf, der immer höher wird. Manchmal scheint es fast unmöglich, dies alles zu lernen. In dieser Situation hilft nur eines: Kühlen Kopf bewahren und die noch verbleibende knappe Zeit möglichst arbeitsökonomisch nutzen. Dabei möchte Ihnen dieses Buch behilflich sein. Wie Ihnen sicher sofort positiv aufgefallen ist, hat es im Gegensatz zu den üblichen Physikbüchern für die Oberstufe einen angenehm geringen Umfang. Dennoch können Sie sicher sein, dass alles enthalten ist, was Sie für Ihr Abitur in Physik wissen müssen.

Wir bieten Ihnen bewusst keinen Wälzer an, da Sie sicherlich weder Zeit noch Lust haben, ein solches Buch durchzuarbeiten. Ferner gehen wir davon aus, dass Sie ohnedies ein umfangreiches Physikbuch besitzen, sodass Sie dort nachschlagen können, wenn Sie eine gründliche Wiederholung oder Erarbeitung eines Spezialgebietes für notwendig halten. Damit Sie dies zielgerichtet tun können – ohne sich mit Ballast aufzuhalten – müssen Sie Ihre Schwächen allerdings erst finden (häufig sind sie weniger gravierend, als Sie zunächst annehmen). Hierbei hilft Ihnen dieses Buch. Es bietet Ihnen den gesamten Prüfungsstoff in konzentrierter Form. So können Sie Ihr Wissen lückenlos wieder auffrischen. Zur Behebung normaler Defizite, wie sie eigentlich immer auftreten, sollte diese Methode vollkommen ausreichen. Wenn Sie im Einzelfall jedoch feststellen, dass Ihnen eine Erklärung nicht ausführlich genug ist, so scheuen Sie sich nicht, Ihr Physikbuch zu Rate zu ziehen.

Was im Abitur von Ihnen erwartet wird, ist bundesweit in den »Einheitlichen Prüfungsordnungen in der Abiturprüfung (EPA) Physik« festgelegt. Auch an Ihrer Schule müsste ein Exemplar dieser Prüfungsordnung vorhanden sein. Fragen Sie danach! Laut EPA müssen Sie Ihre Fähigkeiten in zwei Bereichen unter Beweis stellen:

- in Bezug auf die fachliche Qualifikation (physikalische Vorgehensweisen, Anwendung von Erlerntem)
- in Bezug auf das Fachwissen (Reproduktion des Erlernten)

Wie Sie mit Klausuraufgaben am besten umgehen und welche »fachlichen Qualifikationen« dabei erbracht werden sollen, dazu finden Sie weiter unten im Abschnitt »Klausuren und mündliche Prüfungen leicht gemacht« eine Reihe von bewährten Tipps.

Auch in den EPAs finden Sie zahlreiche Beispielaufgaben mit einer stichwortartigen Beschreibung dessen, was erwartet wird.

Fachwissen müssen Sie in drei verbindlichen Inhaltsbereichen nachweisen:

- Mechanik
- Elektrische und magnetische Felder
- Elektromagnetische Schwingungen und Wellen

Hierzu finden Sie im Hauptteil die wichtigsten Formeln und Begriffe: Im Zusammenhang dargestellt, anschaulich illustriert, zum Teil kurz hergeleitet und auf die wichtigsten Spezialfälle übertragen.

Was Sie nicht finden, sind Zahlenbeispiele sowie ausführliche Erläuterungen und Herleitungen. Dieses Verfahren hat folgenden Vorteil: Sie finden alle zu einem Thema gehörenden Fakten und Formeln auf einen Blick – und nicht verstreut über viele Seiten in Ihrer Unterrichtsmitschrift und Ihrem Physikbuch.

Im Anhang finden Sie eine komplette (klausurtaugliche) Formelsammlung, in der alle relevanten Formeln und Konstanten noch einmal übersichtlich zusammengestellt sind. Eine nützliche Umrechnungstabelle aller gängigen Einheiten sowie ein Register der verwendeten Fachbegriffe runden diesen Teil ab.

1.2 Fahrplan zum Prüfungserfolg

Die Zeit vor Prüfungen ist immer zu kurz! Diese Erfahrung werden die meisten bestätigen können. In der Regel lässt sich dieses Problem jedoch durch eine optimale Organisation der Vorbereitung beheben. Einen solchen »Fahrplan zum Prüfungserfolg« möchten wir Ihnen hier vorstellen. Natürlich ist es möglich, dass Sie ihn an Ihre persönlichen Bedürfnisse etwas anpassen müssen, aber als Basis ist er mit Sicherheit auch für Sie geeignet.

Phase 1: Nach Möglichkeit fangen Sie schon zu Beginn des 12. Jahrgangs damit an, jeweils nach Abschluss eines Unterrichtsthemas (spätestens jedoch vor jeder Klausur) zu überprüfen, ob alle wesentlichen Informationen aus dem Unterricht in diesem Buch enthalten sind. Sollte dies einmal nicht der Fall sein, so ergänzen Sie diese Information am Rand oder in einer kurzen Zusammenfassung auf einem extra Zettel, den Sie einlegen.

Phase 2: Die Herbstferien im 13. Schuljahr sind der geeignete Zeitpunkt, noch einmal zu kontrollieren, ob Sie Phase 1 sorgfältig durchgeführt haben. Eventuelle Versäumnisse holen Sie am besten zu diesem Zeitpunkt nach.

Phase 3: Lesen Sie alle für Ihre Prüfung relevanten Themen in diesem Buch sorgfältig durch. Sollten Sie dabei feststellen, dass Sie das eine oder andere nicht mehr nachvollziehen können, greifen Sie zu Ihrem Physikbuch. Hilft auch das nicht, so befragen Sie Ihre Kurskolleginnen und -kollegen oder Ihre(n) Lehrer(in), lesen Sie in Ihren Mitschriften, egal – ruhen Sie nicht eher, bis Sie den Sachverhalt einmal durchgearbeitet und verstanden haben. Von jetzt an verwenden Sie für Ihre weiteren Vorbereitungen nur noch dieses Buch, um zu wiederholen und sich die Zusammenhänge ins Gedächtnis zu rufen. Nach Möglichkeit sollten Sie mit dieser Phase bereits in den Herbstferien beginnen. Wichtig ist nur, dass Sie bis Weihnachten damit fertig sind, damit Sie sich in der Weihnachtswoche erholen können.

Phase 4: Beginnen Sie frisch erholt im neuen Jahr – möglichst noch in den Weihnachtsferien – damit, die Themen noch einmal durchzuarbeiten, bis Sie meinen alles verstanden und behalten zu haben. Lockern Sie diese Phase mit Übungsaufgaben aus Ihrem Physikbuch auf, aber vergeuden Sie nicht zu viel Zeit mit dem Einsetzen und Berechnen langer Formeln. Häufig ist es ohne weiteres möglich, solche Übungsaufgaben im Kopf nachzuvollziehen, ohne gleich die Zahlen auszurechnen. Dies spart viel Zeit, die Sie für andere Dinge besser verwenden können.

Phase 5: Nachdem Sie Phase 4 erfolgreich abgeschlossen haben, können Sie die nun noch verbleibende Zeit etwas freier gestalten. Sie dürfen zu Recht stolz auf sich sein, Ihre Vorbereitungen rechtzeitig vollendet zu haben. Dennoch sollten Sie sich nicht nur ausruhen, blättern Sie ruhig ab und zu noch einmal in diesem Heft oder auch in Ihren sonstigen Unterlagen.

Der Fahrplan ist in dieser Form auf die schriftliche Abiturprüfung zugeschnitten, lässt sich aber problemlos auf normale Klausuren und eine mündliche Abiturprüfung übertragen. Bei einer mündlichen Prüfung verschieben Sie lediglich Phase 2 und 3 in die Osterferien. Sollte es an Ihrer Schule üblich sein, vor den mündlichen Prüfungen eine Woche schulfrei zu geben, so ist dies der richtige Zeitpunkt für Phase 4, andernfalls schließen Sie diese an die Osterferien an. Bei normalen Klausuren können Sie sich hingegen auf Phase 1 und Phase 3 beschränken.

Ihre Vorbereitung ist jetzt abgeschlossen – damit nun auch in der Prüfung nichts mehr schief geht, finden Sie im nächsten Abschnitt Hinweise zu den Aufgabenstellungen Ihrer Klausur oder mündlichen Prüfung.

1.3 Klausuren und mündliche Prüfungen leicht gemacht

Zunächst einige allgemeine Tipps und Tricks, die Fehler vermeiden helfen und Zeit sparen. Fehler entstehen oft durch unsauberes Schreiben beim Rechnen. Besonders fehlerträchtige Buchstaben sind dabei x und α, γ und y sowie 5 und 9.

Ebenso gefährlich ist das Wurzelzeichen, da bei unsauberer Schreibweise das Wurzelende nicht eindeutig zu erkennen ist. Dies lässt sich vermeiden, indem jede Wurzel am Ende mit einem kleinen senkrechten Strich abgeschlossen wird.

Eine Abkürzung, von der in diesem Buch ständig Gebrauch gemacht wird, ist ein Dach (ˆ) über dem entsprechenden Buchstaben, wenn das Maximum gemeint ist. Ebenfalls zeitsparend ist es, mit Bleistift zu schreiben, da es bei schwierigen Aufgaben fast unmöglich ist, direkt beim ersten Ansatz eine gute Lösung hinzuschreiben. Gerade bei Rechnungen ist es sehr oft notwendig, eine Formel noch einmal zu modifizieren, bevor sie endgültig stehen bleibt. Aus diesem Grunde sollte – wann immer es nicht verboten ist – der Bleistift verwendet werden.

Bei vielen Problemen ist es hilfreich, eine Skizze anzufertigen. Diese sollte aber nur so genau sein, wie dies nötig ist: Oft reicht eine grobe Freihandzeichnung.

Bei Ihren Prüfungen werden Sie stets mehrere voneinander unabhängige (Teil-)Aufgaben erhalten. Dann ist es oft sinnvoll, zwischen diesen hin und her zu springen, wenn Sie bei einer Aufgabe nicht weiterkommen. Wichtig ist nur, dass die Übersichtlichkeit nicht leidet, da dies Punktabzug bedeutet.

Bei fast allen Prüfungen werden Sie eine Aufgabe erhalten, in der Sie einen Versuchsaufbau beschreiben sollen. Diese Aufgabe darf keinerlei Probleme bereiten und muss schnell erledigt sein: Meistens werden Sie hierzu eine Versuchs- bzw. Schaltskizze anfertigen. Diese muss sorgfältig gezeichnet werden. Sie sollte jedoch nur diejenigen Details enthalten, die physikalisch für den Versuch von Bedeutung sind. Stative und ähnliche Dinge gehören hier nicht her, es sei denn, Ihr Lehrer besteht darauf. Die Objekte auf der Skizze sollten beschriftet werden, insbesondere sind physikalische Größen mit Formelzeichen und gegebenenfalls mit dem Wert (sofern dieser für den gesamten Versuch konstant ist) einzutragen.

Hinzu kommt meistens eine Beschreibung der Versuchsdurchführung. Auch diese sollte so knapp wie möglich gehalten werden. Sie soll alle für den Versuch wesentlichen Handlungen aufführen, ohne jedoch diese zu ausführlich zu beschreiben. Das Einschalten der Geräte muss z. B. nicht erwähnt werden. Versuchsbeobachtungen werden in knapper Form in diese Beschreibung eingefügt. Schwierigkeiten bei der Messung, die möglicherweise zu einem schlechten Messergebnis führen, sind kurz zu vermerken. Es folgen die Messergebnisse in Tabellenform. Ist damit zu rechnen, dass eine Fehlerrechnung durchgeführt werden soll, so sind die Messgenauigkeiten hier unbedingt anzugeben.

Die Auswertung der Experimente ist sehr unterschiedlich und richtet sich nach dem vorangegangenen Unterricht. Ein allgemeines Schema lässt sich daher nicht angeben. Prägen Sie sich die Vorgehensweise im Unterricht gut ein.

Nun wünschen wir Ihnen viel Glück bei der Vorbereitung und vor allem viel Erfolg in der Prüfung.

2 Mechanik

2.1 Grundlagen

2.1.1 Grundgrößen der Mechanik

Länge, Masse und Zeit sind die Grundgrößen der Mechanik. Aus ihnen lassen sich alle anderen in der Mechanik benötigten Größen ableiten. Folglich lassen sich deren Einheiten stets in die Einheiten der Grundgrößen zerlegen.

Größe	Einheit	Bedeutung
Arbeit, W	Joule, J $J = Nm = kg \cdot m^2/s^2$	Kraft in Richtung des Weges mal den Weg
Beschleunigung, a	m/s^2	2. Zeitableitung des Weges
Energie, W	Joule, J $J = Nm = kg \cdot m^2/s^2$	
Geschwindigkeit, v	m/s	1. Zeitableitung des Weges
Impuls, p	$Ns = kg \cdot m/s$	Masse mal Geschwindigkeit
Kraft, F	Newton, N $N = kg \cdot m/s^2$	Masse mal Beschleunigung
Länge, l	Meter, m	Grundgröße
Masse, m	Kilogramm, kg	Grundgröße
Zeit, t	Sekunde, s	Grundgröße

Energieformen

1. **Kinetische Energie** eines Körpers: Energiemenge, die notwendig ist, um den Körper aus der Ruhelage (bezüglich des Inertialsystems) auf die Geschwindigkeit v zu beschleunigen $\left(W = \frac{1}{2} m \cdot v^2\right)$.
2. **Potentielle Energie** (Lageenergie) eines Körpers: Energiemenge, die notwendig ist, um den Körper von einem Startpunkt aus zu seiner Endposition zu bewegen.

2.1.2 Inertialsysteme

Die Beschreibung eines mechanischen Vorganges (einer Bewegung) ist stets abhängig von dem verwendeten **Bezugssystem**. Eine besondere Klasse von Bezugssystemen bilden dabei die **Inertialsysteme**. Hierunter versteht man alle unbeschleunigten Bezugssysteme. Nur in Inertialsystemen gilt der **Trägheitssatz** (1. Grundgesetz der Mechanik): Alle Körper behalten ihren Bewegungszustand bei, wenn dieser nicht von außen durch Kräfte geändert wird: Körper sind träge. Umkehrung: Wenn ein Körper seinen Bewegungszustand (Richtung bzw. Schnelligkeit) ändert, so wird dies durch andere Körper, also durch Kräfte von außen, erzwungen.

In Inertialsystemen gilt das **Wechselwirkungsgesetz** (2. Grundgesetz der Mechanik, »actio gleich reactio«): Greift ein Körper A mit der Kraft $\vec{F}_A$ am Körper B an, so übt B auf A die Gegenkraft (reactio) $\vec{F}_B$ aus. Sie hat den gleichen Betrag wie $\vec{F}_A$, aber die entgegengesetzte Richtung $\vec{F}_A = -\vec{F}_B$.

Das Gegenstück zu Inertialsystemen bilden die **beschleunigten Bezugssysteme**. Hierzu zählen auch die **rotierenden Bezugssysteme**. In diesen Systemen treten **Trägheitskräfte** auf (z. B. die **Fliehkraft** bei der Rotation), die keine Ursache innerhalb des Bezugssystems haben und für die daher auch »actio gleich reactio« nicht gilt.

2.1.3 Erhaltungssätze

Energieerhaltungssatz: Energie kann weder erzeugt noch verbraucht werden. Es ist lediglich möglich, verschiedene Energieformen ineinander umzuwandeln. In der Mechanik gilt der Energieerhaltungssatz: Die Summe aus potentieller Energie und kinetischer Energie ist in abgeschlossenen, reibungsfreien Systemen konstant. Wird dennoch davon gesprochen, dass einem System, z. B. durch Reibung, Energie verloren geht, so ist meistens damit gemeint, dass die Energie in Form von Wärme an die Umgebung abgegeben wird.

Impulserhaltungssatz: Der Gesamtimpuls (Vektorsumme der Einzelimpulse) eines abgeschlossenen Systems ist konstant, auch wenn sich die Einzelimpulse der beteiligten Massen ändern.

Drehimpulserhaltungssatz (Rotation, Zentralbewegung): Der Drehimpuls eines abgeschlossenem Systems ist konstant, auch wenn sich die Einzeldrehimpulse ändern.

2.1.4 Stoßvorgänge

Bleibt während eines Stoßes die kinetische Energie vollkommen erhalten, so wird der Stoß als vollkommen **elastisch** beszeichnet. Wird die kinetische Energie ganz in Deformationsarbeit, Schall usw. umgewandelt, so wird von einem vollkommen **unelastischen** Stoß gesprochen.

Stöße werden am zweckmäßigsten im **Schwerpunktsystem** der beteiligten Stoßpartner beschrieben. In diesem Bezugssystem ist der Gesamtimpuls gleich null, sodass die Gleichungen besonders einfach werden.

Seien m_1 und m_2 die Massen der beiden Stoßpartner mit den Geschwindigkeiten $\vec{v}_1$ und $\vec{v}_2$ vor dem Stoß sowie den Geschwindigkeiten $\vec{u}_1$ und $\vec{u}_2$ nach dem Stoß. Sei W_{kin} die gesamte kinetische Energie des Stoßvorganges und sei ϵ die Energiemenge, die beim Stoß in Deformationsarbeit etc. umgewandelt wird. Dann gilt:

Energieerhaltungssatz: $\frac{1}{2} m_1 \cdot \vec{v}_1^2 + \frac{1}{2} m_2 \cdot \vec{v}_2^2 = \frac{1}{2} m_1 \cdot \vec{u}_2^1 + \frac{1}{2} m_2 \cdot u_2^2 + \epsilon.$

Impulserhaltungssatz: $m_1 \cdot \vec{v}_1 + m_2 \cdot \vec{v}_2 = 0 \wedge m_1 \cdot \vec{u}_1 + m_2 \cdot \vec{u}_2 = 0.$

Aus dem Impulserhaltungssatz folgt: $\vec{v}_2 = -\frac{m_1}{m_2} \cdot \vec{v}_1 \Rightarrow m_2 \cdot \vec{v}_2^2 = \frac{m_1^2}{m_2} \cdot \vec{v}_1^2$

bzw. $\vec{u}_2 = -\frac{m_1}{m_2} \cdot \vec{u}_1 \Rightarrow m_2 \cdot \vec{u}_2^2 = \frac{m_1^2}{m_2} \cdot \vec{u}_1^2.$

Einsetzen in den Energiesatz liefert: $m_1 \cdot \vec{v}_1^2 + \frac{m_1^2}{m_2} \cdot \vec{v}_1^2 = m_1 \cdot \vec{u}_1^2 + \frac{m_1^2}{m_2} \cdot \vec{u}_1^2 + 2\epsilon$

$$\Rightarrow \vec{u}_1^2 = \vec{v}_1^2 \cdot \left(1 - \frac{2\epsilon}{\left(m_1 + \frac{m_1^2}{m_2}\right) \cdot \vec{v}_1^2}\right) \Rightarrow \vec{u}_1^2 = \vec{v}_1^2 \cdot \left(1 - \frac{\epsilon}{W_{kin}}\right)$$

wobei $\left(m_1 + \frac{m_1^2}{m_2}\right) \cdot \vec{v}_1^2 = m_1 \vec{v}_1^2 + m_2 \vec{v}_2^2 = 2\,W_{kin}$

Für $\vec{u}_2$ ergibt sich analog: $\vec{u}_2^2 = \vec{v}_2^2 \cdot \left(1 - \frac{\epsilon}{W_{kin}}\right).$

Beim vollkommen unelastischen Fall ist $\epsilon = W_{kin}$ und somit die Geschwindigkeit (im Schwerpunktsystem) beider Stoßpartner nach dem Stoß gleich null. Über die Richtung der Geschwindigkeiten nach dem Stoß sagen diese Gleichungen nichts aus, da diese von der Geometrie des Stoßes, das heißt der Exzentrizität und der Form der Stoßpartner, abhängen.

Der Übergang zu einem anderen Bezugssystem geschieht durch vektorielle Addition der Geschwindigkeit des Schwerpunkts in Bezug auf das neue System zu den Geschwindigkeiten $\vec{v}_1$ und $\vec{v}_2$ bzw. $\vec{u}_1$ und $\vec{u}_2$.

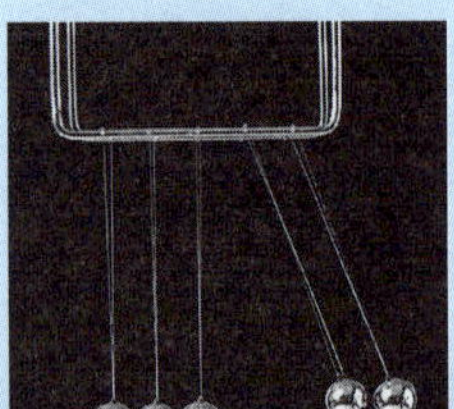

Wenn links n Kugeln auf die Reihe prallen, fliegen rechts auch n mit gleicher Geschwindigkeit weg

Ein häufig anzutreffendes Beispiel zur Verdeutlichung von Stoßvorgängen sind bifilar aufgehängte Kugeln gleicher Masse (m). Für elastische Stöße werden Stahlkugeln, für unelastische Bleikugeln verwendet: Bei n stoßenden Kugeln mit der Geschwindigkeit v werden l Kugeln mit der Geschwindigkeit u weggestoßen. Nach dem Impuls- bzw. Energieerhaltungssatz gilt:

$n \cdot m \cdot v = l \cdot m \cdot u$ und $\frac{1}{2} n \cdot m \cdot v^2 = \frac{1}{2} l \cdot m \cdot u^2.$

Hieraus folgt im elastischen Fall $n = l$ und $v = u$.

2.2 Newton

2.2.1 Die Newton'sche Grundgleichung

Die **Newton'sche Grundgleichung** lautet: Beschleunigende Kraft ($\vec{F}$) ist gleich Masse (m) mal Beschleunigung ($\vec{a}$). Oder kurz $\vec{F} = m \cdot \vec{a}$.

Aus dieser Gleichung lässt sich, zumindest prinzipiell, die Bahnkurve (Ort $\vec{r}$ als Funktion der Zeit) eines Körpers ermitteln, wenn die auf ihn wirkenden Kräfte bekannt sind (Beispiel: → schiefer Wurf).

Gleichungen dieser Art, bei denen verschiedene Ableitungen einer unbekannten Funktion auftreten, werden **Differentialgleichungen** genannt.

2.2.2 Der schiefe Wurf

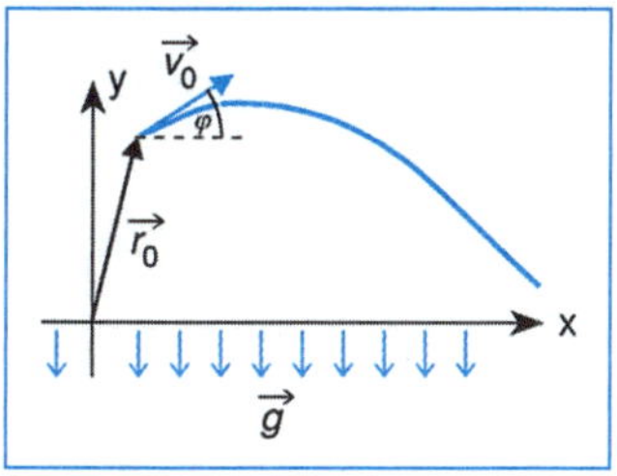

Als **schiefer Wurf** wird die Bewegung einer Masse (m) bezeichnet, die mit einer Anfangsgeschwindigkeit ($\vec{v}_0$) startet und anschließend der konstanten Erdbeschleunigung ($\vec{g}$) ausgesetzt ist (der Luftwiderstand wird hier nicht berücksichtigt: Vakuum oder sehr kleine Reibung). $\vec{r}(t)$ beschreibt die Bahnkurve der Masse (m), $\vec{r}_0$ den Anfangspunkt der Bewegung, $\vec{v}_0$ die Anfangsgeschwindigkeit.

Lösungsweg

Anpassen der Newton'schen Bewegungsgleichung: $\vec{F} = m \cdot \vec{a} = m \cdot \ddot{\vec{r}}$.
Gleichung für die Kraft: $\vec{F} = m \cdot \vec{g}$.
Gesamtgleichung: $m \cdot \vec{g} = m \cdot \ddot{\vec{r}} \;\Rightarrow\; \vec{g} = \ddot{\vec{r}}$

Die allgemeine Lösung dieser Differentialgleichung lautet: $\vec{r}(t) = \vec{g} \cdot \frac{1}{2} t^2 + \vec{A} \cdot t + \vec{B}$.

Hierin sind $\vec{A}$ und $\vec{B}$ Konstanten, die von den Randbedingungen ($\vec{r}_0$, $\vec{v}_0$, ...) der Bewegung abhängen. In diesem Beispiel folgt:
$\vec{A} = \vec{v}_0$ und $\vec{B} = \vec{r}_0$, also insgesamt $\vec{r}(t) = \vec{g} \cdot \frac{1}{2} t^2 + \vec{v}_0 \cdot t + \vec{r}_0$.

Ohne Luftwiderstand separieren die Bewegungen in x- und y-Richtung (g weist in y-Richtung): $x(t) = v_0 \cdot t \cdot \cos\varphi$ und $y(t) = \frac{1}{2} g \cdot t^2 + v_0 \cdot t \cdot \sin\varphi$.

Durch Auflösen von $x(t)$ nach t und Einsetzen in $y(t)$ ergibt sich:
$y(x) = \frac{-g}{2 v_0^2 \cdot \cos^2\varphi} \cdot x^2 + x \cdot \tan\varphi$.

2.2.3 Die Kreisbewegung

Eine andere Anwendungsmöglichkeit der Newton'schen Grundgleichung besteht darin, aus einer vorhandenen Bewegungsgleichung die notwendigen Kräfte zu berechnen. Als Beispiel bietet sich die **Kreisbewegung** (→ Kreisbahn für Elektronen) an. Die Bewegungsgleichung einer Kreisbewegung um den Ursprung lautet:

$$\vec{r}(t) = R \cdot (\sin \omega t, \cos \omega t).$$

Hieraus wird durch Ableiten (nach t) die Geschwindigkeit ($\vec{v}$) und daraus die Beschleunigung ($\vec{a}$) berechnet:

$$\dot{\vec{r}}(t) = \omega \cdot R \cdot (\cos \omega t, -\sin \omega t) = \vec{v} \Rightarrow v = \omega \cdot R$$

$$\ddot{\vec{r}}(t) = -\omega^2 \cdot R \cdot (\sin \omega t, \cos \omega t) = \vec{a} \Rightarrow a = -\omega^2 \cdot R = -\frac{v^2}{R}.$$

Mit der Newton'schen Grundgleichung folgt hieraus die **Zentripetalkraft:**

$$\vec{F}_\mathrm{p} = m \cdot \vec{a} = -\omega^2 \cdot m \cdot R \cdot (\sin \omega t, \cos \omega t) \Rightarrow F_\mathrm{p} = m \cdot a = -m \cdot \frac{v^2}{R}.$$

Zentripetalkraft und **Zentripetalbeschleunigung** zeigen zum Kreismittelpunkt und stehen somit stets senkrecht zur Bewegungsrichtung. Damit wird auch klar, wieso ein (gleichmäßig) kreisender Körper keine Energie aufnimmt, obwohl er permanent beschleunigt wird. Zur Erinnerung: Arbeit ist gleich Kraft in Richtung des Weges mal den Weg. Über eine senkrecht zum Weg stehende Kraft kann keine Arbeit zugeführt werden!

3 Felder

3.1 Elektrostatisches Feld

3.1.1 Grundlegende Begriffe

Es gibt positive und negative **Ladungen**, jeweils mit einem Vielfachen der **Elementarladung** *e* des Elektrons (⟶ Millikan-Versuch).
Gleichnamige Ladungen stoßen sich ab, entgegengesetzte ziehen sich an.
Der Raum, in dem diese Kräfte wirken, heißt **elektrisches Feld.** Es wird durch **Feldlinien** veranschaulicht, die in Richtung der Kraft ($\vec{F}$) auf eine positive Probeladung (q) zeigen, also von der positiven zur negativen Ladung. Feldlinien können sich nie kreuzen und enden stets an einer Ladung, nie frei im Raum. Auf der Oberfläche eines Leiters stehen sie stets senkrecht, da die Ladungen sonst durch Feldkräfte (vektorielle Zerlegung) entsprechend verschoben würden.

Die Dichte der Feldlinien veranschaulicht die Feldstärke: Je dichter die Feldlinien, desto stärker das Feld. In einem homogenen Feld verlaufen die Feldlinien parallel, sodass die Feldstärke überall gleich groß ist. Bei einem radialen Feld gehen die Feldlinien sternförmig von einem Punkt aus.

Feldlinienbilder lassen sich z. B. mit Grieß in Öl erzeugen. Die Körner werden durch Influenz zu Dipolen, sodass sich die entgegengesetzten Ladungen benachbarter Körner anziehen.

Müssen Feldlinien gezeichnet werden, die senkrecht zur Zeichenebene stehen, so wird $\odot$ (Pfeilspitze) gezeichnet für Feldlinien, die herauskommen, und $\otimes$ (Pfeilende) für solche, die hineingehen.

3.1.2 Wirkungen

Influenz: Die Ladungen innerhalb eines (neutralen) Leiters werden durch die Kräfte eines äußeren Feldes verschoben (getrennt), bis ein gleich starkes Gegenfeld entsteht. Im Innern des Leiters kompensieren sich die Feldkräfte, das heißt der Leiter ist feldfrei (**Faraday-Käfig**). Bei **Nichtleitern** entsteht ein schwächeres Gegenfeld durch **Verschiebungspolarisation** (Atomkerne und Elektronen werden geringfügig gegeneinander verschoben) oder durch **Orientierungspolarisation** (Ausrichtung von Dipolen). Daraus folgt: In **inhomogenen Feldern** werden Nichtleiter angezogen.
Beispiel: Ein geladener Luftballon »klebt« an der Decke.

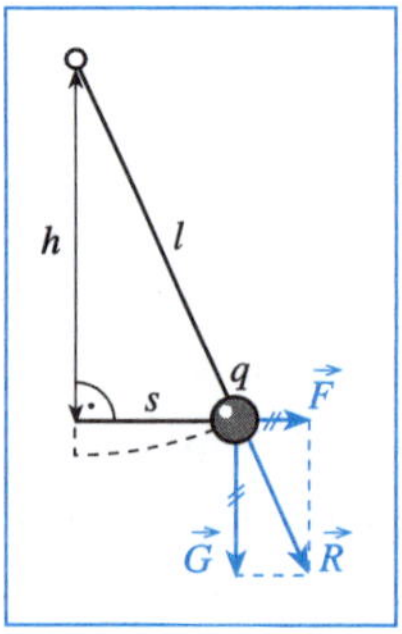

Die **Feldstärke** ($\vec{E}$) wird durch die Kraft ($\vec{F}$) auf die Ladung (q) bestimmt: $\vec{E} = \frac{\vec{F}}{q}$.
Dies folgt z. B. aus Versuchen mit unterschiedlichen Probeladungen an einem Pendel.
(Für kleine Winkel gilt: $h \approx l$; $\frac{F}{G} = \frac{s}{h} \approx \frac{s}{l} \Rightarrow F \approx G \cdot \frac{s}{l}$.)

Feldkräfte ($\vec{F}$) führen einer bewegten Ladung (q) **Arbeit** (W) zu. Die Arbeit hängt nicht von Anfangs- und Endpunkt der Bewegung ab, sie ist vom Weg unabhängig und beträgt:

$W = \vec{F} \cdot \vec{s} = \vec{E} \cdot q \cdot \vec{s}$ (genauer $W = \int_c \vec{F}\, \mathrm{d}\vec{s}$; c: Kurvenintegral).

Daraus folgt: Bei einem geschlossenem Umlauf ist die Arbeit = null. Der von der Ladung (q) unabhängige Faktor $\frac{W}{q} = U$ heißt **Spannung**. Diese ist ein Maß für die Energie der getrennten Ladungen. Folglich kann sie nur zwischen zwei Punkten angegeben werden.

Zwischen allen Punkten eines stromlosen Leiters ist die Spannung stets null (auch bei Influenz), da Spannung auf dem Vorhandensein von Feldkräften beruht.

3.1.3 Der Plattenkondensator (homogenes Feld)

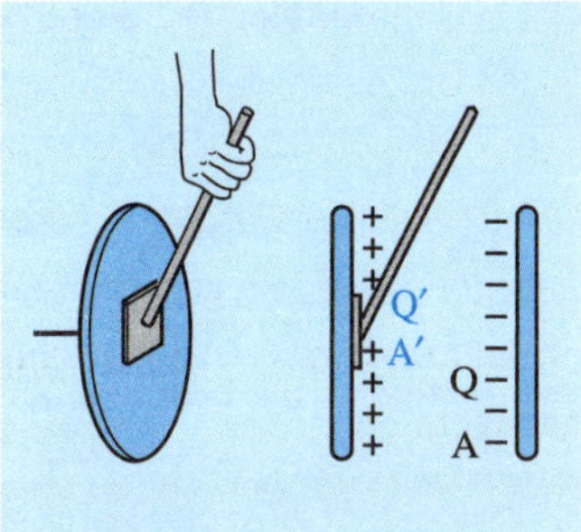

Messung der Flächendichte σ

Das Feld im Innern eines **Plattenkondensators** ist praktisch homogen, solange der Plattendurchmesser groß gegenüber dem Plattenabstand (d) ist. Die Ladung auf den Kondensatorplatten (im Bereich des homogenen Feldes) ist gleichmäßig verteilt und hängt von der Feldstärke (E) ab. Dies kann dadurch gezeigt werden, dass mit einem Metallplättchen bekannter Fläche Ladungen abgehoben und mit einem Elektrometer bestimmt werden.

Der Quotient $\frac{Q}{A} = \epsilon_0 \cdot \epsilon_r \cdot E = \sigma$ heißt **Flächendichte.**

Der Proportionalitätsfaktor ϵ_0 heißt **elektrische Feldkonstante.** ϵ_r heißt **Dielektrizitätszahl** und gibt die Abweichung an, die sich daraus ergibt, dass sich das Feld in einem Medium (**Dielektrikum**) ausbreitet (im Vakuum gilt $\epsilon_r = 1$, in Luft ist $\epsilon_r \approx 1$). Die Wirkung des Dielektrikums beruht auf der Bildung eines Gegenfeldes durch Verschiebungs- oder Orientierungspolarisation, sodass hier die Gesamtfeldstärke (E) abnimmt.
Wird ein Kondensator aufgeladen, so ist $Q \sim U$. Der Proportionalitätsfaktor $C = \frac{Q}{U}$ wird als **Kapazität** bezeichnet. Da im homogenen Feld eines Plattenkondensators gilt: $U = E \cdot d$ (d = Plattenabstand), sinkt U bzw. steigt C gemäß $C = \frac{Q}{E \cdot d}$, wenn, wie oben beschrieben, E abnimmt bzw. ϵ_r steigt.

Aus $\sigma = \frac{Q}{A} = \epsilon_0 \cdot \epsilon_r \cdot E = \epsilon_0 \cdot \epsilon_r \cdot \frac{U}{d}$ folgt: $\frac{Q}{U} = \epsilon_0 \cdot \epsilon_r \cdot \frac{A}{d} = C$.

Die **Energie** des Feldes eines geladenen Kondensators beträgt $W = \int Q \, \mathrm{d}U$.

Mit $Q = C \cdot U$ folgt: $W = \int C \cdot U \, \mathrm{d}U = \frac{1}{2} C \cdot U^2$.

Durch Einsetzen von $C = \epsilon_0 \cdot \epsilon_r \cdot \frac{A}{d} \wedge U = E \cdot d$ folgt:

$$W = \frac{1}{2} \epsilon_0 \cdot \epsilon_r \cdot \frac{A}{d} \cdot U^2 = \frac{1}{2} \epsilon_0 \cdot \epsilon_r \cdot A \cdot d \cdot E^2 = \frac{1}{2} \epsilon_0 \cdot \epsilon_r \cdot V \cdot E^2 = W_{\text{el}}.$$

Hierin ist V das Volumen, in dem das Feld existiert. Diese Formel gilt für ein beliebiges homogenes elektrisches Feld. Bei inhomogenen elektrischen Feldern wird für E ein durch Integration gewonnener Mittelwert eingesetzt. Bei **elektromagnetischen Wellen** ist dies der Effektivwert.
Der Quotient $\rho_{\text{el}} = \frac{W}{V} = \frac{1}{2} \epsilon_0 \cdot \epsilon_r \cdot E^2$ heißt **Energiedichte.**

3.1.4 Inhomogene Felder

Zwischen zwei punktförmigen oder kugelsymmetrischen Ladungen Q_1 und Q_2 herrscht die **Coulombkraft:**

$F = \frac{Q_1 \cdot Q_2}{4\pi \cdot \epsilon_0 \cdot \epsilon_r \cdot r^{-2}}$ (r = Abstand der Ladungen).

Die **Feldenergie** beträgt: $W = \int F \, dr = -\frac{Q_1 \cdot Q_2}{4\pi \cdot \epsilon_0 \cdot \epsilon_r} \cdot r^{-1}$

(Die untere Grenze muss ungleich null sein; z. B. Summe der Radien der Ladungen).

3.1.5 Der Millikan-Versuch

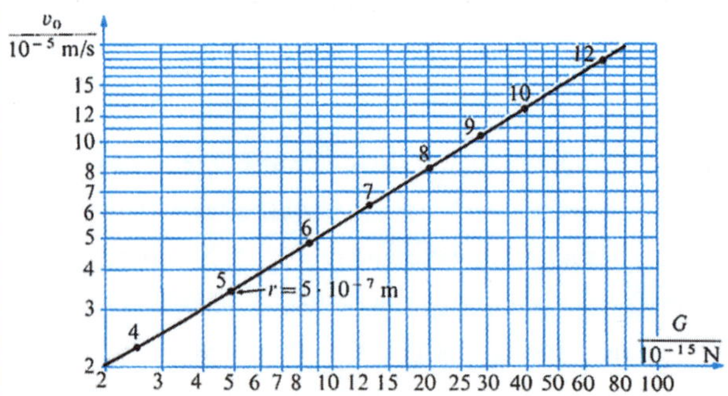

Sinkgeschwindigkeit v_0 von Öltröpfchen in Luft als Funktion des Gewichts G; r ist der Tröpfchenradius

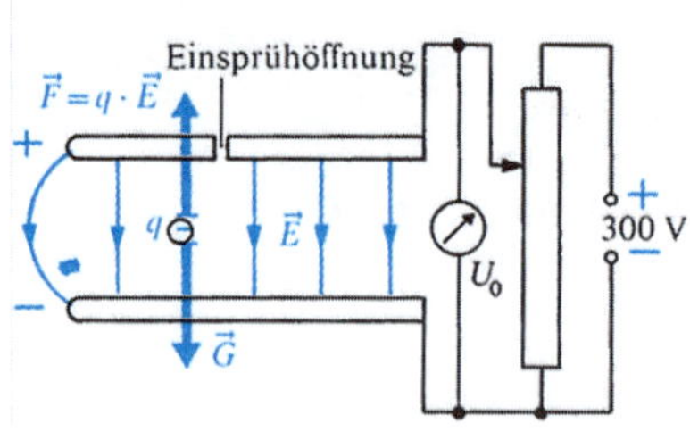

Schwebekondensator nach Millikan; rechts das Potentiometer zum Regeln der Schwebespannung U_0

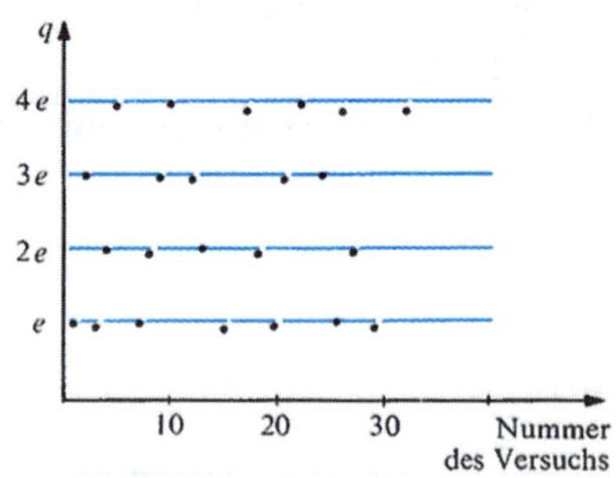

Streuung zahlreicher Messwerte für die Tröpfchenladung q um $n \cdot e$

Zwischen zwei waagerechten Kondensatorplatten wird Öl zerstäubt, sodass einige Tröpfchen geladen werden (Reibungselektrizität). Die Gleichspannung am Kondensator wird nun so eingestellt, dass eines der geladenen Tröpfchen schwebt (durch ein Mikroskop beobachten). Nach dem Abschalten des Feldes wird die Sinkgeschwindigkeit aus Weg und Zeit bestimmt. Aus dieser ergibt sich nach dem **Stoke'schen Gesetz:**

$$F_{ST} = 6\pi \cdot \eta \cdot r \cdot v_0 \wedge G = m \cdot g = V \cdot \rho \cdot g = \frac{4}{3} r^3 \cdot \rho \cdot g \wedge F_q = E \cdot q \wedge E = \frac{U_0}{d}.$$

Da v_0 konstant ist, gilt $F_{ST} = G$. Im Schweben gilt: $G = F_q$

$$\Rightarrow r = \frac{q \cdot E}{6\pi \cdot \eta \cdot v_0} \Rightarrow G = \frac{q^3 \cdot E^3 \cdot \rho \cdot g}{162\pi^2 \cdot \eta^3 \cdot v_0^3} = q \cdot E \Rightarrow q = \sqrt{\frac{162\pi^2 \cdot \eta^3 \cdot v_0^3}{E^2 \cdot \rho \cdot g}} = \sqrt{\frac{162\pi^2 \cdot \eta^3 \cdot \Delta s^3 \cdot d}{U_0^2 \cdot \rho \cdot g \cdot \Delta t^3}}.$$

Es zeigt sich unabhängig von der Polarität der Kondensatorplatten $q = n \cdot e$ mit $n \in \mathbb{N}$ und $e = 1{,}6021892 \cdot 10^{-19}$ C.

Zeichenerklärung

q = Ladung des Tröpfchens
r = Radius des Tröpfchens
U_0 = Schwebespannung
v_0 = Sinkgeschwindigkeit $= \frac{\Delta s}{\Delta t} \left[\frac{m}{s}\right]$
d = Plattenabstand [m]
G = Gewichtskraft
F_q = Feldkraft

Konstanten

η = Zähigkeit der Luft für $T = 22\,°C$
$= 1{,}828 \cdot 10^{-5}\ Ns/m^2$
ρ = Dichte des Öls $= 973\ kg/m^3$ oder vergleichbares
g = $9{,}81\ m/s^2$

3.1.6 Die Braun'sche Röhre

In einem evakuierten Glaskolben wird ein Glühdraht (K; **(Glüh-)Kathode**) mit der **Heizspannung** (H) zum Glühen gebracht, sodass er Elektronen aussendet. Diese werden mit der **Anodenspannung** (U_A) zur **Anode** (A) beschleunigt. Hierbei fliegen sie durch den negativ geladenen **Wehnelt-Zylinder** (W; **Fokussierungszylinder**), der sie auf ein Loch in der Anode fokussiert. Die Richtung der Elektronen wird durch elektrische Felder zwischen **Ablenkplatten** abgelenkt; die Flugbahn krümmt sich zu einer Parabel. Die Herleitung für Horizontal- und Vertikalablenkung ist identisch (die Erdbeschleunigung hat wegen ihrer geringen Größe keinen Einfluss) und erfolgt analog zum **waagerechten Wurf**.

In der **Braun'schen Röhre** trifft der abgelenkte Elektronenstrahl auf einen **Leuchtschirm** (L), wo er einen Leuchtfleck erzeugt, dessen Helligkeit durch die Ladung des Wehnelt-Zylinders gesteuert wird.

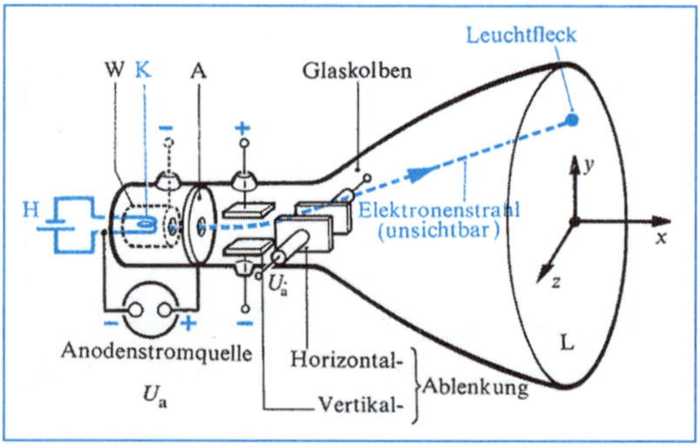

$$W = e \cdot U_A = \frac{1}{2} m_e \cdot v_x^2$$

$$\Rightarrow v_x = \sqrt{\frac{2U_A \cdot e}{m_e}}$$

$$x = v_x \cdot t \Rightarrow t = x \cdot \sqrt{\frac{m_e}{2U_A \cdot e}}$$

$$a = \frac{F_q}{m_e} = \frac{E \cdot e}{m_e} = \frac{U_y \cdot e}{d_y \cdot m_e}$$

$$y = \frac{1}{2} a \cdot t^2 = \frac{U_y \cdot e}{2d_y \cdot m_e} \cdot t^2 = \frac{U_y \cdot x^2}{4d_y \cdot U_A}$$

Zeichenerklärung

W = Energie des Elektrons
X = Bewegung des Elektrons in x-Richtung
Y = Bewegung des Elektrons in y-Richtung
v_x = Geschwindigkeit des Elektrons in x-Richtung
v_y = Geschwindigkeit des Elektrons in y-Richtung
d_y = Abstand der Ablenkplatten

Konstanten

$e = 1{,}602\,189\,2 \cdot 10^{-19}\,\text{C}$
$m_e = 9{,}109\,534 \cdot 10^{-31}\,\text{kg}$

3.2 Magnetisches Feld

3.2.1 Grundlegende Begriffe

Dauer- oder Permanentmagnete können in einer einfachen Modellvorstellung aus ausgerichteten **Elementarmagneten** zusammengesetzt gedacht werden. Dies sind Dipole mit je einem Nord- und einem Südpol. Gleiche Pole stoßen sich ab, entgegengesetzte ziehen sich an. Der Raumbereich, in dem diese Kräfte wirken, heißt **Magnetfeld.** Es wird durch **Feldlinien** veranschaulicht, die in die Richtung zeigen, in die ein Nordpol gezogen wird. Magnetfelder können mithilfe von Eisenfeilspänen sichtbar gemacht werden. Die Eisenpfeilspäne werden durch **magnetische Influenz** (Ausrichtung ihrer Elementarmagnete) zu Dipolen. Entgegengesetzte Pole benachbarter Späne ziehen sich an, sodass Ketten entstehen.

Bewegte Ladungen erzeugen ein Magnetfeld. Feldlinien dieses Feldes sind konzentrische Kreise, die senkrecht zur Bewegungsrichtung der Ladungen stehen. Diese Feldlinien zeigen, in Richtung des Elektronenstroms gesehen (das heißt der konventionellen Stromrichtung entgegengesetzt), links herum (»**Linke-Faust-Regel**«).

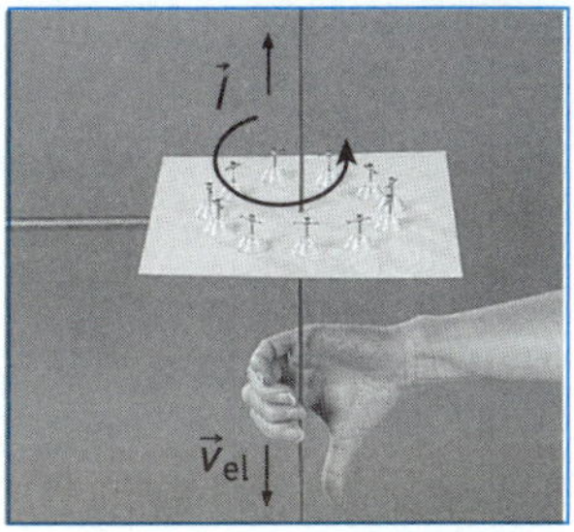

Bei positiven Ladungsträgern (z. B. Ionen) verlaufen die Feldlinien in umgekehrter Richtung. Zeigt der Daumen der rechten Hand in die Bewegungsrichtung der positiven Ladungen (konventionelle Stromrichtung), so weisen die Finger in Richtung der Feldlinien (»Rechte-Faust-Regel«).

Müssen Feldlinien gezeichnet werden, die senkrecht zur Zeichenebene stehen, so wird ⊙ (Pfeilspitze) für Feldlinien, die herauskommen, und ⊗ (Pfeilende) für solche, die hineingehen, gezeichnet.

Aus der Überlagerung mehrerer Magnetfelder zu einem resultierendem Feld ergeben sich Kräfte. Insbesondere wirkt auf bewegte Ladungen in Magnetfeldern die **Lorentzkraft:**

$F_L = B_s \cdot q \cdot v$ bzw. $\vec{F} = q \cdot (\vec{v} \times \vec{B})$

Hierin ist B die **magnetische Flussdichte.** Sie ist ein Maß für die Stärke des Magnetfeldes.

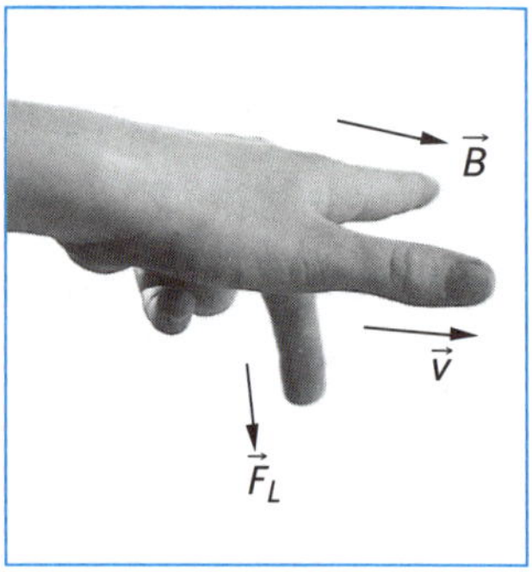

Die Richtung der Lorentzkraft kann mit der Dreifinger-Regel bestimmt werden. Bei positiven Ladungen (z. B. Ionen) wird die rechte Hand benötigt. Der Daumen zeigt dabei in die Bewegungsrichtung der positiven Ladungen, das heißt in die technische Stromrichtung (→ Abbildung auf der nächsten Seite). Wird die Lorentzkraft auf Elektronen (neg. Ladungen) betrachtet, so wird hierzu die linke Hand verwendet (→ Abbildung links).

3.2.2 Zusammengesetzte Felder: die Spule

Die Form von Magnetfeldern ergibt sich aus der Überlagerung verschiedener Einzelfelder zu einem resultierendem Feld. Ferromagnetische Materialien (z. B. Eisen) erhöhen die Flussdichte und ändern deren Richtung, da an der Oberfläche der **Ferromagnetika** die **Feldlinien** annähernd senkrecht stehen. Wird ein Leiter zu einer **Spule** aufgewickelt, so entsteht in ihrem Innern ein annähernd **homogenes Feld**, vorausgesetzt, dass sie lang im Verhältnis zu ihrem Querschnitt ist, da an den Enden einer Spule die magnetische Flussdichte völlig inhomogen ist. Im übrigen Bereich gilt:

$$B = \mu_0 \cdot \mu_r \cdot I \cdot \frac{n}{l} = \mu_0 \cdot \mu_r \cdot H.$$

Zeichenerklärung

I = Stromstärke

n = Windungszahl

l = Länge der Spule

Konstante

μ_0 = **magnetische Feldkonstante:** $\mu_0 = 1{,}256\,637\,061\,44 \cdot 10^{-6}$ H/m

Die **Permeabilitätszahl** μ_r gibt die Abweichung der magnetischen Flussdichte gegenüber dem Vakuum ($\mu_r = 1$) an, wenn die Spule gefüllt ist (für Luft ist $\mu_r \approx 1$).

Der Faktor $H = I \cdot \frac{n}{l} = \frac{B}{\mu_0 \cdot \mu_r}$ wird als **magnetische Feldstärke** bezeichnet.

3.2.3 Die Lorentzkraft

Bewegen sich **Ladungen** (Elektronen) senkrecht zu den Feldlinien eines Magnetfeldes, so wirkt auf sie die **Lorentzkraft** $F_L = B_s \cdot q \cdot v$.

Stehen die Feldlinien nicht senkrecht auf der Bewegungsrichtung, so wird nur die senkrechte Komponente $\vec{B}_s$ von $\vec{B}$ wirksam; die parallel zur Geschwindigkeit verlaufende Komponente ist wirkungslos.

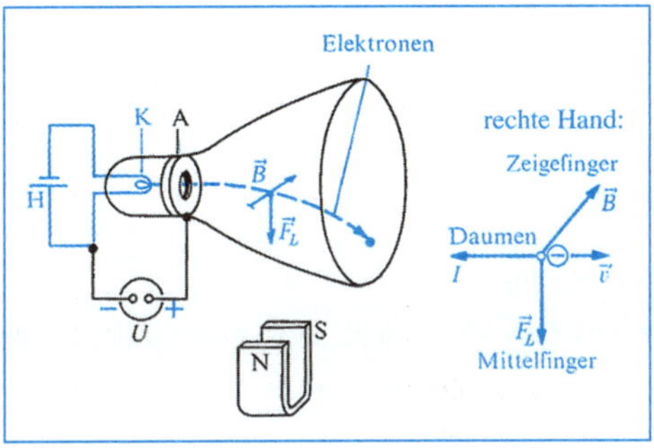

Es gilt daher $F_L = B \cdot q \cdot v \sin\varphi$ bzw. $\vec{F}_L = q \cdot (\vec{v} \times \vec{B})$.

Beachte: Die Ladung eines Elektrons ist negativ!

Aus diesen Gleichungen ergibt sich für einen Leiter der Länge s, durch den ein Strom der Stärke I fließt

$F_L = I \cdot s \cdot B_s = I \cdot s \cdot B \cdot \sin\varphi$ bzw. $\vec{F}_L = I \cdot (\vec{s} \times \vec{B})$
($\vec{s}$ zeigt in die konventionelle Stromrichtung; $|\vec{s}| = s$).

Die Lorentzkraft wirkt auch auf Strom führende Leiter untereinander: Zwei antiparallele Ströme stoßen sich gegenseitig ab, parallele Ströme ziehen sich an.

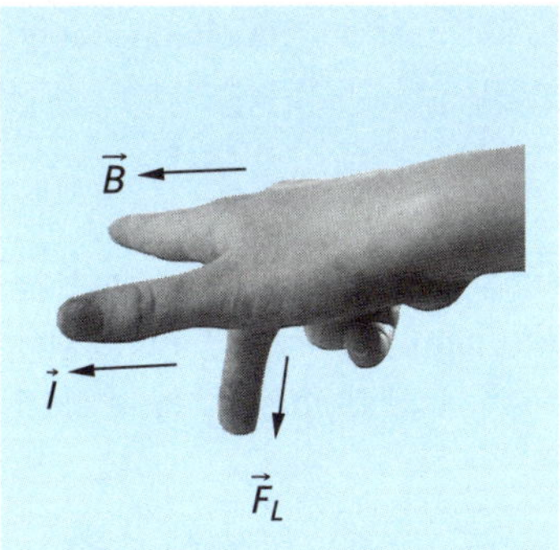

Lorentzkraft auf Strom führende Leiter

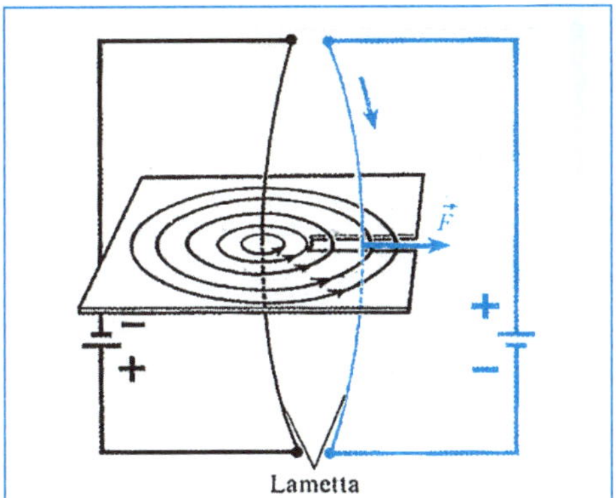

Der rechte Strom (farbig) erfährt die Kraft *F* im Feld des linken

3.2.4 Der Halleffekt, Elektronengeschwindigkeit in Leitern

Fließen durch einen n-dotierten **Halbleiter** Elektronen im Bild von L nach R, so wirkt auf sie in einem **Magnetfeld** B die Lorentzkraft: $F_L = e \cdot v \cdot B$ und lenkt sie im Bild nach unten ab, sodass der untere Teil des Plättchens negativ geladen wird. Dabei entsteht ein elektrisches Feld der Stärke $E = \frac{U_H}{d}$.

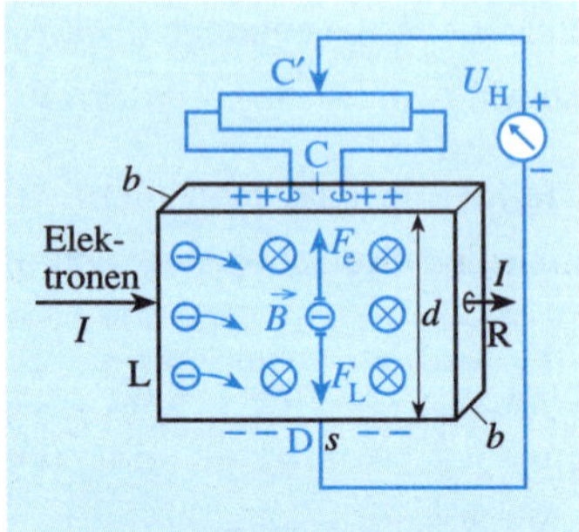

Zur Messung der Hallspannung U_H. Ohne Magnetfeld müssen C und D genau auf gleichem Potential liegen; hierzu wird am Potentiometer ein Punkt C' gewählt, sodass $U_H = 0$ gilt

Ist die Feldkraft $F_e = E \cdot e = \frac{U_H \cdot e}{d}$ mit der Lorentzkraft im Gleichgewicht, so ist ein stabiler Zustand erreicht: $U_H \cdot \frac{e}{d} = e \cdot v \cdot B \Leftrightarrow U_H = d \cdot B \cdot v$.

Die **Hallspannung** (U_H) ist proportional zur **magnetischen Flussdichte** (B). Der Proportionalitätsfaktor heißt **Hallfaktor**. Durch Einsetzen von

$I = \frac{N \cdot q}{t} = N \cdot q \cdot \frac{v}{s} \Leftrightarrow v = \frac{I \cdot s}{N \cdot q}$ ergibt sich:

$$U_H = d \cdot B \cdot v = \frac{I \cdot B \cdot d \cdot s}{N \cdot e} = \frac{I \cdot B \cdot (d \cdot s \cdot b)}{N \cdot e \cdot b} = \frac{I \cdot B \cdot V}{N \cdot e \cdot b} = \frac{I \cdot B}{\frac{N}{V} \cdot e \cdot b} = \frac{I \cdot B}{N \cdot e \cdot b}$$

$$\Rightarrow v = \frac{I}{n \cdot e \cdot d \cdot b} = \frac{I}{n \cdot e \cdot A}$$

Darin ist V das Volumen des Plättchens (A = Querschnitt) und $n = \frac{N}{V}$ die **Anzahldichte** (Konzentration) der Elektronen in ihm. In einem n-Halbleiter ist $n = 1{,}9 \cdot 10^{20}\ \text{m}^{-3}$. Dies entspricht etwa einem Elektron je Arsenatom, mit dem der Halbleiter dotiert wurde. In Metallen liegt n um den Faktor 10^8 höher (1 Elektron je Atom).

3.2.5 Induktion

Wird ein Leiter der Länge d senkrecht zu den Feldlinien eines Magnetfeldes mit der Geschwindigkeit v_s bewegt, so wirkt auf die Elektronen in ihm die **Lorentzkraft** $F_L = e \cdot v_s \cdot B$. Dadurch werden die Elektronen verschoben und es entsteht ein **elektrisches Feld** $E = \frac{U_{ind}}{d}$.

Im stationären Zustand bildet sich ein Gleichgewicht mit der Feldkraft F_e, sodass gilt:

$$F_e = e \cdot E = e \cdot \frac{U_{ind}}{d} = F_L = e \cdot v_s \cdot B \Rightarrow U_{ind} = B \cdot d \cdot v_s = B \cdot d \cdot \frac{\Delta s_s}{\Delta t} = B \cdot \frac{\Delta A_s}{\Delta t}.$$

Hierin ist ΔA_s die Änderung der von Leitern umschlossenen Fläche, die senkrecht von Feldlinien durchsetzt wird. Das Produkt

$\Phi = B \cdot A_s$ bzw. $\Delta\Phi = B \cdot \Delta A_s$ wird als **magnetischer Fluss** bezeichnet.

Ändert sich anstelle der Fläche die **magnetische Flussdichte** (B), so ist $\Delta\Phi = \Delta B \cdot A_s$.

In beiden Fällen gilt: $U_{\text{ind}} = -\frac{\Delta\Phi}{\Delta t} = -\dot{\Phi}$
Das Minuszeichen ergibt sich aus dem → Lenz'schen Gesetz.

Wird die Induktionsspannung einer **Spule** mit n Windungen berechnet, so addieren sich die Einzelspannungen zu $U_{\text{ind}} = -n\frac{\Delta\Phi}{\Delta t} = -n\dot{\Phi} = -n(B \cdot \dot{A}_s + \dot{B} \cdot A_s)$.

Die Induktionsspannung beruht auf elektrischen **Wirbelfeldern**, die bei einer Änderung von B entstehen. **Achtung:** $U_{\text{ind}} = n \cdot B \cdot \dot{A}_s$ gilt nur, wenn die Änderung der Fläche A_s auf einer Bewegung beruht (Lorentzkraft), das heißt A_s muss eine differenzierbare (stetige) Funktion der Zeit sein.

3.2.6 Lenz'sches Gesetz, Selbstinduktion

Eine Änderung des magnetischen Flusses induziert nicht nur in anderen Leitern eine Spannung, sondern auch in den das Feld erzeugenden Leitern selbst. Die Richtung dieser durch **Selbstinduktion** entstehenden **Induktionsspannung** folgt aus dem **Lenz'schen Gesetz**, das besagt: Die Induktionsspannung ist so gepolt, dass sie durch einen von ihr erzeugten Strom der Ursache des Induktionsvorgangs entgegenwirken kann. Andernfalls würde der Induktionsvorgang sich selbst verstärken, was jedoch dem Energieerhaltungssatz widersprechen würde. Die Größe dieser Spannung folgt aus

$U_{\text{ind}} = -n \cdot \frac{\Delta\Phi}{\Delta t} \wedge \Phi = B \cdot A \wedge B = \mu_0 \cdot \mu_r \cdot H$

zu $U_{\text{ind}} = -n \cdot \mu_0 \cdot \mu_r \cdot A \cdot \frac{\Delta H}{\Delta t}$.

Mit $\frac{\Delta I}{\Delta t}$ erweitert ergibt sich $U_{\text{ind}} = -n \cdot \mu_0 \cdot \mu_r \cdot A \cdot \frac{\Delta H}{\Delta I} \cdot \frac{\Delta I}{\Delta t}$.

Da $\frac{\Delta H}{\Delta I}$ eine Materialkonstante ist, können alle Konstanten zur **Induktivität** (L) zusammengefasst werden:

$U_{\text{ind}} = -L \cdot \frac{\Delta I}{\Delta t} = -L \cdot \dot{I}$.

Aus $L = n \cdot \mu_0 \cdot \mu_r \cdot A \cdot \frac{\Delta H}{\Delta I} \wedge \Delta H = \frac{\Delta B}{\mu_0 \cdot \mu_r}$ folgt: $L = n \cdot A \cdot \frac{\Delta B}{\Delta I}$.

Wegen $\Delta B = \frac{\Delta\Phi}{\Delta A}$ folgt: $L = n \cdot \frac{\Delta\Phi}{\Delta I}$.

Für **lang gestreckte Spulen** folgt wegen

$\Delta\Phi = \Delta B \cdot A \wedge \Delta B = \mu_0 \cdot \mu_r \cdot \Delta I \cdot \frac{n}{l}$: $L = \mu_0 \cdot \mu_r \cdot A \cdot \frac{n^2}{l}$.

3.2.7 Feldenergie

Mithilfe der **Selbstinduktionsspannung** lässt sich die Energie des magnetischen Feldes berechnen:

$$W = \int U \cdot I \, dt \;\wedge\; U = L \cdot \frac{dI}{dt} \;\Rightarrow\; W = \int_0^i L \cdot I \, dI = \frac{1}{2} L \cdot I^2.$$

Für eine lang gestreckte Spule ergibt sich wegen $L = \mu_0 \cdot \mu_r \cdot A \cdot \frac{n^2}{l}$:

$$W = \frac{1}{2}\mu_0 \cdot \mu_r \cdot \frac{n^2}{l} \cdot I^2 \cdot A = \frac{1}{2}\mu_0 \cdot \mu_r \cdot \frac{I}{l} \cdot A \cdot n \cdot I \;\wedge\; B = \frac{\mu_0 \cdot \mu_r \cdot n \cdot I}{l}$$

$$\Rightarrow\; W = \frac{1}{2} B \cdot n \cdot I \cdot A = \frac{1}{2} B \cdot \frac{l}{\mu_0 \cdot \mu_r} \cdot \mu_0 \cdot \mu_r \cdot \frac{n \cdot I}{l} \;\wedge\; B = \frac{\mu_0 \cdot \mu_r \cdot n \cdot I}{l}$$

$$\Rightarrow\; W = \frac{1}{2} B \cdot \frac{1}{\mu_0 \cdot \mu_r} \cdot B \cdot A \cdot l \;\wedge\; A \cdot l = V$$

$$\Rightarrow\; W_{mag} = \frac{1}{2\,\mu_0 \cdot \mu_r} \cdot B^2 \cdot V \quad \mu_0 = 1{,}256\,637\,061\,44 \cdot 10^{-6}\,\mathrm{H/m}$$

Dies ist die Energie, die in einem homogenen Magnetfeld gespeichert ist, welches das Volumen (V) erfüllt. Diese Energie ist unabhängig von der Existenz einer Spule. Daher lässt sich die Gleichung durch Integration auf inhomogene Felder verallgemeinern, sodass sie auch z. B. bei **elektromagnetischen Wellen** gilt. Als **Energiedichte** wird

$\rho_{mag} = \frac{W_{mag}}{V} = \frac{1}{2\,\mu_0 \cdot \mu_r} \cdot B^2$ bezeichnet.

3.2.8 Kreisbahn für Elektronen

Der Elektronenstrahl einer **Wehnelt-Röhre** (ein runder Glaskolben, der mit einer geringen Menge H-Gas gefüllt ist, das durch den Elektronenstrahl zum Leuchten angeregt wird), auch **Fadenstrahlrohr** genannt, wird im homogenen Magnetfeld zwischen zwei **Helmholtz-Spulen** zu einem Kreis abgelenkt.

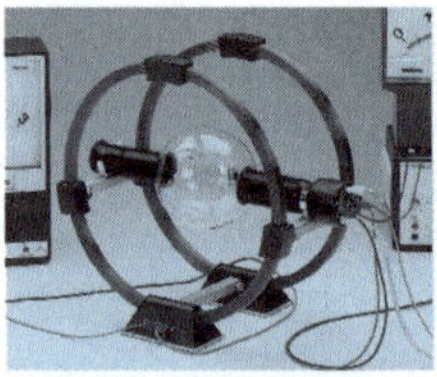

Wehnelt-Röhre zwischen zwei Helmholtzspulen

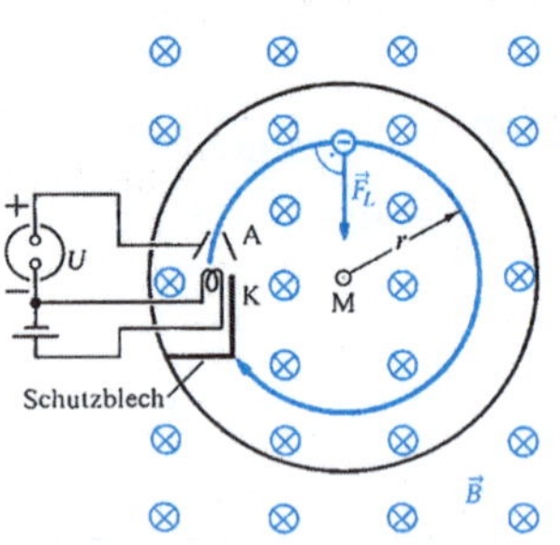

Kreisbahn der Elektronen und Zentripetalkraft $\vec{F_Z} = \vec{F_L}$ in der Wehnelt-Röhre

Für **Kreisbewegungen** gilt:

$(\Delta s + r)^2 = s^2 + r^2$

$\Leftrightarrow \left(\frac{1}{2}a \cdot \Delta t^2 + r\right)^2 = v^2 \cdot \Delta t^2 + r^2$

$\Leftrightarrow \frac{1}{4}a^2 \cdot \Delta t^4 + a \cdot \Delta t^2 \cdot r + r^2 = v^2 + \Delta t^2 + r^2$

$\Leftrightarrow \frac{1}{2}a^2 \cdot \Delta t^2 + a \cdot r = v^2$

$\lim\limits_{\Delta t \to 0}\left(\frac{1}{4}a^2 \cdot \Delta t^2 + a \cdot r = v^2\right)$

$\Rightarrow a \cdot r = v^2 \Rightarrow a = \frac{v^2}{r}$

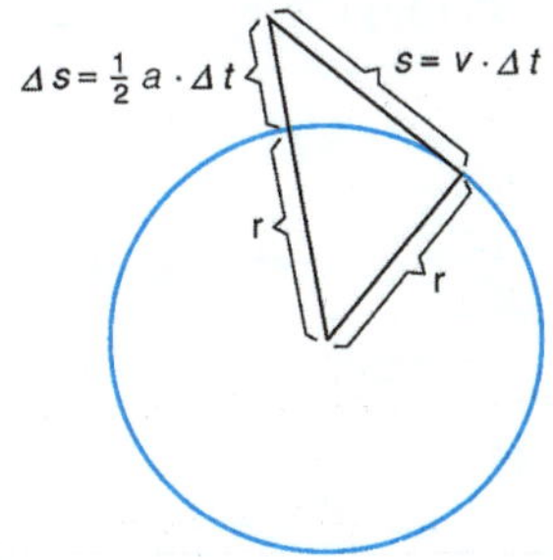

Konstruktion einer Kreisbewegung

Zentripetalkraft bei Kreisbewegung:

$F_p = m \cdot a = m \cdot \frac{v^2}{r}.$

Auf die Elektronen wirkt die **Lorentzkraft** (F_L), sodass gilt: $F_L = B \cdot e \cdot v = F_p$

$\Rightarrow B \cdot e \cdot v = m_e \cdot \frac{v^2}{r} \Leftrightarrow v = \frac{B \cdot e \cdot r}{m_e} \Leftrightarrow v^2 = \frac{B^2 \cdot e^2 \cdot r^2}{m_e^2}.$

Die Elektronen haben die **Energie**

$W_{\text{kin}} = e \cdot U = \frac{1}{2}m_e \cdot v^2 \Rightarrow v^2 = \frac{2e \cdot U}{m_e} \Rightarrow \frac{2e \cdot U}{m_e} = \frac{B^2 \cdot e^2 \cdot r^2}{m_e^2} \Leftrightarrow \frac{e}{m_e} = \frac{2U}{B^2 \cdot r^2}.$

Die **Feldstärke** des Magnetfeldes der Helmholtz-Spulen beträgt:

$H = \frac{n \cdot R^2 \cdot I}{\sqrt{(R^2 + b^2)^{\frac{2}{3}}}}$

(n = Windungszahl je Spule; R = Spulenradius; b = halber mittlerer Spulenabstand).

Wird die Wehnelt-Röhre gegenüber dem Magnetfeld gekippt, so hat die Geschwindigkeit der Elektronen die Komponenten v_s senkrecht zu den Feldlinien und v_p parallel zu diesen. v_s führt zur genannten Kreisbewegung mit der Umlaufzeit

$T = \frac{s}{v_s} = \frac{2\pi r}{v_s} = \frac{2\pi}{B \cdot \frac{e}{m}}.$

In dieser Zeit fliegen die Elektronen um die Strecke
$h = v_p \cdot T = v_p \cdot \frac{2\pi}{B \cdot \frac{e}{m}}$
weiter. Die Flugbahn wird zu einer **Schraubenlinie** mit der Ganghöhe h.

4 Schwingungen

4.1 Die harmonische Schwingung

4.1.1 Grundlegende Eigenschaften

Eine Schwingung, bei der die **Rückstellkraft** (F) der **Auslenkung** (s; **Elongation**) entgegengerichtet (daher »Rückstellkraft«) und proportional ist, heißt **harmonische Schwingung.** Folglich gilt das **Hooke'sche Gesetz** ($F=D\cdot s$) bei allen harmonischen Schwingungen.

Die **Projektion** einer harmonischen Schwingung ist identisch mit der Projektion einer **Kreisbewegung.** Die **Periodendauer** (T) ist unabhängig von der **Amplitude** ($\hat{s}$; maximale Auslenkung). Die meisten Formeln lassen sich anhand einer Drehbewegung am Einheitskreis herleiten und auf die jeweilige Schwingung übertragen (→ Allgemeine Formeln).

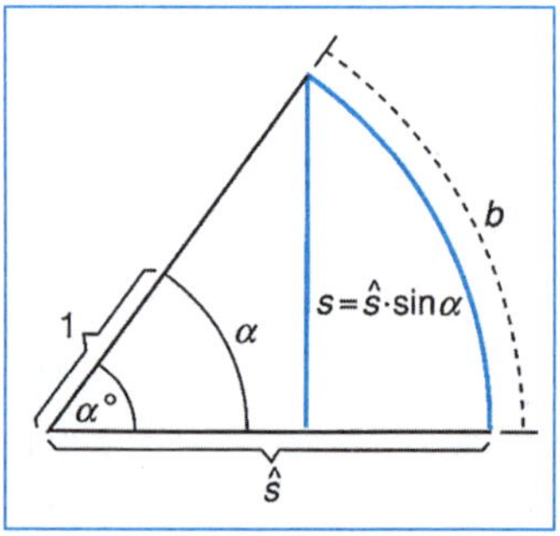

$s = \hat{s}\cdot\sin\alpha° = \hat{s}\cdot\sin\alpha = \hat{s}\cdot\sin\omega t$

Die Drehbewegung wird durch den Winkel $\alpha°$ (in Grad) bzw. α (in Bogenmaß) beschrieben.

Die **Winkelgeschwindigkeit** (ω) mit $\omega = \frac{\alpha}{t}$ beschreibt die Abhängigkeit von der Zeit. Beginnt die Schwingung zur Zeit $t=0$ nicht mit einem Nulldurchgang von – nach +, so wird die entsprechende **Phasenverschiebung** (φ) ergänzt.

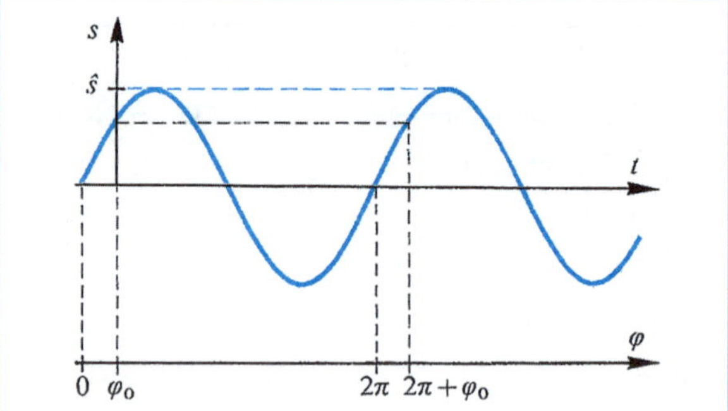

Projektion einer Kreisbewegung oder einer harmonischen Schwingung auf die Zeitachse

Soll eine Veränderung der **Frequenz** $f=\frac{1}{T}$ gegenüber einer anderen Schwingung verdeutlicht werden, so wird der Verhältnisfaktor b verwendet. Die Schwingungsgleichung hat dann die Form $s(t) = \hat{s}\cdot\sin(b\cdot\omega t+\varphi)$.

4.1.2 Allgemeine Formeln

Definitionen und Grundgleichungen

$b = \alpha \cdot \hat{s}$ $s = \hat{s} \cdot \sin \alpha$ $f = \frac{1}{T} = \frac{n}{T}$ $T = \frac{1}{f} = \frac{t}{n}$

$\alpha^\circ = \alpha \cdot \frac{180}{\pi}$ $\alpha = \alpha^\circ \cdot \frac{\pi}{180}$ $F = m \cdot a = D \cdot s$ $F_z = m \cdot \frac{\hat{v}^2}{\hat{s}}$

$\omega = \frac{\alpha}{t}$ $\hat{v} = \frac{b}{t}$ $W_{kin} = \frac{1}{2} m \cdot v^2$

Zeichenerklärung

α = Phasenwinkel in Bogenmaß

α° = Phasenwinkel in Grad

ω = Kreisfrequenz, Winkelgeschwindigkeit

a = Beschleunigung zur Zeit t

$\hat{a}$ = Beschleunigung im Umkehrpunkt, Zentripetalbeschleunigung (Kreis)

b = Bahnlänge, Kreisbogen

D = Richtgröße

f = Frequenz

F = Rückstellkraft zur Zeit t

F_z = Zentripetalkraft (Kreis) $\triangleq \hat{F}$

$\hat{F}$ = Rückstellkraft im Umkehrpunkt

n = Anzahl der Schwingungen während der Zeit t

s = Auslenkung, Elongation zur Zeit t

t = Zeit seit Beginn der 1. Schwingung (Nulldurchgang von – nach +)

T = Periodendauer

v = Geschwindigkeit zur Zeit t

$\hat{v}$ = Geschwindigkeit im Nulldurchgang bzw. Bahngeschwindigkeit (Kreis)

W_{kin} = Bewegungsenergie

W_{pot} = Potentielle Energie

Abgeleitete Formeln und Gesetze

Herleitung aus den Formeln am Einheitskreis:

$b = \alpha \cdot \hat{s} \Rightarrow \alpha = \frac{b}{\hat{s}}$ und $\hat{s} = \frac{b}{\alpha}$

$\omega = \frac{\alpha}{t} = \frac{2\pi}{T} = 2\pi \cdot f$

$\Rightarrow \alpha = \omega t$ und $t = \frac{\alpha}{\omega}$ und $T = \frac{2\pi}{\omega}$ und $f = \frac{\omega}{2\pi}$

$\hat{v} = \frac{b}{t} = \frac{\alpha \cdot \hat{s}}{t} = \omega \cdot \hat{s} = 2\pi \cdot \frac{\hat{s}}{T} = 2\pi \cdot f \cdot \hat{s}$

$\Rightarrow b = \hat{v} \cdot t$ und $\omega = \frac{\hat{v}}{\hat{s}}$ und $\hat{s} = \frac{\hat{v}}{\omega}$ und $T = 2\pi \cdot \frac{\hat{s}}{\hat{v}}$

$t = T \cdot n = \frac{n}{f} = \frac{\alpha}{\omega} = \frac{b}{\hat{s} \cdot \omega} = \frac{b}{\hat{v}}$

$n = \frac{t}{T} = f \cdot t = \frac{\omega \cdot t}{2\pi} = \frac{\alpha}{2\pi}$

$F = D \cdot s \Rightarrow s = \frac{F}{D}$

$W_{pot} = \int F \, ds = \int D \cdot s \, ds = \frac{1}{2} D \cdot s^2$

Im Nulldurchgang gilt: $W_{pot} = W_{kin}$

$\Rightarrow \frac{1}{2} D \cdot \hat{s}^2 = \frac{1}{2} m \cdot \hat{v}^2 \Rightarrow D = \frac{\hat{v}^2}{\hat{s}^2} \cdot m$ und $\hat{v} = \hat{s} \cdot \sqrt{\frac{D}{m}} \Rightarrow \omega = \sqrt{\frac{D}{m}}$.

$\hat{F}$ entspricht der Zentripetalkraft der projizierten Kreisbewegung:

$\Rightarrow \hat{F} = F_z = m \cdot \frac{\hat{v}^2}{\hat{s}^2} = m \cdot \omega^2 \cdot \hat{s} = m \cdot \frac{4\pi^2}{T^2} \cdot \hat{s}$

$\hat{a} = \frac{\hat{F}}{m} = \omega^2 \cdot \hat{s} = \hat{v} \cdot \omega = \frac{\hat{v}^2}{\hat{s}^2}$

$\Rightarrow \hat{F} = m \cdot \hat{a}$ und $\omega = \sqrt{\frac{\hat{a}}{\hat{s}}} = \frac{\hat{a}}{\hat{v}}$ und $\hat{s} = \frac{\hat{a}}{\omega^2}$ und $\hat{v} = \sqrt{\hat{a} \cdot \hat{s}} = \frac{\hat{a}}{\omega}$

$D = \frac{F}{s} = \frac{\hat{F}}{\hat{s}} = m \cdot \omega^2 = m \cdot \frac{4\pi^2}{T^2}$

$\Rightarrow \hat{F} = D \cdot \hat{s}$ und $\hat{s} = \frac{\hat{F}}{D}$ und $T = 2\pi \cdot \sqrt{\frac{m}{D}} = \frac{2\pi}{\omega} = 2\pi \cdot \frac{\hat{v}}{\hat{a}} \Rightarrow D = m \cdot \frac{\hat{a}^2}{\hat{v}^2}$

$s = \hat{s} \cdot \sin\alpha \wedge s = \hat{s} \cdot \sin\omega t \Rightarrow s = \frac{\hat{F}}{D} \cdot \sin\alpha = \frac{\hat{F}}{D} \cdot \sin\omega t$

$\Rightarrow F = \hat{F} \cdot \sin\alpha = \hat{F} \cdot \sin\omega t \Rightarrow F = m \cdot \hat{a} \cdot \sin\alpha = m \cdot \hat{a} \cdot \sin\omega t$

$\Rightarrow a = \hat{a} \cdot \sin\alpha = \hat{a} \cdot \sin\omega t \Rightarrow a = \omega \cdot \hat{v} \cdot \sin\alpha = \omega \cdot \hat{v} \cdot \sin\omega t$

$\Rightarrow v = \hat{v} \cdot \cos\alpha = \hat{v} \cdot \cos\omega t$

Die Formeln ergeben sich aus den Definitionen und Grundgleichungen oder aus den jeweils vorher berechneten Beziehungen.

Farbige Größen werden im nächsten Rechenschritt ersetzt.

4.1.3 Überlagerung und Dämpfung

Werden Schwingungen überlagert, so addieren sich ihre Elongationen

$s(t) = s_0(t) + s_1(t)$.

Es werden drei Sonderfälle unterschieden:

- **Verstärkung:** $s(t) = \hat{s}_0 \cdot \sin \omega t + \hat{s}_1 \cdot \sin \omega t$.
- **Abschwächung:** $s(t) = \hat{s}_0 \cdot \sin \omega t + \hat{s}_1 \cdot \sin(\omega t - \pi)$.
- **Schwebung:** $s(t) = \hat{s}_0 \cdot (b_0 \cdot \omega t) + \hat{s}_1 \cdot \sin(b_1 \cdot \omega t)$ für $b_0 \neq b_1 \wedge b_0 \approx b_1$.

Die **Schwebungsfrequenz** $f_s = |f_0 - f_1|$ gibt die Anzahl der Schwebungsmaxima pro Sekunde an.

Wird ein schwingungsfähiges System im Rhythmus seiner Eigenfrequenz angestoßen (erregt), so wird ihm optimal Energie übertragen und seine Amplitude schaukelt sich auf. Dies wird als **Resonanz** bezeichnet. Je mehr sich die Frequenzen unterscheiden, desto geringer ist die Energieübertragung. Bei einer starren **Kopplung** zwischen Erreger und angeregtem System führt dieses auch **erzwungene Schwingungen** aus.

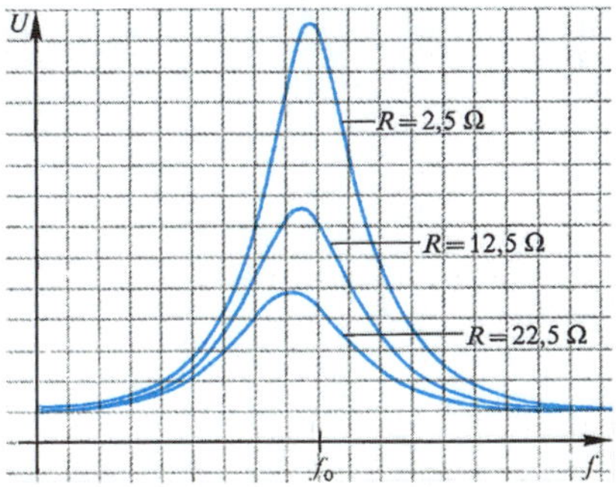

Resonanzkurven für einen Parallelschwingkreis mit $C = 0{,}5\,\mu$F; $L = 5{,}8 \cdot 10^{-2}$ H und verschiedenen Dämpfungswiderständen

Treten bei einer Schwingung Energieverluste auf (Reibung), so wird diese als **Dämpfung** bezeichnet: Bei geschwindigkeitsproportionaler Reibung nimmt die Amplitude exponentiell ab: $\hat{s}_n = \frac{\hat{s}_0}{K^n}$.

Hierin ist $\hat{s}_0$ die Anfangsamplitude; $\hat{s}_n$ die Amplitude nach n Schwingungen und das Amplitudenverhältnis K, der Unterschied zwischen zwei aufeinander folgenden Amplituden.

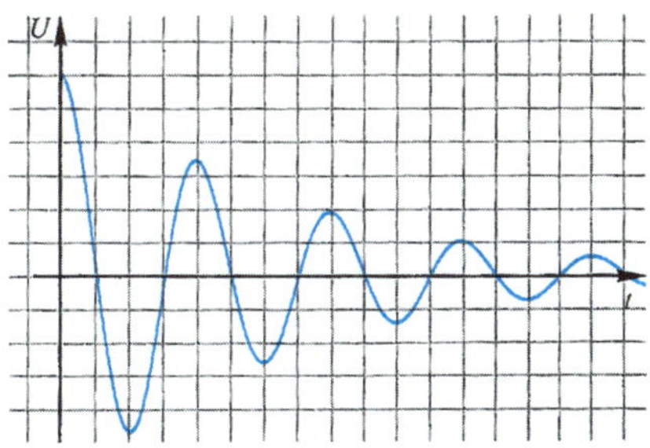

Amplitudenabnahme eines gedämpften Schwingkreises ($C = 200$mF; $L = 600$ H; $R = 300$ V)

Die **Resonanzfrequenz** f_0 eines schwingenden Systems wird durch Dämpfung zu kleineren Werten hin verschoben.

4.2 Spezielle Schwingungen

4.2.1 Das Fadenpendel

Unter einem **mathematischen Fadenpendel** wird ein **Pendel** verstanden, dessen Masse punktförmig ist und dessen Fadenmasse vernachlässigt werden kann. Ist die Auslenkung kleiner als $\approx 8°$, so gilt in guter Näherung:

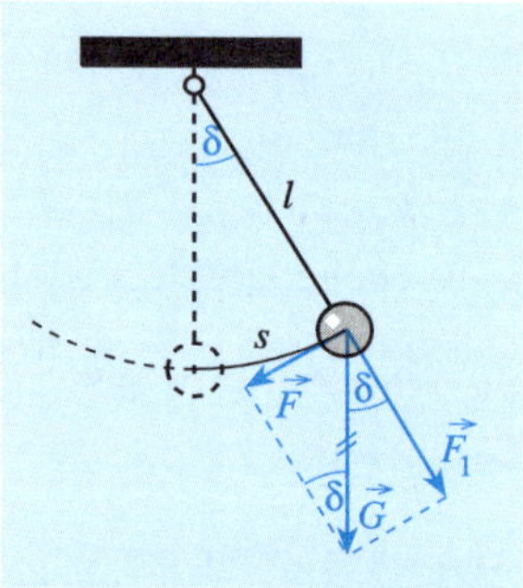

Kräfte am Fadenpendel

$$F = G \cdot \sin\delta \wedge s = \delta \cdot l \wedge G = m \cdot g \wedge D = \frac{F}{s}$$

$$\Rightarrow D = \frac{F}{s} = \frac{m \cdot g \cdot \sin\delta}{\delta \cdot l} = \frac{m \cdot g}{l} \cdot \frac{\sin\delta}{\delta}.$$

Für kleine Winkel gilt:

$$\frac{\sin\delta}{\delta} = 1 \Rightarrow D = \frac{m \cdot g}{l}.$$

Für harmonische Schwingungen gilt:

$$T = 2\pi \cdot \sqrt{\frac{m}{D}} \Rightarrow T = 2\pi \cdot \sqrt{\frac{l}{g}}.$$

4.2.2 Der Schwingkreis

$$R_L = \omega \cdot L \wedge R_C = \frac{1}{\omega \cdot C}$$

Bei **Resonanz** gilt: $U_L = U_C \Rightarrow R_L = R_C \Rightarrow \omega \cdot L = \frac{1}{\omega \cdot C} \Leftrightarrow \omega^2 = \frac{1}{L \cdot C}$

$$\Rightarrow \omega = \frac{1}{\sqrt{L \cdot C}} \Rightarrow f = \frac{1}{2\pi \cdot \sqrt{L \cdot C}}$$

(Thomson'sche Schwingungsgleichung)

Parallelschaltung

Im Resonanzfall weist der Schwingkreis ein Widerstandsmaximum auf.

Reihenschaltung

Im Resonanzfall weist der Schwingkreis ein Widerstandsminimum auf.

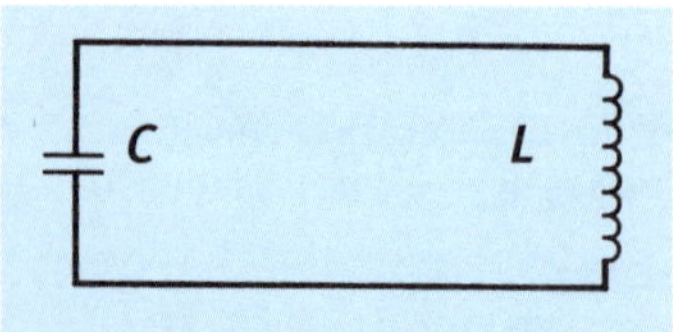

Parallelschwingkreis

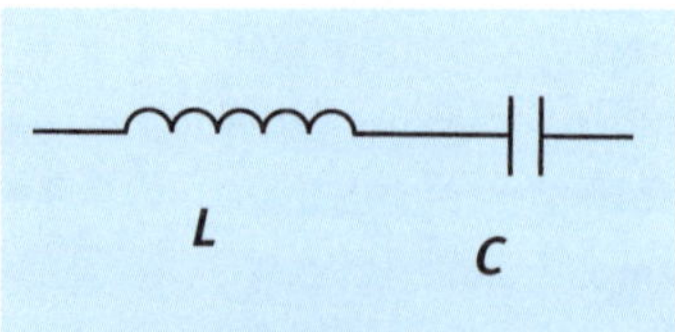

Reihenschwingkreis

5 Wellen

5.1 Allgemeine Eigenschaften

5.1.1 Ausbreitung

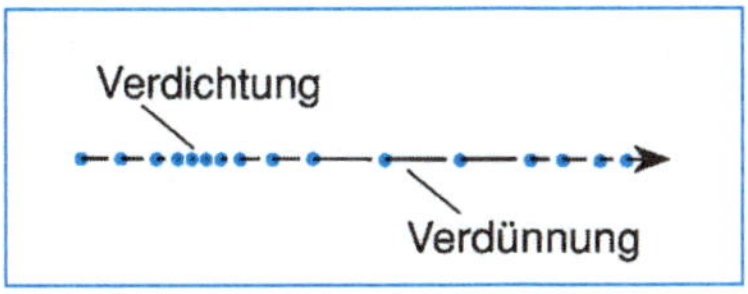

Mechanische Wellen können sich nur in einem Medium ausbreiten. Der **Wellenträger** besteht aus miteinander gekoppelten, schwingungsfähigen Teilchen. Je fester die **Kopplung** und je kleiner die Masse ist, desto höher ist die **Ausbreitungsgeschwindigkeit** (c). Jedes Teilchen kann als Erregerzentrum der Welle angesehen werden (**Huygens'-sches Prinzip**). Mit einer Welle wird Schwingungsenergie übertragen.

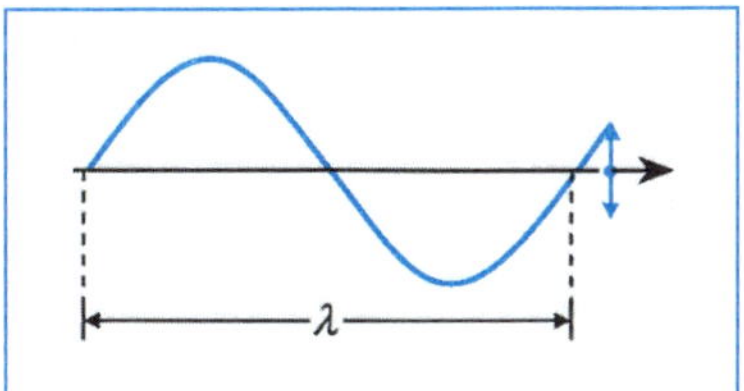

Longitudinal- und Transversalwelle

Es werden verschiedene Wellenarten unterschieden: **Längs- oder Longitudinalwellen** (die Teilchen schwingen in Ausbreitungsrichtung, so wechseln sich Verdichtungen und Verdünnungen ab) und **Quer- oder Transversalwellen** (die Teilchen schwingen quer zur Ausbreitungsrichtung).

Unter der **Wellenlänge** (λ) wird der räumliche Abstand zweier Teilchen mit gleicher Schwingungsphase (synchrone Bewegung) verstanden. Die Ausbreitungsrichtung der Welle wird als **Wellenstrahl** bezeichnet. Senkrecht zu diesem verläuft die **Wellenfront,** das heißt der geometrische Ort aller Teilchen mit gleicher Phase. Abhängig von der Ausbreitungsrichtung werden verschiedene Wellenformen unterschieden: **Kugel-** bzw. **Kreiswellen** breiten sich konzentrisch um den Erreger aus; die Wellenstrahlen verlaufen radial. **Ebene Wellen** ergeben sich durch Überlagerung vieler Kugel- bzw. Kreiswellen oder als Wellenfront sehr weit entfernter Erreger.

Werden Wellen überlagert, so addieren sich die Auslenkungen.

Die Ausbreitung einer Transversalwelle lässt sich durch folgende Gleichungen beschreiben ($t = 0$ beim positiven Nulldurchgang des Erregers).

Schwingung des Erregers: $y = r \cdot \sin \omega t = r \cdot \sin\left(\frac{2\pi}{T} \cdot t\right)$.

Da die Welle sich mit der Geschwindigkeit c ausbreitet, ist die Schwingung eines Teilchens in der Entfernung x vom Erreger um die Zeit t mit $t = \frac{x}{c}$ verzögert:

$$y = r \cdot \sin\left[\frac{2\pi}{T} \cdot \left(t - \frac{x}{c}\right)\right] = r \cdot \sin\left[2\pi \cdot \left(\frac{t}{T} - \frac{x}{\lambda}\right)\right].$$

Ist die Entfernung x konstant $(x = x_0)$, so gilt: $\frac{x_0}{c} = t_0 \wedge y = r \cdot \sin\left[\frac{2\pi}{T} \cdot (t - t_0)\right]$.

Ist hingegen der Zeitpunkt t konstant $(t = t_0)$, so gilt:

$$y = r \cdot \sin\left[\frac{2\pi}{T} \cdot \left(t_1 - \frac{x}{c}\right)\right]$$

$$\Rightarrow \frac{1}{T} \cdot \left(t_1 - \frac{x}{c}\right) = \frac{1}{T \cdot c} \cdot (t_1 \cdot c - x) \wedge T \cdot c = \lambda \wedge t_1 \cdot c = x_1$$

$$\Rightarrow y = r \cdot \sin\left[\frac{2\pi}{\lambda} \cdot (x_1 - x)\right].$$

Hierin ist x_1 die Entfernung, welche die Welle in der Zeit t_1 zurückgelegt hat.

5.1.2 Reflexion und Brechung

Trifft eine Welle auf ein Material, in dem sie sich mit anderer Geschwindigkeit ausbreitet, so tritt **Reflexion** und **Brechung** auf.

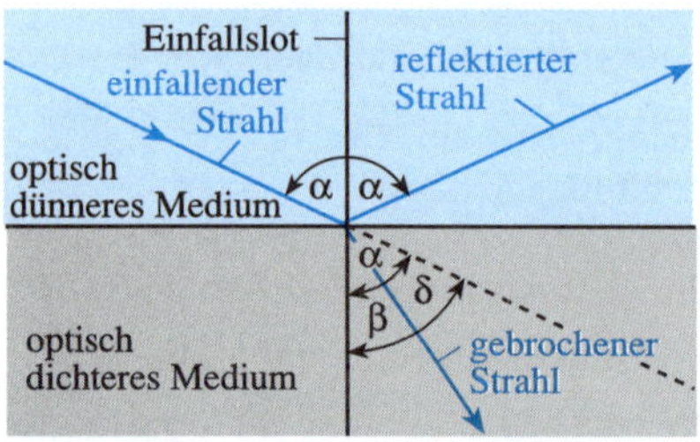

Das Licht wird einerseits reflektiert, andererseits um den Winkel $\delta = \alpha - \beta$ gebrochen.

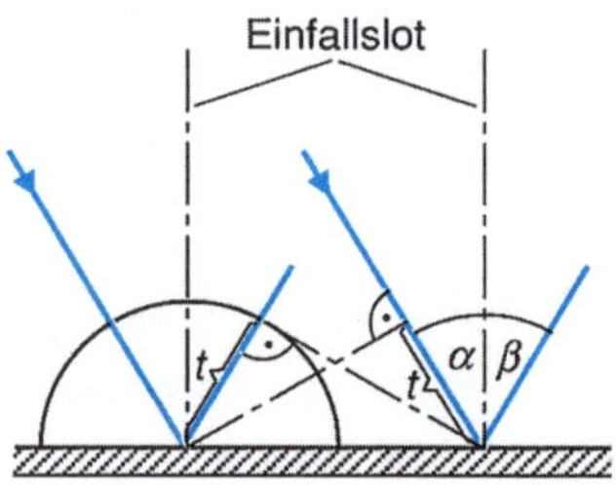

Konstruktion des Reflexionsgesetzes

Reflexion

Jeder Punkt einer Wellenfront kann als Ausgangspunkt einer Elementarwelle (Kreis- oder Kugelwelle) angesehen werden. Aus diesem Prinzip (**Huygens'sches Prinzip**) folgt das **Reflexionsgesetz** Einfallswinkel = Ausfallswinkel bzw. $\alpha = \beta$. Die Frequenz ändert sich dabei nicht.

Brechung

$c_2 < c_1 \wedge \lambda_2 < \lambda_1$

$\frac{\sin\alpha}{\sin\beta} = \frac{c_1 \cdot t}{c_2 \cdot t} = \frac{c_1}{c_2} = n$

n heißt **Brechungszahl.** Bei elektromagnetischen Wellen wird n meistens nur für ein einzelnes Medium angegeben. In diesem Fall ist das Verhältnis der Geschwindigkeit im Medium in Relation zur Vakuumlichtgeschwindigkeit gemeint (Vakuum = Medium 1). Folglich ist dann n stets größer als 1; da $\sin\alpha \leq 1$ ist, folgt: $\sin\beta \leq \frac{1}{n}$.

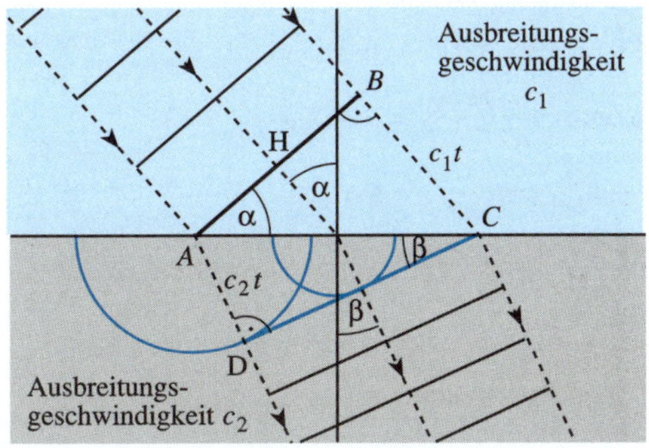

Brechung einer Welle beim Übergang von einem dünneren in ein dichteres Medium

Der Winkel β_g *zu* $\sin\beta_g = \frac{1}{n}$ wird als **Grenzwinkel** bezeichnet. Ist $\beta > \beta_g$, so tritt **Totalreflexion** (innerhalb des dichteren Mediums) ein.

5.1.3 Die stehende Welle

Wird eine Welle so reflektiert, dass sie phasengleich zurückläuft, entsteht eine **stehende Welle.**

Hinlaufende Welle:

$y_H = r \cdot \sin\left[2\pi \cdot \left(\frac{t}{T} - \frac{x}{\lambda}\right)\right].$

Rücklaufende Welle:

$y_R = r \cdot \sin\left[2\pi \cdot \left(\frac{t}{T} - \frac{l + (l - x)}{\lambda}\right)\right] = r \cdot \sin\left[2\pi \cdot \left(\frac{t}{T} - \frac{2l - x)}{\lambda}\right)\right] = r \cdot \sin\left[2\pi \cdot \left(\frac{t}{T} + \frac{x}{\lambda} - \frac{2l}{\lambda}\right)\right].$

Wegen $\sin(\alpha - \beta) = \sin\alpha \cdot \cos\beta - \cos\alpha \cdot \sin\beta$ gilt:

$$y_R = r \cdot \sin\left[2\pi \cdot \left(\frac{t}{T} + \frac{x}{\lambda}\right)\right] \cdot \cos\left[2\pi \cdot \left(\frac{2l}{\lambda}\right)\right] - r \cdot \cos\left[2\pi \cdot \left(\frac{t}{T} + \frac{x}{\lambda}\right)\right] \cdot \sin\left[2\pi \cdot \left(\frac{2l}{\lambda}\right)\right]$$

Reflexion am festen Ende:

$l = \frac{(2n-1)}{4} \cdot \lambda \;\; [n \in \mathbb{N}]$

$\Rightarrow \cos\left[2\pi \cdot \left(\frac{2 \cdot (2n-1) \cdot \lambda}{4\lambda}\right)\right] = \cos[\pi \cdot (2n-1)] = \pm 1$

$\Rightarrow \sin\left[2\pi \cdot \left(\frac{2 \cdot (2n-1) \cdot \lambda}{4\lambda}\right)\right] = \sin[\pi \cdot (2n-1)] = 0$

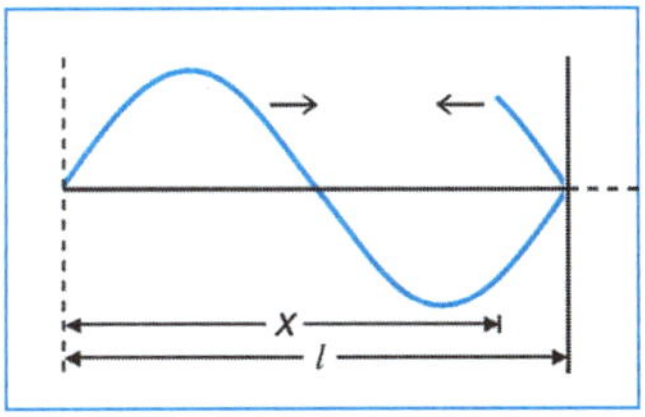

Reflexion am losen Ende:

$l = \frac{n}{2} \cdot \lambda \ [n \in \mathbb{N}]$

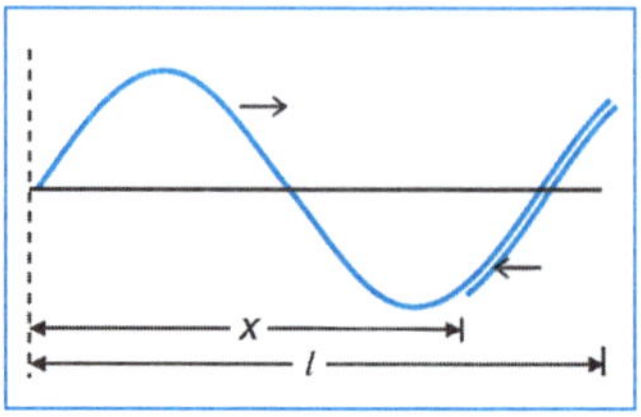

$\Rightarrow \ \cos\left[2\pi \cdot \left(\frac{2n \cdot \lambda}{2\lambda}\right)\right] = \cos(2\pi \cdot n) = \pm 1$

$\Rightarrow \ \sin\left[2\pi \cdot \left(\frac{2n \cdot \lambda}{2\lambda}\right)\right] = \sin(2\pi \cdot n) = 0$

Addition der Amplituden zur stehenden Welle:

$\Rightarrow \ y_R = r \cdot \sin\left[2\pi \cdot \left(\frac{t}{T} - \frac{x}{\lambda}\right)\right]$

$y = y_R + y_H = r \cdot \sin\left[2\pi \cdot \left(\frac{t}{T} - \frac{x}{\lambda}\right)\right] + r \cdot \sin\left[2\pi \cdot \left(\frac{t}{T} - \frac{x}{\lambda}\right)\right]$

Wegen $\sin\alpha + \sin\beta = 2\cos\frac{\alpha - \beta}{2} \cdot \sin\frac{\alpha + \beta}{2}$ folgt:

$y = 2r \cdot \cos\left(\frac{2\pi \cdot x}{\lambda}\right) \cdot \sin\left(\frac{2\pi}{T} \cdot t\right)$.

Wird in die Gleichung $y = 2r \cdot \cos\left(\frac{2\pi \cdot x}{\lambda}\right) \cdot \sin\left(\frac{2\pi}{T} \cdot t\right)$ der Term $x = \frac{(2n-1)}{4} \cdot \lambda$ eingesetzt, so ist $y = 0$ wegen $\cos = \frac{2\pi(2n-1) \cdot \lambda}{4\lambda} = \cos\left[(2n-1) \cdot \frac{\pi}{2}\right] = 0$.

Hier liegt also ein **Schwingungsknoten** vor; $y = 0$ ist hier unabhängig von t.

Ist dagegen $x = \frac{n}{2} \cdot \lambda$, so nimmt der Term mit cos die Werte ±1 an. Hier gibt es einen **Schwingungsbauch** der Höhe $2r$, sofern der zweite Term ebenfalls ±1 ist. Dies ist der Fall, wenn $\frac{2\pi \cdot t}{T} = (2n-1) \cdot \frac{\pi}{2}$ gilt (bei diesem Wert ist der $\sin = \pm 1$), das heißt also, wenn $t = \frac{(2n-1)}{4} \cdot T$ erfüllt ist.

Die Pfeife

Beim Auftreffen der Anblasströmung auf eine scharfe Lippe entstehen Luftwirbel, welche die Luftsäule in einem Rohr zum Schwingen anregt. Es bilden sich stehende Wellen, die wiederum auf die Wirbel zurückwirken. Es gilt:

geschlossenes Ende:

$l = \frac{2n-1}{4} \cdot \lambda \qquad c = \frac{4l}{2n-1} \cdot f$

$\lambda = \frac{4l}{2n-1} \qquad f = \frac{2n-1}{4l} \cdot c$

offenes Ende:

$l = \frac{n}{2} \cdot \lambda \qquad c = \frac{2l}{n} \cdot f$

$\lambda = \frac{2l}{n} \qquad f = \frac{n}{2l} \cdot c$

Neben der **Grundfrequenz** $f = \frac{c}{4l}$ bzw. $f = \frac{c}{2l}$ entstehen gleichzeitig so genannte **Oberwellen** oder **harmonische** (Nummerierung $\triangleq n-1$), das heißt stehende Wellen höherer Frequenz.

Kundt'sches Rohr

Waagerechtes Glasrohr mit einem Erreger an einem Ende. Stehende Wellen werden mit Korkmehl sichtbar gemacht (geeignet zur Bestimmung der **Schallgeschwindigkeit**). Die Formeln entsprechen denen der Pfeife.

5.1.4 Interferenz bei zwei Erregern

Gehen von zwei punktförmigen Erregern kohärente Elementarwellen aus und überlagern sich, so löschen sie sich zum Teil aus bzw. verstärken sich. Es entsteht **Interferenz.**

Auslöschung: Gangunterschied $\delta = (2n-1)\cdot\frac{\lambda}{2}$

Verstärkung: Gangunterschied $\delta = n\cdot\lambda$

Wenn d sehr klein gegenüber l_1, l_2, l_3 ist, gilt: $l_3 = l_2$

Daraus folgt für die Auslöschung: $\sin\alpha = \frac{\delta}{\mathrm{d}}$

$\sin\alpha = \frac{2n-1}{2d}\cdot\lambda \; [n \in \mathbb{N}]$

$\sin\alpha \leq 1 \Rightarrow \frac{2n-1}{2d}\cdot\lambda \leq 1 \Rightarrow n \leq \frac{d}{\lambda}+\frac{1}{2}$

für die Verstärkung: $\sin\alpha = \frac{\delta}{d}$

$\sin\alpha = \frac{n-1}{d}\cdot\lambda \; [n \in \mathbb{N}]$

$\sin\alpha \leq 1 \Rightarrow \frac{n-1}{d}\cdot\lambda \leq 1 \Rightarrow n \leq \frac{d}{\lambda}+1$

Hyperbelförmige Interferenzstreifen bei Wasserwellen

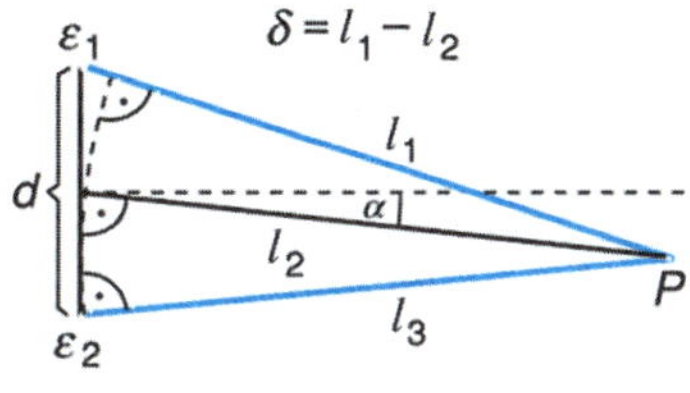

Konstruktion des Interferenzmusters bei zwei Erregern

5.1.5 Der Einzelspalt

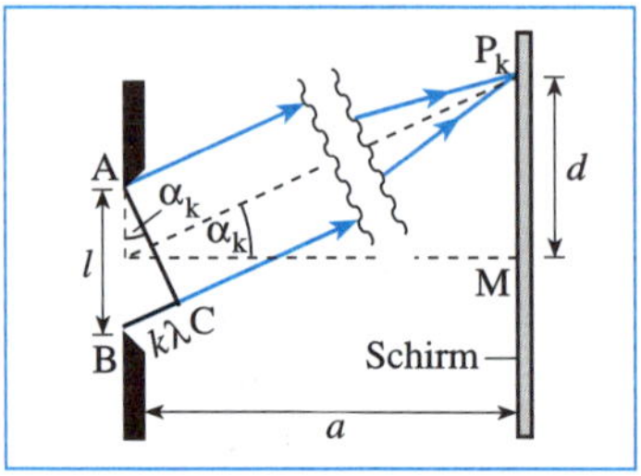

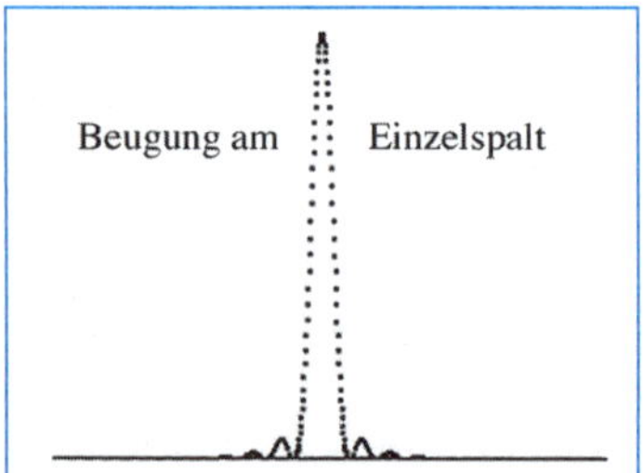

Intensitätsdiagramm für die Beugung am Spalt, mit dem Computer berechnet

Trifft eine Wellenfront auf einen engen **Einzelspalt** (l in der Größenordnung von λ), so tritt **Beugung** auf. Nach dem **Huygens'schen Prinzip** gehen von jedem Punkt des Spalts Elementarwellen aus. Je nach Beugungsrichtung ergibt sich ein anderer Gangunterschied, der zu konstruktiver oder destruktiver **Interferenz** führt.

Wenn die Entfernung $a \gg l$ ist, können die Wellenstrahlen im Punkt P als parallel angesehen werden. Totale **Auslöschung** ergibt sich, wenn sich das parallele Wellenbündel zum Punkt P der Breite l in n Teilbündel aufspalten lässt, die sich wiederum in zwei Teilbündel mit dem Gangunterschied $\frac{\lambda}{2}$ aufteilen lassen.

Folglich gilt: $\sin\alpha = \dfrac{\frac{\lambda}{2}}{\frac{\left(\frac{l}{n}\right)}{2}} = \dfrac{\lambda \cdot n}{l}$.

Mit $n \in \mathbb{N} \wedge \sin\alpha \leq 1$ folgt: $n \leq \frac{l}{\lambda}$.

Für kleine Winkel gilt ferner $\sin\alpha \approx \tan\alpha \Rightarrow \tan\alpha = \frac{d_n}{a} = n \cdot \frac{l}{\lambda} = \sin\alpha$.

Maxima liegen jeweils dazwischen bei $\sin\alpha = (2n-1) \cdot \frac{\lambda}{2l}$.

Mit $n \in \mathbb{N} \wedge \sin\alpha \leq 1$ folgt: $n \leq \frac{l}{\lambda} - 1$.

Das Hauptmaximum liegt bei $\alpha = 0°$. Die Nebenmaxima werden schnell wesentlich schwächer, da bei jedem Winkel eine teilweise Auslöschung auftritt.

5.1.6 Doppelspalt und Gitter

Beim **Doppelspalt** werden die gleichen **Auslöschungen** wie beim Einzelspalt beobachtet. (Die Verschiebung der Projektionen der zwei einzelnen Spalten gegeneinander um den Spaltabstand (g) ist bedeutungslos.) Es kommen jedoch weitere **Minima** durch **Interferenz** der Strahlbündel beider Spalten hinzu.

Beugung am Doppelspalt mit $g = 5\,l$, mit dem Computer berechnet

Für diese gilt:

$\tan\alpha = \frac{d_n}{a} \wedge \sin\alpha = \frac{\delta}{g} \wedge \delta = (2n-1)\cdot\frac{\lambda}{2}$

$\Rightarrow \sin\alpha = \frac{(2n-1)\cdot\lambda}{2g}.$

Da bei sehr kleinem α gilt, $\sin\alpha \approx \tan\alpha$, folgt:

$\tan\alpha = \frac{d_n}{a} = \frac{(2n-1)\cdot\lambda}{2g} = \sin\alpha$

$\Rightarrow d_n = \frac{(2n-1)\cdot\lambda\cdot a}{2g}.$

Wegen $\sin\ \alpha \leq 1$ folgt: $n \leq \frac{g}{\lambda} + \frac{1}{2} \wedge n \in \mathbb{N}.$

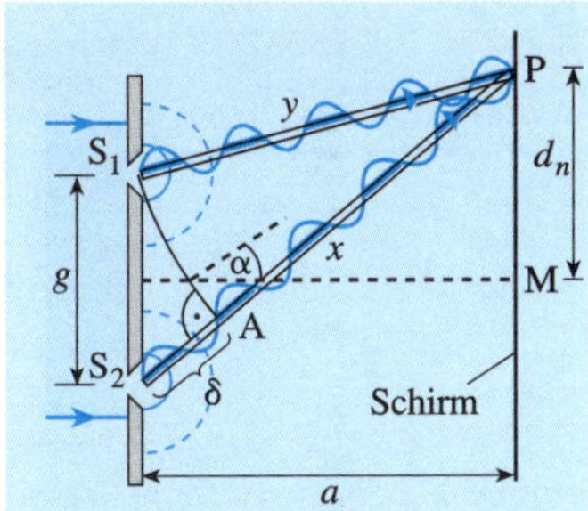

Interferenz am Doppelspalt

Der Abstand zwischen zwei Minima beträgt:

$d_{n+1} - d_n = \frac{(2n+1)\cdot\lambda\cdot a - (\lambda\cdot n - 1)\cdot a}{2g} = \frac{\lambda\cdot a}{g}.$

Für **Maxima** gilt:

$\tan\alpha = \frac{d_n}{a} \wedge \sin\alpha = \frac{\delta}{g} \wedge \delta = (n-1)\cdot\lambda$

$\Rightarrow \sin\alpha = \frac{(n-1)\cdot\lambda}{g}$

$\Rightarrow \tan\alpha = \frac{d_n}{a} = \frac{(n-1)\cdot\lambda}{g} = \sin\alpha$

$\Rightarrow d_n = \frac{(n-1)\cdot\lambda\cdot a}{g}.$

Wegen $\sin\alpha \leq 1$ folgt $n \leq \frac{g}{\lambda} + 1.$

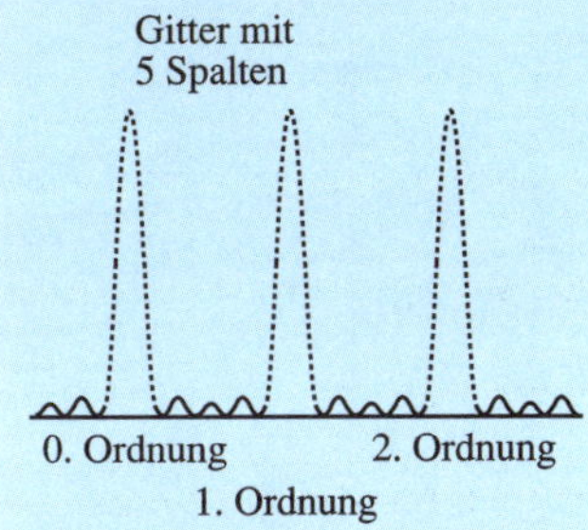

Intensitätsverteilung für die Beugung am optischen Gitter mit fünf Spalten

Der Abstand zwischen zwei Maxima beträgt: $d_{n+1} - d_n = \frac{\lambda\cdot a}{g}.$

Folglich beträgt der Abstand zwischen zwei Maxima oder zwei Minima: $\Delta d = \frac{\lambda\cdot a}{g}.$

Mehrfachspalt, Gitter

Bei mehr als zwei Spalten ergeben sich die Maxima an denselben Stellen wie beim Doppelspalt, es kommen jedoch noch zahlreiche Minima hinzu, sodass die Maxima wesentlich schärfer ausgeprägt sind.

5.2 Elektromagnetische Wellen

5.2.1 Die wichtigsten Eigenschaften

Die bekanntesten Eigenschaften der **elektromagnetischen Wellen** entsprechen denen der mechanischen Wellen (**Beugung, Brechung, Interferenz**). Entsprechend diesen Eigenschaften wird auch den elektromagnetischen Wellen eine **Wellenlänge** und eine **Frequenz** zugesprochen. Diese Merkmale dienen auch zu einer Einteilung der elektromagnetischen Wellen in **Radiowellen, Mikrowellen, Infrarot-, Licht-, UV-, Röntgen- und γ-Strahlung**. Diese Einteilung ist historisch bedingt. Die Bezeichnungen orientieren sich an Vorkommen und Anwendung der entsprechenden Welle.

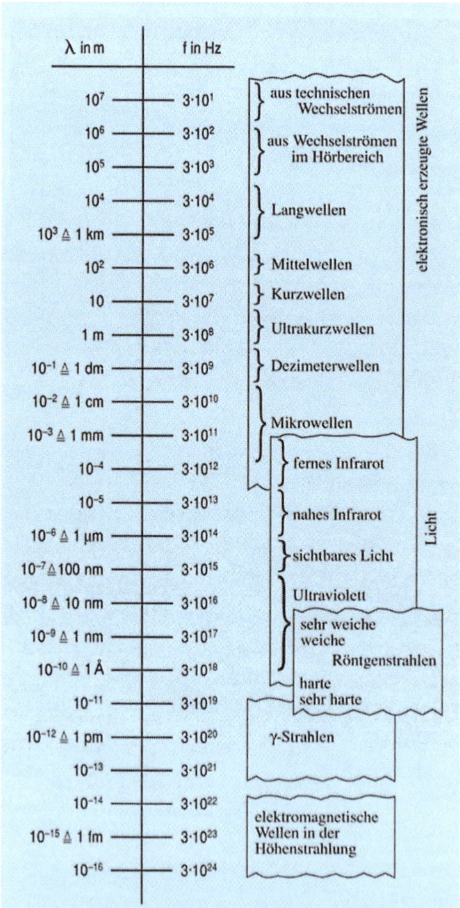

Das elektromagnetische Spektrum (1 fm = 1 Femtometer = $1 \cdot 10^{-15}$ m; 1 Å = 1 Ångström = $1 \cdot 10^{-10}$ m)

Elektromagnetische Wellen unterscheiden sich von mechanischen jedoch in einigen sehr wesentlichen Punkten. Die wichtigsten werden hier kurz im Überblick dargestellt.

1. Elektromagnetischen Wellen sind nicht an die Ausbreitung in einem Medium gebunden. Ihre Ausbreitungsgeschwindigkeit im Vakuum wird als → **Lichtgeschwindigkeit** (c_0) bezeichnet.

2. Eine elektromagnetische Welle (→ Energie elektromagnetischer Wellen) transportiert ihre **Energie** W_{ges} nicht in beliebigen Portionen, sondern in vielen kleinen Portionen zu je $W = h \cdot f$ (h = Planck'sches Wirkungsquantum, f = Frequenz). Diese Portionen werden als **Photonen** oder **Quanten** be-

zeichnet. Bei Licht wird meist von Photonen, bei γ-Strahlen hingegen von γ-Quanten gesprochen (→ Fotoeffekt).

3. Elektromagnetische Wellen haben (insbesondere bei hoher Energie) auch Eigenschaften **korpuskularer Strahlung (Teilchenstrahlung)**. Vor allem lässt sich eine relativistische Masse der Photonen (m_{ph}) und damit ein Impuls nachweisen (→ Compton-Effekt).

5.2.2 Die Lichtgeschwindigkeit

Wird ein homogenes Magnetfeld B mit der Geschwindigkeit v bewegt, so wird in einem ruhenden Leiter die Spannung $U = B \cdot d \cdot v$ induziert. Dies entspricht der Stärke eines elektrischen Feldes $E = \frac{U}{d}$ im Innern des Leiters:

$$\Rightarrow \; E = \frac{U}{d} = \frac{B \cdot d \cdot v}{d} = B \cdot v.$$

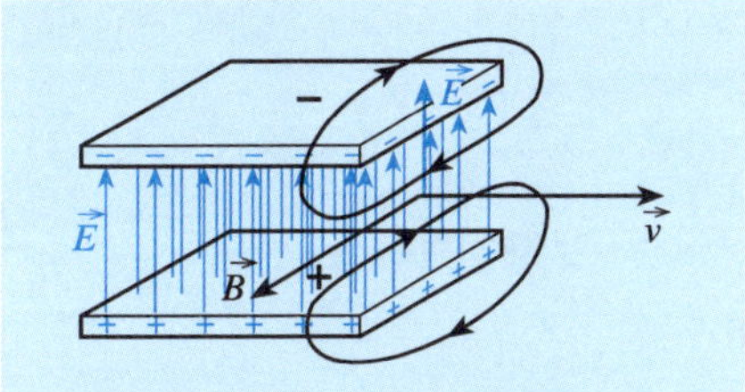

Mit den Ladungen werden auch elektrische Felder bewegt: Es entsteht ein magnetisches Feld.

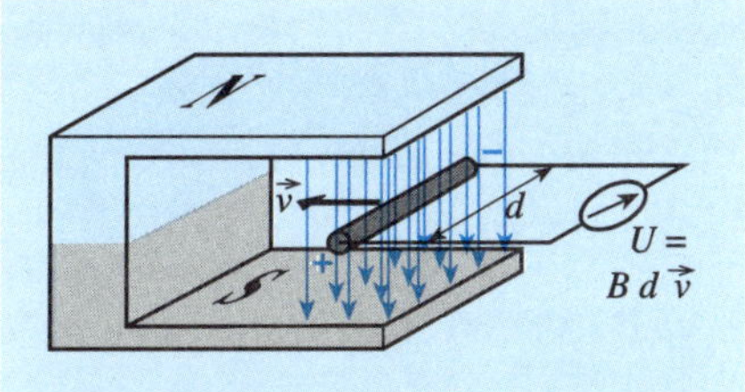

Auch wenn der Stab ruht und der Magnet sich mit der Geschwindigkeit v nach rechts bewegt, entsteht die Induktionsspannung $U = B \cdot d \cdot v$.

Dieser Zusammenhang ist unabhängig von der Ursache des Magnetfeldes oder eines Leiters und gilt allgemein.

Wird anstelle des Magnetfeldes ein Kondensator bewegt (elektrisches Feld), so erzeugen die bewegten Ladungen ein Magnetfeld. Aus den **Maxwell-Gleichungen** (sie beschreiben die elektromagnetischen Wellen exakt) folgt die Unabhängigkeit von der Existenz eines Kondensators.

Insgesamt folgt: $E = B \cdot v$.

In einer **elektromagnetischen Welle** bewegen sich ein elektrisches und ein magnetisches Feld unabhängig von äußeren Einflüssen. Da beide Felder jeweils Ursache und Wirkung des anderen sind ($E = B \cdot v$), sind ihre Energien gleich.

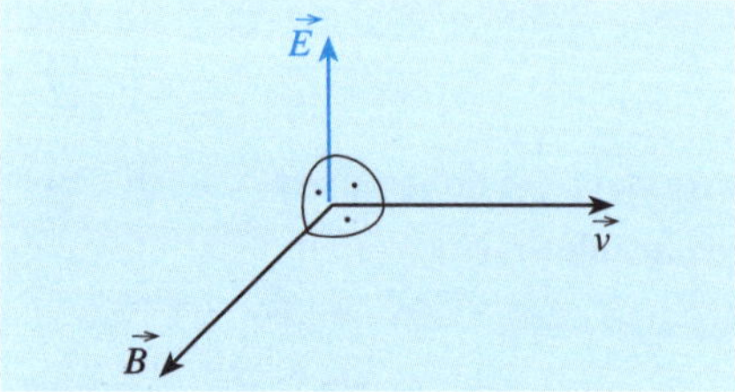

Richtung des $\vec{E}$-Feldes, das von einem mit der Geschwindigkeit $\vec{v}$ wandernden $\vec{B}$-Feld induziert wird.

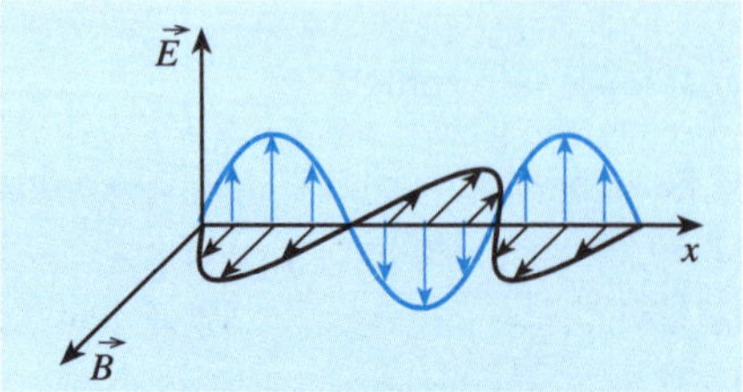

Die magnetische Welle wird ständig von einer elektrischen Welle begleitet.

$W_{\text{el}} = W_{\text{mag}} \Rightarrow W_{\text{el}} = \frac{1}{2}\epsilon_0 \cdot \epsilon_r \cdot V \cdot E^2 = \frac{1}{2\,\mu_0 \cdot \mu_r} \cdot V \cdot B^2 = W_{\text{mag}}.$

Mit $E = B \cdot v$ folgt: $v^2 = \frac{1}{\epsilon_0 \cdot \epsilon_r \cdot \mu_0 \cdot \mu_r} \Rightarrow v = \frac{1}{\sqrt{\epsilon_0 \cdot \epsilon_r \cdot \mu_0 \cdot \mu_r}} =: c$

Konstanten

$\epsilon_0 = 8{,}854\,187 \cdot 10^{-12}\,\text{F/m}$

$\mu_0 = 1{,}256\,637\,061\,44 \cdot 10^{-6}\,\text{H/m}$

(Achtung: ϵ_r und μ_r sind frequenzabhängig.)

Im Vakuum gilt: $\epsilon_r = \mu_r = 1 \Rightarrow c_0 = \frac{1}{\sqrt{\epsilon_0 \cdot \mu_0}} = 299\,792\,456\,\text{m/s}.$

c_0 wird als **Lichtgeschwindigkeit** bezeichnet.

5.2.3 Energie elektromagnetischer Wellen

Die Feldstärken E bzw. B in einer elektromagnetischen Welle verändern sich mit der Zeit. Da elektrisches und magnetisches Feld in gleicher Phase auftreten, gilt dies auch für die momentane Feldenergie. Die Gesamtenergie der Welle ergibt sich daher als zeitlicher Mittelwert der momentanen Gesamtenergie.

Für sinusförmige Wellen gilt: $W_{\text{ges}} = W_{\text{el}} + W_{\text{mag}} = 2\,W_{\text{el}} = 2\,W_{\text{mag}}$

$\Rightarrow \overline{W}_{\text{ges}} = \widehat{W}_{\text{el}} = \widehat{W}_{\text{mag}}$ bzw. $\overline{W}_{\text{ges}} = \frac{1}{2}\epsilon_0 \cdot \epsilon_r \cdot V \cdot \widehat{E}^2 = \frac{1}{2\,\mu_0 \cdot \mu_r} \cdot V \cdot \widehat{B}^2.$

Trifft Energie in der Zeit (t) senkrecht auf die Fläche (A), so heißt der

Quotient $\frac{\text{Energie}}{\text{Fläche} \cdot \text{Zeit}}$ **Bestrahlungsstärke:** $S = \frac{W}{A \cdot t}.$

Für elektromagnetische Wellen gilt wegen $\frac{V}{A} = l$ und $\frac{l}{t} = v$:

$\overline{S} = \frac{\overline{W}_{\text{ges}}}{A \cdot t} = \frac{1}{2}\epsilon_0 \cdot \epsilon_r \cdot c \cdot \widehat{E}^2 = \frac{1}{2\,\mu_0 \cdot \mu_r} \cdot c \cdot \widehat{B}^2.$

5.2.4 Der Fotoeffekt

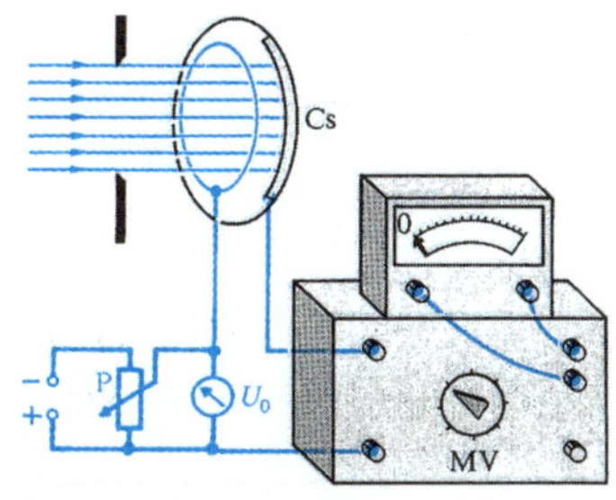

Fotoeffekt: Gegenfeldmethode zur Bestimmung der kinetischen Energie der Fotoelektronen

Durch das auf die *Cs*-Schicht treffende Licht werden Elektronen herausgeschlagen und werden so zu **Fotoelektronen**, von denen einige mit der Geschwindigkeit v auf den Auffang-Ring treffen (Fotostrom I).

Gegenfeldmethode: Zwischen Auffang-Ring und Cs-Schicht wird eine Spannung gelegt, sodass gerade eben kein Fotostrom mehr fließt.

$W_e = e \cdot U$; $W = W_e + W_A = h \cdot f$

$W_A = h \cdot f - e \cdot U$ (W_A = Ablösearbeit)

$h = \frac{e \cdot (U_1 - U_2)}{f_1 - f_2}$ (h = Planck'sches Wirkungsquantum)

Beispiel: violett: $U_1 = 1{,}02\,\text{V}$; $f_1 = 7{,}41 \cdot 10^{14}\,\text{Hz}$;
gelb: $U_2 = 0{,}13\,\text{V}$; $f_2 = 5{,}19 \cdot 10^{14}\,\text{Hz}$
$\Rightarrow h = 4{,}136 \cdot 10^{-15}\,\text{eVs} \triangleq 6{,}626176 \cdot 10^{-34}\,\text{Js}$

Anmerkung: Intensität des Lichtes $\sim I \sim \hat{E}^2$; U ist unabhängig von $\hat{E}^2$.

Die Frequenz, ab der Fotoelektronen freigesetzt werden, heißt **Grenzfrequenz** $f_{gr} = \frac{W_A}{h}$.

Der Fotoeffekt zeigt, dass Licht (elektromagnetische Wellen) der Frequenz f Energie in Form nicht teilbarer Energiequanten (**Photonen**) der Größe $W = h \cdot f$ enthält.

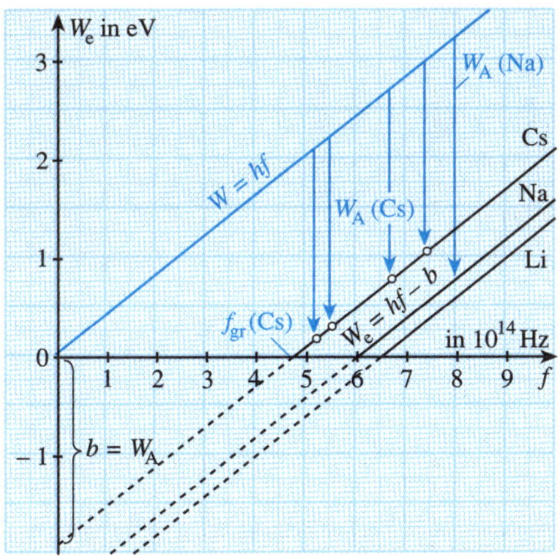

Fotoeffekt: Abhängigkeit der Elektronenenergie W_e von der Frequenz f für verschiedene Kathodenmaterialien (*Cs, Na, Li*)

5.2.5 Die Bragg-Reflexion

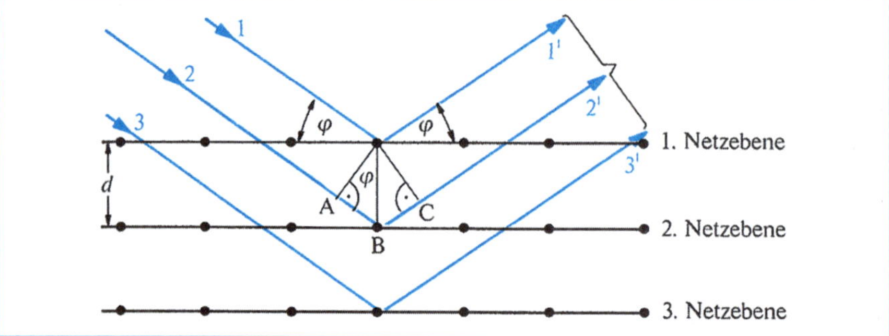

Treffen **Röntgenstrahlen** auf einen Kristall, so wirken alle Gitterbausteine als Streuzentren, also als Ausgangspunkte von Elementarwellen, die kohärent mit der einfallenden Welle mitschwingen, sodass ein **Interferenzmuster** entsteht. (**Achtung:** Es handelt sich um eine Streuung an den Atomkernen.) Für **Maxima** (der reflektierten Strahlen) gilt:

$2d \cdot \sin \varphi_n = n \cdot \lambda$ mit $n \in \mathbb{N} \wedge n < \frac{2d}{\lambda}$.

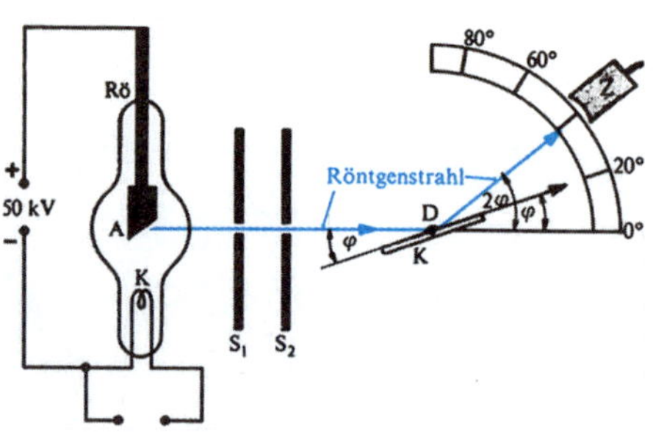

Versuchsaufbau zur Bragg-Reflexion

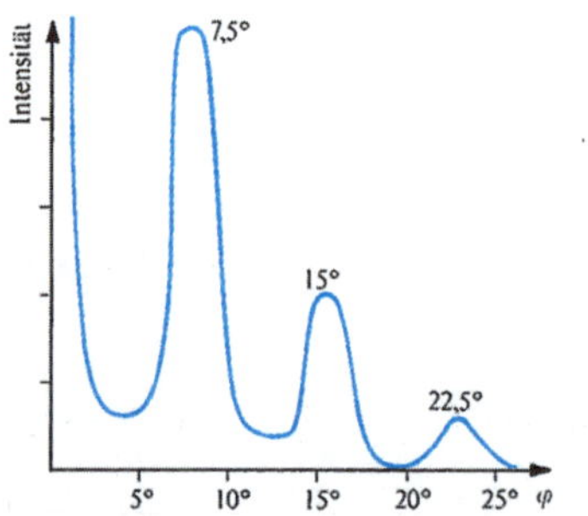

Bragg-Reflexion, 1. bis 3. Ordnung

Werden der Kristall und das Zählrohr, wie auf der Zeichnung, drehbar angeordnet, so ergibt sich für monochromatische Röntgenstrahlung das nachstehende Diagramm. Der Winkel (φ) der Maxima heißt **Glanzwinkel.**

Debye-Scherrer-Verfahren

Fällt ein Röntgenstrahl durch polykristallines Material (auch Pulver), so werden einige Strahlen von gerade »richtig« liegenden Kristallen unter dem Glanzwinkel (φ_n) reflektiert. Wegen der Zylindersymmetrie ergeben diese Strahlen auf einem im Abstand (s) zur Probe, senkrecht zum Strahl angebrachten Film ein Ringmuster.

Es gilt: $\tan(2\varphi_n) = \frac{r_n}{s}$ (r = Radius).

Die Formeln sind auch z. B. auf Elektronenstrahlen (→ **De-Broglie-Materiewellen**), die auf ein Graphitgitter treffen, anwendbar.

Wird ein Würfel (z. B. NaCl) der Kantenlänge $n \cdot d$ betrachtet, der von beiden Atomarten je 1 mol enthält, so gilt:

$$n^3 = 2 \cdot N_A \wedge V = (n \cdot d)^3 \wedge V = \frac{m}{\rho}$$

$$\Rightarrow d = \sqrt[3]{\frac{M}{2\rho \cdot N_A}} \wedge N_A = \frac{M}{2\rho \cdot d^3} \quad [d \text{ in cm}]$$

$N_A = 6{,}022 \cdot 10^{23}$ M = Summe der Molmassen

5.2.6 Der Compton-Effekt

Aus der Einstein'schen Beziehung $W = mc^2$ können die relativistische Masse und der relativistische Impuls eines Photons berechnet werden:

$$W_{ph} = h \cdot f = \frac{h \cdot c}{\lambda} = m_{ph} \cdot c^2 = P_{ph} \cdot c$$

$$\Rightarrow m_{ph} = \frac{h \cdot f}{c^2} = \frac{h}{c \cdot \lambda} = \frac{P_{ph}}{c}$$

$$\Rightarrow \lambda = \frac{h}{m_{ph} \cdot c} \wedge P_{ph} = m \cdot v = m \cdot c = \frac{h \cdot f}{c} = \frac{h}{\lambda} = \frac{W}{c}$$

Das Planck'sche Wirkungsquantum h hat den Wert $h = 6{,}626176 \cdot 10^{-34}$ Js.

Die Wellenlänge eines Photons mit der relativistischen Masse m_e eines ruhenden Elektrons wird als **Comptonwellenlänge** bezeichnet.

$$\lambda_C = \frac{h}{m_e \cdot c} = 2{,}4263 \text{ pm}$$

Gleichzeitig ist dies die **De-Broglie-Wellenlänge** des Elektrons. Der Compton-Effekt bestätigt die Erhaltungssätze für Energie und Impuls auch für Einzelstöße zwischen Quanten. Die Änderung der Wellenlänge der an den Elektronen gestreuten Photonen hängt vom Ablenkwinkel β ab und kann aus dem Impulserhaltungssatz berechnet werden. Die gestrichenen Größen bezeichnen im Folgenden die Werte nach dem Stoß, während die ungestrichenen die Ausgangswerte bezeichnen.

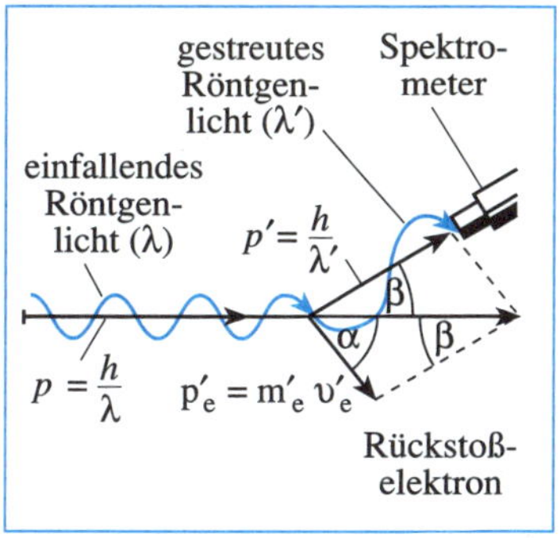

Impulserhaltungssatz

$$\vec{p}_e' = \vec{p}_{ph} - \vec{p}_{ph}' \Rightarrow p_e'^2 = p_{ph}^2 + p_{ph}'^2 - 2\,p_{ph}\,p_{ph}' \cos\beta = \frac{W_{ph}^2}{c^2} + \frac{W_{ph}'^2}{c^2} - 2\,\frac{W_{ph}\,W_{ph}'}{c^2}\cos\beta$$

Um den Energieerhaltungssatz im nächsten Schritt anwenden zu können, wurden dabei die Impulse der Photonen durch deren Energien gemäß $W_{ph} = \frac{p_{ph}}{c}$ ersetzt. Für das Elektron muss entsprechend die relativistische Energie (→ Relativistische Masse, Impuls und Energie) verwendet werden:

$$W_e = \sqrt{p_e^2 c^2 + m_e^2 c^4}$$

Energieerhaltungssatz

$$W_{ph} + m_e c^2 = W_{ph}' + \sqrt{p_e'^2 c^2 + m_e^2 c^4}$$

$$\Leftrightarrow\ (W_{ph} - W_{ph}' + m_e c^2)^2 = p_e'^2 c^2 + m_e^2 c^4$$

Auflösen der Klammer und Einsetzen des Impulserhaltungssatzes ergibt:

$$W_{ph}^2 - 2\,W_{ph}W_{ph}' + W_{ph}'^2 + 2\,(W_{ph} - W_{ph}')\,m_e c^2 + m_e^2 c^4$$
$$= W_{ph}^2 + W_{ph}'^2 - 2\,W_{ph}W_{ph}'\cos\beta + m\,e^2 c^4.$$

Zusammenfassen und Auflösen der Gleichung nach $\frac{1}{W_{ph}'} - \frac{1}{W_{ph}}$ liefert:

$$2\,(W_{ph} - W_{ph}')m_e c^2 = 2\,W_{ph}W_{ph}'\,(1 - \cos\beta)$$

$$\Leftrightarrow\ \frac{1}{W_{ph}'} - \frac{1}{W_{ph}} = \frac{1}{m_e c^2}(1 - \cos\beta) = \frac{2}{m_e c^2}\sin^2\frac{\beta}{2}.$$

Mit $\lambda = \frac{h \cdot c}{W}$ folgt: $\Delta\lambda = \lambda' - \lambda = \frac{2h}{m_e c}\sin^2\frac{\beta}{2} = 2\,\lambda_c \sin^2\frac{\beta}{2}$.

6 Quantenphysik

6.1 Grundlagen

6.1.1 Paarbildung und Zerstrahlung

Bei der **Paarbildung** trifft ein **γ-Quant** ausreichender Energie auf einen **Atomkern**, z. B. eines Bleiatoms, und wandelt seine Energie in ein **Elektron-Positron-Paar** um. Aus dem Energieerhaltungssatz folgt:
$W = h \cdot f = 2\,m_e \cdot c^2 + 2\,W_{kin}$.

Hierin ist W_{kin} die Bewegungsenergie des Elektrons bzw. Positrons. Setzt man diese gleich null, so folgt:
$W = 2\,m_e \cdot c^2 = 2 \cdot 9{,}1 \cdot 10^{-31}\,kg \cdot 9 \cdot 10^{16}\,m^2s^{-2} = 16{,}4 \cdot 10^{-14}\,J \mathrel{\hat{=}} 1{,}02\,MeV$

Folglich können Quanten mit einer Energie von weniger als 1,02 MeV kein Elektron-Positron-Paar erzeugen.
Der Erhaltungssatz für die Ladung ist ebenfalls erfüllt, da das ungeladene Photon je eine positive und eine negative Elementarladung, zusammen also $Q = 0$, erzeugt.
Es muss jedoch auch der Impulserhaltungssatz gelten: $W_Q = h \cdot f = 1{,}04\,MeV$.

Der Quantenimpuls beträgt: $p = m_{ph} \cdot c = \frac{h \cdot f}{c} = 0{,}55 \cdot 10^{-21}\,Ns$.

Der Impuls des Elektrons bzw. Positrons ergibt sich aus
$W_{kin} = \frac{1}{2} m_e \cdot v^2 = \frac{(m_e \cdot v)^2}{2\,m_e} \Rightarrow p = \sqrt{2\,m_e \cdot W_{kin}}$

$2\,W_{kin}$ ergibt sich aus der Energiedifferenz
$h \cdot f - 2\,m_e \cdot c^2 = 1{,}04\,MeV - 1{,}02\,MeV = 2\,keV = 2 \cdot 1{,}6 \cdot 10^{-15}\,J$.

Die Einzelimpulse betragen daher jeweils
$p = \sqrt{2 \cdot 9{,}1 \cdot 10^{-31}\,kg \cdot 1{,}6 \cdot 10^{-15}\,J} = 5{,}4 \cdot 10^{-24}\,Ns$.

Fliegen beide Teilchen in dieselbe Richtung, so haben sie den Gesamtimpuls $p = 1{,}1 \cdot 10^{-22}\,Ns$. Das ist nur $\frac{1}{5}$ des Quantenimpulses. Folglich übernimmt den Rest der Kern des Bleiatoms. Deshalb ist Paarbildung im Vakuum unmöglich.

Konstanten
$h = 4{,}136 \cdot 10^{-15}\,eVs \mathrel{\hat{=}} 6{,}626176 \cdot 10^{-34}\,Js$
$c = 299792{,}456 \cdot 10^3\,m/s$
$m_e = 9{,}109534 \cdot 10^{-31}\,kg$

Zerstrahlung ist das Gegenstück zur Paarbildung. Hierbei zerstrahlen ein Positron und ein Elektron zu zwei Photonen. Dazu trifft das Positron auf einen Metallblock z. B. aus Blei. In diesem wird es nahezu ganz abgebremst, bevor es mit einem Metallelektron reagiert. Nach dem Impulserhaltungssatz müssen nun zwei Quanten entgegengesetzter Richtung entstehen, da der Gesamtimpuls von Elektron und Positron null ist. Nach dem Energieerhaltungssatz ergibt sich für beide Quanten
$W = h \cdot f = m_e \cdot c^2 = 0{,}51\,\text{MeV}$.

Folglich haben sie die **Comptonwellenlänge.**

6.1.2 Wahrscheinlichkeitsdichte

Unter der **Wahrscheinlichkeitsdichte** σ für die **Photonenlokalisation** auf einer Fläche A wird der Quotient $\sigma = \frac{\overline{\Delta N}}{N \cdot \Delta A}$ verstanden.

Dabei treffen von N **Photonen** (Gesamtmenge) durchschnittlich (also im Mittel vieler Versuche mit N Photonen) $\overline{\Delta N}$ Photonen auf das Flächenstück ΔA (ΔA ist eine Teilfläche der Fläche A, auf die N Photonen treffen).

Wird die Energie aller (N) Photonen der Energie $h \cdot f$ von der Fläche A absorbiert, so beträgt sie $W = N \cdot h \cdot f$. Ein Flächenstück der Größe ΔA erhält davon folglich durchschnittlich $\overline{\Delta W} = \overline{\Delta N} \cdot h \cdot f = \sigma \cdot N \cdot \Delta A \cdot h \cdot f$.

Die **Bestrahlungsstärke** (S) dieser Fläche beträgt:

$$S = \frac{\overline{\Delta W}}{\Delta A \cdot \Delta t} = \frac{1}{2} c \cdot \epsilon_0 \cdot \epsilon_r = \hat{E}^2$$

$$\Rightarrow \quad \sigma \cdot N \cdot \Delta A \cdot h \cdot f = \frac{1}{2} c \cdot \epsilon_0 \cdot \epsilon_r \cdot \hat{E}^2 \cdot \Delta A \cdot \Delta t$$

$$\Leftrightarrow \quad \sigma = \frac{c \cdot \epsilon_0 \cdot \epsilon_r}{2N \cdot h \cdot f} = \hat{E}^2 \cdot \Delta t.$$

Folglich ist die Wahrscheinlichkeitsdichte (σ) der Bestrahlungsstärke (S) bzw. dem Amplitudenquadrat ($\hat{E}^2$) der fortschreitenden Lichtwelle proportional $\sigma \sim \hat{E}^2 \sim S$.

Durch die geometrische Anordnung (etwa eines Beugungsversuches) und die Wellenlänge ist die Verteilung der Bestrahlungsstärke (S) der Lichtwelle streng determiniert (bestimmt), also auch die Wahrscheinlichkeitsdichte (σ) der zufälligen Photonenlokalisation. Die Photonenlokalisation selbst ist jedoch nicht vorhersehbar.

6.1.3 Heisenberg'sche Unbestimmtheitsrelation

Trifft ein Photonenstrahl auf einen Einzelspalt der Breite b, so wird die **Ortsunschärfe** der Photonen quer zum Spalt auf $\overline{\Delta x} = b$ verkleinert.

Vor dem Spalt war der Photonenimpuls $p = \frac{h}{\lambda}$ scharf bestimmt.

Der Beugung des Lichtes hinter dem Spalt entspricht ein Zunehmen des Querimpulses p_x der Photonen. Die statistische Verteilung der Photonenlokalisationen verhindert zwar eine genaue Vorhersage von p_x, die Beugungsfigur ermöglicht jedoch eine Abschätzung für den Mittelwert $\overline{\Delta p_x}$ der Unschärfe des Querimpulses hinter dem Spalt. Dazu wird $\overline{\Delta p_x}$ durch den Impulswert angenähert, der zum Winkel φ_0 des ersten Beugungsminimums führt. Daraus folgt:

$$\sin \varphi_0 = \frac{\lambda}{b} \approx \frac{\lambda}{\overline{\Delta x}} \wedge \sin \varphi_0 = \frac{\overline{\Delta p_x}}{p} \wedge p = \frac{h \cdot f}{c} = \frac{h}{\lambda}$$

$$\Rightarrow \frac{\lambda}{\overline{\Delta x}} \approx \frac{\overline{\Delta p_x}}{p}$$

$$\Leftrightarrow p \cdot \lambda \approx \overline{\Delta x} \cdot \overline{\Delta p_x}$$

$$\Leftrightarrow h \approx \overline{\Delta x} \cdot \overline{\Delta p_x}.$$

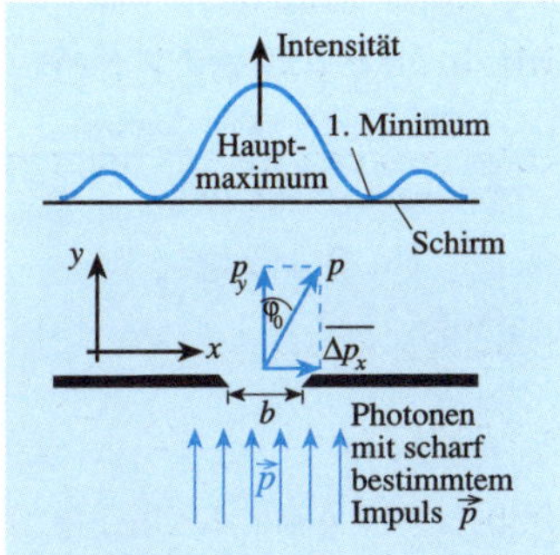

Einfachspalt: Beobachtete Intensitätsverteilung und Komponentenzerlegung eines Photonenimpulses

Heisenberg zeigte, dass diese Relation prinzipielle Gültigkeitsgrenzen für die Anwendung klassischer Begriffe in der Mikrowelt zieht:

Die analoge Relation gilt für die **Unschärfe** der Antreffzeit von Quanten ($\overline{\Delta t}$) und ihrer Energie ($\overline{\Delta W}$): $\overline{\Delta W} \cdot \overline{\Delta t} \approx h$.

6.1.4 De-Broglie-Materiewellen

Einem Photon lässt sich eine relativistische Masse und ein Impuls zuschreiben: $p = \frac{h}{\lambda}$

De Broglie machte dieses Nebeneinander von Welle und Quant zum universellen Prinzip und ordnete jedem Teilchen auch eine **Wahrscheinlichkeitswelle** zu. Diese hat die **De Broglie-Wellenlänge**

$\lambda = \frac{h}{p} = \frac{h}{m \cdot v}$.

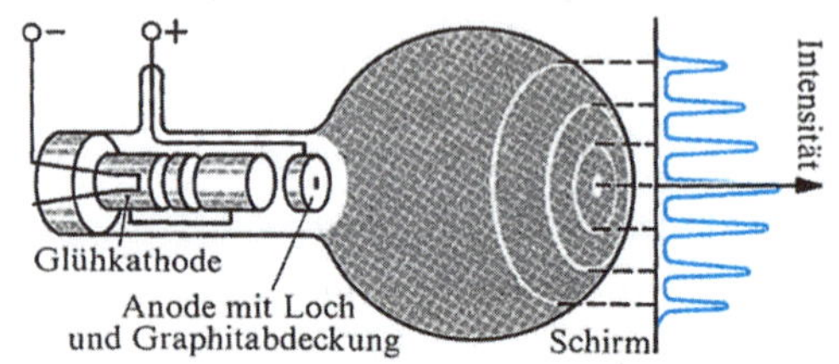

Elektronenbeugung und Intensitätsverteilung

Anschaulich deutlich wird die Bedeutung der **Materiewellen** bei Beugungsversuchen mit Elektronenstrahlen an einem Graphitgitter.
(Es gelten die Gleichungen des → Debye-Scherrer-Verfahrens, jedoch mit zwei verschiedenen Netzebenenabständen d_1 = 213 pm und d_2 = 123 pm.)

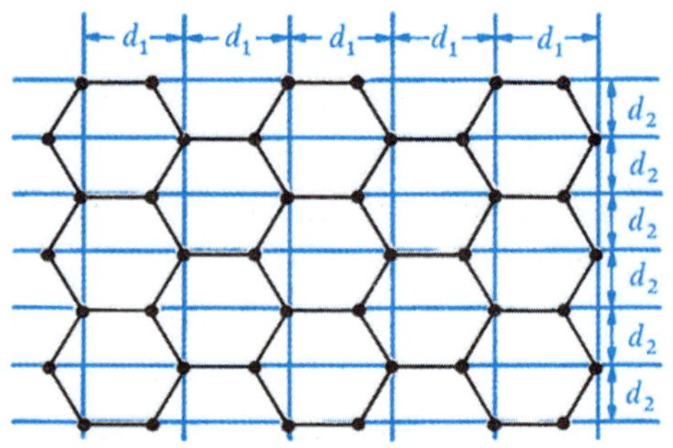

Graphitgitter: d_1 = 213 pm und d_2 = 123 pm

Diese Wellennatur ist nur bei Mikrogebilden (kleinen »Teilchen«) von Bedeutung, da die Wellenlänge mit zunehmender Masse gegen null strebt.

Die Geschwindigkeit einer De Broglie-Welle ist:

$v_{Welle} = f \cdot \lambda \wedge W = h \cdot f = m \cdot c^2 \wedge \lambda = \frac{h}{m \cdot v_m}$.

v_m ist die Geschwindigkeit der Masse (m).

$v_{Welle} = \frac{W}{h} \cdot \frac{h}{m \cdot v_m} = \frac{m \cdot c^2 \cdot h}{h \cdot m \cdot v_m} = \frac{c^2}{v_m}$.

Da $v_m < c$ sein muss, ist $v_{Welle} > c$, also irreal.

6.2 Atomaufbau

6.2.1 Der eindimensionale Potentialtopf

Wird eine fortschreitende elektromagnetische Welle zwischen zwei Wänden beständig reflektiert, so ergibt sich eine stehende Welle für den Abstand (L) der beiden Wände, wenn gilt: $L = n \cdot \frac{\lambda}{2}$ $[n \in \mathbb{N}]$.

In Gedanken lässt sich dieser Versuch auf Elektronen übertragen, die durch äußere Kräfte (»Wände«) in kleinen Bereichen zusammengehalten werden. Hier treten stehende **Wahrscheinlichkeitswellen** mit der De Broglie-Wellenlänge auf, das heißt die Aufenthaltswahrscheinlichkeit der Elektronen ist an den Wänden und gegebenenfalls an Schwingungsknoten innerhalb des Potentialtopfes gleich null. Folglich kann ihnen auch keine Bewegung im klassischen Sinne zugeschrieben werden. Damit wird klar, dass die Elektronen, da sie keiner Beschleunigung bzw. Abbremsung ausgesetzt sind, auch keine Energie in Form von elektromagnetischen Wellen abstrahlen müssen, wie dies z. B. in Radiosendern oder in der Röntgenröhre (Bremsstrahlung) geschieht.

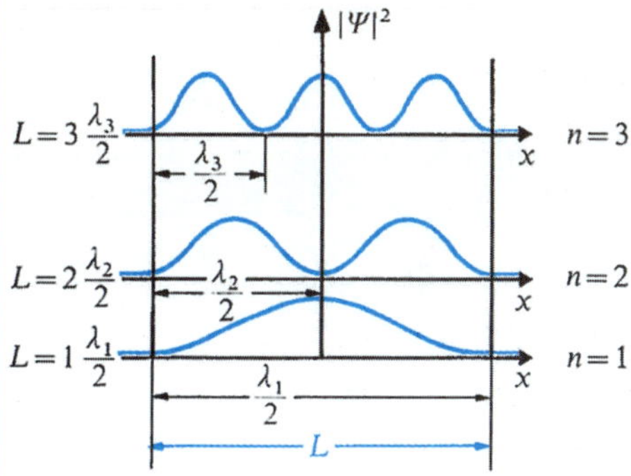

Wahrscheinlichkeitsdichte der Elektronen im eindimensionalen Potentialtopf

Da die Elektronen im Potentialtopf keine Energie verlieren, müssen sie ihre vorherige kinetische Energie $W = \frac{1}{2} m_e \cdot v^2$ behalten haben.

Mit $p^2 = m_e^2 \cdot v^2$ folgt: $W = \frac{p^2}{2m_e}$.

Da sich die Elektronen hier kräftefrei aufhalten, gilt die De Broglie-Beziehung

$p = \frac{h}{\lambda} \Rightarrow W = \frac{h^2}{2m_e \cdot \lambda}$.

Mit der Bedingung für stehende Wahrscheinlichkeitswellen $\left(\lambda = \frac{2L}{n}\right)$ folgt:

$W_n = \frac{h^2}{8m_e \cdot L^2} \cdot n^2$ $[n \in \mathbb{N}]$.

Da die Elektronen nur als stehende Wahrscheinlichkeitswellen auf einer Strecke der Länge L eingeschlossen werden können, ohne zu strahlen, ist ihre Energie gequantelt. Die Zahlen (n) zählen Energieterme ab und werden als **Quantenzahlen** bezeichnet.

Für die Herleitung ist es nicht notwendig, dass es sich um Elektronen handelt, folglich gilt allgemein für Mikrogebilde der Masse m im **linearen Potentialtopf**:

$$W_n = \frac{h^2}{8m \cdot L^2} \cdot n^2 \quad [n \in \mathbb{N}].$$

Das niedrigste Energieniveau ($n = 1$) beträgt somit: $W_1 = \frac{h^2}{8m \cdot L^2}$.

6.2.2 Der dreidimensionale Potentialtopf

Wird als Potentialtopf ein Würfel der Kantenlänge L gewählt, so können sich in alle drei Raumrichtungen stehende Wahrscheinlichkeitswellen ausbilden (→ eindimensionaler Potentialtopf), die sich ungestört überlagern. Hieraus ergeben sich folgende unabhängige Wellenlängen:

$$\lambda_x = \frac{2L}{n_x} \wedge \lambda_y = \frac{2L}{n_y} \wedge \lambda_z = \frac{2L}{n_z}.$$

Für die dazugehörigen Impulskomponenten ergibt sich

$$p_x = \frac{h}{\lambda_x} = \frac{h}{2L} \cdot n_x \wedge p_y = \frac{h}{2L} \cdot n_y \wedge p_z = \frac{h}{2L} \cdot n_z.$$

Der Gesamtimpuls folgt aus vektorieller Addition:

$$p^2 = p_x^2 + p_y^2 + p_z^2 = \frac{h^2}{4L^2} \cdot (n_x^2 + n_y^2 + n_z^2).$$

Für die Energie eines Mikrogebildes im dreidimensionalen Potentialtopf folgt:

$$W_n = \frac{p^2}{2m} = \frac{h^2}{8m \cdot L^2} \cdot (n_x^2 + n_y^2 + n_z^2).$$

Die niedrigste Energie (**Nullpunkts- oder Lokalisationsenergie**) ergibt sich für $n_x = n_y = n_z = 1$ zu $W_1 = \frac{3h^2}{8m \cdot L^2}$.

Diese Nullpunktsenergie kann auch mithilfe der **Unbestimmtheitsrelation** abgeschätzt werden. Das Elektron ist beschränkt auf $\Delta\overline{x} \approx L$. Folglich darf $\Delta\overline{p}_x$ nicht null sein, da sonst die Unbestimmtheitsrelation verletzt würde. Da sich das Elektron jedoch nicht im klassischen Sinne bewegt, muss $\overline{p} = 0$ gelten.

Angenommen p_x streue zwischen $+p_x$ und $-p_x$, so folgt $\Delta\overline{p_x} = 2p_x$.

Aus der Unbestimmtheitsrelation folgt dann $p_x \approx \frac{h}{2L}$.

Entsprechendes gilt für die y- und z-Richtung. Für die Nullpunktsenergie folgt

$$W = \frac{1}{2}m \cdot v^2 = \frac{p^2}{2m} = \frac{1}{2}m \cdot (p_x^2 + p_y^2 + p_z^2) \approx \frac{3h^2}{8m \cdot L^2}.$$

Diese Abschätzung zeigt, dass Nullpunktsenergien bei jeder räumlichen Beschränkung des Aufenthalts von Teilchen auftreten.

6.2.3 Der Aufbau des Atomkerns

Atomkerne bestehen aus **Nukleonen** (**Protonen** und **Neutronen**) mit der Masse $m = 1{,}67 \cdot 10^{-27}$ kg. Sie haben einen Durchmesser von unter 10^{-14} m. Hieraus folgt als minimale Nullpunktsenergie eines Nukleons mit $W_1 = \frac{3h^2}{8m \cdot L^2} \approx 6\,\text{MeV}$.

Beim β-Zerfall treten Elektronen aus dem Kern aus. Folglich glaubte man früher, er bestünde aus Protonen und Elektronen. Das kann aber nicht sein: Für einen mittleren Kern, z. B. Krypton (Kr_{36}) mit einem Radius $R = 5{,}7 \cdot 10^{-15}\,\text{m}$, ergibt sich mit $W_1 = \frac{3h^2}{8m \cdot L^2} \wedge (L = 2R): \approx 10^4\,\text{MeV}$.

Bei dieser Größe muss die Berechnung relativistisch durchgeführt werden, das heißt $W^2 = W_0^2 + p^2 \cdot c^2$.

Die zur Ruhemasse gehörende Energie eines Elektrons beträgt $W_0 = m_e \cdot c^2 = 0{,}51\,\text{MeV}$.

Der Wert für $p^2 \cdot c^2$ ergibt sich (→ dreidimensionaler Potentialtopf) mit $n_x = n_y = n_z = 1$ zu $p^2 \cdot c^2 = \frac{3h^2 \cdot c^2}{4L^2} = (107\,\text{MeV})^2$.

Damit beträgt die Nullpunktsenergie eines im Kern eingeschlossenen Elektrons $W = \sqrt{(0{,}51\,\text{MeV})^2 + (107\,\text{MeV})^2} \approx 107\,\text{MeV}$.

Dem entgegen wirkt die Coulombanziehung mit der Energie $W = \int F\,\text{d}r$ (F = Coulombkraft; r = Abstand der Ladungen).

$$F = \frac{Q_1 \cdot Q_2}{4\pi \cdot \epsilon_0 \cdot \epsilon_r} \cdot r^{-2} \wedge Q_1 = e \wedge Q_2 = 36e$$

$$\Rightarrow W = \int_R^\infty F\,\text{d}r = -\frac{Q_1 \cdot Q_2}{4\pi \cdot \epsilon_0 \cdot \epsilon_r} \cdot r^{-1} \Big|_{5{,}7 \cdot 10^{-15}\,\text{m}}^{\infty} \triangleq 9{,}1\,\text{MeV}$$

Folglich würde ein im Kern eingeschlossenes Elektron diesen sofort verlassen. Heute wird allgemein angenommen, dass der Kern neben Protonen aus Neutronen besteht, die jeweils in ein Elektron und ein Proton zerfallen können, ohne jedoch aus diesen zusammengesetzt zu sein, da die Nullpunktsenergie eines Elektrons auf so engem Raum noch größer wäre.

6.2.4 Atomradius des Wasserstoffs

Wird das **Wasserstoffatom** im Grundzustand als Kugel mit dem Radius R aufgefasst, so entspricht es einem Potentialtopf der Kantenlänge $2R$, dessen Nullpunktsenergie der mittleren kinetischen Energie (W_{kin}) des Elektrons entspricht. Hinzu kommt die potentielle Energie (W_{pot}) der Coulombanziehung. Um diese zu berechnen, wird als mittlerer Abstand des Elektrons vom Kern $\bar{r} = \frac{1}{2}R$ angesetzt.

Als Gesamtenergie des Elektrons ergibt sich hieraus:

$$W_{ges}(R) = W_{kin}(R) + W_{pot}(R) \wedge W_{kin}(R) = \frac{3h^2}{8m \cdot (2R)^2} \wedge W_{pot}(R) = \frac{-e^2}{4\pi \cdot \epsilon_0 \cdot \frac{R}{2}}$$

$$\Rightarrow W_{ges}(R) = \frac{3h^2}{32m \cdot R^2} - \frac{e^2}{2\pi \cdot \epsilon_0 \cdot R}.$$

Da jedes System nur in einem **Energieminimum** stabil ist, kann die Ableitung der Energie gleich null gesetzt werden:

$$W_{ges}(R)' = -\frac{3h^2}{16m \cdot R^3} + \frac{e^2}{2\pi \cdot \epsilon_0 \cdot R^2} = 0.$$

Nach R auflösen ergibt: $R = \frac{3\pi \cdot \epsilon_0 \cdot h^2}{8m \cdot e^2} = 2 \cdot 10^{-10}\,\text{m}.$

Eine Berechnung nach **Schrödinger** liefert

$\bar{r} = 0{,}80 \cdot 10^{-10}\,\text{m} \triangleq 0{,}4 \cdot R$

$\wedge\ W_{kin} = \frac{4h^2}{32m \cdot R^2}.$

Wird bei der Herleitung für W_{kin} die allgemeine Form

$$W_{kin,\,n} = \frac{3h^2}{8m \cdot L^2} \cdot n^2$$

verwendet, so folgt

$$W_{ges,\,n} = \frac{3h^2}{8m \cdot \frac{R^2}{2^2}} \cdot n^2 - \frac{e^2}{4\pi \cdot \epsilon_0 \cdot \frac{R}{2}}$$

$$\wedge\ R_n = \frac{3\pi \cdot \epsilon_0 \cdot h^2}{8m \cdot e^2} \cdot n^2.$$

Daraus folgt

$$W_{ges,\,n} = -\frac{2m \cdot e^4}{3\pi \cdot \epsilon_0^2 \cdot h^2} \cdot \frac{1}{n^2}.$$

Nach Schrödinger ergibt sich

$$W_{ges,\,n} = -\frac{m \cdot e^4}{8\epsilon_0^2 \cdot h^2} \cdot \frac{1}{n^2}.$$

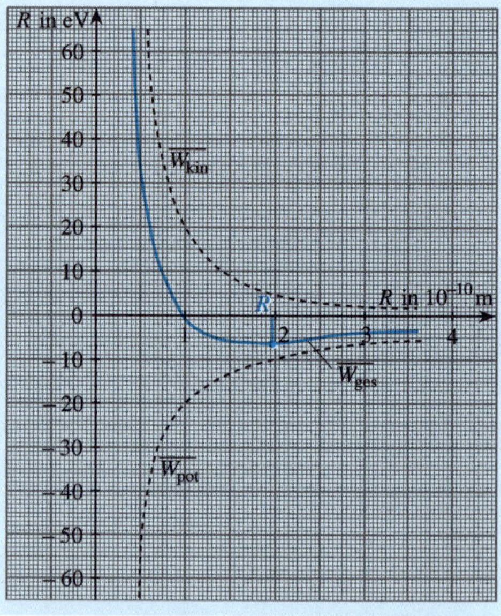

Wasserstoffatom im Grundzustand: Energie W des Atoms als Funktion seines Radius R (W_{kin} wie beim kubischen Potentialtopf)

6.2.5 Spektrallinien des Wasserstoffs

Aus Versuchen ermittelte **Balmer** eine Serienformel der **Spektrallinien** des Wasserstoffs im sichtbaren Bereich. **Rydberg** verallgemeinerte die Formel auf alle Spektrallinien des Wasserstoffs:

$$f = f_R \cdot \left(\frac{1}{n_1^2} - \frac{1}{n_2^2}\right) \text{ mit } n_1, n_2 \in \mathbb{N} \wedge n_2 > n_1.$$

Die Konstante $f_R = 3{,}288\,102 \cdot 10^{15}\,\text{Hz}$ heißt **Rydbergfrequenz.**

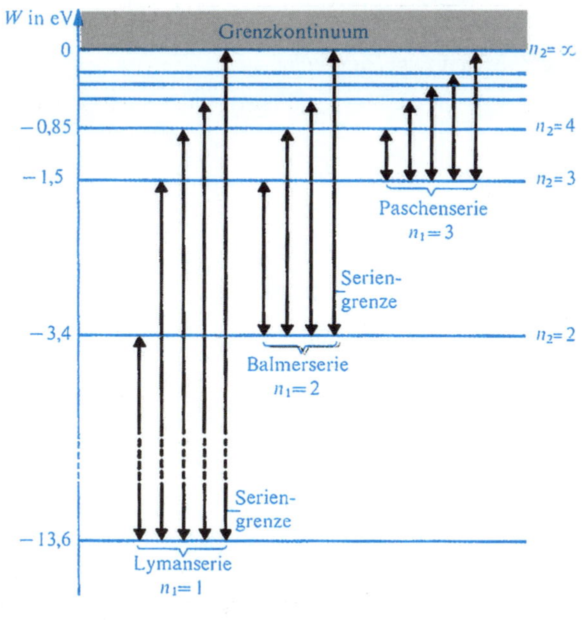

Energieniveauschema des Wasserstoffatoms

Für $n_1 = 2$ ergibt sich die Balmerserie. Die zu $n_1 = 1$ gehörenden Linien wurden später von **Lyman** im UV-Bereich gefunden. Die zu $n_1 = 3$ und $n_1 = 4$ gehörenden Serien liegen im Infrarot-Bereich. Es zeigt sich, dass alle Spektrallinien sich aus Summen bzw. Differenzen der Frequenzen der Serien mit $n_1 = 1$ ergeben. Dies wird als **Ritz'sches Kombinationsprinzip** bezeichnet. Für alle Serien rücken die Linien für $n_2 \to \infty$ beliebig dicht aneinander.

Bohr multiplizierte die oben genannte Gleichung mit h, sodass sich die Frequenz nun aus einer Differenz zwischen **Energieniveaus** ergibt. Der Übergang von einem Energieniveau zu einem anderen wird als **Quantensprung** bezeichnet. Für die Dauer des Quantensprungs ist das Energieniveau des Atoms unbestimmt:

$$h \approx \Delta W \cdot \Delta t \ \wedge \ \Delta W = h \cdot f \Rightarrow \Delta t = \frac{h}{\Delta W} \approx \frac{h}{h \cdot f} = \frac{1}{f} = T.$$

Der Quantensprung findet hiernach innerhalb einer Periodendauer des emittierten (absorbierten) Lichts statt. Tatsächlich können emittierte (absorbierte) Wellenzüge jedoch mehrere Wellenlängen lang sein. Dies folgt auch aus der Unschärferelation.

Aus der allgemeinen Formel für die Energieniveaus des Wasserstoffs

$$W_{\text{ges, n}} = \frac{m \cdot e^4}{8 \epsilon_0^2 \cdot h^2} \cdot \frac{1}{n^2}$$

folgt für die Energiedifferenz zwischen zwei Energieniveaus

$$\Delta W = W_1 - W_2 = \frac{m \cdot e^4}{8 \epsilon_0^2 \cdot h^2} \cdot \left(\frac{1}{n_1} - \frac{1}{n_2}\right).$$

Ein Lichtquant dieser Energie hat die Frequenz

$$f = \frac{\Delta W}{h} = \frac{m \cdot e^4}{8 \epsilon_0^2 \cdot h^2} \cdot \left(\frac{1}{n_1^2} - \frac{1}{n_2^2}\right).$$

Die Konstanten werden zur Rydbergfrequenz zusammengefasst

$$f_R = \frac{m \cdot e^4}{8 \epsilon_0^2 \cdot h^3} = 3{,}28991 \cdot 10^{15}\,\text{Hz} \Rightarrow f = f_R \cdot \left(\frac{1}{n_1^2} - \frac{1}{n_2^2}\right).$$

6.2.6 Der Franck-Hertz-Versuch

Eine mit Hg-Dampf gefüllte Röhre wird auf 180 °C erhitzt. Von der **Glühkathode** werden Elektronen zur **Gitterelektrode** beschleunigt. Hinter dieser befindet sich eine **Auffängerelektrode**, die gegenüber der Gitterelektrode mit $U = 2\,\text{V}$ negativ geladen ist, sodass nur schnelle Elektronen sie erreichen und somit vom Messverstärker registriert werden (Bremsfeld). Wird die Beschleunigungsspannung kontinuierlich erhöht, so fällt auf, dass bei einem ganzzahligen Vielfachen von $U = 4{,}9\,\text{V}$ der vom Messverstärker registrierte Strom kleiner wird.

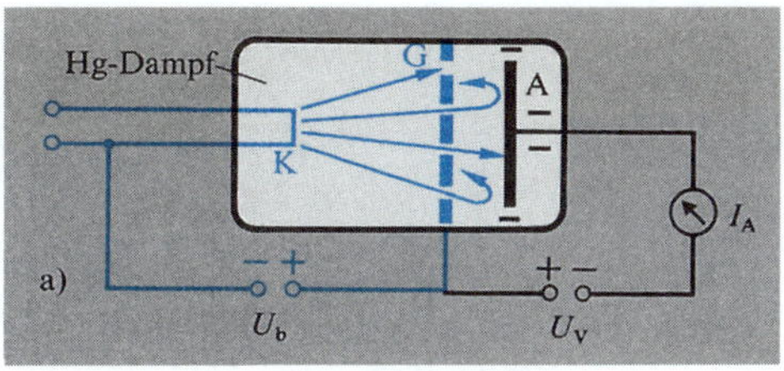

Schema des Franck-Hertz-Versuchs

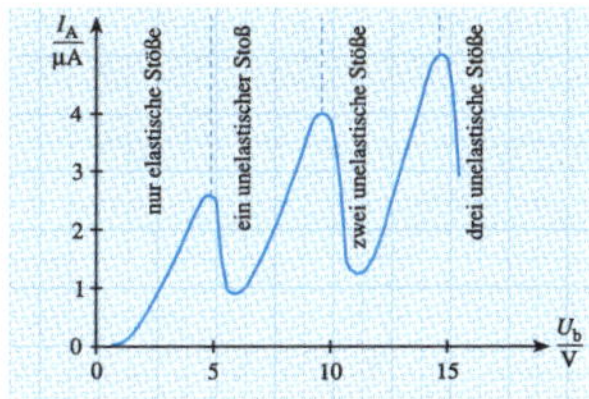

Wenn U_b stetig steigt, schwankt I_A mit der Periode 4,9 V.

Erklärung: Bei einer Energie von 4,9 eV können die Elektronen die Hg-Atome anregen und geben dabei ihre Energie ab (→ unelastischer Stoß). Dies wiederholt sich, sobald das Elektron wieder eine Energie von 4,9 eV hat. Die so abgebremsten Elektronen erreichen die Auffängerelektrode gegen das Bremsfeld nicht mehr, wenn der letzte Stoß kurz vor der Gitterelektrode erfolgt. Stößt das Elektron mit einer Energie kleiner als 4,9 *e*V mit einem Hg-Atom zusammen, so findet ein → elastischer Stoß ohne Energieabgabe statt. Die angeregten Hg-Atome senden Photonen der Frequenz

$f = \frac{W}{h} = \frac{4{,}9\,\text{eV}}{h} = 1{,}18 \cdot 10^{15}\,\text{Hz}$ (UV) aus.

7 Spezielle Relativitätstheorie

7.1 Grundlagen

7.1.1 Inertialsysteme und die Galilei-Transformation

Als Inertialsysteme werden alle Koordinatensysteme bezeichnet, in denen der **Trägheitssatz** (→ Inertialsysteme) gilt:

Alle Körper behalten ihren Bewegungszustand bei, wenn dieser nicht von außen durch Kräfte geändert wird.

Die wesentliche Eigenschaft von Inertialsystemen ist das **Relativitätsprinzip**:
Alle physikalischen Gesetze haben in allen Inertialsystemen die gleiche Form.
In der klassischen (nicht relativistischen) Mechanik bedeutet diese Aussage, dass nur der Ort und die Geschwindigkeit eines Teilchens sowie die hiervon abgeleiteten Größen von der Wahl des Koordinatensystems abhängen. Die Zeit und die Masse von Teilchen sind hingegen universelle Größen, die in allen Inertialsystemen identisch sind. Beim Übergang von einem Inertialsystem zu einem anderen werden die Orte und Geschwindigkeiten aller Teilchen mit Hilfe der Galilei-Transformation umgerechnet:

Sei Σ das ursprüngliche Inertialsystem mit den Koordinaten x, y und z und den Geschwindigkeiten v_x, v_y und v_z. Sei Σ' das neue Inertialsystem, das sich relativ zu Σ gleichmäßig mit der Geschwindigkeit V in x-Richtung bewegt. Die Galilei-Transformation für die Koordinaten x', y' und z' des neuen Inertialsystems lautet:
$x = x' + V \cdot t$ und $y = y'$ und $z = z'$.

Für die Geschwindigkeiten v'_x, v'_y und v'_z aus Σ' gilt:
$v_x = v'_x + V$ und $v_y = v'_y$ und $v_z = v'_z$.

In vektorieller Darstellung kann die Galilei-Transformation etwas allgemeiner dargestellt werden. Das Inertialsystem Σ' bewege sich nun mit einer beliebigen Geschwindigkeit $\vec{V}$ gegenüber dem Inertialsystem Σ. Dann gilt:
$\vec{x} = \vec{x}' + \vec{V} \cdot t$ und $\vec{v} = \vec{v}' + \vec{V}$.

7.1.2 Die spezielle Relativitätstheorie

Die spezielle Relativitätstheorie beschreibt die Veränderung physikalischer Größen beim Übergang von einem Inertialsystem zu einem anderen. Für niedrige Geschwindigkeiten entspricht dies der im vorigen Abschnitt beschriebenen Galilei-Transformation. Bei Geschwindigkeiten nahe der Lichtgeschwindigkeit ergeben sich völlig andere Verhältnisse und Gleichungen.
Der konzeptionelle Unterschied zwischen der Galilei-Transformation und der speziellen Relativitätstheorie ist die Annahme der **Nahwirkungstheorie:**

Jedes Signal kann sich nur mit einer endlichen Geschwindigkeit ausbreiten.

Als Folge des **Relativitätsprinzips** (→ Seite 62) ist die maximale Signalgeschwindigkeit in allen Inertialsystemen identisch und entspricht der Lichtgeschwindigkeit c (experimenteller Befund). Aus der **Nahwirkungstheorie** folgt somit, dass kein Körper sich schneller als das Licht bewegen kann.

Die Annahme einer in allen Inertialsystemen identischen Lichtgeschwindigkeit c hat eine wesentliche Konsequenz:
Die Zeit ist keine universelle und absolute Größe, sondern ist von der Wahl des Inertialsystems abhängig.

Sobald mehr als ein Inertialsystem verwendet wird, müssen für alle Ereignisse Ort und Zeit angegeben werden. Jedes Ereignis wird als **Weltpunkt** mit den Koordinaten $(c \cdot t, x, y, z)$ in einem 4-dimensionalen pseudoeuklidischen Raum (Minkowskiraum) beschrieben. Der Abstand (s) zweier Weltpunkte $(c \cdot t_1, x_1, y_1, z_1)$ und $(c \cdot t_2, x_2, y_2, z_2)$ wird so definiert, dass er von der Wahl des Inertialsystems unabhängig ist:
$s^2 := c^2 (t_2 - t_1)^2 - (x_2 - x_1)^2 - (y_2 - y_1)^2 - (z_2 - z_1)^2$.

Der Verbindungsvektor zwischen zwei Weltpunkten wird nach der »Länge« des Abstandes klassifiziert. Ist $s^2 > 0$ so heißt der Vektor **zeitartig**, bei $s^2 < 0$ heißt er **raumartig** und bei $s^2 = 0$ **lichtartig**. Die Menge aller lichtartigen Vektoren bildet den **Lichtkegel**. Alle Weltpunkte innerhalb des Lichtkegels heißen **absolute Vergangenheit/Zukunft**. Alle Punkte außerhalb heißen **absolut entfernt**.

Die Unterscheidung von zeitartigen und raumartigen Entfernungen spiegelt eine wesentliche Konsequenz der Relativität wider. Abhängig von der Wahl des Inertialsystems ist der räumliche Abstand zweier Weltpunkte mit zeitartigem Abstand frei wählbar. Insbesondere ist es möglich, ein Inertialsystem zu finden, in dem zwei Ereignisse mit zeitartigem Abstand am gleichen Ort stattfinden. Es gibt jedoch kein Inertialsystem, an dem die Ereignisse gleichzeitig stattfinden. Bei Punkten mit raumartigem Abstand verhält es sich genau umgekehrt. Es ist zwar möglich, ein Inertialsystem zu finden, in dem die Ereignisse gleichzeitig stattfinden, aber es ist nicht möglich, dass die Ereignisse am selben Ort stattfinden.

7.1.3 Die Lorentz-Transformation

Aus der Definitionsgleichung für den Abstand zweier Weltpunkte (→ Seite 63) kann durch einfache geometrische, aber unanschauliche Überlegungen eine Transformationsgleichung (**Lorentz-Transformation**) für Orte und Zeiten in verschiedenen Inertialsystemen hergeleitet werden. Ist Σ' ein Inertialsystem, das sich mit der Geschwindigkeit V in x-Richtung von dem Inertialsystem Σ entfernt und am Zeitnullpunkt mit diesem zusammenfällt, so gelten folgende Beziehungen:

$$x = \frac{x' + V \cdot t'}{\sqrt{1 - \frac{V^2}{c^2}}} = \gamma \cdot (x' + V \cdot t') \quad \text{und} \quad t = \frac{t' + \frac{V}{c^2} x'}{\sqrt{1 - \frac{V^2}{c^2}}} = \gamma \cdot \left(t' + \frac{V}{c^2} x' \right).$$

Dabei wurde die Abkürzung $\gamma := \frac{1}{\sqrt{1 - \frac{V^2}{c^2}}}$ verwendet.

Die übrigen Koordinaten werden durch die Transformation nicht beeinflusst ($y = y'$ und $z = z'$).

Da die Lorentz-Transformation eine lineare Funktion ist, kann sie sowohl auf absolute Orte und Zeiten als auch auf deren Differenzen angewendet werden. Diese Eigenschaft wird für die Transformation von Geschwindigkeiten ausgenutzt. Ist $\vec{r} = (x, y, z)$ der Ort eines Teilchens im ruhenden Koordinatensystem (Σ), so ist seine Geschwindigkeit definiert als Quotient $\vec{w} = \frac{\Delta \vec{r}}{\Delta t} = \left(\frac{\Delta x}{\Delta t}, \frac{\Delta y}{\Delta t}, \frac{\Delta z}{\Delta t} \right)$.

Ist lediglich die Geschwindigkeit $\vec{w}' = (w_x', w_y', w_z')$ im bewegten Koordinatensystem Σ' bekannt, so muss die Lorentz-Transformation in die Definitionsgleichung für die Geschwindigkeit eingesetzt werden:

$$w_x = \frac{\Delta x}{\Delta t} = \frac{\gamma \cdot (\Delta x' + V \cdot \Delta t')}{\gamma \cdot \left(\Delta t' + \frac{V}{c^2} \cdot \Delta x' \right)} = \frac{\Delta t' (w_x' + V)}{\Delta t' \left(1 + \frac{V}{c^2} w_x' \right)} = \frac{w_x' + V}{1 + \frac{V}{c^2} w_x'}$$

$$w_y = \frac{\Delta y}{\Delta t} = \frac{\Delta y'}{\gamma \cdot \left(\Delta t' + \frac{V}{c^2} \cdot \Delta x' \right)} = \frac{\Delta t' w_y'}{\gamma \cdot \Delta t' \left(1 + \frac{V}{c^2} w_x' \right)} = \frac{w_y'}{\gamma \cdot \left(1 + \frac{V}{c^2} w_x' \right)}$$

$$w_z = \frac{\Delta z}{\Delta t} = \frac{\Delta z'}{\gamma \cdot \left(\Delta t' + \frac{V}{c^2} \cdot \Delta x' \right)} = \frac{\Delta t' w_z'}{\gamma \cdot \Delta t' \left(1 + \frac{V}{c^2} w_x' \right)} = \frac{w_z'}{\gamma \cdot \left(1 + \frac{V}{c^2} w_x' \right)}$$

Für sehr kleine Geschwindigkeiten ist sowohl γ als auch $1 + \frac{V}{c^2} w_x'$ ungefähr eins, sodass die normale Galilei-Transformation herauskommt.

7.2 Konsequenzen

7.2.1 Zeitdilatation und Längenkontraktion

Aus der Lorentz-Transformation ergeben sich zwei sehr bekannte Phänomene:

- **Zeitdilatation:** Von einem ruhenden Koordinatensystem aus betrachtet, vergeht die Zeit in einem bewegten Koordinatensystem $(x' = 0)$ langsamer:
  $t' = \frac{1}{\gamma}t$ mit $\gamma \geq 1$
- **Längenkontraktion:** Ein Stab habe in einem ruhenden Koordinatensystem die Länge l. In einem in Richtung des Stabes bewegten Koordinatensystem ist die Länge hingegen verkürzt.
  $l' = \frac{1}{\gamma}$ mit $\gamma \geq 1$

7.2.2 Der relativistische Dopplereffekt

Zunächst soll der klassische, nicht relativistische **Dopplereffekt** betrachtet werden. Ein Sender mit der Frequenz f', der Periodendauer T' und der Wellenlänge λ' bewege sich auf einen ruhenden Beobachter mit der Geschwindigkeit V zu. Während einer Schwingungsperiode des Senders bewegt sich dieser um $V \cdot T$. Die Wellenfront breitet sich während dieser Zeit um $c \cdot T$ aus, sodass der Beobachter eine Wellenlänge von $T = (c - V)T'$ misst. Dies entspricht einer Frequenz

$$f = \frac{c}{\lambda} = \frac{c}{(c-V)T'} = \frac{1}{1-\frac{V}{c}}f'.$$

Bei relativistischer Betrachtungsweise muss die Zeitdilatation berücksichtigt werden. Die beobachtete Frequenz nimmt daher um den Faktor $\frac{1}{\gamma}$ ab.

$$f = \frac{1}{\gamma} \cdot \frac{1}{1-\frac{V}{c}}f' = \frac{\sqrt{1-\frac{V^2}{c^2}}}{1-\frac{V}{c}}f' = \sqrt{\frac{1+\frac{V}{c}}{1-\frac{V}{c}}}$$

Entfernt sich der Sender vom Beobachter, so ist in der Formel V durch $-V$ zu ersetzen.

7.2.3 Relativistische Masse, Impuls und Energie

Nach einer Explosion fliegen zwei identische Massen m_0 mit den gegengleichen Geschwindigkeiten v_0 auseinander. Im Schwerpunktsystem (c.m.) ist der Impulserhaltungssatz automatisch erfüllt. In einem Koordinatensystem, dass mit einer der Massen (m_I) mitbewegt wird, ergeben sich Korrekturen gegenüber der Newton'schen Mechanik. Der Impuls von m_I beträgt $p_I = m_0 \cdot v_0$. Um den Impuls von m_{II} berechnen zu können, muss zunächst deren Geschwindigkeit V gemessen oder mit der Lorentz-Transformation berechnet werden:

$V = \frac{v_0 + v_{c.m.}}{1 + \frac{v_0 v_{c.m.}}{c^2}}$ mit $v_{c.m.} = v_0$ folgt: $V = \frac{2v_0}{1 + \frac{v_0^2}{c^2}}$ für den Impuls folgt somit:

$$p_{II} = (V - v_{c.m.}) \cdot m_{II} = \left(\frac{2v_0}{1 + \frac{v_0^2}{c^2}} - v_0 \right) \cdot m_{II}.$$

Nach dem Impulserhaltungssatz muss wieder $p_I = p_{II}$ gelten. Hieraus ergibt sich eine Beziehung für m_{II}: $m_{II} = m_0$

$$m_{II} = m_0 \frac{v_0}{\frac{2v_0}{1 + \frac{v_0^2}{c^2}} - v_0} = m_0 \frac{c^2 + v_0^2}{c^2 - v_0^2}$$

Wird nun v_0 durch die beobachtete Geschwindigkeit V ersetzt, so ergibt sich durch Umformen für m_{II} die beobachtete (relativistische) Masse:

$$m_b(V) = m_{rel} = \gamma \cdot m_0 = \frac{m_0}{\sqrt{1 - \frac{V^2}{c^2}}}$$

Mit dieser relativistischen Definition der Masse und der dazugehörigen Definition des **Impulses** $p(V) = m(V) \cdot V = m_{rel} \cdot V = \gamma \cdot m_0 \cdot V$ bleiben alle physikalischen Gesetze, die von diesen Größen abgeleitet sind, gültig. Insbesondere gilt auch weiterhin der **Impulserhaltungssatz.**

Die Abhängigkeit der Masse von der Geschwindigkeit deutet auf einen engen Zusammenhang zwischen relativistischer Masse und kinetischer Energie hin. Mit Einsteins berühmter Formel für die **relativistische Gesamtenergie**

$W = m_{rel} c^2$ folgt für die kinetische Energie:

$$W_{kin} = (m_{rel} - m_0)\, c^2 = (\gamma - 1)\, m_0 c^2 = \frac{1}{\sqrt{1 - \frac{V^2}{c^2}}} m_0 c^2 .$$

Der Term $W_0 = m_0 c^2$ wird als **Ruheenergie** bezeichnet. Er entspricht der Energiemenge, die freigesetzt werden würde, wenn die gesamte Ruhemasse in Energie umgewandelt würde.

Ein wichtiger Zusammenhang zwischen dem relativistischen Impuls und der Gesamtenergie kann aus der relativistischen Masse hergeleitet werden:

$$m = \gamma\, m_0 = \frac{m_0}{\sqrt{1-\frac{v^2}{c^2}}} \quad \Big|\ \text{Quadrieren}$$

$$\Rightarrow\ m^2 = \frac{m_0^2}{1-\frac{v_0}{c^2}} \ \Leftrightarrow\ m^2 - \frac{m^2 \cdot v^2}{c^2} = m_0^2$$

$$\Leftrightarrow\ m^2 \cdot c^4 - m^2 \cdot v^2 \cdot c^2 = m_0^2 \cdot c^4$$
$$\Leftrightarrow\ (m \cdot c^2)^2 - (m \cdot v)^2 \cdot c^2 = (m_0 \cdot c^2)^2$$
$$\Leftrightarrow\ W^2 - p^2 \cdot c^2 = W_0^2$$
$$\Leftrightarrow\ W^2 = W_0^2 + p^2 \cdot c^2$$
$$\Leftrightarrow\ W = \sqrt{W_0^2 + p^2\, c^2} = \sqrt{m_0^2 c^4 + p^2\, c^2}$$

Aus den Gleichungen der vorletzten Zeile können die aus der klassischen Physik bekannten Gleichungen der kinetischen Energie gewonnen werden.

$$W^2 - W_0^2 = \underbrace{(W - W_0)}_{= W_{kin}} \cdot (W + W_0) = p^2 c^2$$

$$\Leftrightarrow\ W_{\text{kin}} = \frac{p^2 c^2}{W + W_0} = \frac{p^2 c^2}{m_0 \cdot c^2 (\gamma + 1)} = \frac{p^2}{(\gamma + 1)\, m_0} = \frac{(\gamma\, m_0 v)^2}{(\gamma + 1)\, m_0} = \frac{\gamma^2}{\gamma + 1}\, m_0 v^2$$

Für kleine Geschwindigkeiten $v \ll c$ ist $\gamma \approx 1$ und somit $W_{\text{kin}} \approx \frac{p^2}{2\, m_0} \approx \frac{1}{2} m_0 v^2$.

8 Thermodynamik

8.1 Kinetische Gastheorie

Die **kinetische Gastheorie** beschreibt das Verhalten von (idealen) Gasen auf atomarer Skala. Die makroskopischen Größen wie Druck und Temperatur werden aus den statistischen Eigenschaften der Gasteilchen berechnet.

8.1.1 Die Temperatur und der Gleichverteilungssatz

Die **Temperatur** T wird in der Thermodynamik stets in Kelvin gemessen, sie ist ein Maß für die mikroskopische, **kinetische Energie** eines Systems. Dies meint nicht die Geschwindigkeit mit der sich das gesamte System bewegt (kinetische Energie des Schwerpunkts), wohl aber die Geschwindigkeit der einzelnen Atome zueinander.

Eine der wesentlichen Aussagen der Thermodynamik ist der **Gleichverteilungssatz:**

Die **innere Energie pro Molekül** U/N ist proportional zur Anzahl der Freiheitsgrade f und der Temperatur.

$\frac{U}{N} = k_B T$

Die Proportionalitätskonstante k_B wird als **Boltzmann-Konstante** bezeichnet und hat den Wert $k_B = 1{,}380\,658 \cdot 10^{-23} \frac{J}{K}$

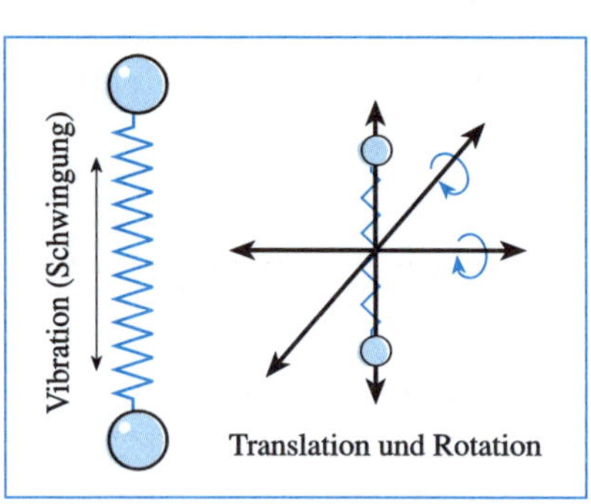

Mit ihrer Hilfe kann einer Temperatur (in Kelvin, K) die entsprechende Energie (in Joule, J) zugeordnet werden. Als **Freiheitsgrade** (→ Abbildung links) werden die Bewegungsmöglichkeiten der Atome bezeichnet. Ein einatomiges Gas (Edelgas) hat drei (Translations-) Freiheitsgrade, da die Atome sich in drei Raumrichtungen bewegen können. Ein zweiatomiges Gas (N_2 oder O_2) hat zusätzlich zwei (Rotations-)Freiheitsgrade (senkrecht zur Molekülachse) sowie einen (Vibrations-)Freiheitsgrad in Richtung der Molekülachse. Ein typisches Luftmolekül (Stickstoff oder Sauerstoff) hat somit $f = 3 + 2 + 1 = 6$ Freiheitsgrade. Dies ergibt eine gesamte, mittlere, innere Energie von $U_{kin} = \frac{6}{2} k_B T$ pro Molekül. Die Translationsenergie beträgt die Hälfte dieses Wertes $U_{Tr} = \frac{3}{2} k_B T$.

Beachte: Die Anzahl der Freiheitsgrade eines Moleküls ist von der Temperatur abhängig. Zum Beispiel zeigen O_2- bzw. N_2-Moleküle bei Raumtemperatur noch keine Schwingungen. Die Ursache hierfür ist die Quantenmechanik, die zur Berechnung der Energien der Moleküle verwendet werden muss. Dabei zeigt sich, dass für die Rotations- und Vibrationsenergie nur diskrete Werte möglich sind, wobei für eine Rotation des Moleküls viel weniger Energie notwendig ist als für eine Schwingung. Molekülschwingungen treten daher nur bei hohen Temperaturen (hohe mittlere kinetische Energie) auf. Bei sehr niedrigen Temperaturen reicht die kinetische Energie auch für die Rotation nicht mehr aus, sodass nur die Translation übrig bleibt.

Achtung: Bei den weiteren Berechnungen wird stets die innere Energie des gesamten Systems betrachtet, sodass gilt: $U = \frac{f}{2} N k_B T = \frac{f}{2} \upsilon R T.$

8.1.2 Die Maxwell-Boltzmann-Verteilung

Die **Geschwindigkeit** der Atome/Moleküle in einem Gas ist statistisch verteilt. Die Wahrscheinlichkeit, ein Teilchen mit der Masse m im Geschwindigkeitsintervall $[v \ldots v + dv]$ anzutreffen, wird durch die **Maxwell-Boltzmann-Verteilung** beschrieben:

$$f(v)\, dv = 4\pi v^2 \left(\frac{m}{2\pi k_B T}\right)^{\frac{3}{2}} \exp\left(\frac{-\frac{1}{2} m v^2}{k_B T}\right) dv.$$

Durch Integration ergibt sich hieraus die **mittlere quadratische Geschwindigkeit** der Teilchen

$$\overline{v^2} = 3 \frac{k_B T}{m}.$$

In Übereinstimmung mit dem Gleichverteilungssatz folgt hieraus

$$\frac{U_{Tr}}{N} = \frac{1}{2} m \overline{v^2} = k_B T.$$

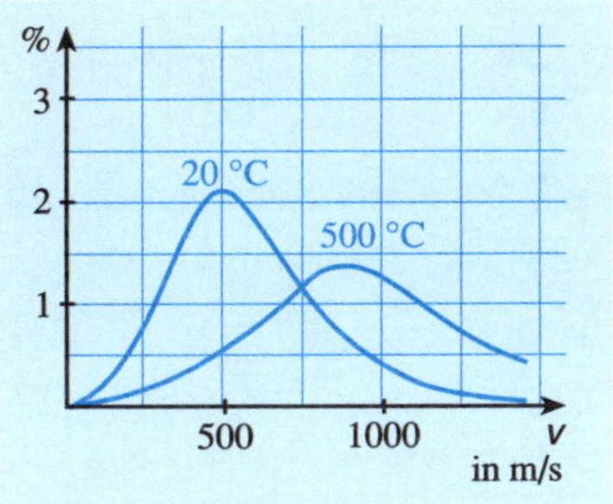

Geschwindigkeitsverteilung im realen Gas

8.1.3 Der Druck

Der **Druck** p eines Gases ist definiert als die Kraft F, die pro Fläche A durch Stöße der Gasteilchen auf die Wand übertragen wird. Anstelle der Kraft kann der Impulsübertrag Δp pro Zeitintervall Δt verwendet werden, das heißt $p = \frac{F}{A} = \frac{\Delta p}{A \cdot \Delta t}$.

Der Impulsübertrag Δp lässt sich aus der mittleren Teilchengeschwindigkeit herleiten:

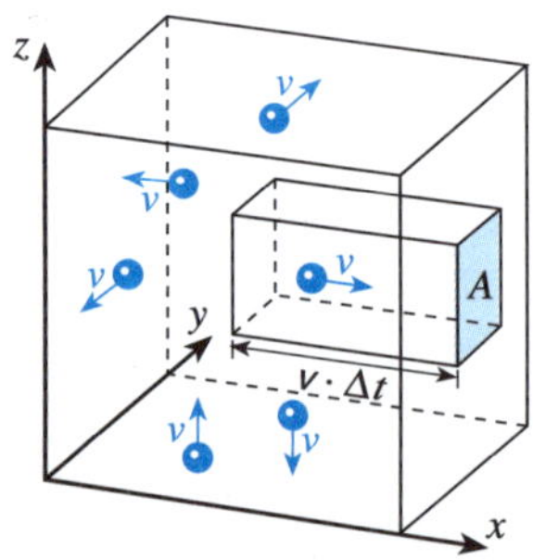

Zum Druckgesetz eines Gases

Wir betrachten zunächst nur Teilchen mit der Geschwindigkeit $v_{i,x}$ senkrecht zur Wand. Da die Teilchen an der Wand elastisch gestreut werden, beträgt der Impulsübertrag pro Teilchen $\Delta p_i = 2 \cdot m \cdot v_{i,x}$. Die Anzahl der Teilchen, die pro Zeitintervall Δt auf die Fläche A treffen, lautet $\frac{1}{2} n_i \cdot v_{i,x} \cdot \Delta t \cdot A$. Dabei berücksichtigt der Faktor $\frac{1}{2}$, dass nur die Hälfte aller Teilchen auf die Wand zufliegen. Als gesamter Impulsübertrag ergibt sich:

$$\Delta p = \sum_i \left(\frac{1}{2} n_i \cdot v_{i,x} \cdot \Delta t \cdot A\right) \cdot (2 \cdot m \cdot v_{i,x}) = \Delta t \cdot A \cdot m \cdot \sum_i n_i \, v_{i,x}^2.$$

Die Summe kann nun durch den Mittelwert $n \cdot \overline{v_x^2}$ ersetzt werden. Wird noch die isotrope Geschwindigkeitsverteilung der Teilchen berücksichtigt, so folgt

$$\overline{v_x^2} = \frac{1}{3} \overline{v_x^2 + v_y^2 + v_z^2} = \frac{1}{3} \overline{v^2}.$$

Insgesamt ergibt sich somit: $p = \frac{\Delta p}{A \cdot \Delta t} = \frac{1}{3} m \cdot n \cdot \overline{v^2}$.

Einsetzen des aus der → Maxwell-Boltzmann-Verteilung ermittelten mittleren Geschwindigkeitsquadrats

$\overline{v^2} = 3 \frac{k_B T}{m}$ liefert das → ideale Gasgesetz:

$$p = n k_B T = \frac{N}{V} k_B T.$$

8.1.4 Das ideale Gasgesetz

Bei der Herleitung des → Druckes im vorigen Abschnitt wurde der Zusammenhang $p = \frac{N}{V} k_B T$ gefunden. Durch einfaches Umstellen ergibt sich das **ideale Gasgesetz**

$$p \cdot V = N \cdot k_B \cdot T.$$

Da die Anzahl der Teilchen riesig ist, wird sie häufig durch die **Avogadro-Konstante** $N_A = 6{,}022\,1367 \cdot 10^{23} \frac{1}{\text{mol}}$ (veraltet: **Loschmidt-Zahl**, N_L) geteilt.

$$p \cdot V = \underbrace{\frac{N}{N_A}}_{v} \cdot \underbrace{N_A \cdot k_B}_{R} \cdot T = v \cdot R \cdot T \quad \text{mit} \quad R = N_A \cdot k_B = 8{,}314\,510 \frac{\text{J}}{\text{mol} \cdot \text{K}}$$

Die hierbei auftretende Konstante R wird als (**molare**) **Gaskonstante** bezeichnet, während v die Gasmenge in **Mol** angibt.

8.1.5 Ideales und reales Gas

In der Thermodynamik ist es üblich, Gase als punktförmige Teilchen zu idealisieren, die untereinander keine Wechselwirkung zeigen. Dieses als **ideales Gas** bezeichnete Modell ist eine gute Näherung für niedrige Drücke und schwach wechselwirkende Teilchen (leichte Edelgase). Die Abweichungen sind für Luft (bei Raumtemperatur und normalem Luftdruck) sehr gering und können daher im Allgemeinen vernachlässigt werden. Die → ideale Gasgleichung $p \cdot V = N \cdot k_B \cdot T = v \cdot R \cdot T$ ist daher für viele Anwendungen sehr gut geeignet.

Bei hohem Druck oder Gasen mit starker Wechselwirkung können die Abweichungen vom idealen Gas nicht mehr vernachlässigt werden. Die korrigierte Gasgleichung wird als **Van-der-Waals-Gleichung** bezeichnet:

$$\left(p + a\left(\frac{N}{V}\right)^2\right) \cdot (V - N \cdot b) = N \cdot k_B \cdot T.$$

Der Term $a\left(\frac{N}{V}\right)^2$ wird als **Binnendruck** bezeichnet und ist eine Folge der Wechselwirkungskräfte zwischen den Gasteilchen. Der Term $N \cdot b$ berücksichtigt das **Eigenvolumen** (b) der Gasteilchen.

Im Gegensatz zum idealen Gas können reale Gase zu Flüssigkeiten kondensieren. Diese Eigenschaft wird ebenfalls durch die Van-der-Waals-Gleichung beschrieben.

8.2 Die Hauptsätze der Thermodynamik

8.2.1 1. Hauptsatz (Energieerhaltungssatz)

Die Erhöhung ΔU der **inneren Energie** U eines Systems ist gleich der Summe aus zugeführter **Wärme** ΔQ und zugeführter **Arbeit** ΔW.

$$\Delta U = \Delta Q + \Delta W$$

Im Abschnitt → »Die Temperatur und der Gleichverteilungssatz« wurde gezeigt, dass die Temperatur ein Maß für die makroskopische kinetische Energie der Teilchen ist. Die Wärmemenge ΔQ wird ebenso wie die anderen Energieformen in Joule gemessen. Die Übertragung von Wärme erfolgt durch direkten Kontakt (Heizplatte), Strahlung (Sonne) oder Konvektion (Heizkörper).

Mechanische Arbeit ΔW kann einem Gas auf verschiedene Weise zugeführt werden. Die effektivste Methode ist die Kompression. Der Druck eines Gases ist definiert als Kraft F pro Fläche A. Wird die Wand eines gasgefüllten Behälters um Δs verschoben, so verringert sich das Gasvolumen um $\Delta s \cdot A$. Dabei wird die Arbeit

$$\Delta W = \Delta s \cdot F = \Delta s \cdot p \cdot A = -\, p \cdot \Delta V$$

zugeführt. (ΔV ist negativ, da das Volumen um $\Delta s \cdot A$ abnimmt.)

Zusammengesetzt ergibt sich der zu Anfang zitierte Energiesatz der Thermodynamik

$$\Delta U = \Delta Q - p \cdot \Delta V\,.$$

Wie bereits in der Mechanik (→ Erhaltungssätze) festgestellt wurde, kann Energie nicht erzeugt, sondern lediglich umgewandelt werden. Bezogen auf die Thermodynamik liefert dies eine andere Formulierung des 1. Hauptsatzes:

Es gibt kein **Perpetuum Mobile 1. Art,** das heißt es ist nicht möglich, eine Maschine zu bauen, die Energie erzeugt, ohne ihre Umgebung dabei zu verändern.

8.2.2 2. Hauptsatz

Die **Entropie** *S* nimmt im Gleichgewicht ein Maximum an, das heißt die **Unordnung** eines Systems strebt ihrem Maximum zu.

Die Entropie *S* ist ein Maß für die Unordnung eines Systems. Ein Festkörper, z. B. Eis, hat eine hohe Ordnung und somit eine niedrige Entropie. Beim Schmelzen nimmt die Bewegungsmöglichkeit der Moleküle erheblich zu, sodass die Entropie ansteigt. Nach weiterer Erwärmung verdampft die Flüssigkeit. In einem Gas können sich die Moleküle noch wesentlich ungestörter bewegen, die Entropie ist somit erneut wesentlich größer. Steigt die Temperatur weiter, so wächst auch die Entropie, da der mögliche Geschwindigkeitsbereich der Moleküle größer wird. Bei sehr hohen Temperaturen schließlich dissoziieren die Moleküle; mit der Anzahl der Teilchen wächst auch die Entropie.

Mit steigender Temperatur, das heißt steigender innerer Energie, nimmt die Entropie zu, da die Anzahl der Möglichkeiten steigt, die Energie auf die Teilchen zu verteilen. Bei einer Vergrößerung des Volumens oder der Teilchenzahl nimmt die Entropie gleichfalls zu, da hier die Anzahl der möglichen Orte der Teilchen zunimmt. Auf Grund dieses Zusammenhanges kann der 2. Hauptsatz auch folgendermaßen formuliert werden:

Jedes abgeschlossene makroskopische System strebt nach dem wahrscheinlichsten Zustand, das heißt dem Zustand mit den meisten mikroskopischen Realisierungsmöglichkeiten, also der größten Entropie.

Eine dritte mögliche Formulierung ist die folgende:
Es gibt kein **Perpetuum Mobile 2. Art**, das heißt es ist nicht möglich, eine Maschine zu bauen, die nichts anderes tut, als unter Abkühlung eines Reservoirs Arbeit zu liefern. (Es ist stets ein zweites Reservoir notwendig, das erwärmt wird.)

8.2.3 3. Hauptsatz

Es gibt ein absolutes Minimum der Temperatur.

Dieser absolute Nullpunkt hat die Temperatur 0 Kelvin bzw. −273,15 °C. Bei dieser Temperatur sind die Entropie *S* und die Wärmekapazität *C* jedes Körpers null und die innere Energie hat ihren kleinsten Wert (quantenmechanische Nullpunktsenergie).

8.3 Wärme und Energie

8.3.1 Die Wärmekapazität

Im Abschnitt → »Die Temperatur und der Gleichverteilungssatz« wurde gezeigt, dass die Temperatur ein Maß für die innere kinetische Energie ist. Was bisher fehlt, ist ein Zusammenhang zwischen der Temperaturerhöhung ΔT eines Körpers und der zugeführten Wärmemenge ΔQ. Hierzu wird der Begriff der **Wärmekapazität** C verwendet.

$$\Delta Q = \nu C_{V,\mathrm{mol}} \Delta T = m c_V \Delta T$$

Der Index mol kennzeichnet dabei eine Normierung auf eine Stoffmenge von 1 mol (molare Wärmekapazität), während im anderen Fall 1 kg als Bezugsgröße verwendet wird (spezifische Wärmekapazität).

Bisher wurde davon ausgegangen, dass das Volumen bei der Erwärmung konstant gehalten wird (daher der Index V). Häufig ist jedoch der äußere Druck p konstant und das Volumen vergrößert sich bei der Erwärmung proportional zur Temperaturerhöhung:

$$\Delta V = \gamma \cdot V \cdot \Delta T \,.$$

Für diese Ausdehnung wird die Arbeit $\Delta W = -p\Delta V$ aufgewendet. Die Wärmekapazität erhält daher einen etwas größeren Wert:

$$\Delta Q = \nu\, C_{p,\mathrm{mol}}\, \Delta T = m\, c_p\, \Delta T \,.$$

Der Quotient $\kappa = \frac{c_p}{c_V} = \frac{c_{p,\mathrm{mol}}}{c_{V,\mathrm{mol}}}$ wird als **Adiabatenkoeffizient** bezeichnet und hat für Luft den Wert 1,4.

8.3.2 Reversible und irreversible Prozesse

Ein Prozess heißt **reversibel**, wenn ohne sonstige bleibende Veränderung in der Natur der Ausgangszustand des Systems wiederhergestellt werden kann, sonst **irreversibel**.

Elastische Stöße sind ein Beispiel für reversible Prozesse. Bei Zeitumkehr verläuft der Prozess im Einklang mit allen physikalischen Gesetzen in umgekehrter Richtung.

Wärmeleitung ist ein Beispiel für einen irreversiblen Prozess, da die Umkehrung den 2. Hauptsatz der Thermodynamik verletzt. Analog sind auch alle übrigen von selbst laufenden Prozesse irreversibel!

Bei reversiblen Prozessen können zugeführte Wärme ΔQ_{rev} und Entropiezuwachs ΔS als äquivalent betrachtet werden. Es gilt:

$$\Delta Q_{\mathrm{rev}} = T \cdot \Delta S \,.$$

8.3.3 Reversible Prozesse idealer Gase

Langsame Zustandsänderungen (Druck, Temperatur, Volumen) eines idealen Gases sind reversible Prozesse, sofern die Teilchenzahl konstant bleibt und Volumenänderungen durch Arbeit $\Delta W = -p \cdot \Delta V$ herbeigeführt werden (keine Ventile, keine chemischen Reaktionen). Die Voraussetzung einer langsamen Zustandsänderung ist notwendig, damit sich das System zu jedem Zeitpunkt im thermodynamischen Gleichgewicht befindet (andernfalls ist der Prozess nicht reversibel).

Zur Beschreibung der verschiedenen Prozesse genügen einige wenige Gleichungen, die im vorigen Abschnitt hergeleitet wurden:

1. Hauptsatz:	$\Delta U = \Delta Q + \Delta W$	(0)
Innere Energie:	$U = \frac{f}{2} N k_{\mathrm{B}} T = \frac{f}{2} \upsilon R T$	(1)
Arbeit:	$\Delta W = -p \cdot \Delta V$	(2)
ideales Gasgesetz:	$p V = N k_{\mathrm{B}} T = \upsilon R T$	(*)
Wärmekapazität:	$\Delta Q = \nu C_{V,\mathrm{mol}} \Delta T = m c_V \Delta T$	
	$\Delta Q = \nu C_{p,\,\mathrm{mol}} \Delta T = m c_p \Delta T$	

Bei den Herleitungen in den folgenden Unterabschnitten werden zum Teil Kenntnisse über Integration und Potenzgesetze vorausgesetzt. Wurden die entsprechenden Dinge im Mathematikunterricht noch nicht behandelt, so können Sie die Herleitungen überspringen. Bei eventuellen Problemen wird Ihnen Ihr Physiklehrer sicherlich gerne weiterhelfen.

Isothermer Prozess: T = konst

(1) $\Rightarrow U = \text{konst}$ bzw. $\Delta U = 0$

(*) $\Rightarrow pV = \text{konst}$ (Gesetz von **Boyle und Mariotte**)

(0) $\Rightarrow dQ \overset{(2)}{=} p \cdot dV \overset{(*)}{=} N k_B T \frac{dV}{V}$

$\Rightarrow \Delta Q = N k_B T \ln \frac{V_1}{V_2} \overset{(*)}{=} N k_B T \ln \frac{p_1}{p_2} = -\Delta W$

$\Leftrightarrow \Delta Q = \upsilon R T \ln \frac{V_1}{V_2} \overset{(*)}{=} \upsilon R T \ln \frac{p_1}{p_2} = -\Delta W$

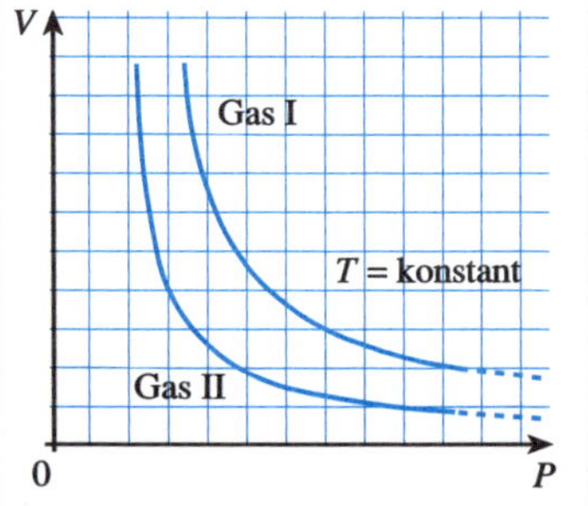

Gesetz von Boyle und Mariotte

Isochorer Prozess: V = konst

(2) $\Rightarrow \Delta W = 0$

(*) $\Rightarrow \frac{p}{T} = \text{konst}$ (Gesetz von **Amontons**)

(0) $\Rightarrow \Delta Q \overset{(1)}{=} \frac{f}{2} N k_B \cdot \Delta T$

$= \frac{f}{2} \upsilon R T \cdot \Delta T = \upsilon C_{V,\text{mol}} \Delta T$

$\Rightarrow C_{V,\text{mol}} = \frac{f}{2} R$ (**)

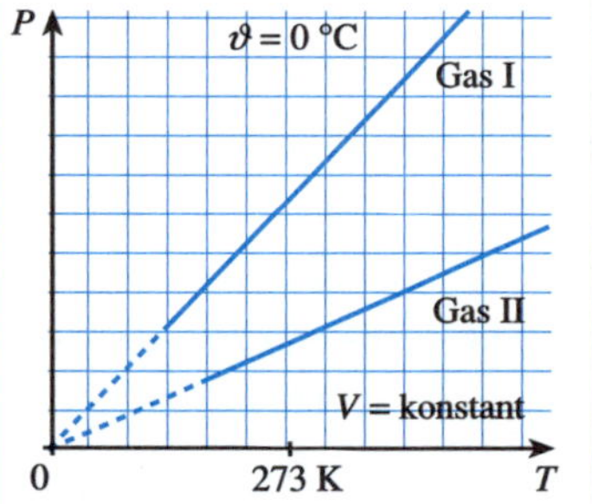

Gesetz von Amontons

Da ein Festkörper 3 Freiheitsgrade der Translation und 3 Freiheitsgrade der Vibration hat, folgt hieraus das **Dulong-Petit'sche** Gesetz:

$C_{V,\text{mol,Festkörper}} = 3R \approx 25 \frac{\text{J}}{\text{mol} \cdot \text{K}}$.

Luft besteht im Wesentlichen aus N_2 und O_2. Bei Raumtemperatur haben diese Moleküle 3 Translations- und 2 Rotationsfreiheitsgrade. Für die Wärmekapazität folgt somit:

$C_{V,\text{mol}} = \frac{5}{2} R \approx 20{,}8 \frac{\text{J}}{\text{mol} \cdot \text{K}}$.

Isobarer Prozess: p = konst

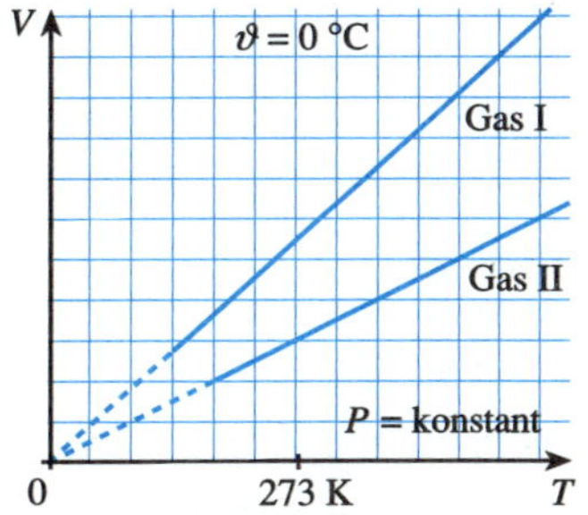

Gesetz von Gay-Lussac

$(*) \Rightarrow \frac{V}{T} = \text{konst}$

$\Rightarrow V(T) = V_0\left(1+\frac{T-T_0}{T_0}\right)$ und

$p(T) = p_0\left(1+\frac{T-T_0}{T_0}\right)$

Diese drei Formeln werden als Gesetze von **Gay-Lussac** bezeichnet.

$$(0) \Rightarrow \Delta Q \overset{(1)}{=} \frac{f}{2}\upsilon R T \cdot \Delta T + p \cdot \Delta V$$
$$\overset{(**),(*)}{=} \upsilon C_{V,\text{mol}}\, \Delta T + \upsilon R \Delta T$$
$$\overset{!}{=} \upsilon C_{p,\text{mol}}\, \Delta T$$

$$\Rightarrow C_{p,\text{mol}} = C_{V,\text{mol}} + R$$

$$\Rightarrow c_p = c_V + \frac{R}{M_\text{mol}}$$

Aus diesen Beziehungen lässt sich der Adiabatenkoeffizient für ein ideales Gas berechnen:

$$\kappa = \frac{c_p}{c_V} = \frac{c_{p,\text{mol}}}{c_{V,\text{mol}}} = 1 + \frac{R}{C_{V,\text{mol}}} \overset{(**)}{=} 1 + \frac{2}{f}.$$

Für Luft (3 Translations- und 2 Rotationsfreiheitsgrade bei Raumtemperatur) folgt:

$\kappa_\text{Luft} = 1 + \frac{2}{5} = 1{,}4.$

Adiabatischer Prozess: $\Delta Q = 0 \Leftrightarrow S$ = konst

$$(0, 1, 2) \Rightarrow \frac{f}{2} N k_\text{B}\, dT = -p\, dV \overset{(*)}{=} -N k_\text{B}\, T \frac{1}{V} \mathrm{d}V$$

$$\Rightarrow \frac{f}{2}\frac{dT}{V} = -\frac{dV}{V}$$

$$\Leftrightarrow \frac{f}{2}\ln\frac{T_2}{T_1} = -\ln\frac{V_2}{V_1}$$

$$\Leftrightarrow \left(\frac{T_2}{T_1}\right)^{\frac{f}{2}} = \left(\frac{V_2}{V_1}\right)$$

$$\overset{(*)}{\Leftrightarrow} \left(\frac{p_2 V_2}{p_1 V_1}\right)^{\frac{f}{2}} = \frac{V_1}{V_2}$$

$$\Leftrightarrow \frac{p_2}{p_1} = \left(\frac{V_1}{V_2}\right)^{\frac{2}{f}+1} = \left(\frac{V_1}{V_2}\right)^{\kappa}$$

$$\Leftrightarrow p \cdot V^\kappa = \text{konst}$$

Das Ergebnis dieser Rechnung wird als **Adiabatengleichung** bezeichnet.

8.3.4 Der Carnot'sche Kreisprozess

Der **Carnot'sche Kreisprozess** ist eine periodische Abfolge reversibler Zustandsänderungen eines idealen Gases mit dem Zweck, Wärme in mechanische Arbeit umzuwandeln. Maschinen, die diesen Zweck verfolgen, werden als **Wärmekraftmaschinen** bezeichnet. (Die Erzeugung von Strom in einem Kohlekraftwerk ist ein typisches Beispiel für eine Wärmekraftmaschine.) Der Carnot'sche Kreisprozess ist eine Idealisierung, bei der Verluste realer Maschinen durch Reibung, schlechte Isolierung usw. nicht berücksichtigt werden. Da zudem alle Prozesse reversibel verlaufen, ist der **Wirkungsgrad** $\eta_C = \frac{-\Delta W}{\Delta Q}$ größer als der jeder anderen denkbaren Wärmekraftmaschine!

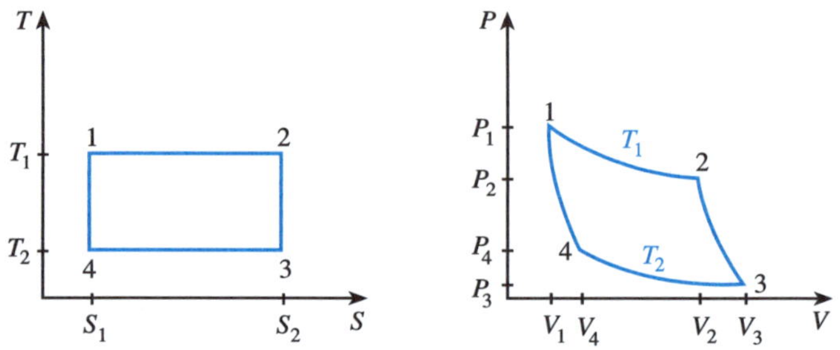

Carnot'scher Kreisprozess im *S*/*T*- und im *V*/*p*-Diagramm

In den Abbildungen ist der Ablauf des Carnot'schen Kreisprozesses dargestellt. Der Prozess beginnt am Punkt 1 mit einer isothermen Dekompression an die in Punkt 2 eine adiabatische Dekompression anschließt. Am Punkt 3 erfolgt eine Umkehr des Prozesses durch eine isotherme Kompression. Den Abschluss bildet eine adiabatische Kompression.

Aus dem S/T-Diagramm kann der Wirkungsgrad des Carnot'schen Kreisprozesses sehr einfach bestimmt werden:
Nach dem 1. Hauptsatz gilt: $\Delta U = T \cdot \Delta S + \Delta W.$
Da die innere Energie U zu Beginn und Ende der Prozesse gleich ist $(\Delta U = 0)$ folgt:
$-\Delta W = T_1(S_2 - S_1) + T_2(S_1 - S_2) = (S_2 - S_1)\cdot(T_1 - T_2).$
Die zugeführte Wärmemenge ist gegeben durch
$\Delta Q = (S_2 - S_1)T_1 \Rightarrow \eta_C = \frac{-\Delta W}{\Delta Q} = 1 - \frac{T_2}{T_1}.$

Der Wirkungsgrad ist somit umso größer, je höher die Ausgangstemperatur T_1 bzw. je niedriger die Endtemperatur T_2 ist.

9 Vorwort zum Übungsteil

Der hier folgende Übungsteil will Ihnen bei Ihrer Vorbereitung auf die Abiturprüfung im Fach Physik mit Rat und Tat zur Seite stehen und bietet Ihnen eine umfassende Sammlung geeigneter Aufgaben mit ausführlichen Lösungen an.

In einem ersten Teil finden Sie zu allen wichtigen Themenbereichen der Oberstufen-Physik inhaltlich abgegrenzte und gegliederte Fragestellungen, die Ihnen vor allem dabei helfen sollen, sich auf Klausuren während der Qualifikationsphase oder auf die mündliche Abiturprüfung vorzubereiten, aber auch einzelne Themen innerhalb einer breiter angelegten Vorbereitung aufzufrischen.

Es schließt sich ein zweiter Teil an, der komplexere Aufgaben mit themenübergreifenden Fragestellungen enthält und damit typischerweise auf die Vorbereitung der abschließenden schriftlichen oder mündlichen Abiturprüfung ausgerichtet ist.

Ziel von uns Autoren war es, unser Wissen und unsere Erfahrungen aus eigener Lehrtätigkeit auf der Grundlage geltender Lehrpläne und Richtlinien zu einer effizienten Lernhilfe, eben zu dem vorliegenden Buch, zusammenzufassen und damit Sie in die Lage zu versetzen, sich das erforderliche Abiturwissen im Fach Physik zielgerichtet und ohne Umwege anzueignen.
Der nachfolgende Abschnitt »Zum Umgang mit diesem Buch« gibt Ihnen vorab einige in der Praxis bewährte methodische Hinweise zur Vorbereitung auf Prüfungen und damit auch Tipps zum effizienten Einsatz dieses Buches.

Das alte Sprichwort »Übung macht den Meister« hat bis heute nichts von seiner Aktualität verloren und gilt gerade auch bei Vorbereitungen auf Prüfungen. Dabei kommt es nicht alleine auf die Menge der Übungsaufgaben an, sondern auch auf die Eignung der Problemstellungen mit Blick auf die zu erwartenden Anforderungen. Eine Übungsaufgabe führt dann zu besten Lernfortschritten, wenn sie nicht zu einfach, aber auch nicht zu schwer ist: Anforderung und Motivation müssen im Gleichgewicht bleiben. Wir Autoren haben uns bemüht, eine Aufgabensammlung zusammenzustellen, die jeder Schülerin/jedem Schüler geeignete Einstiegs- und Entwicklungsmöglichkeiten in der Oberstufenphysik bietet.

Natürlich geht es nicht ohne den persönlichen Einsatz des Einzelnen. Neben Richtigem werden zunächst auch manche Fehler auftreten. Das ist normal, sonst gäbe es nichts mehr zu verbessern. Wählen Sie für sich geeignete Aufgaben, lassen Sie sich auch durch Teilerfolge motivieren und betrachten Sie Fehler als Meilensteine auf dem Weg zu Ihrem Erfolg!

Wir Autoren wünschen Ihnen viel Erfolg! *Rolf Hermes, Hans-Dieter Klaas*

9.1 Zum Umgang mit dem Übungsteil

Welche Themen sind für meine Prüfung relevant?

Die möglichen Themenbereiche der Oberstufen-Physik werden in den Fach-Richtlinien eines jeden Bundeslandes abgesteckt.
In der Regel bestehen jedoch Wahlmöglichkeiten bezüglich der Inhalte und/oder ihrer zeitlichen Abfolge, über die durch Fachgruppen-/-konferenzbeschlüsse an den einzelnen Schulen entschieden wird. Verbleibende Spielräume füllt die Fachlehrerin/der Fachlehrer, gegebenenfalls zusammen mit den Schülerinnen und Schülern aus.
Wenngleich sich durch dieses Regelwerk individuelle Unterschiede und Schwerpunkte ergeben, so stellt doch der aus den Bereichen Mechanik und Wellenlehre, Elektrizitätslehre und Magnetismus, Atom- und Kernphysik sowie Relativitätsphysik und Thermodynamik gebildete Kanon in der Schulpraxis einen gemeinsamen Nenner dar. Dieser Kanon stand auch Pate bei der hier zwangsläufig getroffenen Auswahl an Aufgaben.

Soweit Sie sich auf eine **Klausur** vorbereiten, ergeben sich die prüfungsrelevanten Themen unmittelbar aus Ihrem Unterricht, bzw. den näheren Angaben Ihrer Lehrerin/Ihres Lehrers.

Hierzu finden Sie im ersten Teil dieses Buches passende Übungsaufgaben. Auch der zweite Teil kann nützlich sein, wenn Sie dort die thematisch passenden (Teil-)Aufgaben auswählen und unabhängig von ihrem Kontext bearbeiten.

Bei Ihrer Vorbereitung auf das schriftliche Abitur können ebenfalls beide Teile dieses Buches eine wichtige Funktion übernehmen. Mithilfe des ersten Teiles können Sie jetzt vorab oder auch nach Bedarf abgegrenzte Themenbereiche auffrischen, während der zweite Teil mit seinen übergreifenden Fragestellungen in das Zentrum Ihrer Vorbereitungen rücken sollte.

Auch die **mündliche Abiturprüfung** stellt durch ihr Zusammenspiel von vorbereitetem freien Vortrag und sich anschließendem Prüfungsgespräch einen insgesamt themenübergreifenden Anspruch.
Während der erste Teil dieses Übungsteiles (»Themenbezogene Aufgaben«) jetzt durch seine vom Umfang her überschaubaren Fragestellungen und Lösungen Hilfe bietet, vermittelt der zweite Teil »Abituraufgaben« Zusammenhänge, besonders dann, wenn Sie Ihr Augenmerk auf den »roten Faden« lenken, der sich dort durch jede komplexe Aufgabe hindurchzieht.

Der Themenbereich Mechanik wird in der Regel bereits in Stufe 11 (in Ländern mit Abitur nach 12 Jahren bereits in Stufe 10) behandelt und fällt damit nicht mehr in die Qualifikationsphase (Stufe 12/13 bzw. 11/12) des Abiturs.
Wenngleich nur in Baden-Württemberg stets eine Abituraufgabe speziell zur Mechanik gestellt wird, so sollte auch andernorts nicht ihre tragende Funktion für nahezu alle anderen Bereiche der Physik übersehen werden. Das bedeutet aber zwangsläufig, dass die Grundlagen der Mechanik generell in eine Abiturvorbereitung einbezogen werden müssen.

Welcher Schwierigkeitsgrad und welcher Umfang der Aufgaben ist angemessen?

Die Richtlinien sehen für alle Prüfungsarten drei Anforderungsbereiche vor, die in der Prüfung insgesamt abgedeckt werden sollen.
Neben der Wiedergabe von Grundkenntnissen (Bereich I) soll der Prüfling seine Fachkenntnisse schwerpunktmäßig zur Lösung bekannter oder leicht modifizierter Probleme einsetzen (Bereich II).
In geringerem Maße sollten auch Aufgaben vorkommen, die ein umfassenderes Problemlösen und/oder ein Entwickeln neuer Lösungswege erfordern (Bereich III).
Natürlich kann die Zuordnung einer Prüfungs-(Teil-)Aufgabe zu einem dieser Anforderungsbereiche nur mit Blick auf den vorangegangenen Unterricht erfolgen, sodass eine bestimmte Aufgabe für Schülerinnen und Schüler verschiedener Schulen oder Kurse durchaus nicht denselben Schwierigkeitsgrad haben muss. Und dass an Leistungskurs-Schülerinnen und -Schüler höhere Anforderungen zu stellen sind als an die der Grundkurse versteht sich von selbst.
Aus diesen Gründen können die Aufgaben dieser Sammlung nicht in allgemein gültiger Weise den drei Anforderungsbereichen zugeordnet werden.

Diese Zuordnung müssen Sie vor dem Hintergrund Ihrer spezifischen Unterrichts- und Prüfungssituation, aber auch mit Blick auf Ihren individuellen Wissensstand selbst vornehmen.

Bei der Einschätzung der bevorstehenden Prüfungsansprüche werden zuerst die eigenen Aufzeichnungen und Unterrichtsprotokolle, aber auch die Rücksprache mit der Lehrerin/dem Lehrer, der Gedankenaustausch mit Mitschülerinnen und Mitschülern, die Orientierung an Prüfungsvorlagen vorangegangener Schuljahre oder aus Parallelkursen eine zuverlässige Orientierung bieten. Dennoch haben wir Autoren einzelne, von uns als schwieriger erachtete Aufgaben(teile) farbig hervorgehoben, um sie dadurch speziell für Leistungskurse zu kennzeichnen.

Auch was den Umfang der Prüfungsaufgaben angeht, so gilt sinngemäß das zuvor Gesagte. Dabei ist es von besonderem Nutzen, die prüfungsrelevanten Aufgaben dieser Sammlung mit zeitlichem Abstand wiederholt zu bearbeiten und dann neben der Fehlerkontrolle vor allem dem erforderlichen Zeitbedarf Aufmerksamkeit zu schenken.

9.2 Wie führe ich meine Abiturvorbereitung effizient durch?

Dass eine durchgängig konzentrierte Unterrichtsarbeit während der gesamten Oberstufenzeit die besten Voraussetzungen für ein erfolgreiches Abitur liefert, steht außer Zweifel.
Und welchen Beitrag dieses Buch hierbei leisten kann, wurde bereits erläutert. So geht es hier speziell um Hinweise für die »heiße Phase«, also um den Zeitraum, der unmittelbar in die Abiturprüfung einmündet.

Zur Vermeidung zeitlicher Engpässe – schließlich ist Physik nicht das einzige Fach im Abitur – sollten bereits sechs Monate vor den Prüfungen die ersten »Weichenstellungen« vorgenommen werden.
Hierzu gehören zunächst einige organisatorische Maßnahmen: das Ordnen eigener Unterrichtsaufzeichnungen, das Zusammenstellen früherer Klausuren, das Herbeischaffen und Sichten von Fach- und Übungsbüchern sowie das Einrichten von Übungsgruppen.
Die individuellen Unterrichtsvoraussetzungen münden in einen Katalog prüfungsrelevanter Themen(-bereiche), deren Bearbeitung auf die Vorbereitungsphase zu verteilen sind. Im Rahmen dieser Planungen wird auch dieser Aufgabensammlung ein wichtiger Platz zugewiesen.

Die Bearbeitung der Aufgaben dieser Sammlung, insbesondere des zweiten Teiles, sollte stets vollständig und zunächst ohne Lösungshilfen erfolgen, um zuverlässig Auskunft über den eigenen Wissensstand zu erhalten.

Dabei sollten nur diejenigen Hilfsmittel (Formelsammlung, Taschenrechner) verwendet werden, die auch später in der Prüfung zugelassen sind. Erst nach vollständiger Bearbeitung einer Aufgabe erfolgt die Kontrolle mithilfe der Musterlösungen, bei der neben der numerischen Richtigkeit auch die verwendeten Notationen, Formeln und Grafiken, die durchgeführten Umformungen, eine schlüssige Einheitenrechnung und eine ausreichende Kommentierung von Zwischenschritten zu prüfen sind.

Die vorliegenden Musterlösungen schließen nicht aus, dass auch alternative Lösungswege möglich sind. Insbesondere bei den offenen Fragestellungen ist gründlich zu prüfen, ob mit der eigenen Lösung alle wesentlichen Aspekte angesprochen werden.
Schließlich sollte auch auf den Gebrauch der Fachsprache, die Verwendung zutreffender Fachtermini sowie die grammatische und orthografische Richtigkeit geachtet werden. Diejenigen Defizite, die bei der Lösungskontrolle deutlich werden, gilt es mithilfe der Fachliteratur, der Unterrichtsaufzeichnungen und Aufgaben speziell des ersten Teiles dieses Bandes aufzuarbeiten.
Mit einigem zeitlichen Abstand sollte dann die fragliche Aufgabe erneut bearbeitet werden, jetzt auch unter Beachtung zeitlicher Maßstäbe.

Zur Vorbereitung auf das mündliche Abitur müssen die Lösungen bearbeiteter Aufgaben in eine vortragsfähige Form gebracht werden.
Die zuvor angesprochenen Aspekte der Aufgabenbearbeitung und gründlichen Lösungskontrolle gelten auch hier, jedoch tritt jetzt der mündliche Vortrag an die Stelle der schriftlichen Wiedergabe und Interpretation von Ergebnissen. Dazu muss bereits in der Phase der Aufgabenbearbeitung ein vortragsfähiges Konzept erstellt werden. Dabei kommt es darauf an, die Abfolge wesentlicher Lösungsschritte zu notieren und mit kurzen und prägnanten Interpretationen, eventuell nur mit Stichworten, zu versehen, wobei die Beibehaltung des »roten Fadens« sichergestellt sein muss. Die Einübung eines ca. zehnminütigen freien Fachvortrages erfolgt dann am besten im Kreise »Gleichgesinnter«.

Schließlich sei noch auf einige Aspekte einer Abiturprüfung in Physik hingewiesen, die Sie bei Ihrer Vorbereitungsarbeit hinreichend berücksichtigen sollten, zumal sie in diesen Punkten über das Anforderungsprofil einer Klausur hinausgehen können.

So sollte Klarheit herrschen über das Zusammenspiel von Experiment, von induktivem und deduktivem Vorgehen als denjenigen Schritten, durch die physikalische Erkenntnisse gewonnen, gesichert und in theoretische Zusammenhänge eingebunden werden.

Des Weiteren dürfen physikalische Fragen und ihre Lösungen keinesfalls auf die Anwendung spezieller mathematischer Verfahren »verkürzt« werden.
Gerade im Abitur geht es um die Einordnung des Speziellen in allgemeine Zusammenhänge, um Verbindungen zu anderen Themenbereichen der Physik oder um das Aufzeigen historischer Entwicklungen.
Auch und gerade zu diesen Punkten will die vorliegende Aufgabensammlung ihren Beitrag leisten, ebenso wie zu dem zunehmend fokussierten Aufgabentyp der offenen Fragestellung, der in hohem Maße die Einordnung spezieller Ergebnisse in Zusammenhänge, das Aufzeigen alternativer Lösungswege und das Verbinden mit anderen Themenbereichen erfordert.

10 Themenbezogene Aufgaben

10.1 Fall und Wurfbewegungen

10.1.1 Auf dem Mars

Voraussetzungen: Kinematik der geradlinigen Bewegungen, freier Fall und Wurfbewegungen, schiefe Ebene, Reibung

a) Berechnen Sie die Größe der Fallbeschleunigung auf dem Mars ($m_{\text{Mars}} = 6{,}42 \cdot 10^{23}\,\text{kg}$; $r_{\text{Mars}} = 3390\,\text{km}$).
b) Freier Fall. Um wie viel Prozent weichen bei gleicher Fallzeit (1) die Fallwege, (2) die Fallgeschwindigkeiten auf dem Mars von denen auf der Erde ab?
c) Lotrechter Wurf nach oben. Berechnen Sie, um wie viel bei gleicher Anfangsgeschwindigkeit die Steighöhen größer/kleiner bzw. die Steigzeiten länger/kürzer sind als auf der Erde.
d) Schräger Wurf. Bestimmen Sie, um wie viel bei gleicher Anfangsgeschwindigkeit und gleich großem Wurfwinkel die Wurfweite bzw. die Wurfhöhe größer/kleiner als auf der Erde ist.

A Simulation ohne Berücksichtigung der Reibung

Auf einer schiefen Ebene mit bestimmtem Neigungswinkel α verlaufen entsprechende Bewegungen zeitlich genau so wie die Bewegungen in einer Vertikalebene auf dem Mars.

e) Berechnen Sie, wie groß α sein muss, damit die Bewegung ohne Anfangsgeschwindigkeit auf der schiefen Ebene und der freie Fall auf dem Mars übereinstimmen.
f) Warum können auch die Bewegung mit Anfangsgeschwindigkeit (in Hangrichtung) auf dieser schiefen Ebene und der lotrechte Wurf auf dem Mars mit den gleichen Formeln beschrieben werden?
g) Wie muss ein Körper angestoßen werden, damit seine Bewegung mit dem waagerechten Wurf auf dem Mars übereinstimmt?

B Realexperiment

Im Experiment tritt zwischen den Berührungsflächen von Körper und schiefer Ebene Gleitreibung (Reibungskoeffizient f) auf.

h) Wie lautet die Gleichung für die Beschleunigung a?
i) Überprüfen Sie die Beschleunigung für die Sonderfälle $f = 0$ und $a = g_{\text{E}}$.

Lösung

a) Die Gewichtskraft eines Körpers auf einem Planeten entsteht ebenso wie auf der Erde durch die Gravitationswechselwirkung dieses Körpers mit dem Planeten. Um die Fallbeschleunigung g_{Mars} auf der Marsoberfläche zu ermitteln, muss in das Gravitationsgesetz $F = \gamma m_1 m_2 / r^2$ für m_2 die Masse des Mars und für r der Marsradius eingesetzt werden. Die Größe $\gamma m_{\text{Mars}} / r^2$ ist dann die gesuchte Fallbeschleunigung g_{Mars}. In diesem Fall ergibt sich: $g_{\text{Mars}} = 3{,}73\,\text{m/s}^2$.

b) (1) Für die Fallhöhen gilt: $h_{\text{E}} = \frac{1}{2} \cdot g_{\text{E}} t^2$ bzw. $h_{\text{Mars}} = \frac{1}{2} \cdot g_{\text{Mars}} t^2$, also
$\frac{h_{\text{Mars}}}{h_{\text{E}}} = \frac{g_{\text{Mars}}}{g_{\text{E}}} = \frac{3{,}73\,\text{m/s}^2}{9{,}81\,\text{m/s}^2} \approx \frac{1}{2{,}63}$

(2) Aus $v_{\text{E}} = g_{\text{E}} t$ und $v_{\text{Mars}} = g_{\text{Mars}} t$ folgt ebenso $v_{\text{Mars}} / v_{\text{E}} \approx \frac{1}{2{,}63}$.

c) Wegen $v_{\text{E}} = \sqrt{2 g_{\text{E}} \cdot H_{\text{E}}}$ und $v_{\text{Mars}} = \sqrt{2 g_{\text{Mars}} \cdot H_{\text{Mars}}}$ ergibt sich $H_{\text{Mars}} / H_{\text{E}} \approx 2{,}63$. Für die Steigzeiten folgt ebenfalls $T_{\text{Mars}} / T_{\text{E}} \approx 2{,}63$ wie für Erde und Mars aus dem Ansatz $0 = v_0 - g\,T$ ersichtlich wird.

d) $W_{\text{E}} = v_0^2 \sin 2\alpha / 2 g_{\text{E}}$ bzw. $W_{\text{Mars}} = v_0^2 \sin 2\alpha / 2 g_{\text{Mars}}$ implizieren $W_{\text{Mars}} / W_{\text{E}} \approx 2{,}63$. Ebenso folgt aus dem entsprechenden Gesetz für die Wurfhöhen $H_{\text{Mars}} / H_{\text{E}} \approx 2{,}63$ unter der Voraussetzung, dass die Anfangsgeschwindigkeiten und die Abwurfwinkel gleich groß sind. Also sind die Wurfleistungen auf dem Mars stets etwa 2,6-mal so groß. Bei Sprüngen gilt dies nur für die Höhenzunahme der jeweiligen Schwerpunkte.

A Ohne Reibung

e) $\sin\alpha = a_{\text{Hang}} / g_{\text{E}} = g_{\text{Mars}} / g_{\text{E}} \approx 1/2{,}63 \Rightarrow \alpha = 22{,}35°$,
wobei a_{Hang} die Hangabtriebsbeschleunigung der schiefen Ebene ist.

f) In beiden Fällen liegen geradlinig beschleunigte Bewegungen vor, die gleich groß sind: $a_{\text{Hang}} = g_{\text{Mars}}$. Dabei gilt jeweils $v = v_0 \pm a t$.

g) Der Körper auf der schiefen Ebene muss orthogonal zur Hangrichtung angestoßen werden; dann gilt wie auf dem Mars $v_0 = v_x$.

B Mit Reibung

h) Die Skizze rechts zeigt: $a_R = f a_N = f g_{\text{E}} \cos\alpha$.
Die wirksame Beschleunigung ist dann
$a = a_{\text{H}} - a_{\text{H}} = g_{\text{E}} \sin\alpha - f g_{\text{E}} \cos\alpha$
$= g_{\text{E}} (\sin\alpha - f \cos\alpha)$.

i) Für $f = 0$ folgt mit $a = g_{\text{Mars}}$
$\sin\alpha = a / g_{\text{E}} = 0{,}3802$
$\Rightarrow \alpha = 22{,}35°$.

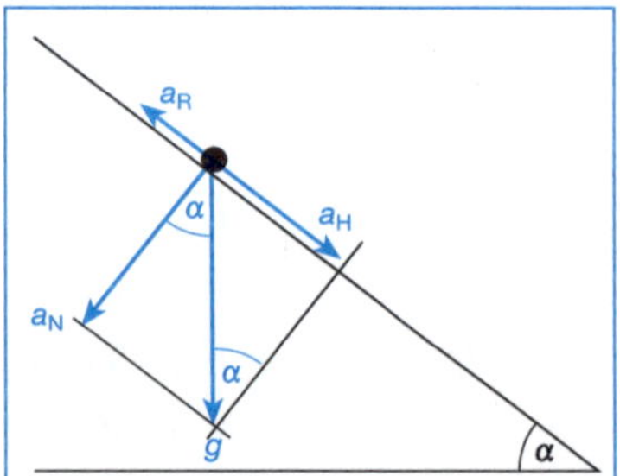

Für $a = g_E$ folgt: $1 = a/g_E = \sin\alpha - f\cos\alpha$

$\Leftrightarrow\ 1 = \sqrt{1-\cos^2\alpha} - f\cos\alpha \ \Leftrightarrow\ 2f\cos\alpha + \cos^2\alpha = 0$

Sofort folgt $\cos\alpha = 0$ oder $\cos\alpha = -f$. Da die zweite Lösung irrelevant ist, muss die Ebene lotrecht stehen und der Körper fällt an ihr vorbei. Reibung ist dann nicht vorhanden.

10.1.2 Das Unabhängigkeitsprinzip

Voraussetzungen: Unabhängigkeitsprinzip; gleichförmige und gleichmäßig beschleunigte Bewegung; Vektoraddition

A Gleichförmige Bewegung

Ein Boot startet in einem Punkt A mit einer Geschwindigkeit von $v_B = 5\,\text{m/s}$, um einen $25\,\text{m}$ breiten Fluss zu überqueren. Das Wasser strömt mit einer konstanten Geschwindigkeit von $v_W = 2\,\text{m/s}$.

a) Das Boot startet orthogonal zur Strömung des Flusses. Konstruieren Sie die Bahnkurve des Wasserfahrzeugs für die ersten 5 Sekunden, indem Sie für jede volle Sekunde den jeweiligen Standort bestimmen. Geben Sie das Prinzip an, das Sie bei der Konstruktion benutzen.

b) Wie lange braucht das Boot zum Überqueren des Flusses? Wie weit wird es dabei in Abszissenrichtung abgetrieben? Welche Strecke legt es insgesamt zurück und mit welcher Geschwindigkeit überquert es den Fluss?

c) Berechnen Sie die Größe des Winkels φ, unter dem das Boot gelenkt werden muss, um den Fluss auf dem kürzesten Weg zu überqueren. Welche Zeit benötigt es dann?

B Gleichmäßig beschleunigte Bewegung

d) Das Boot startet in Punkt A mit $v = 0\,\text{m/s}$ und wird dann gleichmäßig mit $a = 0{,}3\,\text{m/s}^2$ orthogonal zur Strömung beschleunigt. Wie lange benötigt das Schiff zur Flussüberquerung?
Nach 4 Sekunden läuft das Wasserfahrzeug auf eine Sandbank auf. Bestimmen Sie die Geschwindigkeit zu diesem Zeitpunkt.

Lösung

Gleichförmige Bewegung

a) 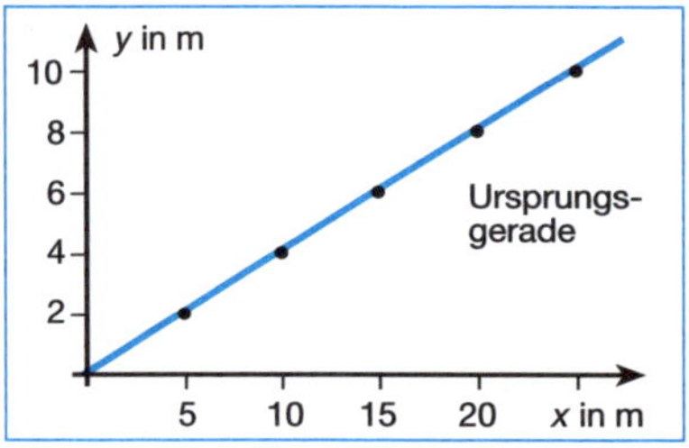

Die Ersatzbewegungen in x- und in y-Richtung sind gleichförmig:
$x(t) = v_W t$ bzw. $y(t) = v_B t$.

t in s	0	1	2	3	4	5
x in m	0	5	10	15	20	25
y in m	0	2	4	6	8	10

Der x-y-Graph ist eine Ursprungsgerade.

Unabhängigkeitsprinzip: Die Bahnkurve des Körpers kann konstruiert werden, indem die Bewegung in voneinander unabhängige Ersatzbewegungen zerlegt wird. Die Bahnkurve kann dann komponentenweise aus den Ersatzbewegungen konstruiert werden.

$y(t) = v_B t \Leftrightarrow t = 25\,\text{m/s} \,/\, 5\,\text{m/s} = 5\,\text{s}$

$x(t) = v_W t \Leftrightarrow 2\,\text{m/s} \cdot 5\,\text{s} = 10\,\text{m}.$

b) $x^2 + y^2 = s^2 \Leftrightarrow s = \sqrt{(10\,\text{m})^2 + (25\,\text{m})^2} = 26{,}93\,\text{m}$

$v = s/t = 26{,}93\,\text{m}/5\,\text{s} = 5{,}39\,\text{m/s}$

c) 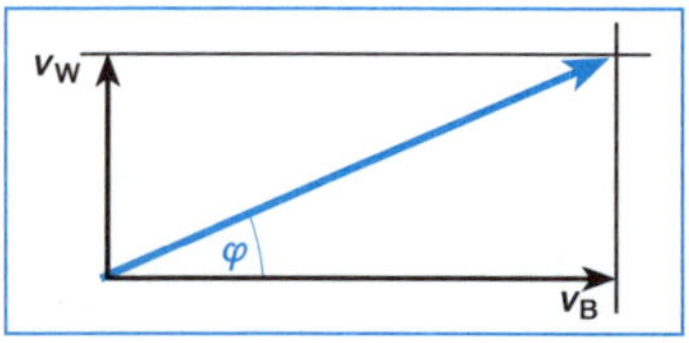

Aus einem Vektordiagramm ist zu entnehmen $\sin\varphi = v_W/v_B$
$\Leftrightarrow \varphi = 23{,}58°$.
Damit folgt $v_{B'} = v_B \cos\varphi = 4{,}58\,\text{m/s}$ und $t = s/v_{B'} = 5{,}46\,\text{s}$.

Für den kürzesten Weg quer zur Strömung benötigt das Boot länger, als wenn es orthogonal zur Strömung startet und sich abtreiben lässt.

B Gleichmäßig beschleunigte Bewegung

d) Die Ersatzbewegung in y-Richtung ist nun gleichmäßig beschleunigt; die zweite Ersatzbewegung bleibt unverändert gleichförmig. Jetzt gilt

$y(t) = \frac{1}{2}at^2 \Leftrightarrow t = \sqrt{2y/a} = \sqrt{2 \cdot 2{,}5\,\text{m} \,/\, 0{,}3\,\text{m/s}^2} = 12{,}91\,\text{m/s}$

Ferner gilt $v_y = at \Leftrightarrow v_y(4\,\text{s}) = 0{,}3\,\text{m/s}^2 \cdot 4\,\text{s} = 1{,}2\,\text{m/s}$

Nach dem Satz des Pythagoras gilt daher für die gesuchte Geschwindigkeit:

$v^2 = v_y^2 + v_W^2 \Leftrightarrow v = \sqrt{(1{,}2\,\text{m/s})^2 + (2\,\text{m/s})^2} = 2{,}33\,\text{m/s}.$

10.2 Harmonische Schwingungen und Wellen

10.2.1 Einfache mechanische Schwingungen

Voraussetzungen: Gesetze der harmonischen Schwingung; Feder- und Fadenpendel; Geschwindigkeit; Beschleunigung

a) Ein harmonisch schwingender Massenpunkt durchläuft eine Amplitude von 6 cm und hat eine Schwingungsdauer von 0,5 s. Berechnen Sie seine Auslenkung, seine Geschwindigkeit und seine Beschleunigung zur Zeit $t = 1{,}15\,\text{s}$. (Zur Zeit $t = 0\,\text{s}$ schwingt der Massenpunkt in positiver Richtung durch die Nulllage.)

b) Bestimmen Sie die Energie eines Federpendels mit einer schwingenden Masse von 250 g, einer Amplitude von 5 cm und einer Frequenz von 3,0 Hz.

c) Ein Fadenpendel hat die Länge $l = 70\,\text{cm}$, die Pendelmasse beträgt 60 g. Wie groß ist die rücktreibende Kraft, wenn die Entfernung der Pendelmasse von der Ruhelage 10 cm beträgt?

d) Eine Pendeluhr, deren Pendel wie ein ideales Fadenpendel zu behandeln ist, soll bei richtigem Gang eine Schwingungsdauer $T = 1\,\text{s}$ haben, geht aber pro Tag 3 Minuten nach. Wie muss die Pendellänge verändert werden, damit die Uhr richtig geht?

e) Wie ändert sich die Frequenz eines Fadenpendels, wenn es um 0,5 % verlängert wird?

Lösung

a) Aus $\omega = 2\pi/T$ (Kreisfrequenz) folgt $\omega = 12{,}57\,1/\text{s}$

(1) Für die Auslenkung nach 1,15 s gilt

$s = s_0 \sin \omega t = s_0 \sin \frac{2\pi}{T} t = 0{,}06\,\text{m} \cdot \sin(12{,}57\,1/\text{s} \cdot 1{,}15\,\text{s}) = 0{,}057\,\text{m}$

(2) Für die Geschwindigkeit ergibt sich ebenso

$v = \omega s_0 \cos \omega t = 12{,}57\,1/\text{s} \cdot 0{,}06\,\text{m} \cdot \cos(12{,}57\,1/\text{s} \cdot 1{,}15\,\text{s}) = -0{,}24\,\text{m/s}$,

das heißt eine Richtungsumkehr hat stattgefunden.

(3) Für die gesuchte Beschleunigung ergibt sich

$a = -\omega^2 s_0 \sin \omega t = -(12{,}57\,1/\text{s})^2 \cdot 0{,}06\,\text{m} \cdot \sin(12{,}57\,1/\text{s} \cdot 1{,}15\,\text{s}) = -9{,}00\,\text{m/s}^2$

b) Aus den Daten $m = 0{,}25\,\text{kg}$, $s_0 = 0{,}05\,\text{m}$, $f = 3{,}0\,1/\text{s}$ und dem Gesetz

$E = 2\pi^2 m f^2 s_0^2$ folgt sofort

$E = 2\pi^2 \cdot 0{,}25\,\text{kg} \cdot (3{,}0\,1/\text{s})^2 \cdot (0{,}05\,\text{m})^2 = 0{,}11\,\text{Nm}$.

c) Aus dem Kraftgesetz folgt: $F_r = -m g s/l = 0{,}084\,\text{N}$.

d) Für die neue Pendellänge l_2 muss gelten: $T_2 = 1\,\text{s}$. Daher folgt aus $T = 2\pi\sqrt{l/g}$ durch Äquivalenzumformung
$l_2 = T_2^2 g/4\pi^2 = 1\,\text{s}^2 \cdot 9{,}81\,\text{m/s}^2 / 4\pi^2 = 0{,}248\,\text{m}$.
Für die ursprüngliche Pendellänge gilt:
$l_1/l_2 = T_1^2/T_2^2 = (24{,}05\,\text{h})^2/(24{,}00\,\text{h})^2 = 1{,}004$
$\Rightarrow\ l_1 = l_2 \cdot T_1^2/T_2^2 = 0{,}248\,\text{m} \cdot 1{,}004 = 0{,}249\,\text{m}$;
das Pendel muss also um etwa 1 mm verkürzt werden.

e) Aus $f = \frac{1}{T} = \frac{1}{2\pi}\sqrt{\frac{g}{l}}$ folgt $\frac{f_2}{f_1} = \sqrt{\frac{l_1}{l_2}} = \sqrt{\frac{l_1}{l_1 + 0{,}005\,l_1}} = \sqrt{\frac{1}{1{,}005}} = 0{,}9975$
Die prozentuale Frequenzveränderung ist daher
$\frac{f_1 - f_2}{f_1} \cdot 100\,\% = \left(1 - \frac{f_2}{f_1}\right) \cdot 100\,\% = 0{,}25\,\%$

10.2.2 Wasserwellen I

Voraussetzungen: mechanische Schwingungen und Wellen

Eine Transversalwasserwelle breitet sich mit einer Geschwindigkeit $v = 10\,\text{cm/s}$ entlang einer Wasseroberfläche aus. Ein Wasserteilchen führt dabei im Ausgangspunkt der Welle eine Schwingung der Form $s(t) = 0{,}05\,\text{m} \cdot \sin\frac{\pi t}{s}$ aus.

a) Bestimmen Sie die Größe der Amplitude und der Frequenz der Schwingung.
b) Berechnen Sie die Auslenkung, die Geschwindigkeit und die Beschleunigung eines Wasserteilchens im Ausgangspunkt zum Zeitpunkt $t = 7{,}5\,\text{s}$.
c) Geben Sie die Gleichung der Welle an.
d) Errechnen Sie, wie weit ein Wasserteilchen vom Ausgangspunkt entfernt ist, das zur Zeit $T = 8\,\text{s}$ um 2,5 cm aus der Ruhelage ausgelenkt ist.

Lösung

a) Amplitude: $s_0 = 0{,}05\,\text{m} = 5\,\text{cm}$.
Frequenz: $s(t) = s_0 \sin\omega t$ mit $\omega = \pi\,1/\text{s} = 2\pi f \Rightarrow f = \frac{1}{2} \cdot 1/\text{s} = 0{,}5\,\text{Hz}$

b) $s(t) = 0{,}05\,\text{m} \cdot \sin\frac{\pi t}{s}$, das heißt $s(7{,}5\,\text{s}) = 0{,}05\,\text{m} \cdot \sin\frac{\pi\,7{,}5\,\text{s}}{\text{s}} = -0{,}05\,\text{m}$.
Die schwingende Masse befindet sich im unteren Umkehrpunkt.
Daher: $v(7{,}5\,\text{s}) = 0\,\text{m/s}$.
Aus $F = ma$ und $F = Ds$ und $\omega = \sqrt{D/m}$ folgt $a = \omega^2 s$, das heißt
$a(7{,}5\,\text{s}) = a(0{,}05\,\text{m}) = \pi^2 \cdot 0{,}05\,\text{m/s}^2 = 0{,}49\,\text{m/s}^2$

c) $s(t) = 0{,}05\,\text{m} \cdot \sin\left[\frac{\pi}{\text{s}}\left(t - \frac{x}{0{,}1\,\text{m/s}}\right)\right]$

d) $0{,}025\,\text{m} = 0{,}05\,\text{m} \cdot \sin\left[\frac{\pi}{\text{s}}\left(8\,s - \frac{x}{0{,}1\,\text{m/s}}\right)\right] \Rightarrow 0{,}5 = \sin[\pi(8 - 10x)]$
Aus $\sin\frac{\pi}{6} = 0{,}5$ folgt $\frac{1}{6} = 8 - 10x \Rightarrow x = \frac{47}{60}\,\text{m} = 0{,}78\,\text{m}$.

10.2.3 Wasserwellen II

Voraussetzungen: Diagramme lesen, Wellengleichung und -parameter, harmonische Schwingung

Durch einen harmonisch schwingenden Erreger, dessen Frequenz im Bereich $0\,\text{Hz} \leq f \leq 10\,\text{Hz}$ variiert werden kann, werden in einer Wellenwanne Wasserwellen erzeugt. Die geradlinigen Wellenfronten bewegen sich von links nach rechts. Die Bewegung eines Punktes der Wasseroberfläche kann als harmonische Schwingung angesehen werden. Die Ausbreitungsgeschwindigkeit v der Welle wird als konstant vorausgesetzt. (Störungen und Dämpfung bleiben unberücksichtigt.) Die Momentaufnahme der Welle ergibt zu den Zeitpunkten $t_0 = 0\,\text{s}$ und $t_1 = 0{,}1\,\text{s}$ die Schaubilder rechts.

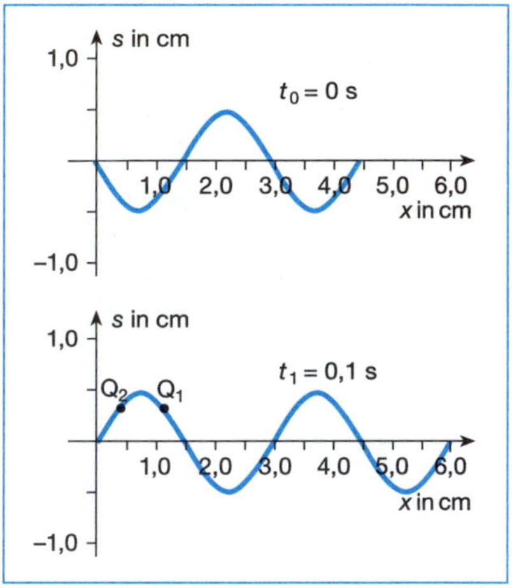

a) Bestimmen Sie mithilfe der Schaubilder die Größe der Wellenlänge λ, der Schwingungsdauer T, der Frequenz f, der Amplitude A und der Ausbreitungsgeschwindigkeit v der Welle.

b) Stellen Sie die Gleichung der Welle mit den Werten aus a) auf und berechnen Sie den Abstand eines Punktes vom Erreger im Bereich $0 \leq x_Q \leq \lambda$, der zum Zeitpunkt t_1 die Elongation $s_Q = 3\,\text{cm}$ besitzt.

Lösung

a) Dem Schaubild ist zu entnehmen $\lambda = 3{,}0\,\text{cm}$ und $A = 5{,}0\,\text{mm}$. In dem Zeitraum $\Delta t = 0{,}1\,\text{s}$ ist die Welle um die Strecke $\Delta s = 1{,}5\,\text{cm}$ weitergelaufen. Nun gilt $\Delta s/\lambda = 1{,}5\,\text{cm}/3{,}0\,\text{cm} = 1/2$. Demzufolge ist $\Delta t = 0{,}1\,\text{s} = 1/2\,T \Rightarrow T = 0{,}2\,\text{s}$. Aus $f = 1/T$ folgt $f = 5{,}0\,\text{Hz}$. Weiterhin folgt aus $v = \lambda f$ sofort
$v = 3{,}0\,\text{cm} \cdot 5{,}0\,\text{s} = 15{,}0\,\text{cm/s}$.

b) Wellengleichung: $s(t; x) = 5{,}0\,\text{mm} \cdot \sin 2\pi(t/0{,}2\,\text{s} - x/3{,}0\,\text{cm})$.
Weil $s(0{,}1\,\text{s}; x_Q) = 3{,}0\,\text{mm}$ gelten soll, ist

$$\frac{3}{5} = \sin\left(\pi - \frac{2\pi \cdot x_Q}{3{,}0\,\text{cm}}\right) \Rightarrow x_{Q1} = \frac{0{,}6435 - \pi}{-2\pi} \cdot 3{,}0\,\text{cm} = 1{,}19\,\text{cm}$$

$$x_{Q2} = \frac{2{,}4976 - \pi}{-2\pi} \cdot 3{,}0\,\text{cm} = 0{,}31\,\text{cm}$$

10.2.4 Rubens'sches Flammenrohr

Voraussetzungen: stehende Welle; Ausbreitungsgeschwindigkeit; Wellenlänge

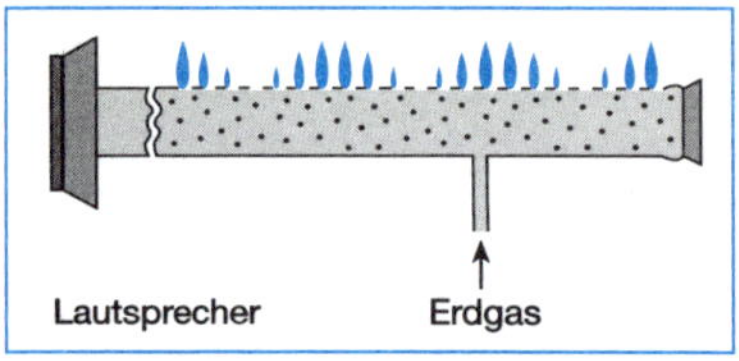

Ein Messingrohr ist auf einer Seite mit einer Metallplatte, am anderen Ende mit einer dünnen Membran, vor der direkt ein Lautsprecher angebracht ist, verschlossen. In das Rohr wird Erdgas eingeleitet, das vielen kleinen Löchern, die an der Oberseite in gleichen Abständen angeordnet sind, entströmt und entzündet wird. Ein in dem Lautsprecher erzeugter Ton einer bestimmten Frequenz lässt die Flämmchen in der dargestellten Art brennen.

a) Erklären Sie das Zustandekommen der Erscheinung.
b) Begründen Sie, warum es oft erst nach Veränderung der Tonhöhe gelingt, ein stabiles Flammenbild zu erreichen.
c) Errechnen Sie die Schallgeschwindigkeit in dem Erdgas, falls der Abstand zweier benachbarter Flammentäler 18 cm und die vom Lautsprecher abgestrahlte Frequenz konstant 2000 Hz betragen.

Lösung

a) Eine vom Lautsprecher ausgehende Schallwelle wird am geschlossenen Ende reflektiert (mit Phasensprung von 180°). Die ausgesandte und die reflektierte Welle überlagern sich zu einer stehenden Welle. Dabei gibt die Abfolge von hohen und niedrigen Flämmchen die Abfolge der Schwingungsknoten und -bäuche wieder.
b) Erst wenn die stehende Welle vollständig ausgebildet ist, entsteht ein stabiles Flammenbild: $l = (2k - 1)\,\lambda/4$.
c) $v = 2lf \Rightarrow v = 2 \cdot 0{,}18\,\text{m} \cdot 2000\,1/\text{s} = 720\,\text{m/s}$

10.2.5 Schwingung eines Elektrons in elektrischen Feldern

Voraussetzungen: Coulomb-Kräfte; harmonische Schwingungen; lineares Kraftgesetz

Zwei ortsfeste Kugeln, deren Massen vernachlässigbar klein sind, sollen jeweils die positive Ladung q tragen und den Abstand $s = 2a$ voneinander haben. Ein Elektron bewegt sich exakt auf der Mittelsenkrechten zwischen den beiden Kugeln.

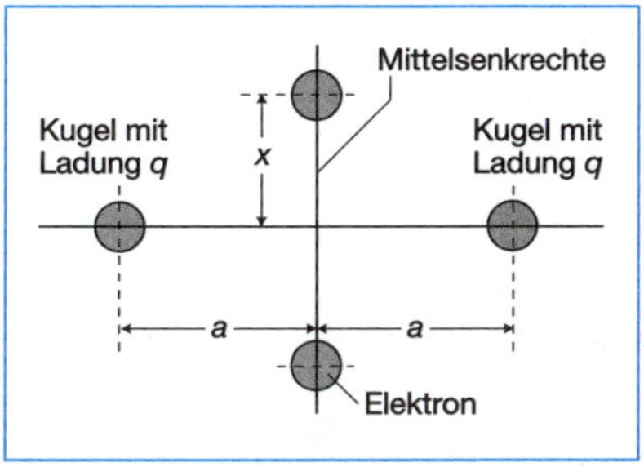

a) Begründen Sie, warum das um x ausgelenkte Elektron längs der Mittelsenkrechten um seine Nulllage schwingt.

b) Überprüfen Sie, ob diese Schwingung harmonisch ist.

Lösung

a) Es wirken zwei betragsgleiche Coulomb-Kräfte $\vec{F}_1$ und $\vec{F}_2$ auf das Elektron, die sich zu einer Gesamtkraft addieren: $\vec{F} = \vec{F}_1 + \vec{F}_2$. Zuerst wird das Elektron durch diese Gesamtkraft beschleunigt und nach Durchlaufen der Nulllage abgebremst. Aus Symmetriegründen müssen die beschleunigende und die abbremsende Kraft betragsmäßig gleich groß sein. Folglich sind Beschleunigungs- und Bremsstrecke gleich lang. Anschließend wiederholt sich der Vorgang in umgekehrter Richtung, sodass das Elektron eine Schwingung um seine Nulllage ausführt.

b) Für die Beträge der Kräfte $\vec{F}_1$ und $\vec{F}_2$ gilt: $F_1 = F_2 = \frac{1}{4\pi\varepsilon_0} \cdot \frac{q \cdot e}{a^2 + x^2}$.

Zusätzlich gilt: $\sin\alpha = \frac{x}{\sqrt{x^2 + a^2}}$ sowie $\sin\alpha = \frac{1}{2}F/F_1$.

Daraus ergibt sich folgende Gleichung:

$\frac{F}{2F_1} = \frac{x}{\sqrt{x^2 + a^2}}$ bzw. $F = \frac{2F_1 \cdot x}{\sqrt{x^2 + a^2}}$ oder $F = \frac{1}{4\pi\varepsilon_0} \cdot \frac{2q \cdot e \cdot x}{(\sqrt{x^2 + a^2})^3}$

Funktional betrachtet: $F(x) = \frac{q \cdot e}{2\pi\varepsilon_0} \cdot \frac{x}{(x^2 + a^2)^{3/2}}$

Die Schwingung des Elektrons ist also nicht harmonisch, da das lineare Kraftgesetz $F \approx x$ nicht erfüllt ist.

10.3 Thermodynamik

10.3.1 Wärmekapazität

Voraussetzungen: Änderungen der Aggregatzustände, Wärmekapazitäten

150 g Wasser und 150 g Eis befinden sich gemeinsam in einem Gefäß. Bekanntermaßen hat Wasser die spezifische Wärmekapazität $c_W = 4{,}19 \frac{kJ}{kg \cdot K}$ und die spezifische Verdampfungswärme $q_{WV} = 2256\,kJ/kg$. Die spezifische Schmelzwärme von Eis beträgt $q_{ES} = 334\,kJ/kg$. Das Gemisch wird nun so lange erwärmt, bis alles Wasser vollständig verdampft ist.

a) Erläutern Sie anhand der Skizze eines E-ϑ-Diagramms den Temperaturverlauf.

b) Berechnen Sie die Energiemenge E_{ES}, die dem Gemisch zugeführt werden muss, bis das Eis völlig geschmolzen ist.

c) Durch Zufuhr von 95 kJ Energie wird die Temperatur des Wassers von 20 °C auf 50 °C erhöht. Ermitteln Sie die Wärmekapazität C des verwendeten Gefäßes.

d) Welche Energiemenge E_{zus} muss dem bereits auf 50 °C erwärmten Wasser noch zugeführt werden, damit es vollständig verdampft?

Lösung

a)

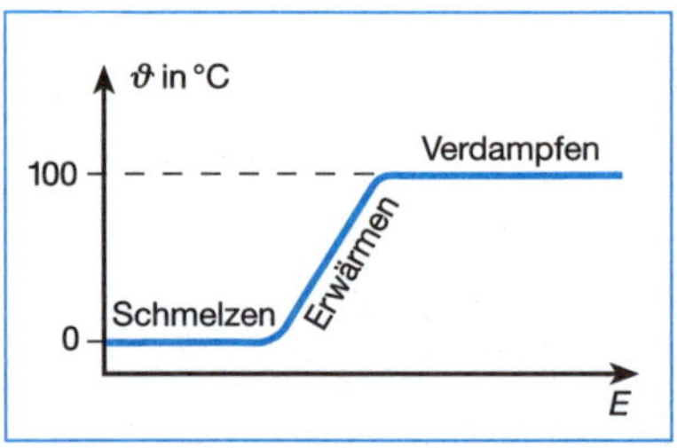

→ Abbildung links. Die zugeführte Energie wird anfangs benötigt, um das Eis zu schmelzen; dabei bleibt die Temperatur (nahezu) unverändert bei 0 °C. Ist das Eis vollständig geschmolzen, bewirkt weitere Energiezufuhr eine Temperaturerhöhung des Wassers und des Gefäßes. Ist der Siedepunkt des Wassers erreicht, bleibt die Temperatur konstant bei etwa 100 °C und die weiterhin zugeführte Energie dient ausschließlich dem Verdampfungsvorgang.

b) $E_{ES} = q_{ES}\, m_E = 334\,kJ/kg \cdot 0{,}150\,kg = 50{,}1\,kJ$.

c) Die Energie, die erforderlich ist, um 300 g Wasser von 20 °C auf 50 °C zu erwärmen, ergibt sich durch $E_1 = c_W m_W \Delta\vartheta \approx 37{,}7$ kJ.

Um die Temperaturerhöhung auf 50 °C zu erreichen, mussten allerdings $E_2 = 95\,kJ$ zugeführt werden. Für die Wärmekapazität C des Gefäßes gilt:

$E_2 = E_1 + C\Delta\vartheta$. Daraus folgt

$C = (E_2 - E_1)/\Delta\vartheta = (95\,kJ - 37{,}7\,kJ)/\,30\,K = 1{,}91\,kJ/K$.

d) Das Gefäß muss mit dem Wasser von 50 °C auf 100 °C erwärmt werden. Dazu wird die Energie $E_3 = C\Delta\vartheta + c_W m_W \Delta\vartheta = 158{,}4\,\text{kJ}$ gebraucht. Dann muss dem Wasser noch die nötige Verdampfungsenergie $E_V = q_{WV} m_W = 676{,}8\,\text{kJ}$ zugeführt werden. Insgesamt müssen also $E_{zus} = E_3 + E_V = 835{,}2\,\text{kJ}$ Energie zugeführt werden.

10.3.2 Brown'sche Molekularbewegung

Voraussetzungen: Brown'sche Molekularbewegung; Impuls- und Energiesatz

Die Brown'sche Molekularbewegung wird bisweilen mithilfe von sehr kleinen Rauchteilchen in einer Rauchkammer beobachtet.

a) Beschreiben Sie das Verhalten der Rauchteilchen und erläutern Sie dieses Verhalten. Begründen Sie dabei, ob die Masse und die Temperatur Einfluss auf das Verhalten haben.

b) Ein Rauchteilchen mit einer Masse von $0{,}5 \cdot 10^{-13}\,\text{kg}$ und einer Geschwindigkeit von $10^{-9}\,\text{m/s}$ wird beobachtet. Durch einen zentralen, elastischen Stoß mit einem Stickstoffmolekül N2 findet eine Wechselwirkung statt, bei der der Geschwindigkeitsbetrag des Teilchens konstant bleibt, jedoch seine Richtung umgekehrt wird. Berechnen Sie die Geschwindigkeit des Stickstoffmoleküls ($m_{St} = 4{,}65 \cdot 10^{-26}\,\text{kg}$).

Lösung

a) Die Rauchteilchen führen stochastische Zickzackbewegungen und Zitterbewegungen aus, die von Stößen mit Luftmolekülen herrühren. Diese Stöße erfolgen unregelmäßig auf den Oberflächen der Rauchteilchen, sodass es völlig wirr in unterschiedliche Richtungen bewegt wird. Die Stoßvorgänge werden heftiger, je höher die durchschnittliche mittlere Energie der Luftteilchen ist, die mit deren Geschwindigkeit bzw. der Temperatur in der Kammer steigt ($\overline{v}^2 = 3\,k_B\,T/_m$). Je kleiner die Masse (Trägheit) der Rauchteilchen, desto heftiger ist bei gleicher Temperatur ihre Bewegung.

b) (1) Energiesatz: $\frac{1}{2} m_{St} v_{St1}^2 + \frac{1}{2} m_R v_{R1}^2 = \frac{1}{2} m_{St} v_{St2}^2 + \frac{1}{2} m_R v_{R2}^2$ liefert $v_{St1}^2 = v_{St2}^2$, weil $v_{R1} = v_{R2}$ gilt. Es folgt sofort $v_{St1} = -v_{St2}$.

Impulssatz: $m_{St} v_{St1} + m_R v_{R1} = m_{St} v_{St2} + m_R v_{R2}$ liefert

$v_{St2} = \frac{m_{St} \cdot v_{St1} + m_R \cdot v_R}{m_{St}}$.

Einsetzen ergibt $|v_{St1}| = \frac{m_R v_R}{m_{St}} = 1{,}1\,\text{m/s}$.

10.3.3 Kreisprozess

Voraussetzungen: Allgemeine Gasgleichung; 1. Hauptsatz der Thermodynamik; Kreisprozesse; Wirkungsgrad; kinetische Gastheorie

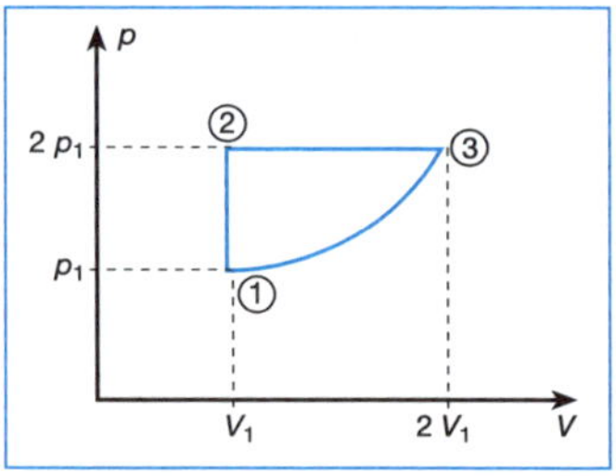

Der dargestellte Kreisprozess wird von einem einatomigen idealen Gas (Stoffmenge 5,0 mol) im Uhrzeigersinn durchlaufen.
Der Zustand (1) ist gekennzeichnet durch $p_1 = 10^5\,\text{Pa}$ und $V_1 = 100\,\text{l}$.

a) Bestimmen Sie die Temperaturen T_1, T_2 und T_3 der drei Zustände.

b) Berechnen Sie für die Übergänge (1) → (2) und (2) → (3) jeweils die Größe der erforderlichen Energie E und die der zugeführten Wärmeenergie Q. (Beachten Sie die Vorzeichen.)

c) Ermitteln Sie für den dritten Übergang (3) → (1) die Größe Q_{31} unter der Voraussetzung, dass dem Gas die Energie $E_{31} = 15\,\text{kJ}$ zugeführt wird.

d) Bestimmen Sie den Wirkungsgrad dieser Wärmeenergiemaschine unter der Bedingung, dass die vom Gas abgegebene Wärmeenergie für den Kreisprozess nicht nutzbar ist.

e) Bestimmen Sie, wie viele Umdrehungen pro Zeiteinheit die beschriebene Wärmeenergiemaschine machen muss, wenn an sie ein Generator mit einem Wirkungsgrad von 65 % angeschlossen wird, der eine Leistung von 130 kW abgeben soll.

Lösung

a) Aus der allgemeinen Gasgleichung folgt unmittelbar

$$T_1 = \frac{p_1 \cdot V_1}{n \cdot R} = \frac{10^5\,\text{Pa} \cdot 0{,}100\,\text{m}^3}{5\,\text{mol} \cdot 8{,}314\,\text{J}/(\text{K} \cdot \text{mol})} \approx 240{,}6\,\text{K}$$

Die Zustandsänderung von (1) nach (2) ist isochor:

$$\frac{p_1}{p_2} = \frac{T_1}{T_2} \Rightarrow T_2 = T_1 \cdot \frac{p_2}{p_1} = T_1 \cdot \frac{2 \cdot p_1}{p_1} = 481{,}2\,\text{K}$$

Die Zustandsänderung von (2) nach (3) ist hingegen isobar:

$$\frac{V_2}{V_3} = \frac{T_2}{T_3} \Rightarrow T_3 = T_2 \cdot \frac{V_3}{V_2} = 2 \cdot T_1 \cdot \frac{2 \cdot V_1}{V_1} = 962{,}4\,\text{K}$$

b) (1) → (2): Da keine Volumenänderung stattfindet, gilt: $E_{12} = 0$. Die zugeführte Wärmemenge Q_{12} dient also nur zur Erhöhung der inneren Energie U des Gases:

$$U = \frac{3}{2} n R T$$

$$\Rightarrow Q_{12} = \Delta U = \frac{3}{2} n R (T_2 - T_1) = \frac{3}{2} n R T_1 = \frac{3}{2} \cdot 5\,\text{mol} \cdot 8{,}314\,\text{J}/(\text{K} \cdot \text{mol}) \cdot 481{,}2\,\text{J/K} \approx 15\,\text{kJ}.$$

(2) $\rightarrow$ (3): Weil $\Delta p = 0$ folgt sofort

$E = -p\,\Delta V = E_{23} = -p_2\,\Delta V = -2\,p_1\,(V_3 - V_2)$.

Daraus ergibt sich $E_{23} = -2p_1\,V_2 = -20\,\text{kJ}$.

Nach dem 1. Hauptsatz der Thermodynamik gilt $\Delta U_{23} = Q_{23} + E_{23}$

$$\Rightarrow Q_{23} = \Delta U_{23} - E_{23} = \frac{3}{2}nR(T_3 - T_2) + 2\,p_1\,V_1$$

$$= \frac{3}{2}\cdot 5\,\text{mol}\cdot 8{,}314\,\text{J}/(\text{K}\cdot\text{mol})(4\,T_1 - 2\,T_1) + 20\,\text{kJ} \approx 50\,\text{kJ}.$$

c) (3) $\rightarrow$ (1): $\Delta U_{31} = Q_{31} + E_{31} \Rightarrow Q_{31} = \frac{3}{2}nR(T_1 - T_3) - E_{31} = -\frac{9}{2}nRT_1 - E_{31} = 60\,\text{kJ}$

d) $\eta = \frac{\text{gewonnene Arbeit}}{\text{aufgenommene Wärme}} = \frac{|E_{23} + E_{31}|}{Q_{12} + Q_{23}} \approx \frac{|-20\,\text{kJ} + 15\,\text{kJ}|}{15\,\text{kJ} + 50\,\text{kJ}} \approx 0{,}077 = 7{,}7\,\%$

e) Am Generator gilt:

$\frac{P_{ab}}{P_{auf}} = 0{,}65$, das heißt $P_{auf} = \frac{P_{ab}}{0{,}65} = \frac{130\,\text{kW}}{0{,}65} = 200\,\text{kW}$.

Je Umdrehung wird die Energie $E = 5$ kJ gewonnen. Damit lässt sich die Drehzahl berechnen: $f = 200\,\text{kJ}/5\,\text{kJs} = 40\,1/\text{s} = 2400\,1/\text{min}$.

10.4 Elektrisches und magnetisches Feld

10.4.1 Kapazitäten von Plattenkondensatoren I

Voraussetzungen: Plattenkondensatoren, Kapazität, elektrisches Feld, Entladestrom

Ein kreisförmiger Plattenkondensator aus Metall hat einen Radius von 15 cm und Luft als Dielektrikum ($\varepsilon_r = 1$).

a) Berechnen Sie die Kapazität des Kondensators bei einem Plattenabstand von 5 mm.

b) Bestimmen Sie die Ladungsmenge, welche jede Platte bei einer angelegten Spannung von 220 V trägt.

c) Ermitteln Sie die mittlere Stärke des Entladestromes, wenn der Kondensator sich in 0,04 s entlädt.

d) Wie groß muss die elektrische Spannung sein, damit der Kondensator eine Energie von $W_C = 10\,\mathrm{J}$ speichern kann?

e) Wie verändern sich die Kapazität, die Ladungsmenge und die elektrische Feldstärke, wenn der Plattenabstand des aufgeladenen Kondensators bei abgeschalteter Spannungsquelle verfünffacht wird?

Lösung

a) $C = \varepsilon_r \cdot \varepsilon_0 \cdot A/d = \varepsilon_0 \cdot \frac{\pi \cdot (0{,}15\,\mathrm{m})^2}{0{,}005\,\mathrm{m}} = 1{,}25 \cdot 10^{-10}\,\mathrm{F} = 0{,}125\,\mathrm{nF}.$

b) $Q = C \cdot U = 1{,}25 \cdot 10^{-10}\,\mathrm{F} \cdot 220\,\mathrm{V} = 2{,}8 \cdot 10^{-8}\,\mathrm{C}.$

c) $I_m = \frac{Q}{t} = \frac{2{,}8 \cdot 10^{-8}\,\mathrm{C}}{0{,}04\,\mathrm{s}} = 6{,}6 \cdot 10^{-7}\,\mathrm{A} = 0{,}69\,\mu\mathrm{A}.$

d) $W_C = \frac{1}{2} C \cdot U^2 \Rightarrow U = \sqrt{\frac{2 \cdot W_C}{C}} = \sqrt{\frac{2 \cdot 10\,\mathrm{J}}{0{,}125 \cdot 10^{-9}\,\mathrm{C}}} = 4{,}00 \cdot 10^5\,\mathrm{V}$

e) Für den »neuen« Kondensator gelten die Gesetzmäßigkeiten:

$C' = \varepsilon_r \cdot \varepsilon_0 \cdot A/5d = \frac{1}{5} C$

$U' = Q/C' = 5\,Q/C = 5\,U$

$E' = U'/5\,d = 5\,U/5\,d = U/d = E$

10.4.2 Kapazitäten von Kondensatoren II

Voraussetzungen: Schaltungen mit Kondensatoren; elektrische Felder

a) 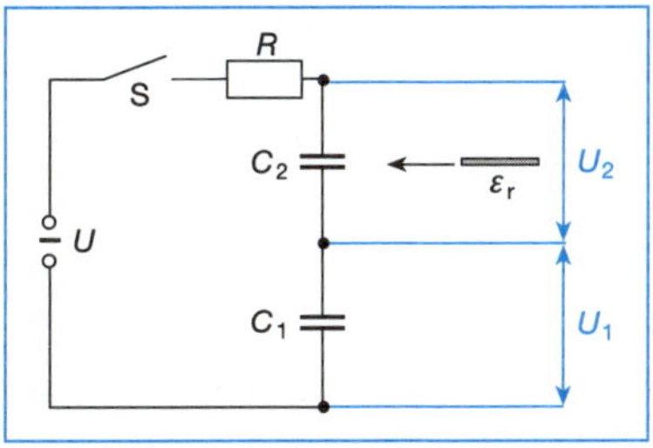

Berechnen Sie die Größe U_1 und U_2 der Spannungen sowie die Größe Q_1 und Q_2 der Ladungen auf den beiden Kondensatoren für folgende Fälle:

(1) nachdem der Schalter S geschlossen und nach Aufladung der Kondensatoren wieder geöffnet wird,

(2) nachdem anschließend (bei geöffnetem Schalter S) in den Kondensator 2 ein Dielektrikum mit der Dielektrizitätszahl ε_r gebracht wird, das den Zwischenraum ganz ausfüllt;

(3) nachdem anschließend (mit Dielektrikum im Kondensator 2) der Schalter S geschlossen wird.

b) 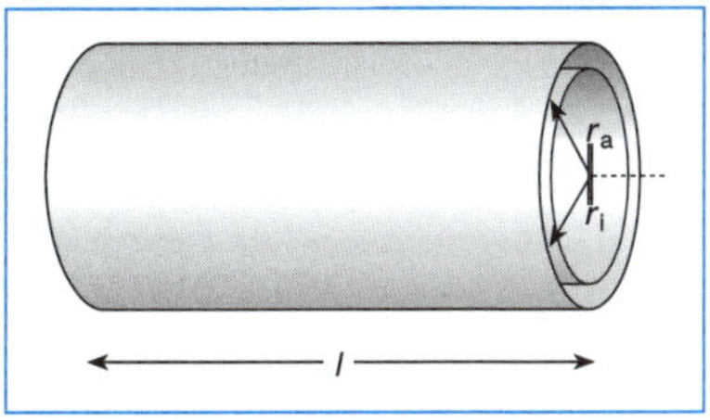

Ein Zylinderkondensator besteht aus zwei koaxialen Metallzylindern mit den Radien r_i und r_a und der Länge l. Berechnen Sie die Kapazität C des Zylinderkondensators und die Größe Q der gespeicherten Ladung für $r_a = 6\,\text{cm}$, $r_i = 5\,\text{cm}$, $l = 20\,\text{cm}$, $U = 10\,000\,\text{V}$.

Lösung

a) C_1 und C_2 sind die Kapazitäten der Kondensatoren; C_{2r} ist die Kapazität des Kondensators 2 mit Dielektrikum.

(1) Weil die Kondensatoren in Reihe geschaltet sind, gilt für die miteinander verbundenen Platten $Q = Q_1 = Q_2$.

Für Reihenschaltungen gilt außerdem: $U = U_1 + U_2$ bzw. $1/C = 1/C_1 + 1/C_2$.

Zusammen mit der Definition $C_i = Q/U_i$ $(i = 1{,}2)$ folgt:

$U = Q/C_1 + Q/C_2 = Q\,(1/C_1 + 1/C_2)$ bzw.

$Q = U\,C = U/(1/C_1 + 1/C_2) = U\,C_1\,C_2/(C_1 + C_2)$.

Wegen $Q = U_1 C_1 = U_2 C_2$ folgt aus $U = U_1 + U_2$ durch Einsetzen

$$U = U_1 + \frac{C_1}{C_2} U_1 = U_1 \cdot \left(1 + \frac{C_1}{C_2}\right) \Leftrightarrow U_1 = \frac{C_2}{C_1 + C_2} \cdot U \text{ bzw. } U_2 = \frac{C_1}{C_1 + C_2} \cdot U$$

(2) Für den Kondensator mit Dielektrikum gilt: $C_{2r} = \varepsilon_r C_2$. Daher folgt mit Q aus (1) unmittelbar: $U_2 = Q/C_{2r} = Q/\varepsilon_r C_2$.

(3) $$Q = \frac{U}{\left(\frac{1}{C_1} + \frac{1}{\varepsilon_r C_2}\right)} \text{ und } U_1 = \frac{\varepsilon_r \cdot C_2}{C_1 + \varepsilon_r \cdot C_2} \text{ bzw. } U_2 = \frac{\varepsilon_r \cdot C_1}{C_1 + \varepsilon_r \cdot C_2}$$

b) Die beiden Zylinder haben die Oberflächen $A_i = 2\pi r_i l$ bzw. $A_a = 2\pi r_a l$. Für die Flächenladungsdichten ergibt sich $\sigma_i = Q/2\pi r_i l$ und $\sigma_a = a/2\pi r_a l$.
Für die Feldstärke des Kondensators gilt $E = 1/\varepsilon_0 \sigma$. Um die Kondensatorspannung zu ermitteln, gilt:

$$U = \int_{r_i}^{r_a} E \cdot dr = Q/2\pi \cdot l \cdot \varepsilon_0 \cdot \int_{r_i}^{r_a} dr/r = Q/2\pi \cdot l \cdot \varepsilon_0 \cdot \left[\ln r\right]_{r_i}^{r_a} = Q/2\pi \cdot l \cdot \varepsilon_0 \cdot \ln \frac{r_a}{r_i}$$

Insgesamt:

$$C = Q \backslash U = \frac{2\pi \cdot l \cdot \varepsilon_0}{\ln \frac{r_a}{r_i}} = \frac{2\pi \cdot 0{,}2\,\text{m} \cdot 8{,}854 \cdot 10^{-12}\,\text{As/Vm}}{\ln \frac{5}{6}} = 6{,}10 \cdot 10^{-11}\,\text{C/V} = 61{,}0\,\text{pF}$$

$$Q = CU = 61 \cdot 10^{-12}\,\text{F} \cdot 10^4\,\text{V} = 6{,}10 \cdot 10^{-7}\,\text{As}$$

10.4.3 Aufladung eines Plattenkondensators und Energiebilanz

Voraussetzungen: Kapazität; Kondensatoren und ihre geometrischen Determinanten; Ladung; Energie

Ein Plattenkondensator mit dem Plattenabstand d wurde an eine Spannungsquelle der konstanten Spannung U angeschlossen. Der Plattenabstand wird um $\Delta d < 0$ verändert.

a) Bestimmen Sie aus der Größe der Kapazitätsänderung ΔC die von der Quelle auf den Kondensator zugeflossene Ladung ΔQ und die somit aufgenommene Energie ΔE.

b) Welche Energie ΔE_s hat die Spannungsquelle beim Abfließen der Ladung ΔQ abgegeben? Vergleichen Sie ΔE_s mit ΔE.

c) Klären Sie die Abweichung aus b) durch Betrachten der Kraft F zwischen den Kondensatorplatten. Bestimmen Sie mit der Kapazitätsänderung ΔC verbundene Kraftänderung ΔF. Zeigen Sie zudem, dass für die Zustandsänderung wieder gilt: $\Delta F = E \Delta Q$.

d) 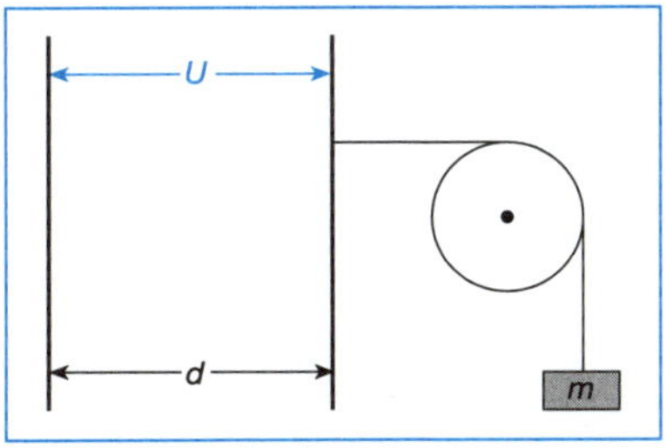

Um gegen die Anziehungskraft F zwischen den Platten den Plattenabstand zu erhalten, soll durch die Gewichtskraft F_G der Masse m gemäß der Abbildung links der Kraft F das Gleichgewicht gehalten werden, das heißt für den Plattenabstand d soll gelten: $F_g = F$. Wenn nun der Plattenabstand um $\Delta d \ll d$ verkleinert wird, wird mechanische Energie ΔE_{mech} gewonnen. Berechnen Sie die Größe von ΔE_{mech}, um sie mit ΔE zu vergleichen. (Es gilt die Näherungsformel: $\Delta C = c'(d) = \frac{\mathrm{d}C}{\mathrm{d}d}\Delta d$.)

e) Stellen Sie für die berechneten Teilenergien die Energiebilanz auf. Bewerten Sie die Funktion des Kondensators, wenn die Anordnung als eine Maschine angesehen wird, die einen Teil der der Quelle entnommenen Energie ΔE_s in mechanische Energie verwandelt.

Lösung

a) $\Delta Q = U \Delta C$ und somit $\Delta E = \frac{1}{2} U^2 \Delta C = \frac{1}{2} U \Delta Q$

b) $\Delta E_s = U \Delta Q$. Also $\Delta E = \frac{1}{2} \Delta E_s$

c) $\Delta F = \frac{C U^2}{(\varepsilon_0 A) \Delta C} = \frac{U}{d} U \Delta C = E \Delta Q$

d) $\Delta E_{mech} = F(-\Delta d) = -\frac{C^2 U^2}{(2 \varepsilon_0 A)} \Delta d = -\frac{1}{2} U^2 \left(\frac{\varepsilon_0 A}{d^2}\right) \Delta d$

$C = \frac{\varepsilon_0 A}{d^2} \Rightarrow \Delta C = -\left(\frac{\varepsilon_0 A}{d^2}\right) \Delta \mathrm{d}$

$\Delta E_{mech} = \frac{1}{2} U^2 \Delta C = \frac{1}{2} U \Delta \mathrm{Q} = \frac{1}{2} \Delta E_s$

e) $\Delta E_s = \frac{1}{2} \Delta E_s + \frac{1}{2} \Delta E_s = \Delta E + \Delta E_{mech}$

Die der Quelle entnommene Energie ΔE_s dient je zur Hälfte der Erhöhung der potentiellen Energie des Kondensators und zur Verrichtung mechanischer Arbeit. Der Kondensator kann somit als Energiewandler angesehen werden.

10.4.4 Coulomb-Gesetz

Voraussetzungen: Coulomb-Gesetz

Zwei Punktladungen $Q_1 = 6 \cdot 10^{-9}\,\text{C}$ und $Q_2 = 2{,}3 \cdot 10^{-10}\,\text{C}$ haben einen Abstand von $r = 2\,\text{m}$ voneinander. Auf der Verbindungsstrecke befindet sich eine dritte Punktladung $q = 10^{-10}\,\text{C}$ genau an jener Stelle, an der sie sich mit den beiden erstgenannten Ladungen im (elektrostatischen) Kräftegleichgewicht befindet. Alle drei Ladungen sind entweder positiv oder negativ geladen. Wo muss sich q befinden? ($\varepsilon_r = 1$)

Lösung

Es muss gelten:

$$\frac{Q_1 \cdot q}{4\pi \cdot \varepsilon_0} \cdot \frac{1}{x^2} = \frac{Q_2 \cdot q}{4\pi \cdot \varepsilon_0} \cdot \frac{1}{(r-x)^2},$$

wobei x der Abstand zwischen den Ladungen Q_1 und q ist. Durch Kürzen und Umformen wird der Term $Q_1/Q_2 = x^2/(r-x)^2$ erreicht. (Offenbar ist die Größe der Ladung q unerheblich.) Wurzelziehen und Umformen ergibt dann

$$x = \frac{r\sqrt{Q_1/Q_2}}{1 + \sqrt{Q_1/Q_2}} = \frac{2\,\text{m} \cdot \sqrt{6 \cdot 10^{-9}\,\text{C}/2{,}3 \cdot 10^{-10}}}{\sqrt{6 \cdot 10^{-9}\,\text{C}/2{,}3 \cdot 10^{-10}}} = 1{,}67\,\text{m}.$$

Somit befindet sich die Ladung q in 1,67 m Entfernung zu Q_1 und in 0,33 m Entfernung zu Q_2.

10.4.5 Spezifische Ladung

Voraussetzungen: elektrische und magnetische Felder; Lorentz- und Zentripetalkraft; elektrische und kinetische Energie

Ein Elektron mit der spezifischen Ladung $e/m = 1{,}76 \cdot 10^{11}\,\text{As/kg}$ und der kinetischen Energie $W_{\text{kin}} = 1\,\text{eV}$ bewegt sich senkrecht zum homogenen Erdmagnetfeld der Stärke $B = 5 \cdot 10^{-5}\,\text{Vs/m}^2$.

a) Berechnen Sie quantitativ die Bahn des Elektrons bezüglich der Richtung von B und prüfen Sie das Ergebnis mit einer Dimensionsbetrachtung.

b) Bestimmen Sie Größe und Richtung eines homogenen elektrischen Feldes $\vec{E}$, das dem obigen $\vec{B}$-Feld überlagert wird, damit sich das Elektron geradlinig bewegt.

Lösung

a) Da sich das Elektron senkrecht zur Magnetfeldrichtung bewegt, gilt für den Betrag der Lorentzkraft: $F_L = e\,v\,B$. In einem homogenen Magnetfeld wird das Elektron auf eine Kreisbahn gelenkt: $F_r = m_e v^2/r$. Ferner gilt für die kinetische Energie: $W_{\text{kin}} = \frac{1}{2} m_e v^2 = e\,U$. Daraus folgt $\sqrt{2\,e\,U/m_e}$.

Eingesetzt in $e\,v\,B = m_e v^2/r$ ergibt sich für den Radius der Kreisbahn

$r = \frac{m_e \cdot v}{e \cdot B} = \frac{1}{B} \cdot \sqrt{2\,U \cdot \frac{m_e}{e}} = 6{,}7 \cdot 10^{-2}\,\text{m}.$

Dimensionsbetrachtung: Für die Einheiten der Größen in obiger Gleichung gilt:

$1\,\text{m} = 1\frac{\text{m}^2}{\text{Vs}} \cdot \sqrt{1\,\text{V} \cdot \frac{\text{kg}}{\text{As}}} = 1\,\text{m} \cdot \sqrt{1\frac{\text{m}^2}{\text{Vs}^2 \cdot \text{s}^2} \cdot 1\,\text{V} \cdot \frac{\text{kg}}{\text{As}}} = 1\,\text{m} \cdot \sqrt{1\frac{\text{Nm}}{\text{Nm}}} = 1\,\text{m}$

b) Aus dem Ansatz $e\,v\,B = e\,E$ folgt mit $v = \sqrt{2\,e\,U/m_e} = 5{,}93 \cdot 10^5\,\frac{\text{m}}{\text{s}}$ für das elektrische Feld $E = 29{,}7\,\frac{\text{V}}{\text{m}}$.

10.4.6 Elektronen im Kondensator

Voraussetzungen: Kondensatoren; elektrisches Feld; Unabhängigkeitsprinzip; Newton'sche Grundgleichung; Bewegungsgesetze

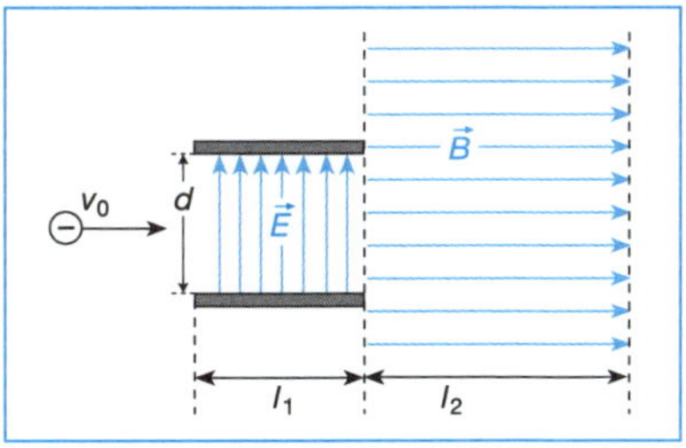

Ein Elektron tritt mit einer Geschwindigkeit $v_0 = 107\,\text{m/s}$ gemäß der Zeichnung links in ein homogenes elektrisches Feld eines Ablenkkondensators ($d = 2\,\text{cm}$) der Länge $l_1 = 10\,\text{cm}$ ein.

a) Untersuchen Sie, welche Spannung U am Kondensator anliegen kann, damit das Elektron nicht auf eine Kondensatorplatte prallt.

b) Nehmen Sie an, die Ablenkspannung betrage $U_2 = 12\,\text{V}$. Berechnen Sie nun die Größe der Geschwindigkeitskomponente v_y senkrecht zur ursprünglichen Elektronenrichtung beim Verlassen des Kondensators.

c) Bestimmen Sie die Größe des Winkels α gegenüber der ursprünglichen Richtung unter dem das Elektron den Kondensator verlässt.

d) Nehmen Sie an, dass das abgelenkte Elektron anschließend in ein homogenes Magnetfeld eintritt, dessen Feldlinien senkrecht zu denen des elektrischen Feldes verlaufen. Beschreiben Sie die Bahn, die von dem Elektron nun durchlaufen wird.

Lösung

a) Das Elektron fliegt mit der konstanten Geschwindigkeit v_0 zwischen die Kondensatorplatten (gleichförmige Bewegung in x-Richtung). Im Kondensator wirkt eine elektrische Kraft, sodass das Teilchen gemäß der Newton'schen Grundgleichung zu einer Platte (y-Richtung) hin beschleunigt wird. Die Geschwindigkeit in x-Richtung bleibt erhalten (vergleichbar einem horizontalen Wurf). Die Kraft, welche das elektrische Feld auf das Elektron ausübt, wird durch $F = EQ = \frac{U}{d}e$ beschrieben. Für diese Kraft gilt wegen der Newton-Gleichung:
$m_e a = \frac{U}{d}e$ bzw. $U = m_e a\, d/e$.
Gleichzeitig gilt für beschleunigte Bewegungen $s = \frac{1}{2}a t^2$ oder $a = 2s/t^2$. Die in diesem Term enthaltene Zeit ist die, die das Elektron benötigt, um die Platten zu durchfliegen, denn so lange wird es in y-Richtung beschleunigt. Die Länge s entspricht dem halben Plattenabstand, da das Teilchen ja exakt in der Mitte einfliegt. Mit $t = l_1/v_0$ folgt $a = 2s\,v_0^2/l_1^2 = d\,v_0^2/l_1^2$. Für die Spannung bedeutet das
$U = \frac{d^2 \cdot v_0^2 \cdot m_e}{e \cdot l_1^2} = 22{,}74\,\text{V}$.
Die Spannung, die höchstens anliegen darf, damit das Elektron nicht auf eine der Platten schlägt, liegt somit im Bereich $-22{,}77\,\text{V} \leq U \leq 22{,}77\,\text{V}$.

b) Auf das Elektron wirkt eine Kraft orthogonal zur Flugrichtung. Deshalb führt es eine gleichmäßig beschleunigte Bewegung durch: $v_y = a\,t$. Die Terme für die Zeit t und die Beschleunigung a sind bereits bekannt. Somit folgt schnell:
$v_y = \frac{U_2 \cdot e \cdot l_1}{d \cdot m_e \cdot v_0} = 1{,}055 \cdot 10^6\,\frac{\text{m}}{\text{s}}$.

c) Der Winkel α zwischen den beiden Geschwindigkeitskomponenten ergibt sich aus $\tan\alpha = v_y/v_0 = 0{,}105$ zu $\alpha = 6°$.

d) Die Richtung der Geschwindigkeit v_y, deren Betrag in b) bestimmt wurde, steht orthogonal auf den magnetischen Feldlinien. Dadurch zwingt die Lorentzkraft das Elektron auf eine Kreisbahn, deren Ebene senkrecht zu den magnetischen Feldlinien steht. Zusätzlich bewirkt die Anfangsgeschwindigkeit v_0 eine Bewegung entlang den Feldlinien; also bewegt sich das betrachtete Elektron auf einer Schraubenlinie parallel zur Einschussrichtung weiter.

10.4.7 Protonen im *E*- und *B*-Feld

Voraussetzungen: Energieerhaltungssatz; Magnetfelder; elektrische Felder; Deuteronen

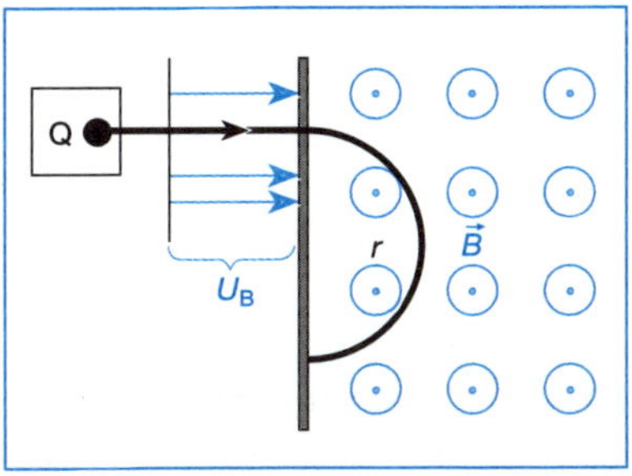

Eine Ionenquelle Q sendet Protonen $^1_1$H ($m_p = 1{,}67 \cdot 10^{-27}\,\text{kg}$) aus, die durch ein homogenes elektrisches Feld (Spannung U_b) auf eine Geschwindigkeit v beschleunigt werden. Sofort danach fliegen die Protonen in ein homogenes Magnetfeld (Flussdichte $\vec{B}$), in dem sie dann die gezeichnete Bahnkurve durchlaufen.

a) Nach Durchlaufen der Beschleunigungsspannung U_b haben die Protonen eine Geschwindigkeit $v = 10^5\,\text{m/s}$ und ihr Bahnradius beträgt $r = 5{,}0\,\text{cm}$. Bestimmen Sie den Betrag der magnetischen Flussdichte $\vec{B}$.

b) Geben Sie begründend die Richtung des Magnetfeldes an.

c) Das Magnetfeld $(B = 10^{-2}\,\text{T})$ soll die Protonen nicht ablenken. Deshalb wird ihm ein elektrisches Feld überlagert, dessen Feldstärke und Richtung bestimmt werden soll.

d) Die Ionenquelle Q liefert jetzt nicht nur Protonen, sondern zusätzlich Deuteronen, deren Masse doppelt so groß ist wie die Masse von Protonen. Bestimmen Sie nun das Verhältnis zwischen dem Bahnradius der Protonen und dem der Deuteronen.

Lösung

a) Im Magnetfeld wirkt auf jedes Proton die Lorentzkraft F_L, die der Radialkraft F_r auf das Teilchen entspricht: $F_L = F_r \Rightarrow e\,v\,B = m_p v^2/r$.
Nach Äquivalenzumformung folgt:

$$B = \frac{m_p \cdot v}{r \cdot e} = \frac{1{,}67 \cdot 10^{-27}\,\text{kg} \cdot 10^5\,\text{m/s}}{0{,}05\,\text{m} \cdot 1{,}6 \cdot 10^{-19}\,\text{C}} = 0{,}021\,\frac{\text{Vs}}{\text{m}^2}$$

b) Weil die gerichteten Größen Kraft, Geschwindigkeit und magnetische Flussdichte jeweils paarweise orthogonal aufeinander stehen, liegen die Magnetfeldlinien orthogonal zur Buchebene. Ihre Orientierung ist mit der Drei-Finger-Regel der rechten Hand zu ermitteln: Wenn der Daumen in Richtung der Protonenbewegung weist, der Mittelfinger die Kraftrichtung angibt (das heißt Richtung Kreismittelpunkt), zeigt der Zeigefinger die magnetische Feldrichtung an: Das Feld zeigt aus der Zeichenebene heraus.

c) Für die Beträge der Kraft gilt $F_L = F_C$, also $e\,v\,B = e\,E$; daraus folgt
$E = v\,B = 10^5\,\text{m/s} \cdot 10^{-2}\,\text{T} = 10^3\,\text{V/m}$ weil $1\,\text{T} = 1\,\text{Vs/m}^2$.
Das Proton fliegt in der Zeichenebene nach rechts in einem nach vorne gerichteten Magnetfeld. Nach der Drei-Finger-Regel ist die resultierende Kraft F_L nach unten gerichtet. Die elektrische Kraft F_C muss folglich nach oben wirken.

d) Weil Deuteronen ebenfalls positiv geladen sind, gilt für sie
$B = \frac{m_D \cdot v_D}{r_D \cdot e} = \frac{2 \cdot m_p \cdot v_D}{r_D \cdot e} \Rightarrow \frac{r_D}{r_p} = \frac{2\,v_D}{v_p}$.
Aus $q_D = q_p$ und $m_D = 2\,m_p$ folgt mit $q_D\,U = 1/2\,m_D\,v_D^2$ bzw. $q_p\,U = 1/2\,m_p\,v_p^2$ sofort
$v_D = \frac{1}{\sqrt{2}} \cdot v_p \Rightarrow \frac{r_D}{r_p} = \frac{2\,v_D}{v_p} = \sqrt{2}$.

10.4.8 Massenspektroskop

Voraussetzungen: Massenspektroskop; elektrische Feldkraft; Lorentzkraft; Atommasse; Kreisbewegung; Beschleunigung

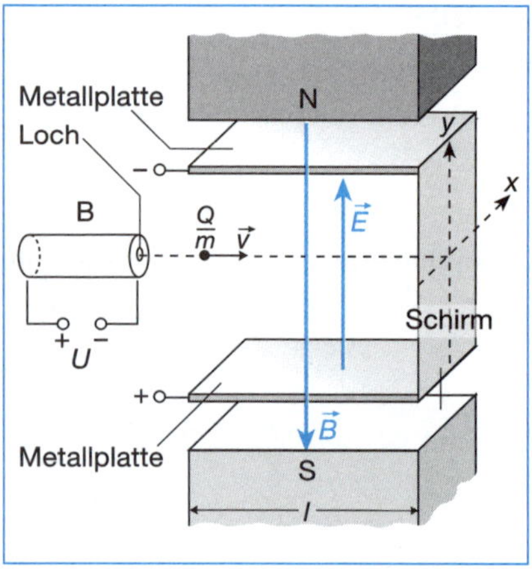

Dargestellt ist modellhaft der Aufbau eines Massenspektroskops: Im Behälter B werden Substanzen verdampft. Die positiv geladenen Ionen werden im elektrischen Feld, das durch eine Spannung U verursacht wird, beschleunigt. Einige dieser Ionen fliegen durch das Loch in der Katode und bilden den sogenannten Kanalstrahl. Durch weitere Blenden wird aus dem Kanalstrahl ein feines Parallelbündel ausgeblendet, welches jetzt in das evakuierte Spektroskop eintritt. Dort wirkt auf das Ionenbündel ein homogenes Magnetfeld der Größe B und ein homogenes elektrisches Feld vom Betrag E. Die Feldrichtungen sind parallel bzw. antiparallel gerichtet. Die Bewegungsrichtung der Ionen steht beim Eintritt in die Felder auf den Feldrichtungen orthogonal. (Es wird vorausgesetzt, dass alle Ionen einfach positiv geladen sind.)

a) Weisen Sie nach, dass die Ionen (Ladung Q, Masse m) in y-Richtung allein durch das elektrische Feld um $y = \frac{1}{2} a \cdot t^2 = \frac{1}{2} \cdot \frac{Q \cdot E}{m} \cdot \frac{l^2}{v^2}$ abgelenkt werden.

b) Begründen Sie, dass sich die Ionen innerhalb des magnetischen Feldes auf einer Kreisbahn mit dem Radius $r = mv/QB$ bewegen. Benutzen Sie dann die Abbildung rechts, um herzuleiten, dass die Ionen in x-Richtung um $x = l^2 QB/2mv$ aus der Richtung abgelenkt werden. (Weil die Größe von x dabei unbedeutend gegenüber der Größe von r ist, kann x^2 gegenüber $2rx$ vernachlässigt werden.)

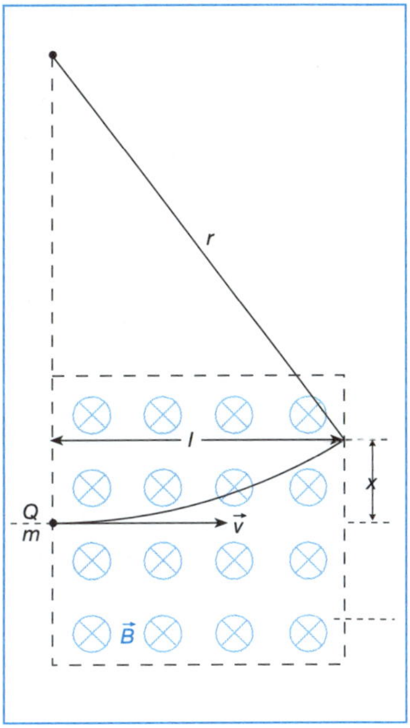

c) Unter der Einwirkung beider Felder werden die Ionen so abgelenkt, dass ihre Auftreffpunkte auf dem Schirm Parabeln ergeben.

(1) Zeigen Sie unter Zuhilfenahme der Ergebnisse der Teilaufgaben a) und b), dass für Ionen gleicher spezifischer Ladung Q/m die Auftreffpunkte auf einem Parabelstück liegen mit $y = \frac{m}{Q} k x^2$, wobei k eine konstante Zahl ist.

(2) Die Ionen treten in das Spektroskop mit unterschiedlichen Geschwindigkeiten ein. Wieso eigentlich?

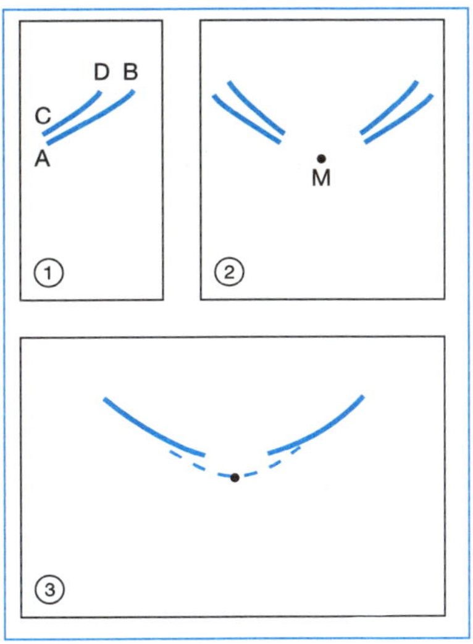

(3) Welche Spur in den Abbildungen links wird von den Ionen größerer Masse verursacht? Wo treffen die langsameren auf?

(4) Der Behälter B des Spektroskops enthält chemisch reines Neon. Neon verursacht zwei Parabelstücke. Begründen Sie, woran das liegt. Erklären Sie dann, warum die Parabelstücke verschieden hell sind.

(5) Im Laufe des Versuchs wird die Richtung des magnetischen Feldes umgekehrt. Was ist nun zu beobachten und welchen Sinn kann diese Umkehr haben?

d) Durch die Massenspektroskopie können Verhältnisse von absoluten Atommassen genau bestimmt werden, sodass die relativen Atommassen und damit einige weitere atomare Größen ermittelt werden können. Berechnen Sie die Anzahl N der Atome in 700 g Silber und dann die Stoffmenge n (atomare Masseneinheit $u = 1{,}66 \cdot 10^{-27}$ kg).

Lösung

a) Auf die Ionen (m; Q) wirkt die elektrische Feldkraft $F_C = QE$. Dadurch werden sie beschleunigt mit $a = F_C/m = QE/m$;
Ablenkung in y-Richtung um $y = \frac{1}{2}a \cdot t^2 = \frac{1}{2} \cdot \frac{Q \cdot E}{m} \cdot \frac{l^2}{v^2}$

b) Durch die Lorentzkraft $F_L = QvB$ werden die Ionen auf Kreisbahnen mit dem Radius r gezwungen. Aus $F_r = F_L$ oder $m_p v^2/r = QvB$ folgt $r = mv/QB$.
Die Abbildung zeigt: $(r-x)^2 + l^2 = r^2 \Rightarrow l^2 = 2rx - x^2$, das heißt nach Voraussetzung $l^2 = 2rx$ oder $x = l^2/2r$.
Insgesamt ergibt sich $x = l^2 QB/2mv$.

c) (1) Auflösen nach $v = l^2 QB/2mx$ und Einsetzen in a) ergibt:

$$y = \frac{1}{2} \cdot \frac{Q \cdot E}{m} \cdot \frac{l^2 \cdot 4 \cdot m^2}{l^4 \cdot Q^2 \cdot B^2} \cdot x^2 = \frac{2 \cdot E \cdot m}{l^2 \cdot Q \cdot B^2} \cdot x^2 = \frac{m}{Q} \cdot k \cdot x^2$$

mit $k = \frac{2 \cdot E}{B^2 \cdot l^2}$.

(2) Weil die Ionen im Behälter B an verschiedenen Orten erzeugt werden, durchlaufen sie im elektrischen Feld unterschiedlich lange Beschleunigungswege. Also sind die Austrittsgeschwindigkeiten unterschiedlich.

(3) Parabelstück CD ($y \sim m$). Die langsamen Ionen treffen in B bzw. D auf.

(4) Offensichtlich enthält Neon Atome verschiedener Masse. Die Isotope besitzen verschiedene Häufigkeiten.

(5) Die Umkehr von $\vec{B}$ bewirkt, dass $\vec{F_L}$ in die entgegengesetzte Richtung ($-x$-Richtung) weist. Daher liegt der Parabelbogen spiegelsymmetrisch zur y-Achse des Systems.

d) Mit $A\,(\text{Ag}) = 107{,}88$ folgt für die

Atomzahl N: $N = \frac{m}{m_a(\text{Ag})} = \frac{m}{A(\text{Ag}) \cdot u} = \frac{0{,}700\,\text{kg}}{107{,}88 \cdot 1{,}66 \cdot 10^{-27}\,\text{kg}} = 3{,}91 \cdot 10^{24}$

Stoffmenge n: $n = \frac{N}{L} = \frac{3{,}91 \cdot 10^{24}}{6{,}022 \cdot 10^{26}\,1/\text{kmol}} = 6{,}49 \cdot 10^{-3}\,\text{kmol}.$

10.5 Elektromagnetische Induktion

10.5.1 Auswertung Induktionsversuch

Voraussetzungen: Induktion; magnetische Flussdichte; Induktionsspannung; gleichförmige Bewegung; Messreihenauswertung

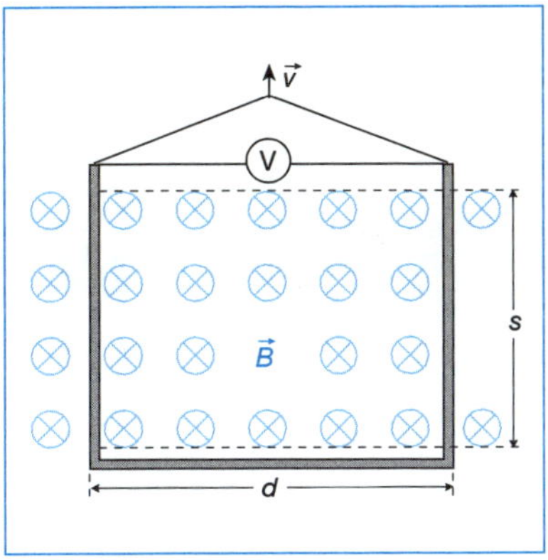

Die Enden einer rechteckigen Leiterschleife, die orthogonal zu den Feldlinien eines homogenen, seitlich begrenzten Magnetfeldes ausgerichtet ist, sind mit einem Spannungsmessgerät verbunden. (Das Messgerät beeinflusst die Leiterschleife nicht.) Mittels eines kleinen Elektromotors wird die Schleife mit der Geschwindigkeit v orthogonal zu den magnetischen Feldlinien nach oben aus dem Magnetfeld gezogen.

In einem Versuchsdurchgang wird die Abhängigkeit der Spannung U von der Breite d der Leiterschleife und vom Geschwindigkeitsbetrag v überprüft. Deshalb wird die Zeit Δt für das Durchlaufen einer Mess-Strecke $s = 0{,}50\,\text{m}$ innerhalb des Magnetfeldes gestoppt. Es ergeben sich folgende Messwerte:

d in cm	1	2	3	4	5	6	7
Δt in s	9,6	6,8	9,6	9,6	5,2	9,8	4,9
U in 10^{-5} V	3,9	10,6	11,7	15,6	21,6	11,5	15,1

a) Werten Sie grafisch aus, wie die Spannung U von der Breite der Leiterschleife abhängt.

b) Überprüfen Sie, wie die Spannung U vom Geschwindigkeitsbetrag v abhängt, indem Sie die Messwerttabelle mathematisch auswerten.

c) Ermitteln Sie eine Gleichung, welche die vorherigen Ergebnisse zusammenfasst. Weisen Sie nach, dass die vorkommende Proportionalitätskonstante der magnetischen Flussdichte entspricht.

Lösung

a) Bei den Messungen wurden die Breiten d und die Geschwindigkeiten v bei konstantem Magnetfeld verändert. Werden die sieben Messwertpaare in ein d-U-Diagramm eingetragen, wird deutlich, dass *kein* funktionaler Zusammenhang besteht. Dies hat seinen Grund darin, dass die Spannung nicht nur von d, sondern auch von Δt abhängt. Um die Abhängigkeit zwischen U und d zu ermitteln, dürfen nur die Messwerte betrachtet werden, bei denen v (nahezu) konstant bleibt (Messwerte Nr. 1, 3, 4, 6). Da diese Punkte fast auf einer Geraden liegen, muss gelten: $U \sim d$ bei $v = \text{const.}$

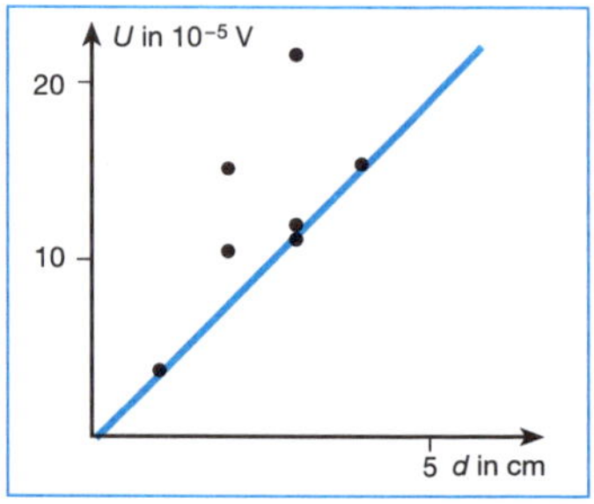

b) Zuerst müssen die Geschwindigkeiten bestimmt werden ($v = s/\Delta t$ mit $s = 50\,\text{cm}$; gleichförmige Bewegung)

U in 10^{-5} V	3,9	10,6	11,7	15,6	21,6	11,5	15,1
v in $\frac{\text{cm}}{\text{s}}$	5,2	7,4	5,2	5,2	9,6	5,1	10,2

In ein v-U-Diagramm werden nur die Messwerte Nr. 3, 5, 6 eingetragen, weil dabei $d = \text{const.}$ gilt. Wiederum ergibt sich eine Gerade, sodass folgt: $U \sim v$ bei $d = \text{const.}$

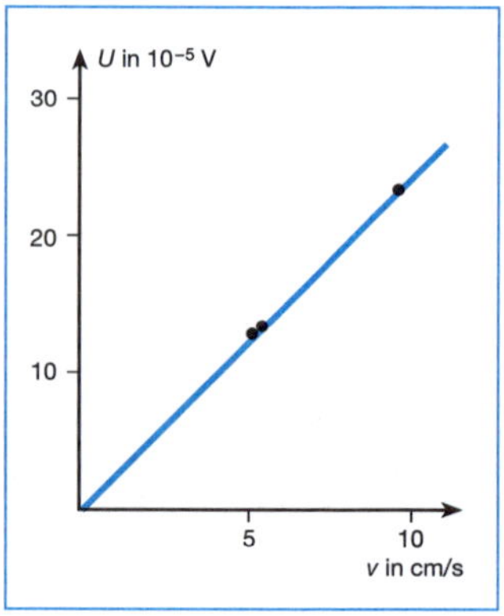

Gefordert ist eine mathematische Auswertung:

U in $10^{-5}\,\frac{\text{Vs}}{\text{cm}}$	0,75	1,45	2,25	3,00	2,25	2,25	1,50

Tatsächlich sind die Quotienten bei den Messwerten Nr. 3, 5 und 6 identisch und die Proportionalität mathematisch nachgewiesen.

c) Weil $U \sim d$ bei $v = \text{const.}$ muss auch gelten: $U \sim dv$. Daher gibt es einen Proportionalitätsfaktor k, der sich beispielsweise durch die fünften Messwerte bestimmen lässt:

$k = U/dv = 21{,}6 \cdot 10^{-5}\,\text{V}/0{,}03\,\text{m} \cdot 0{,}096\,\text{m/s} = 0{,}075\,\text{Vs/m}^2.$

Auffällig ist die Einheit von k; sie entspricht der Einheit der magnetischen Flussdichte. Aus dem Induktionsgesetz

$U_{\text{ind}} = -N \cdot \frac{\text{d}\Phi}{\text{d}t}$ $(N = 1)$ und $\Delta\Phi = B\,\Delta A = B\,d\,s$

(ΔA stellt die Flächenänderung vom Wert $d\,s$ bis zum Wert 0 dar) folgt:

$U_{\text{ind}} = -B\,d\,s/\Delta t = -B\,d\,v.$ Ein Vergleich liefert $k = B$.

10.5.2 Induktionsstrom

Voraussetzungen: Induktivität; Induktionsstrom; magnetischer Fluss

Eine Spule mit Eisenkern hat eine Induktivität von 1,30 H und ist über einen Schalter an eine Gleichspannungsquelle angeschlossen. Parallel dazu wird eine Glimmlampe geschaltet, die eine Zündspannung von 30 V benötigt. Bei geschlossenem Schalter fließt ein Strom der Stärke 0,75 A durch die Spule.

a) Skizzieren Sie die Schaltung.
b) Bestimmen Sie die Größe der an der Glimmlampe anliegenden Spannung, wenn der Stromkreis nur 0,05 s unterbrochen ist.
c) Auf welche Art verändern sich die Stromstärke und der magnetische Fluss beim Stromabschalten?
d) Geben Sie innerhalb der Schaltskizze an, in welcher Richtung der Induktionsstrom fließt. Begründen Sie Ihre Entscheidung.

Lösung

a)

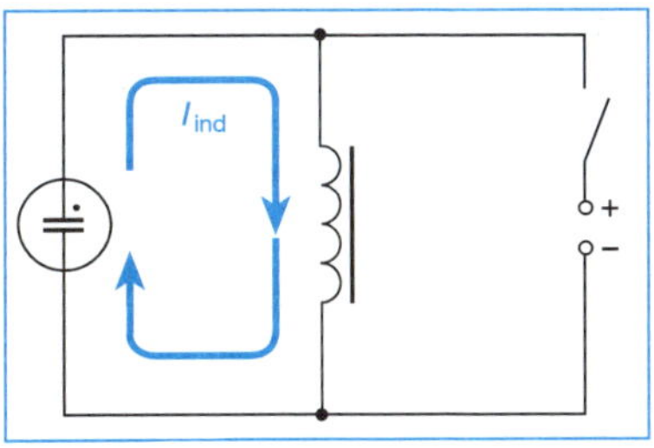

b) $U_{ind} = -L \cdot \frac{\Delta I}{\Delta t} = -1{,}30\,\text{H} \cdot \frac{-0{,}75\,\text{A}}{0{,}05\,\text{s}} = 19{,}50\,\text{V}.$

c) Die Stromstärke nimmt von 0,75 A auf 0 A ab, das heißt $\Delta I = 0\,\text{A} - 0{,}75\,\text{A} < 0$. Der magnetische Fluss Φ nimmt ab.

d) → Grafik; der Induktionsstrom ist stets so gerichtet, dass er der Ursache seiner Entstehung entgegenwirkt (Lenz'sche Regel).

10.6 Wechselstrom- und Schwingkreise

10.6.1 Widerstände im Wechselstromkreis

Voraussetzungen: Widerstände im Wechselstromkreis; Transformator; Phasenverschiebungen; Induktivität; Kapazität; Wechselstromkreise

a) Starkstromtransformatoren werden unter Anderem beim Elektroschweißen eingesetzt. Ein solcher Trafo besitzt eine Primärspule mit 500 Windungen und im Sekundärkreis eine Spule mit nur 4 Windungen aus dickem Kupferdraht. Wie groß ist der beim Schweißen fließende Strom, wenn der Trafo an Netzspannung angeschlossen eine Leistung von 160 W aufnimmt (Phasenverschiebung 0°)?

b) An eine Reihenschaltung aus $R = 100\,\Omega$ und $C = 5\,\mu\text{F}$ wird Netzspannung ($U_{\text{eff}} = 230\,\text{V}$) angelegt. Bestimmen Sie die Größe der Impedanz Z und die maximalen Teilspannungen an R und C.

c) Ein Ohm'scher Widerstand der Größe $R = 50\,\Omega$ und eine Spule der Induktivität $L = 0{,}50\,\text{H}$ sind in Reihe geschaltet.

(1) Wie groß ist die Stromstärke I, falls eine Wechselspannung ($U = 12\,\text{V}$, $f = 50\,\text{Hz}$) angelegt wird?

(2) Bestimmen Sie die Größe des Phasenwinkels φ und die am Ohm'schen Widerstand umgesetzte Leistung.

(3) Jetzt soll zusätzlich ein Kondensator in Reihe zum Ohm'schen Widerstand und zur Spule geschaltet werden. Wie groß muss seine Kapazität C sein, damit die Stromstärke I größtmöglich wird? Wie groß ist I nun?

d) Ein Hochpassfilter dient dazu, tiefe Frequenzen aus einem breiten Frequenzband herauszufiltern. Erläutern Sie die Funktionsweise der als Hochpassfilter dienenden Siebkette. Wie kann eine Siebkette als Tiefpassfilter dienen?

Lösung

a) Für Starkstromtransformatoren gilt: $I_1/I_2 = N_2/N_1$, wobei I_1 und I_2 die Stromstärken im Primär- bzw. im Sekundärstromkreis sind und N_1 und N_2 die entsprechenden Windungszahlen der Transformatorspulen. Wegen $P = UI$ folgt

$$I_2 = \frac{N_1}{N_2} \cdot I_1 = \frac{N_1}{N_2} \cdot \frac{P_1}{U_2} = \frac{500}{4} \cdot \frac{160\,\text{W}}{230\,\text{V}} \approx 87\,\text{A}.$$

b) Für die Impedanz (den Scheinwiderstand) gilt

$$Z = \sqrt{R^2 + X_C^2} = \sqrt{R^2 + \left(\frac{1}{2\pi \cdot f \cdot C}\right)^2} \approx 644\,\Omega.$$

Die Scheitelwerte der Teilspannungen verhalten sich wie die zugehörigen Widerstände, also wie $\widehat{U}_R = \frac{R}{Z}\widehat{U}$ und $\widehat{U}_C = \frac{X_C}{Z}\widehat{U}$.

Mit $\hat{U} = \sqrt{2} \cdot U_{\text{eff}}$ folgen daraus

$$\hat{U}_R = \frac{R}{Z} \cdot \sqrt{2} \cdot U_{\text{eff}} \approx 50{,}5\,\text{V} \quad \text{sowie} \quad \hat{U}_C = \frac{1/(2\pi \cdot f \cdot C)}{Z} \cdot \sqrt{2} \cdot U_{\text{eff}} \approx 321\,\text{V}$$

c) (1) Es gilt $I = U/Z = \frac{U}{\sqrt{R^2 + X_C^2}} = \frac{U}{\sqrt{R^2 + (2\pi \cdot f \cdot L)^2}} \approx 0{,}73\,\text{A}$

(2) Aus $\tan\varphi = X_L/R = 2\pi f L/R = \pi$ folgt $\varphi \approx 72°$. Damit folgt

$P_W = UI\cos\varphi = 12\,\text{V} \cdot 0{,}07 \cdot \text{A} \cdot \cos 72° \approx 0{,}27\,\text{W}$.

(3) Die Stromstärke wird größtmöglich, wenn die Impedanz Z minimal wird. Dies geschieht für $X_C = X_L$, das heißt für $1/\omega C = \omega L$. Daraus folgt sofort

$C = 1/\omega^2 \cdot L = 1/4\pi^2 \cdot f^2 \cdot L \approx 20\,\mu\text{F}$ und $I_{max} = \frac{U}{Z_{min}} = \frac{U}{R} = \frac{12\,\text{V}}{50\,\Omega} = 0{,}24\,\text{A}$.

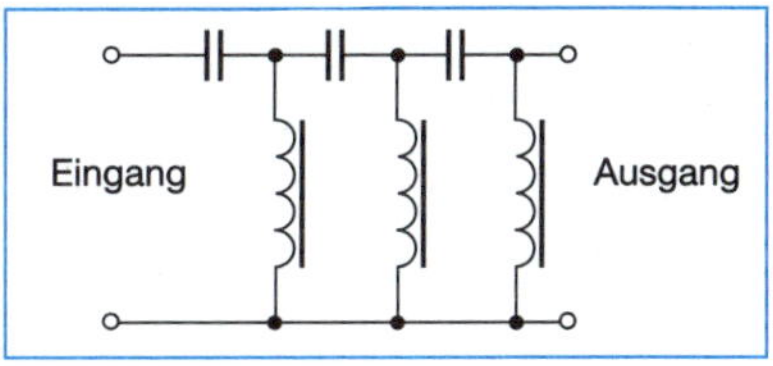

d) Es gilt $X_C \sim 1/f$ und $X_L \sim f$. Das bedeutet, dass die Kondensatoren die Wechselströme hoher Frequenz gut ableiten. Die niedrigfrequenten Wechselströme werden dagegen nahezu gesperrt. Umgekehrt lassen die Spulen die Wechselströme geringer Frequenz fast ungeschwächt passieren. Werden in der angegebenen Schaltung die Kondensatoren und die Spulen ausgetauscht, entsteht ein Tiefpassfilter.

10.6.2 Elektromagnetischer Schwingkreis und Federpendel

Voraussetzungen: mechanische Schwingung; Schwingkreis; Differentialgleichung des harmonischen Oszillators

a) (1) Führen Sie eine Analogiebetrachtung zwischen den Energieformen der mechanischen Schwingung eines Federpendels und den elektromagnetischen Schwingungen eines idealen Schwingkreises für die wesentlichen Phasen der Schwingung durch.

(2) Leiten Sie die Differentialgleichung für die elektromagnetische Schwingung her.

b) Ein ungedämpfter elektromagnetischer Schwingkreis besitzt einen Kondensator der Kapazität $C = 50\,\mu\text{F}$ und eine Spule der Induktivität $L = 500\,\text{H}$.

(1) Berechnen Sie die Schwingungsdauer T.

(2) Die Höchstspannung $\hat{U}$ am Kondensator beträgt 25 V. Bei maximaler Ausbildung des elektrischen Feldes im Kondensator beginnt die Zeitrechnung. Geben Sie für diesen Fall die Gleichungen für den zeitlichen Verlauf der Kondensator-

spannung U_C, der Ladung Q des Kondensators und der Stromstärke I im Schwingkreis an.

(3) Stellen Sie jeweils grafisch den Verlauf von U_C, Q und I für $0 \leq t \leq T$ dar.

(4) Geben Sie die Gleichung für den zeitlichen Verlauf der Energie E_{el} des elektrischen Feldes im Kondensator und des Magnetfeldes E_{mag} in der Spule an.

(5) Weisen Sie nach, dass im Schwingkreis die Gesamtenergie in jedem Augenblick konstant ist.

Lösung

a) (1) Folgende Größen entsprechen sich:

Federpendel	elektromagnetischer Schwingkreis
Richtgröße D	Kehrwert der Kapazität $1/C$
Masse m	Induktivität L
Elongation s	Kondensatorladung Q
Geschwindigkeit $v = \frac{ds}{dt}$	Stromstärke $I = \frac{dQ}{dt}$
Beschleunigung $a = \frac{dv}{dt} = \frac{d^2s}{dt^2}$	Änderung von I: $i = \frac{dI}{dt} = \frac{d^2Q}{dt^2}$

1. Phase

Spannenergie der Feder	Kondensatorenergie maximal
$E_{Sp} = \frac{1}{2} D s^2$	$E_{el} = \max$
kin. Energie der Kugel $E_{kin} = 0$	$E_{mag} = 0$
Kugel wird losgelassen $\rightarrow$ E_{kin} nimmt zu, E_{Sp} nimmt ab Anwachsen der Geschwindigkeit	Kondensator entlädt sich über die Spule $\rightarrow$ langsamer Anstieg der Stromstärke (Lenz'sche Regel) E_{el} nimmt ab, E_{mag} nimmt zu

2. Phase

Feder entspannt, Kugel besitzt maximale Geschwindigkeit ($\hat{v}$)	Kondensator ganz entladen, Entladestrom maximal
$E_{Sp} = 0$	$E_{el} = 0$
$E_{kin} = \frac{1}{2} m \hat{v}^2$	$E_{mag} = \frac{1}{2} L I^2$

3. Phase

Durch die Spannkraft der Feder nimmt E_{kin} ab, E_{Sp} nimmt zu bis die Feder entgegengesetzt gespannt ist wie in der 1.Phase	I nimmt ab $\rightarrow$ E_{mag} nimmt ab $\rightarrow$ Spannung wird induziert, die den Kondensator entgegengesetzt zur 1. Phase auflädt
$E_{Sp} = \frac{1}{2} D s^2$; $E_{kin} = 0$	$E_{el} = \frac{1}{2} C U^2$; $E_{mag} = 0$

4. Phase

Feder wird wieder entspannt; Vorgang wiederholt sich in umgekehrter Richtung

Kondensator entlädt sich; Vorgang wiederholt sich in umgekehrter Richtung

(2) Weil am Stromkreis keine äußere Spannung anliegt, gilt für die auftretenden Teilspannungen bei der Entladung über die Spule: $U_C(t) = U_L(t)$. Die Spannung $U_L(t)$ an der Spule ist zu jedem Zeitpunkt gleich der Spannung $U_C(t)$ am Kondensator.

Mit $U_C(t) = \frac{Q(t)}{C}$ und $U_L(t) = -L \cdot \frac{dI}{dt}$ folgt $\frac{Q(t)}{C} = -L \cdot \frac{dI(t)}{dt}$.

Wegen $I(t) = \frac{dQ(t)}{dt}$ und $\frac{dI}{dt} = \frac{d^2Q(t)}{dt^2}$ folgt $Q(t) = -L \cdot C \cdot \frac{d^2Q(t)}{dt^2}$

und daraus folgt $\frac{d^2Q(t)}{dt^2} + \frac{1}{LC} Q(t) = 0$.

(Das Versuchsergebnis legt den Lösungsansatz $Q(t) = Q_0 \sin(\omega t + \varphi_0)$ nahe.)

b) (1) Aus $\omega^2 = 1/LC \Leftrightarrow (2\pi/T)^2 = 1/LC$ folgt

$T = 2\pi\sqrt{L \cdot C} = 2\pi\sqrt{500\,\text{H} \cdot 50 \cdot 10^{-6}\,\text{F}} = 1\,\text{s}$

(2) $U_C(t) = \hat{U} \cos \omega t = 25\,\text{V} \cdot \cos(2\pi t/\text{s})$

$Q(t) = C\,U(t) = 50 \cdot 10^{-6}\,\text{F} \cdot 25\,\text{V} \cdot \cos(2\pi t/\text{s})$

$= 1{,}25 \cdot 10^{-3}\,\text{As} \cdot \cos(2\pi t/\text{s})$

Mit $I(t) = \frac{dQ(t)}{dt}$ folgt

$I(t) = -1{,}25 \cdot 10^{-3}\,\text{As} \cdot 2\pi\,1/\text{s} \cdot \sin(2\pi t/\text{s})$

$= -7{,}85 \cdot 10^{-3}\,\text{A} \cdot \sin(2\pi t/\text{s})$.

(3) → Grafiken rechts.

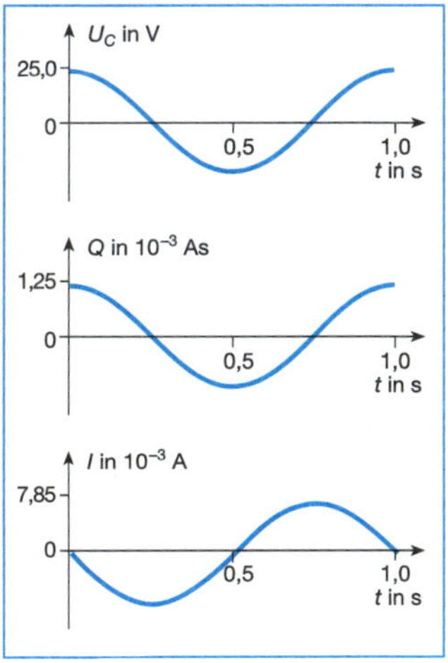

(4) $E_{el}(t) = \frac{1}{2} C (U(t))^2 = \frac{1}{2} C \hat{U}^2 \cos^2(\omega t)$

$= \frac{1}{2} \cdot 50 \cdot 10^{-6}\,\text{As/V} \cdot (25\,\text{V})^2 \cdot \cos^2(2\pi t/\text{s})$

$= 1{,}56 \cdot 10^{-2}\,\text{J} \cdot \cos^2(2\pi t/\text{s})$

$E_{mag}(t) = \frac{1}{2} L\,I(t)^2 = \frac{1}{2} L \hat{I}^2 \cdot \sin^2(\omega t)$

$= \frac{1}{2} \cdot 500\,\text{Vs/A} \cdot (-7{,}854 \cdot 10^{-3}\,\text{A})^2 \cdot \sin^2(2\pi t/\text{s})$

$= 1{,}56 \cdot 10^{-2}\,\text{J} \cdot \sin^2(2\pi t/\text{s})$

(5) Aus (4) folgt unter Berücksichtigung der Beziehungen

$\hat{U} = Q_{max}/C$ und $\hat{I} = Q_{max}\,\omega$ für die Summe der Energien

$E_{ges}(t) = \frac{1}{2} \cdot \frac{Q_{max}^2}{C} \cdot \cos^2 \omega t + \frac{1}{2} \cdot L \cdot Q_{max}^2 \cdot \omega^2 \cdot \sin^2 \omega t.$

Mittels der Thomson'schen Schwingungsgleichung $\omega^2 = 1/LC$ folgt

$$E_{ges}(t) = \frac{1}{2} \cdot \frac{Q_{max}^2}{C} \cdot \cos^2 \omega t + \frac{1}{2} \cdot \frac{Q_{max}^2}{C} \cdot \sin^2 \omega t = \frac{1}{2} \cdot Q_{max}^2 \cdot \underbrace{(\cos^2 \omega t + \sin^2 \omega t)}_{1}$$

$= \frac{1}{2} \cdot \frac{Q_{max}^2}{C}$. Dieser Wert ist unabhängig von der Zeit.

10.6.3 Schwingkreis

Voraussetzungen: Kondensator; Spule im Schwingkreis

Ein Schwingkreis, der eine Schwingung der Frequenz $f = 1000\,\text{Hz}$ erzeugt, besteht aus einer Spule ohne Eisenkern ($L = 10\,\text{H}$) und einem Kondensator.

a) Bestimmen Sie die Kapazität des Kondensators.

b) Wird in die Spule ein Eisenkern eingeführt, sinkt die Schwingkreisfrequenz auf $\frac{1}{10}$ des ursprünglichen Wertes. Bestimmen Sie die Größe der Permeabilitätszahl μ_r für diesen Fall.

c) Welche Kapazität müsste der Kondensator haben, um gemeinsam mit der kernlosen Spule die ursprüngliche Frequenz zu verdreifachen?

Lösung

a) Aus $f = \frac{1}{2\pi\sqrt{L \cdot C}}$ folgt durch Äquivalenzumformungen

$$C = \frac{1}{4\pi^2 \cdot f^2 \cdot L} = \frac{1}{4\pi^2 \cdot (1000\,\text{s}^{-1})^2 \cdot 10\,\text{H}} = 2{,}53 \cdot 10^{-9}\,\text{F} = 2{,}53\,\text{nF}$$

b) $f' = \frac{f}{10} \Rightarrow L' = \frac{1}{4\pi^2 \cdot (f/10)^2 \cdot C} = 100 \cdot L \Rightarrow \mu_r = 100$

c) $f' = 3 \cdot f \Rightarrow C' = \frac{1}{4\pi^2 \cdot (3f)^2 \cdot L} = \frac{1}{9} \cdot C;$

der Kondensator dürfte nur $\frac{1}{9}$ der ursprünglichen Kapazität haben.

10.6.4 Erzeugung elektromagnetischer Schwingungen

Voraussetzungen: Schwingkreis; gedämpfte Schwingung; Selbstinduktion; Triode; Rückkopplung; Transformator

a) Ein elektromagnetischer Schwingkreis mit der Eigenfrequenz f_0 besteht aus einem Kondensator der Kapazität C und einer Spule der Induktivität L. Fertigen Sie ein Schaltbild. Wieso schwingt ein solcher Schwingkreis gedämpft? Beschreiben Sie den Ablauf einer vollständigen Schwingung ohne Beachtung der Dämpfung.

b) Beschreiben Sie anhand einer Schaltskizze, wie der Kreis mithilfe einer Triode zu ungedämpften Schwingungen angeregt werden kann. Erklären Sie die Funktionsweise der Schaltung, insbesondere wie die Energie zugeführt wird.

c) Geben Sie an, wie die Schwingungen des Schwingkreises sichtbar gemacht werden können.

d) Zeigen Sie mithilfe der Thomson'schen Schwingungsformel, dass der Kondensator und die Spule für einen Wechselstrom der Frequenz f_0 den gleichen Wechselstromwiderstand haben.

Lösung

a) Schalter in Position 1: Der Kondensator wird aufgeladen.
Schalter in Position 2: Der Kondensator entlädt sich über die Spule.
Es entsteht eine gedämpfte Schwingung, weil durch die Ohm'schen Widerstände der Zuleitungen und der Spule im Schwingkreis elektrische und magnetische Energie in Wärmeenergie umgewandelt wird.

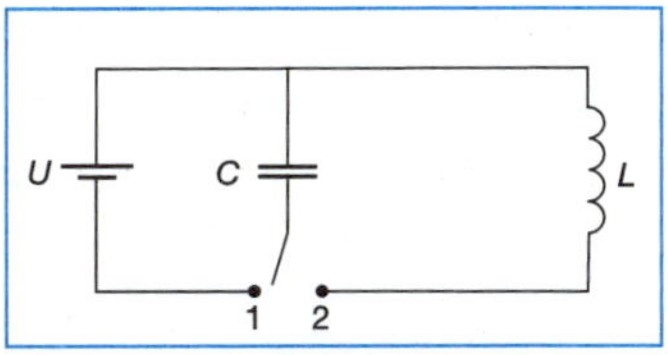

Entlädt sich der Kondensator über die Spule, so steigt die Stromstärke wegen der Selbstinduktionsspannung nur allmählich an. Sie ist der Kondensatorspannung entgegengerichtet, hat jedoch denselben Betrag. Die maximale Stromstärke wird erreicht, wenn die Kondensatorspannung vollständig abgebaut ist. Gleichzeitig hat sich in der Spule ein magnetisches Feld aufgebaut, welches am Ende der Kondensatorentladung seine größte Stärke hat. Wegen der Selbstinduktion der Spule kann der Strom nicht plötzlich null werden, sondern nur langsam abnehmen. Der weiterfließende Strom lädt jetzt den Kondensator mit umgekehrter Polung wieder auf. Dabei nimmt die Stromstärke auf null ab. Gleichzeitig hat sich das Magnetfeld der Spule abgebaut, die Kondensatorspannung erreicht wieder den Maximalwert. Nun setzt der Entladevorgang in umgekehrter Richtung ein.

b)

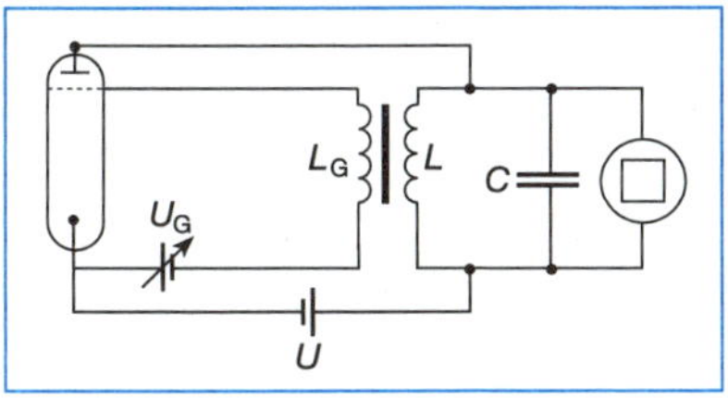

Energie wird dem Kreis nur dann zugeführt, wenn die Anodenplatte des Kondensators negativ geladen ist. Entlädt sich der Schwingkreis über die Spule L, so wird in der Rückkopplungsspule L_G eine entgegengesetzte Spannung U_{ind} induziert (Transformator), das heißt das Gitter wird positiv und über die Triode können nun Elektronen zum Schwingkreis fließen. Der Kondensator entlädt sich über die Spule L. Ist er entgegengesetzt aufgeladen, dann wird in L_G eine Spannung erzeugt, die das Gitter negativ lädt. Somit ist die Triode gesperrt und Elektronen, welche die Schwingung dämpfen könnten, gelangen nicht zum Kondensator.

c) Ein Oszilloskop ist in der Lage, die Kondensatorspannung U_C in Abhängigkeit von der Zeit t anzuzeigen.

d) Nach Thomson gilt $T = 2\pi\sqrt{L \cdot C}$ bzw. $f = \frac{1}{2}\pi\sqrt{L \cdot C}$. Aus $\omega_0 = 2\pi f_0$ und Quadrieren ergibt sich $\omega_0 L = 1/\omega_0 C$. Weil $X_C = 1/\omega_0 C$ und $X_L = \omega_0 L$ gilt, folgt die Behauptung.

10.7 Wellenoptik

10.7.1 Welleneigenschaften des Lichts

Voraussetzungen: Licht als Welle; Beugung

a) Geben Sie mindestens zwei experimentelle Befunde an, welche die Welleneigenschaft des Lichtes stützen.
b) Laserlicht der Wellenlänge $\lambda = 650$ nm fällt auf einen Spalt. Für die zwei Minima erster Ordnung wird auf einem Schirm, der sich 1,50 m hinter dem Spalt befindet, ein Abstand von $a = 4{,}2$ cm gemessen. Berechnen Sie die Spaltbreite b.
c) Der Einfachspalt wird durch einen Doppelspalt mit Spaltabstand $d = 4b$ ersetzt; ansonsten bleibt die Anordnung unverändert. Wie groß ist nun der Abstand der beiden Minima erster Ordnung?
d) Nun wird der Laser durch eine handelsübliche Glühlampe ersetzt. Wie ändert sich das Interferenzbild? Bis zu welcher Ordnung überlappen sich die Interferenzmaxima nicht?

Lösung

a) (1) Licht kann durch entsprechende Filter linear polarisiert werden.
(2) Bei der Beugung kohärenten Lichts am Spalt (Doppelspalt, Gitter) werden Interferenz-Erscheinungen sichtbar.
(3) Weißes Licht erzeugt auf Ölfilmen, die auf Wasser schwimmen (allgemein: auf dünnen Schichten), sichtbare Interferenzerscheinungen.
b) Für die Nebenminima gilt stets $\sin\alpha_n = n\,\lambda/b$ mit $n \in \mathbb{N}$, $n < b/\lambda$. Weil der Abstand der Minima erster Ordnung klein gegenüber dem Abstand zum Schirm ist, stimmen die Sinus- und Tangenswerte für α_n (ungefähr) überein. Wegen $\sin\alpha_1 = \lambda/b$ bzw. $\tan\alpha_1 = \frac{a}{2}/e$ folgt sofort
$$b = \frac{2e\cdot\lambda}{a} = \frac{2\cdot 1{,}5\,\text{m}\cdot 6{,}5\cdot 10^{-7}\,\text{m}}{0{,}0042\,\text{m}} = 4{,}6\cdot 10^{-5}\,\text{m} = 46\,\mu\text{m}.$$
c) Jetzt gilt für die Minima $\sin\alpha_n = \frac{(2n+1)}{2}\lambda/d$ mit $n \in \mathbb{N}$, $n < d/\lambda$. Für die 1. Ordnung folgt mit $d = 4b$
$$\sin\alpha_1 = \frac{\lambda}{2d} = \frac{\lambda}{8b} = \frac{6{,}5\cdot 10^{-7}\,\text{m}}{8\cdot 4{,}6\cdot 10^{-5}\,\text{m}} = 1{,}77\cdot 10^{-3} \Rightarrow \alpha_1 \approx 0{,}1$$
$$\tan\alpha_1 = \frac{a'/2}{e} \Rightarrow a' = 2\cdot e\cdot\tan\alpha_1 = 2\cdot 1{,}5\,\text{m}\cdot\tan 0{,}1° \approx 5{,}2\,\text{mm}$$
d) Nun entstehen farbige Spektren statt der exakt abgegrenzten Maxima, die sich jeweils von Violett bis Rot erstrecken. Eine Überlappung solcher Spektren tritt dann noch nicht ein, wenn der violette Rand des $(m + 1)$-ten Spektrums stärker gebeugt wird als der rote Rand des m-ten Spektrums:

$\sin\alpha_{m+1,v} = \frac{(m+1)\cdot\lambda_v}{d} > \frac{m\cdot\lambda_r}{d} = \sin\alpha_{m,r} \;\Rightarrow\; m\cdot(\lambda_r - \lambda_v) < \lambda_v$

$\Rightarrow\; m < \frac{\lambda_v}{\lambda_r - \lambda_v} = \frac{400\,\text{nm}}{350\,\text{nm}} \approx 1{,}14$

Die Spektren 1. Ordnung überlappen sich nicht.

10.7.2 Beugung am Gitter

Voraussetzungen: Beugung am Gitter; Beugungsspektren

Weißes Licht wird mithilfe eines optischen Gitters in ein kontinuierliches Farbspektrum zerlegt.

a) Skizzieren Sie eine geeignete Versuchsanordnung.

b) Leiten Sie her, unter welchen Winkeln α_n bei einem Gitter mit der Gitterkonstanten g für Licht einer bestimmten Wellenlänge λ Maxima zu sehen sind.

c) Folgern Sie aus b), wie das Gitterspektrum von weißem Licht in der 0. und 1. Ordnung auf einem Bildschirm aussieht.

d) Ein optisches Strichgitter enthält je 1 mm Gitterbreite 500 äquidistante Einzelspalte. Senkrecht auf das Gitter fällt monochromatisches Licht. Das Maximum 0. Ordnung fällt exakt auf die Mitte eines $a = 1{,}80\,\text{m}$ entfernten Schirms der Breite $b = 2{,}5\,\text{m}$. Die zwei Maxima erster Ordnung haben einen Abstand von $2d = 90\,\text{cm}$. Berechnen Sie die Wellenlänge des Lichts.

e) Bestimmen Sie, bis zu welcher Ordnung Maxima mit dem beschriebenen Aufbau noch auf dem Schirm zu sehen sind.

Lösung

a)

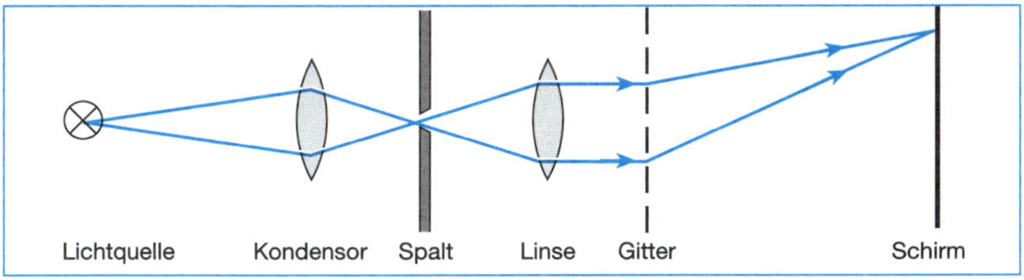

b)

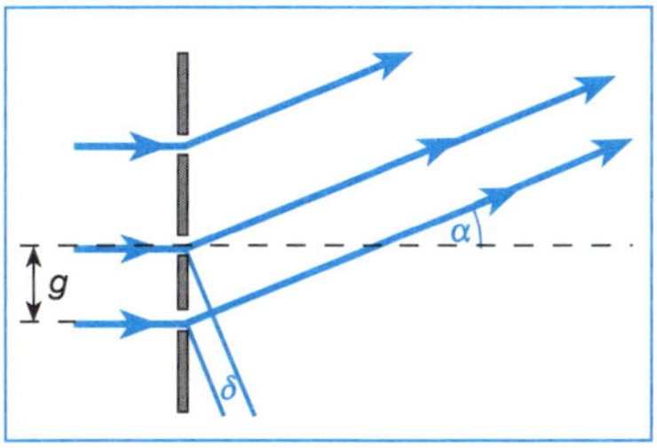

Zwei schmale Lichtbündel, die durch nebeneinander liegende Spalte des Gitters laufen, verstärken sich in einem Punkt des Schirms, wenn ihr Gangunterschied ein natürlichzahlig-positives Vielfaches der Wellenlänge ist, das heißt $\delta = n\,\lambda$ mit $n \in \mathbb{N}_0$. Aus der Abbildung von Seite 119 unten ist zu entnehmen, dass für benachbarte Lichtbündel, welche um den Winkel α gebeugt werden, sich der Gangunterschied zu $\delta = g \sin\alpha$ ergibt. Damit gilt für die gesuchten Winkel α_n:

$\sin\alpha_n = n\,\lambda/g$ mit $n \in \mathbb{N},\ n < g/\lambda$.

c) Das 0. Maximum erscheint als weißer Streifen. Beim 1. Maximum wird das weiße Licht in seine Spektralfarben aufgefächert, wobei der zugehörige Beugungswinkel α_1 mit wachsender Wellenlänge ebenfalls zunimmt. So entsteht ein kontinuierliches Spektrum: das kurzwellige blaue Licht erscheint innen, das langwellige rote außen, da es stärker gebeugt wird als das blaue.

d) 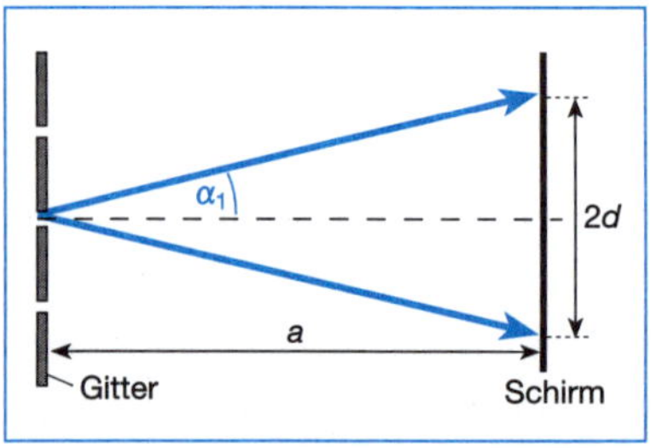

Aus der Abbildung folgt

$\tan\alpha_1 = d/a = 0{,}90\,\text{m}/2/1{,}80\,\text{m} = 0{,}250$

$\Rightarrow\ \alpha_1 = 14{,}04°.$

Weiterhin gilt (vergleiche b.)

$\sin\alpha_1 = \lambda/g.$

Daraus folgt

$\lambda = g\sin\alpha_1 = \frac{0{,}001\,\text{m}}{500}\sin 14{,}04° = 4{,}85 \cdot 10^{-7}\,\text{m} = 485\,\text{nm}$ (blau).

e) Um das n-te Maximum noch auf dem Schirm sehen zu können, muss gelten:

$\tan\alpha_n \le \frac{b}{2}/a = \frac{2{,}50\,\text{m}}{2}/1{,}80\,\text{m} = 0{,}6944$

$\Rightarrow\ \alpha_n \le 34{,}78° \ \Rightarrow\ \sin 34{,}78° \le 0{,}5704.$ Aus $\sin\alpha_n = n\,\lambda/g$ folgt

$n = \frac{g}{\lambda}\sin\alpha_n = \frac{0{,}001\,\text{m}}{500}/4{,}85 \cdot 10^{-7}\,\text{m} \cdot 0{,}5704 \approx 2{,}35$

Also sind nur Maxima bis zur zweiten Ordnung zu sehen.

10.8 Atome und Quanten

10.8.1 Polarisation

Voraussetzungen: Licht als Welle; Licht als Quant; Polarisation

Zwei Polarisationsfilter sind um 90° gegeneinander gedreht und lassen kein Licht hindurch. Was passiert, wenn zwischen die beiden Filter ein drittes gesetzt wird, das gegenüber den beiden anderen um je 45° gedreht ist? Begründen Sie Ihre Antwort mittels der Quantenvorstellung.

Lösung

Es kommt wieder etwas Licht hindurch.

Begründung: Ein Filter lässt nur Licht einer Schwingungsrichtung durch. Wird ein zweites Filter dahinter gehalten, das zur ersten um 45° gedreht ist, darf nach klassischer Vorstellung nichts hindurchkommen. Doch die Quantenvorstellung besagt, dass jedes Photon mit einer fünfzigprozentigen Wahrscheinlichkeit durch den falsch ausgerichteten Filter hindurchgeht. Durch das zweite Filter gehen also 50 % um 45° gedreht Photonen hindurch. Treffen diese auf das dritte Filter, haben sie wieder eine Chance von 50 % hindurch zu kommen. Es wiederholt sich der Vorgang vom zweiten Filter. Somit lassen das zweite und dritte Filter je 50 % der ankommenden Strahlung durch, sodass schließlich 25 % der Lichtintensität durchgehen.

10.8.2 Bohr'sches Atommodell

Voraussetzungen: Bohr'sches Atommodell; Spektrallinien; Wasserstoffatom

a) Geben Sie erklärend drei Möglichkeiten an, wie Wasserstoffatome aus dem Grund- in einen Anregungszustand gebracht werden können.

b) Berechnen Sie die ersten vier Energiestufen des Wasserstoffatoms. Geben Sie die Größe der Ionisierungsarbeit zusätzlich an.

c) Welche kleinste (größte) Wellenlänge kann ein Wasserstoffatom emittieren, wenn es sich im Zustand E_4 befindet.

d) Erläutern Sie, weshalb die Anzahl der Linien in den Absorptionsspektren von Gasen zunimmt, wenn die Temperatur der Gase steigt.

e) Wasserstoff besitzt eine Absorptionslinie mit der Wellenlänge $\lambda = 1{,}22 \cdot 10^{-7}\,\text{m}$ (Ultraviolett). Durch Absorption eines Lichtquants wird das Atom in den angeregten Zustand versetzt. Wie groß ist die Veränderung des Energiezustands des Elektrons?

f) Das Bohr'sche Atommodell kann auf alle Systeme mit nur einem Elektron angewandt werden. Bestimmen Sie allgemein den Radius der n-ten Bahn für solche Systeme (Kernladungszahl Z).

g) Berechnen Sie den Bohr-Radius für ein Heliumion (He^+).

Lösung

a) (1) Durch Erhitzen von Wasserstoff erhöht sich die kinetische Energie der Atome. Daraus resultierende Stöße untereinander können Atome anregen (thermische Anregung).

(2) Bestrahlung mit Licht entsprechender Wellenlänge/Frequenz. $E_{Ph} = hf$ muss einem Quantensprung $E_1 \to E_n$ mit $n = 2, 3, ...$ entsprechen.

(3) Die kinetische Energie $E_{e,kin}$ eines unelastisch stoßenden Elektrons muss mindestens für den Quantensprung $E_1 \to E_2$ reichen, das heißt $E_{e,kin} \geq \Delta E = E_2 - E_1 = 10{,}2\,\text{eV}$.

b) Es gilt $E_n = -Rhc/n^2 = E_1/n^2$ für $n = 1, 2, 3, ...$ Mit Werten folgt:
$E_1 = -Rhc \approx -13{,}6\,\text{eV}$ sowie $E_2 \approx -3{,}4\,\text{eV}$, $E_3 = -1{,}5\,\text{eV}$ und $E_4 = -0{,}85\,\text{eV}$.
Für die Ionisierungsenergie bedeutet das
$E_{Ion} = |E_\infty - E_1| \approx 13{,}6\,\text{eV}$

c) Betrachtet werden muss der Übergang $E_4 \to E_1$, weil der kürzesten Wellenlänge die maximale Photonenenergie entspricht: Aus $\Delta E = hf = hc/\lambda$ folgt

$$\lambda_{min} = \frac{h \cdot c}{E_4 - E_1} = \frac{6{,}626 \cdot 10^{-34}\,\text{Js} \cdot 3 \cdot 10^8\,\text{m/s}}{121{,}75 \cdot 1{,}602 \cdot 10^{-19}\,\text{J}} \approx 97{,}44 \cdot 10^{-9}\,\text{m} = 97{,}44\,\text{nm}.$$

Für $E_4 \to E_3$ folgt analog: $\lambda_{max} \approx 1{,}91\,\mu\text{m}$.

d) (vergleiche a)) Steigt die Temperatur, so befinden sich im Gas immer mehr Atome in unterschiedlichen Anregungszuständen. Somit können mehr Photonen absorbiert werden, deren Energie dem Transfer von einem angeregten in einen höher angeregten Zustand entspricht. Also treten mehr schwarze Linien im Spektrum auf.

e) $\Delta E = h \cdot f = h \cdot \frac{c}{\lambda} = \frac{6{,}626 \cdot 10^{-34}\,\text{Js} \cdot 3 \cdot 10^8\,\text{m/s}}{1{,}22 \cdot 10^{-7}\,\text{m}} = 1{,}63 \cdot 10^{-18}\,\text{J} = 10{,}2\,\text{eV}.$

f) Die elektrischen Anziehungskräfte zwingen die Elektronen auf eine Kreisbahn:

$$F_r = F_C \Rightarrow \frac{Z \cdot e^2}{4\pi \cdot \varepsilon_0 \cdot r_n^2} = m_e \cdot \frac{v_n^2}{r_n}.$$

Gemeinsam mit der Bohr'schen Quantenbedingung folgt damit

$$\frac{Z \cdot e^2}{4\pi \cdot \varepsilon_0 \cdot r_n} = \frac{n^2 \cdot h^2}{4\pi^2 \cdot r_n^2 \cdot m_e} \quad \text{bzw.} \quad r_n = \frac{h^2 \cdot n^2 \cdot \varepsilon_0}{\pi \cdot m_e \cdot Z \cdot e^2}$$

g) Einsetzen ergibt für $Z = 2$ und $n = 1$

$$r_1 = \frac{8{,}85 \cdot 10^{-12}\,\text{As/Vm} \cdot (6{,}626 \cdot 10^{-34}\,\text{Js})^2}{2\pi \cdot (1{,}6 \cdot 10^{-19}\,\text{As}) \cdot 9{,}1 \cdot 10^{-31}\,\text{kg}} \approx 2{,}645 \cdot 10^{-11}\,\text{m} = 26{,}45\,\text{pm}$$

10.8.3 Photonenimpulse

Voraussetzung: Thermische Bewegung; Photonenvorstellung

a) In so genannten Lichtmühlen (Radiometern) befinden sich in einem luftleeren Glaskolben vier einseitig geschwärzte Plättchen, die auf einer Spitze leicht drehbar gelagert sind (Solarflügelrad). Im Kolben herrscht stark verminderter Luftdruck. Die schwarzen Flächen werden durch Sonneneinstrahlung bzw. durch das Licht starker Glühlampen beleuchtet. Die Rückseiten sind glänzend metallisch.
(1) Was ist zu beobachten, wenn Licht auf die Lichtmühle fällt? Erläutern Sie die Vorgänge.
(2) Jetzt wird ein vollständig evakuierter Glaskolben betrachtet. Mit einem - Laserpointer (700 nm; 5 mW) wird auf die glänzende Seite eines Flügels gezielt. Wie viele Photonen treffen je Sekunde auf ihn? Welche mittlere Kraft übt der Laserstrahl auf ihn aus?

b) Mit Licht $(\lambda = 6 \cdot 10^{-7}\,\text{m})$ aus einer punktförmigen Quelle wird eine Platte der Größe $A = 5{,}0\,\text{cm}^2$ bestrahlt. Die Strahlung trifft senkrecht auf die Platte, die sich im Abstand $a = 1\,\text{m}$ von der Quelle befindet. 25 % der Strahlung wird absorbiert, der Rest reflektiert. Die isotrop in die Umgebung abgestrahlte Leistung beträgt 40 W.
(1) Berechnen Sie, wie viele Photonen pro Sekunde auf die Platte treffen.
(2) Bestimmen Sie die Größe der auf die Platte ausgeübten Kraft.
(3) Wie verändert sich diese Kraft, wenn das Absorptionsverhalten und die Leistung erhalten bleiben, jedoch
- die Wellenlänge halbiert wird;
- der Abstand von 1 m auf 2 m vergrößert wird?

Lösung

a) (1) Das Solarflügelrad dreht sich so, dass die blanken Seiten der Blättchen vorangehen. Irgendetwas muss also auf die schwarzen Seiten drücken. Das können nur die Moleküle des Restgases sein, die Impuls bei Stößen übertragen. Die schwarzen Seiten nehmen mehr Lichtenergie auf als die blanken, erwärmen sich also stärker. Daher schwingen ihre Moleküle stärker als die der blanken Flächen, der Impulsübertrag auf die Gasmoleküle ist größer und folglich auch die Reaktionskraft auf die dunklen Flächen.

(2) Wenn in der Zeit Δt genau N Photonen auftreffen, wird dadurch die Energie $E = N E_{Ph} = P\,\Delta t$ übertragen. Mit $E = hf = hc/\lambda$ folgt

$$N = \frac{P\cdot\lambda}{h\cdot c} = \frac{0{,}005\,\text{W}\cdot 7\cdot 10^{-7}\,\text{m}}{6{,}63\cdot 10^{-34}\,\text{Js}\cdot 3\cdot 10^{8}\,\text{m/s}} = 1{,}8\cdot 10^{16}.$$

Die durch jedes Photon bewirkte Impulsänderung beträgt $\Delta p = 2\,p_{Ph} = 2\,h/\lambda$, weil die Photonen reflektiert werden. Für den Kraftstoß $F\Delta t = \Delta p$ ergibt sich damit

$$F = \frac{\Delta p}{\Delta t} = \text{N}\frac{2\,p_{Ph}}{\Delta t} = \frac{2\,P}{c} = \frac{2\cdot 0{,}005\,\text{W}}{3\cdot 10^{8}\,\text{m/s}} = 3{,}3\cdot 10^{-11}\,\text{N}.$$

b) (1) Isotrope Emission bedeutet »kugelförmige Ausbreitung«. Also

$$P_{\text{Platte}} = P_{\text{Lampe}}\cdot\frac{A_{\text{Platte}}}{O_{\text{Kugel}}} = \frac{P\cdot A}{4\pi a^2}.$$

Daneben gilt $P_{\text{Platte}} = N\frac{h\cdot c}{\lambda\cdot\Delta t}$ bzw. $N = \frac{P_{\text{Platte}}\cdot\lambda\cdot\Delta t}{h\cdot c}$.

Zusammen ergibt sich

$$N = \frac{P\cdot A\cdot\lambda\cdot\Delta t}{4\pi a^2 h\cdot c} = \frac{40\,\text{W}\cdot 0{,}0005\,\text{m}^2\cdot 6\cdot 10^{-7}\,\text{m/s}}{4\pi\cdot(1\,\text{m})^2\cdot 6{,}63\cdot 10^{-34}\,\text{Js}\cdot 3\cdot 10^{8}\,\text{m/s}} = 4{,}8\cdot 10^{15}.$$

(2) Der Kraftstoß entspricht wieder der Impulsänderung. Die reflektierten 75 % erfahren eine doppelt so große Impulsänderung wie die absorbierten 25 %. Es gilt: $F\Delta t = 0{,}25\,N h/\lambda + 0{,}75\,N\cdot 2\,h/\lambda$

$$F = (0{,}25 + 1{,}5)\cdot\frac{N\cdot h}{\lambda\cdot\Delta t} = 1{,}75\cdot\frac{4{,}8\cdot 10^{15}\cdot 6{,}63\cdot 10^{-34}\,\text{Js}}{6\cdot 10^{8}\,\text{m/s}\cdot 1\,\text{s}} = 9{,}2\cdot 10^{-12}\,\text{N}.$$

(3) **Halbe Wellenlänge:** Der Impuls jedes Photons verdoppelt sich, aber wegen der konstanten Strahlungsleistung halbiert sich die Zahl der Photonen. Insgesamt ändert sich also die Größe der Kraft nicht.

Doppelter Abstand: Die Strahlungsleistung sinkt auf ein Viertel; somit treffen auch nur ein Viertel der Photonen auf und folglich sinkt die Kraft auf ein Viertel des ursprünglichen Werts ab.

10.8.4 Lichtelektrischer und Compton-Effekt

Voraussetzungen: Lichtelektrischer Effekt; Compton-Effekt

a) Erläutern Sie knapp die wesentlichen Vorgänge beim Compton-Effekt und heben Sie dabei insbesondere die Unterschiede zum lichtelektrischen Effekt hervor.

b) Ein leichtes Element wird mit kurzwelliger elektromagnetischer Strahlung der Quantenenergie 340 000 eV bestrahlt. Es entsteht das rechts dargestellte Energiespektrum der emittierten Elektronen. Erklären Sie das Zustandekommen der Maxima bei den Werten E_1 und E_2.

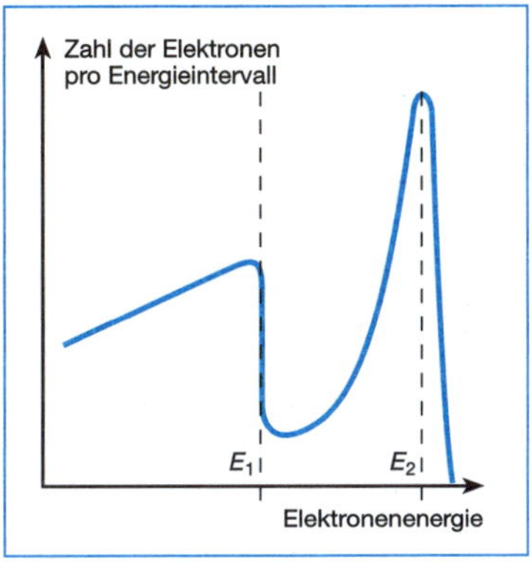

c) Berechnen Sie, unter welchen Bedingungen beim Compton-Effekt eine größtmögliche Wellenlängenänderung der eintretenden Strahlung auftritt.

d) Aus Cäsium sollen mittels des lichtelektrischen Effekts so genannte Fotoelektronen herausgelöst werden. Die Austrittsenergie beträgt 1,8 eV; die Elektronen sollen das Metall mit einer kinetischen Energie von 4 eV verlassen. Bestimmen Sie die Wellenlänge der auslösenden Strahlung und geben Sie den Bereich an, in dem diese Strahlung liegt.

e) Ein Strahlungsquant, das eine Wellenlänge von 10^{-10} m hat, tritt mit einem freien Elektron in Wechselwirkung und wird dabei um einen Winkel von 90° abgelenkt. Welche Wellenlänge hat das gestreute Strahlungsquant? Wie groß ist die Energie, die wegen des Compton-Effekts dabei auf das Elektron übertragen wird?

Lösung

a) Ein Photon führt beim Compton-Effekt einen völlig elastischen Stoß mit einem freien Elektron aus. Nach dem Zusammenstoß besitzt es weniger Energie und daher auch eine geringere Frequenz als vorher. Einen Teil der Energie hat das Elektron vom Photon aufgenommen. Hingegen gibt ein Photon beim lichtelektrischen Effekt seine gesamte Energie ab und vernichtet sich selbst dabei. Es muss ein weiterer Stoßpartner (oft ein Atomkern) vorhanden sein, da sonst gegen den Impulserhaltungssatz verstoßen würde.

b) Das Maximum an der Stelle E_2 stammt von Elektronen, die beim lichtelektrischen Effekt entstanden sind. Die Photonen haben ihre gesamte Energie von 340 000 eV an das Elektron übertragen. Dagegen stammen die Elektronen mit der Energie E_1

aus Compton-Streuvorgängen, wobei die Elektronen mit der größten Energie zentrale Stöße mit dem Photon ausgeführt haben, sodass das Photon um 180° gestreut wurde. Für Energien, die kleiner als E_1 sind, gilt sinngemäß das Gleiche.

c) Aus der Compton-Formel $\Delta\lambda = \frac{h}{m_e \cdot c} \cdot (1 - \cos\varphi)$ folgt, dass die Wellenlängenänderung für $\varphi = 180°$ maximal wird, da dann

$1 - \cos\varphi = 2$; das heißt Rückwärtsstreuung (vergleiche b)). Dann ergibt sich

$$\Delta\lambda = \frac{2 \cdot h}{m_e \cdot c} = \frac{2 \cdot 6{,}626 \cdot 10^{-34}\,\text{Js}}{9{,}1 \cdot 10^{-31}\,\text{kg} \cdot 3 \cdot 10^8\,\text{m/s}} = 4{,}85\,\text{pm}.$$

d) Allgemein gilt: $hf = E_{\text{kin}} + E_A = 5{,}8\,\text{eV}$. Mit $c = \lambda f$ folgt

$$\lambda = \frac{c}{f} = \frac{c \cdot h}{E_{\text{kin}} + E_A} = \frac{3 \cdot 10^8\,\text{m/s} \cdot 6{,}626 \cdot 10^{-34}\,\text{Js}}{5{,}8 \cdot 1{,}6 \cdot 10^{-19}\,\text{J}} = 21{,}4 \cdot 10^{-6}\,\text{m} = 214\,\text{nm} \quad \text{(UV)}$$

e) Die Wellenlänge ändert sich um

$$\Delta\lambda = \frac{h}{m_e \cdot c} \cdot (1 - \cos 90°) = \frac{h}{m_e \cdot c} = 0{,}024 \cdot 10^{-10}\,\text{m}.$$

Die Wellenlänge des gestreuten Strahlungsquants ist daher

$$\lambda_s = \lambda + \Delta\lambda = 10^{-10}\,\text{m} + 0{,}024 \cdot 10^{-10}\,\text{m} = 1{,}024 \cdot 10^{-10}\,\text{m}.$$

Für die auf das Elektron übergegangene Energie gilt

$$\Delta E = E_1 - E_2 = h \cdot (f_1 - f_2) = h \cdot c \cdot \left(\frac{1}{\lambda_1} - \frac{1}{\lambda_2}\right) \text{ und mit Werten}$$

$$\Delta E = 6{,}626 \cdot 10^{-34}\,\text{Js} \cdot 3 \cdot 10^8\,\text{m}\left(\frac{1}{10^{-10}\,\text{m}} - \frac{1}{1{,}024 \cdot 10^{-10}\,\text{m}}\right) \approx 291\,\text{eV}.$$

10.8.5 Heisenberg'sche Unschärferelation

Voraussetzungen: Heisenberg'sche Unschärferelation; Bohr-Modell

a) Es soll für das im Grundzustand befindliche Wasserstoffatom eine Unschärfebestimmung der Geschwindigkeit des Elektrons durchgeführt werden. Die zulässige Unschärfe des Ortes soll 10 % des Atomdurchmessers betragen.

b) Folgern Sie aus a), dass die Heisenberg'sche Unschärferelation mit dem Atommodell von Bohr nicht vereinbar ist.

Lösung

a) Es gilt: $\Delta x = 10\,\% \cdot 10^{-10}\,\text{m} = 10^{-11}\,\text{m}$. Für die Unschärfe des Impulses folgt damit

$$\Delta p \geq \frac{h}{2\pi \cdot \Delta x} \geq \frac{6{,}626 \cdot 10^{-34}\,\text{Js}}{2\pi \cdot 10^{-11}\,\text{m}} = 1{,}05 \cdot 10^{-23}\,\text{Ns}.$$

Die Unschärfe der Geschwindigkeit folgt daraus zu

$$\Delta v = \frac{\Delta p}{m_e} \geq \frac{1{,}05 \cdot 10^{-23}\,\text{Ns}}{9{,}109 \cdot 10^{-31}\,\text{kg}} \geq 1{,}16 \cdot 10^7\,\text{m/s}.$$

b) Aus dem Bohr'schen Atommodell für Wasserstoff folgt für $n = 1$ $v \approx 2 \cdot 10^6\,\text{m/s}$.

Die Unschärfe $\Delta v / v$ hat also eine Größenordnung von etwa 600 %.

Wird der oben genannte Bereich für die Unschärfe als sinnvoll angesehen, so wird also jede Geschwindigkeitsangabe um etwa 600 % ungenau, das heißt völlig sinnlos. Hieraus muss der Schluss gezogen werden, dass die Heisenberg-Relation und das Bohr-Modell unvereinbar sind. Das Elektron darf nicht als punktförmiges »Etwas« angesehen werden, das auf bestimmten Bahnen im Sinne der klassischen Mechanik exakt lokalisierbar ist.

10.8.6 Materiewellen

Voraussetzungen: Wellennatur materieller Teilchen; De-Broglie-Wellen; Beugungserscheinungen

a) Berechnen Sie die De-Broglie-Wellenlänge von
   (1) Elektronen, die eine Spannung von 1 V durchlaufen haben;
   (2) Elektronen, die eine Spannung von 100 V durchlaufen haben;
   (3) H^+-Ionen, die eine Spannung von 1 V durchlaufen haben.
b) Elektronen durchlaufen eine Spannung von 10 V und treffen dann auf einen Spalt der Breite $\Delta x = 0{,}5 \cdot 10^{-4}\,\text{m}$. In einem Abstand $e = 12\,\text{cm}$ ist parallel zum Spalt eine Fotoplatte aufgestellt.
   (1) Bestimmen Sie die De-Broglie-Wellenlänge und erläutern Sie, welche Bedeutung sie in dem Experiment hat.
   (2) Begründen Sie, was auf der Fotoplatte zu sehen sein wird.
c) Berechnen Sie die Energie, die Masse und den Impuls eines Lichtquants von
   (1) ultrarotem Licht, (2) violettem Licht, (3) Röntgenstrahlen.

Lösung

a) Durch die Beschleunigung im elektrischen Feld gewinnt jedes Elektron (Proton) die kinetische Energie $\mathrm{e}U = \frac{1}{2} m v^2$. Für die Materiewellenlänge gilt $\lambda = h/mv$. Eingesetzt und umgeformt ergibt sich
   $$\lambda = \frac{h}{m \cdot \sqrt{2 \cdot \frac{\mathrm{e}}{m} \cdot U}} = \frac{h}{\sqrt{2 \cdot m \cdot \mathrm{e} \cdot U}}.$$
   (1) $\lambda = \dfrac{6{,}626 \cdot 10^{-34}\,\text{Js}}{\sqrt{2 \cdot 9{,}1 \cdot 10^{-31}\,\text{kg} \cdot 1{,}6 \cdot 10^{-19}\,\text{As} \cdot 1\,\text{V}}} = 1{,}22 \cdot 10^{-9}\,\text{m}$
   (2) $\lambda = 1{,}22 \cdot 10^{-10}\,\text{m}$
   (3) $\lambda = 2{,}85 \cdot 10^{-11}\,\text{m}$
b) (1) Wie oben folgt: $\lambda = 3{,}88 \cdot 10^{-10}\,\text{m}$. Zu prüfen ist, ob bei der vorgegebenen Spaltbreite der Beugungseffekt deutlich werden kann.
   $\lambda \ll \Delta x$: Eine Beugung ist nicht erkennbar, das heißt die Bahn eines Elektrons nach dem Spaltdurchgang ist beinahe eine Gerade.
   $\lambda = \Delta x$: Es tritt Beugung auf. Die Bahnkurve ist nach dem Spaltdurchgang nicht eindeutig.

(2) Weil $\lambda \ll \Delta x$ tritt keine Beugung auf; auf der Fotoplatte wird nur ein Punkt sichtbar werden.

c) Für Energie, Masse und Impuls gelten: $W = hc/\lambda$, $m = h/\lambda c$ und $p = h/\lambda$. Einsetzen der jeweiligen Wellenlängen ($\lambda_{\text{ultrarot}} = 5000\,\text{nm}$; $\lambda_{\text{violett}} = 400\,\text{nm}$; $\lambda_{\text{Röntgen}} = 10^{-11}\,\text{m}$), der Lichtgeschwindigkeit und des Planck'schen Wirkungsquantums ergeben:

	Energie	Masse	Impuls
Ultrarot	$3{,}98 \cdot 10^{-20}\,\text{J}$	$4{,}22 \cdot 10^{-37}\,\text{kg}$	$1{,}33 \cdot 10^{-28}\,\text{kg m/s}$
Violett	$4{,}96 \cdot 10^{-19}\,\text{J}$	$5{,}53 \cdot 10^{-36}\,\text{kg}$	$1{,}66 \cdot 10^{-27}\,\text{kg m/s}$
Röntgen	$1{,}98 \cdot 10^{-14}\,\text{J}$	$2{,}21 \cdot 10^{-31}\,\text{kg}$	$6{,}63 \cdot 10^{-23}\,\text{kg m/s}$

10.9 Radioaktivität

10.9.1 Radioaktiver Zerfall

Voraussetzungen: Radioaktivität; Halbwertszeit; Zerfallsgesetz

Bisweilen wird neben den für radioaktive Substanzen charakteristischen Größen Halbwertszeit $T_{1/2}$ und Zerfallskonstante k auch die mittlere Lebensdauer $t = 1/k$ angegeben.

a) Das Radonisotop Rn220 hat die Zerfallskonstante $k = 0{,}018\,1/\text{s}$. Beschreiben Sie anschaulich die Bedeutung dieser Zerfallskonstanten.

b) Wie groß ist der Anteil des Radons, der in 5 s zerfällt?

c) Auf wie viel Prozent des Ausgangswertes ist die Anzahl der radioaktiven Atome nach Ablauf der mittleren Lebensdauer τ gefallen?

d) Ermitteln Sie die Zerfallskonstante des Radiumisotops $^{226}_{88}\text{Ra}$ mit $T_{1/2} = 1593\,\text{a}$ und geben Sie die mittlere Lebensdauer an.

e) Erklären Sie kurz, welcher Vorgang durch den Ausdruck $^{18}_{8}\text{O}\,(\text{p}, \alpha)\,^{15}_{7}\text{N}$ beschrieben wird.

Lösung

a) Die Zerfallskonstante k gibt an, wie viele Atome in einer Sekunde zerfallen.

b) $\frac{N_t}{N_0} = \frac{N_0 \cdot e^{-kt}}{N_0} = e^{-0{,}018\frac{1}{s}\cdot 5\,s} = 0{,}914 \Rightarrow \frac{N_0 - N(t)}{N_0} \cdot 100\,\% = 100 - 91{,}4 = 8{,}6$

In 5 s zerfallen also knapp 9 % des Radons.

c) $\frac{N_t}{N_0} = \frac{N_0 \cdot e^{-kt}}{N_0}$, wobei $t = \tau = \frac{1}{k} \Rightarrow \frac{N_t}{N_0} = e^{-1} \approx 0{,}368 \approx 36{,}8\,\%$.

d) $T_{1/2} = 5{,}0237 \cdot 10^{10}\,\text{s} \Rightarrow k = \frac{\ln 2}{T_{1/2}} = 1{,}38 \cdot 10^{-11}\,\text{s}^{-1} \Rightarrow \tau = 2{,}3 \cdot 10^{3}\,\text{a}$

e) Ein Sauerstoffisotop $^{18}_{8}O$ wird mit Protonen beschossen und wandelt sich in das Zwischenprodukt $^{19}_{9}X$ um, das seinerseits durch Abgabe von α-Strahlung in das Stickstoffisotop $^{15}_{7}N$ zerfällt.

10.9.2 Methoden der Altersbestimmung

Voraussetzungen: Kernumwandlungen; Zerfallsgesetz

a) $^{238}_{92}U$ zerfällt zum Endprodukt $^{206}_{82}Pb$. Da die Zwischenprodukte vergleichsweise sehr kurze Halbwertszeiten besitzen, kann im Folgenden ein direkter Zerfall angenommen werden. Aus dem jetzigen Verhältnis der Massen $m_{Pb}/m_U = 0{,}74$ soll das Alter der Erde bestimmt werden.

b) (1) Das Alter abgestorbener Hölzer lässt sich mit der C14-Methode ermitteln. Das radioaktive Kohlenstoffisotop $^{14}_{6}C$ entsteht aus dem Stickstoff der Luft durch Beschuss mit Neutronen der Höhenstrahlung. Stellen Sie eine Reaktionsgleichung auf.

(2) In lebendem Holz lässt sich unter 10^{12} stabilen ein instabiles $^{14}_{6}C$-Atom finden. Die Halbwertszeit von $^{14}_{6}C$ beträgt 5760 a. Es lagern sich keine neuen $^{14}_{6}C$-Atome mehr in abgestorbenes Holz ein. Bei Ausgrabungen an antiker Stätte wurde ein Holzstück gefunden, für das sich noch eine Restaktivität $A = 10{,}5\,\frac{1}{\text{min}}$ messen ließ. Ermitteln Sie das Alter des Holzstücks unter der Voraussetzung, dass zur Zeit $t = 0$ die Aktivität $A_0 = 12{,}2\,\frac{1}{\text{min}}$ betrug und jetzt noch fünf β-Zerfälle je Gramm Kohlenstoff in einer Minute zählbar sind.

Lösung

a) Aus $N_U(t) = N_U(0)\,e^{-kt}$ und $T_{1/2} = (\ln 2)/k$ folgt unmittelbar

$$t = -\frac{1}{k}\cdot\ln\frac{N_U(t)}{N_U(0)} = \frac{1}{k}\cdot\ln\frac{N_U(0)}{N_U(t)} = \frac{T_{1/2}}{\ln 2}\cdot\ln\frac{N_U(0)}{N_U(t)}$$

Für alle beliebigen, aber festen Zeitpunkte t gilt

$N_U(0) = N_U(t) + N_{Pb}(t)$. Also $t = \frac{T_{1/2}}{\ln 2}\cdot\ln\left(1 + \frac{N_{Pb}(t)}{N_U(t)}\right)$.

Mit $\frac{N_{Pb}(t)}{N_U(t)} = \frac{A_r(U)\cdot u\cdot m_{Pb}(t)}{A_r(Pb)\cdot u\cdot m_U(t)}$ folgt

$$t = \frac{4{,}5\cdot 10^9\,\text{a}}{\ln 2}\cdot\ln\left(1 + 0{,}74\cdot\frac{238}{206}\right) = 4{,}01\cdot 10^9\,\text{a}.$$

b) (1) $^{14}_{7}N + ^{1}_{0}n \rightarrow ^{14}_{6}C + ^{1}_{1}H$

(2) Aus $e^{-kt} = A(t)/A_0$ folgt durch Logarithmieren $-kt = \ln\frac{A(t)}{A_0}$.

Mit $T_{1/2} = \frac{\ln 2}{k}$ ergibt sich $\ln\frac{A(t)}{A_0} = -\frac{(\ln 2)\cdot t}{T_{1/2}}$. Damit folgt

$$t = \frac{\ln(A(t)/A_0)\cdot T_{1/2}}{-\ln 2} = \frac{\ln(10{,}5/12{,}2)\cdot 5760\,\text{a}}{-\ln 2} = \frac{-864{,}35\,\text{a}}{-\ln 2} = 1247\,\text{a}.$$

10.9.3 Untersuchung radioaktiver Strahlung

Voraussetzungen: radioaktive Strahlungsarten; Impulsraten; Radialkraft; Lorentzkraft; relativistische Massenabhängigkeit

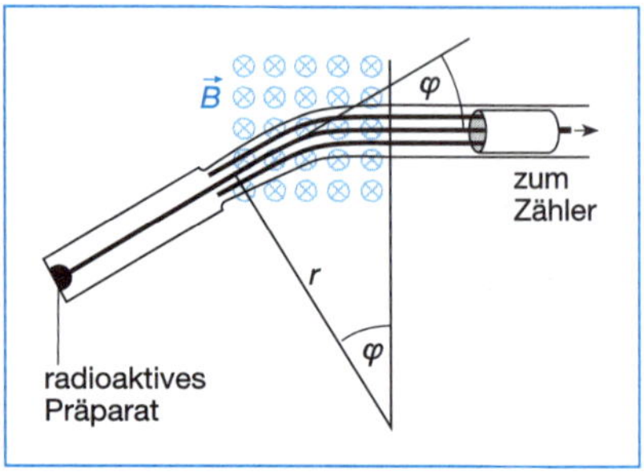

Die Strahlung eines radioaktiven Präparates wird mithilfe eines Magnetfeldes untersucht. Zunächst werden ohne Magnetfeld die Impulsraten für verschiedene Winkel φ gemessen. Anschließend werden die Messungen bei eingeschaltetem Magnetfeld wiederholt.

Die Ergebnisse sind in der linken Abbildung dargestellt. Präparat und Zählrohr sind ca. 20 cm voneinander entfernt.

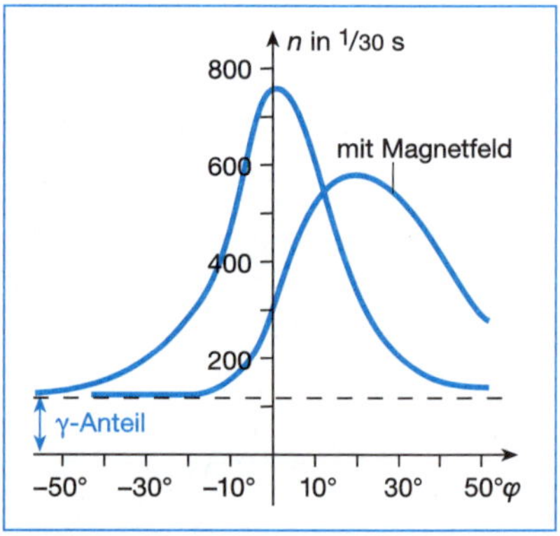

a) Erläutern Sie die Funktion dieses Versuchsaufbaus bezüglich aller Strahlungsarten. Welche Beobachtungen werden gemacht? Erklären Sie die Beobachtungen unter besonderer Berücksichtigung der Veränderung des Maximums.

b) Bei der Untersuchung der β-Strahlung eines Radiumpräparates in einem Magnetfeld der Stärke 22,5 mT ergibt sich eine Verschiebung des Maximums der Impulsrate um 20°. Die unter diesem Winkel registrierten β-Teilchen bewegen sich auf einer Kreisbahn mit dem Radius 11,7 cm. Berechnen Sie unter Berücksichtigung der relativistischen Massenveränderlichkeit die Geschwindigkeit der β-Teilchen.

c) Erläutern Sie, warum es in Teil b) notwendig ist, relativistisch zu rechnen.

Lösung

a) **Funktion des Versuchsaufbaus:**

α-Strahlung lässt sich mithilfe dieses Aufbaus nicht nachweisen, da die Reichweite dieser Strahlung zu gering ist. (Abstand Präparat – Zählrohr 20 cm).

β-Strahlung wird im Magnetfeld abgelenkt. Diese Ablenkung kann mithilfe des Zählrohrs nachgewiesen werden. Ob Positronen oder Elektronen abgestrahlt werden, kann mithilfe der Drei-Finger-Regel ermittelt werden (hier: Elektronen).

γ-Strahlung wird nicht im Magnetfeld abgelenkt. Die Strahlung, die nicht vom Magnetfeld beeinflusst wird, ist daher γ-Strahlung.

Beobachtungen:

Ohne Magnetfeld ist die Intensität der Strahlung in Richtung der Achse des Zählers am größten.

Durch das Einschalten des Magnetfeldes wird das Maximum der Intensität zu positiven Winkeln hin verschoben.

Bei eingeschaltetem Magnetfeld ist das Maximum verbreitert.

Auch bei eingeschaltetem Magnetfeld sinkt der Wert bei $\varphi = 0$ nicht auf den Wert null.

Erklärung:

Das radioaktive Präparat muss γ-Strahlung aussenden, da auch ohne Magnetfeld noch Impulse nachgewiesen werden. Nur ungeladene Strahlung wird nicht durch ein Magnetfeld beeinflusst.

Die zweite Strahlungsart, die nachgewiesen wird, ist β-Strahlung. Drei-Finger-Regel: Eine Ablenkung nach unten zeigt, dass es sich bei der Strahlung um Elektronen und damit um β-Strahlung handelt.

Das Intensitätsmaximum nimmt nach dem Einschalten des Magnetfeldes ab, da nicht mehr beide Strahlungsarten gleichzeitig gemessen werden, sondern hauptsächlich die β-Strahlung.

Das Maximum verbreitert sich, da die β-Strahlung durch das Magnetfeld auf eine Kreisbahn gezwungen wird und der Radius von der Geschwindigkeit der β-Strahlung abhängt.

b) $m\frac{v^2}{r} = \mathrm{e} \cdot v \cdot B$ mit $m = \frac{m_0}{\sqrt{1-v^2/c^2}}$ folgt $\frac{m_0 \cdot v}{\sqrt{1-v^2/c^2}} = \mathrm{e} \cdot r \cdot B$ bzw.

$$v = \frac{\mathrm{e} \cdot r \cdot B}{\sqrt{m_0^2 + (\mathrm{e} \cdot r \cdot B/c)^2}} = \frac{1{,}602 \cdot 10^{-19}\,\mathrm{As} \cdot 0{,}117\,\mathrm{m} \cdot 22{,}5 \cdot 10^{-3}\,\mathrm{Vs/m^2}}{\sqrt{(9{,}109 \cdot 10^{-31}\,\mathrm{kg})^2 + \left(\frac{1{,}602 \cdot 10^{-19}\,\mathrm{As} \cdot 0{,}117\,\mathrm{m} \cdot 22{,}5 \cdot 10^{-3}}{3 \cdot 10^8}\,\mathrm{kg}\right)^2}}$$

$= 2{,}52 \cdot 10^8\,\mathrm{m/s}$; das sind 84 % der Lichtgeschwindigkeit.

c) Wird (analog zu b)) davon ausgegangen, dass die Radialkraft der Lorentzkraft entspricht, so ergibt sich klassisch eine Geschwindigkeit von $4{,}63 \cdot 10^9\,\mathrm{m/s}$. Nach der Relativitätstheorie ist das nicht möglich, da keine Geschwindigkeiten größer als Lichtgeschwindigkeit existieren. Damit ist ein relativistischer Ansatz unumgänglich.

10.10 Relativitätstheorie

10.10.1 Geschwindigkeiten und Zeitdilatation

Voraussetzungen: relativistische Geschwindigkeiten; Einstein'sches Additionstheorem für Geschwindigkeiten; Zeitdilatation; Gravitation; Kreisbewegung

a) Das Raumschiff Klingon $\left(v_K = \frac{1}{4}c\right)$, das eine Kanone an Bord hat, mit der Granaten abgefeuert werden können, die $v_G = \frac{3}{5}c$ erreichen, verfolgt das Raumschiff Wegas $\left(v_W = \frac{4}{5}c\right)$. Kann Klingon mit seinen Granaten Wegas treffen?

b) Wie lange muss ein geostationärer Satellit die Erde umkreisen, bevor seine mitgeführte Uhr 1 s verliert? Es soll von Inertialsystemen ausgegangen werden.

Lösung

a) Das Einstein'sche Additionstheorem für Geschwindigkeiten ergibt

$$v_K + v_G = \frac{v_K + v_G}{1 + \frac{v_K \cdot v_G}{c^2}} = \frac{\frac{1}{4}c + \frac{3}{5}c}{1 + \frac{\frac{1}{4}\cdot\frac{3}{5}c^2}{c^2}} = \frac{\frac{17}{20}c}{1 + \frac{3}{20}} = \frac{17}{23}c = 0{,}739\,c < v_W.$$

Somit kann Klingon das Raumschiff Wegas nicht abschießen.

b) Aus $F_g = F_z \Leftrightarrow \gamma m_E m_S / r^2 = m_S v^2 / r$ folgt mit $v = 2\pi r / T$

$$r = \sqrt[3]{\frac{\gamma m_E T^2}{4\pi^2}} = 42{,}2 \cdot 10^6\,\mathrm{m}.$$

Somit befindet sich der Satellit in der Höhe $h = r - r_E = 35\,826\,000\,\mathrm{m}$ über der Erdoberfläche. Mit der Bahngeschwindigkeit

$v = 2\pi r/T = 2\pi \cdot 42\,226\,910\,\mathrm{m}/(24 \cdot 3600\,\mathrm{s}) = 3070{,}82\,\mathrm{m/s}$ folgt

$t' = t \cdot \sqrt{1 - v^2/c^2}$. Wegen $t = t' + 1\,\mathrm{s} = t \cdot \sqrt{1 - v^2/c^2} + 1\,\mathrm{s}$ folgt

$$t = \frac{1\,\mathrm{s}}{1 - \sqrt{1 - v^2/c^2}} = 1{,}88 \cdot 10^{10}\,\mathrm{s} = 598\,\mathrm{a}.$$

10.10.2 Äquivalenz von Masse und Energie

Voraussetzungen: Äquivalenz von Masse und Energie; Massendefekt; Ruhemasse und Ruheenergie; Paarbildung

a) Bei der Verbrennung von 12 g Kohlenstoff mit 32 g Sauerstoff entstehen 44 g Kohlenstoffdioxid und die Energie $E = 395{,}96\,\mathrm{kJ}$. Bestimmen Sie die Größe des Massenverlustes.

b) Oft wird in der Physik nicht die Ruhemasse eines Teilchens angegeben, sondern seine Ruheenergie. Berechnen Sie die Ruheenergie eines Elektrons und eines Protons.

c) Ermitteln Sie die Wellenlänge λ, die ein γ-Photon haben muss, damit ein Elektronenzwilling (Elektron + Positron) entstehen kann (»Paarbildung«).

Lösung

a) Nach dem Äquivalenzgesetz verliert das System durch den Verbrennungsvorgang Masse:

$$\Delta m = \frac{\Delta E}{c^2} = \frac{395{,}96 \cdot 10^3\,\mathrm{kg \cdot m^2/s^2}}{9 \cdot 10^{16}\,\mathrm{m^2/s^2}} = 4{,}4 \cdot 10^{-2}\,\mathrm{kg} = 44 \cdot 10^{-10}\,\mathrm{g}$$

Nach Einstein entstehen daher nicht 44 g Kohlenstoffdioxid, sondern nur $(44 - 0{,}0000000044)\,g\,CO_2$. Der Massendefekt ist so klein, dass er auch mit außergewöhnlich empfindlichen Waagen nicht messbar ist.

Bemerkung: Bei Prozessen, bei denen Atomkerne beteiligt sind, z. B. Kernfusionen und -spaltungen, sind die frei werdenden Energien wesentlich größer als bei chemischen Reaktionen, sodass sie mit geeigneten Instrumenten, z. B. einem Massenspektroskop, gemessen werden können.

b) Es gilt $E_0 = m_0 c^2 = 9{,}1 \cdot 10^{-31}\,\mathrm{kg} \cdot (3 \cdot 10^8\,\mathrm{m/s})^2 = 8{,}20 \cdot 10^{-14}\,\mathrm{J}$.

Aus $E_{kin} = e\,U = 1{,}6 \cdot 10^{-19}\,\mathrm{J}$ folgt $1\,\mathrm{MeV} = 1{,}6 \cdot 10^{-13}\,\mathrm{J}$. Daher gilt für die Ruheenergie des Elektrons:

$E_0 = (8{,}2 \cdot 10^{-14} / 1{,}6 \cdot 10^{-13})\,\mathrm{MeV} = 0{,}512\,\mathrm{MeV}$.

Weil die Ruhemasse eines Protons ungefähr 1836-mal so groß ist wie die des Elektrons, ergibt sich für seine Ruheenergie ein Wert von etwa 940 MeV.

c) Aus $hf \geq 2\,m_0 c^2$ und $f = c/\lambda$ folgt unmittelbar:

$$\lambda \leq \frac{h}{2 \cdot m_0 \cdot c} = \frac{6{,}626 \cdot 10^{-34}\,\mathrm{N \cdot m \cdot s}}{2 \cdot 9{,}1 \cdot 10^{-31}\,\mathrm{kg} \cdot 3 \cdot 10^8\,\mathrm{m/s}} = 1{,}2 \cdot 10^{-12}\,\mathrm{m}.$$

Die gesuchte Wellenlänge muss also sehr kurzwellig sein.

10.10.3 Lyman-α-Serie in relativistischer Sichtweise

Voraussetzungen: Bohr'sches Atommodell; Relativitätstheorie; Doppler-Effekt; Wellen

Das Spektrum des Quasars 0Q172 enthält unter anderem die Lyman-α-Linie des Wasserstoffs mit einer Wellenlänge von $\lambda = 550{,}8\,\mathrm{nm}$.

a) Bohr'sches Atommodell

(1) Beschreiben Sie die Grundgedanken des Bohr'schen Atommodells am Beispiel des Wasserstoffs.

(2) Erläutern Sie an je zwei Beispielen die Leistungen und die Grenzen dieses Modells.

(3) Berechnen Sie die Wellenlänge der Lyman-α-Linie des Wasserstoffs.

b) Relativistischer Doppler-Effekt

Die Diskrepanz zwischen den Wellenlängen (→ Teil a (3)) lässt sich mithilfe des relativistischen Doppler-Effekts erklären.

(1) Erläutern Sie, was man unter dem Doppler-Effekt versteht.

(2) Welchen Einfluss hat es, wenn man den Doppler-Effekt relativistisch betrachtet?

(3) Zeigen Sie die Gültigkeit der Gleichung $\frac{T_B}{T_S} = \sqrt{\frac{1+v/c}{1-v/c}}$ unter der Annahme, dass sich der Quasar von der Erde entfernt. (Der Index »B« steht für »Beobachter«, »S« für »Sender«.)

(4) Berechnen Sie die Geschwindigkeit mit der sich der Quasar von der Erde entfernt. (**Hinweis:** Falls Sie bei a (3) kein $\lambda = 120\,\text{nm}$ berechnet haben, rechnen Sie hier mit 120 nm weiter.)

(5) Begründen Sie, warum hier ein relativistischer Ansatz nötig ist.

Lösung

a) (1) **Grundgedanken des Bohr'schen Atommodells:**

1. Postulat: Der Bahndrehimpuls $L = mrv$ nimmt nur Vielfache von $h/2\pi$ an: $L = nh/2\pi$ mit der Bahnquantenzahl $n \in \mathbb{N}$. Energie des Elektrons auf der n-ten Bahn: E_n.

2. Postulat: Beim Übergang von einer Bahn n zu einer anderen Bahn m wird die Energiedifferenz in Form eines Lichtquants abgestrahlt (Emission) bzw. aufgenommen (Absorption): $E_n - E_m = \Delta E = hf$.

Die Radialkraft entspricht der Coulombkraft, da die Bewegung strahlungsfrei verläuft. Aus dieser Beziehung und mit dem 1. Postulat lässt sich der Bohr'sche Radius r_0 berechnen.

Die Energie eines Elektrons setzt sich zusammen aus kinetischer und potentieller Energie; diese entspricht der Coulomb-Energie.

(2) **Leistungen des Bohr'schen Atommodells:** Es ermöglicht z. B.

- die Erklärung der Emission bzw. Absorption von Quanten als Energieänderung des betreffenden Elektrons;
- die sehr genaue Berechnung des Wasserstoffspektrums und der Spektren von Ein-Elektron-Systemen (z. B. He^+ oder Na^+);
- die größenordnungsmäßig richtige Bestimmung des Durchmessers des Wasserstoffatoms.

Grenzen des Bohr'schen Atommodells (Beispiele):

- Es gilt nur für Atome mit einem Elektron.
- Aus der Annahme einer Kreisbahn ergibt sich, dass die Atome Scheiben sind.

- Es steht im Widerspruch zur Heisenberg'schen Unschärferelation.
- Es liefert keine Erklärung für die Intensitätsverteilung der Spektren.
- Es steht im Widerspruch zur Wellennatur des Elektrons.
- Es liefert keine Begründung, weshalb sich das Elektron strahlungsfrei bewegt.

(3) Es gilt $f = \frac{m_e \cdot e^4}{8\varepsilon_0^2 \cdot h^3} \cdot \left(\frac{1}{n^2} - \frac{1}{m^2}\right)$

Für die Lyman-Serie ist $n = 1$; α-Linie heißt $m = 2$. Das ergibt

$$f = \frac{9{,}11 \cdot 10^{-31}\,\text{kg} \cdot (1{,}602 \cdot 10^{-18}\,\text{C})^4}{8 \cdot (8{,}854 \cdot 10^{-12}\,\text{Am/Vs})^2 \cdot (6{,}626 \cdot 10^{-34}\,\text{Js})^3} \cdot \left(\frac{1}{1^2} - \frac{1}{2^2}\right) = 2{,}47 \cdot 10^{15}\,\text{Hz}.$$

Aus $f = c/\lambda$ folgt $\lambda = c/f = 121\,\text{nm}$.

b) Doppler-Effekt

(1) Beispiel: vorbeifahrende Schallquelle. Nähern sich Sender und Beobachter/Hörer, so nimmt der Beobachter/Hörer eine höhere Frequenz wahr, als die Schallquelle tatsächlich abstrahlt. Entfernen sich beide voneinander, so verringert sich die Frequenz für den Beobachter/Hörer.

Erklärung: Der Sender sendet gleichmäßig Schallwellen der Wellenlänge λ (Frequenz f) aus. Bewegt sich der Sender gleichförmig vom Beobachter weg, so legt er in der Zeit T die Strecke $s = v_S T = v_S/f$ zurück. Der Abstand zweier Wellenberge ist für den Beobachter um diese Strecke größer (und damit die Frequenz kleiner). Analoges gilt, wenn sich der Sender auf den Beobachter zu bewegt, dann wird die Frequenz größer.

(2) Zusätzlich zu dem unter (1) dargestellten Sachverhalt muss beim relativistischen Ansatz noch berücksichtigt werden, dass aufgrund der hohen Geschwindigkeit, mit der sich der Quasar von der Erde entfernt, die Zeitdilatation berücksichtigt werden muss.

(3) Aufgrund der Zeitdilatation nimmt der Beobachter eine andere Schwingungsdauer T_B' wahr, als der Sender aussendet. Es gilt

$T_B = T_B' + T_B' \cdot \frac{v}{c} = T_B' \cdot \left(1 + \frac{v}{c}\right)$. Mit $T_B' = \frac{T_S}{\sqrt{1 - v^2/c^2}}$ folgt

$$T_B = \frac{T_S}{\sqrt{1 - v^2/c^2}} \cdot \left(1 + \frac{v}{c}\right) \Leftrightarrow \frac{T_B}{T_S} = \frac{(1 + v/c)^2}{\sqrt{(1 - v/c) \cdot (1 + v/c)}} = \sqrt{\frac{1 + v/c}{1 - v/c}}.$$

Der Sender entfernt sich mit v; dadurch müssen die Wellen eine zusätzliche Strecke durchlaufen, um zum Beobachter zu gelangen. Hierfür brauchen sie die Zeit $v T_B'/c$.

(4) Aus $\frac{T_B}{T_S} = \sqrt{\frac{1+v/c}{1-v/c}}$ folgt mit $T = \lambda/c$

$$\frac{\lambda_B}{\lambda_S} = \sqrt{\frac{1+v/c}{1-v/c}} \Rightarrow \left(\frac{\lambda_B}{\lambda_S}\right) = \frac{1+v/c}{1-v/c} \Rightarrow \lambda_B^2 \cdot \left(1-\frac{v}{c}\right) = \lambda_S^2 \cdot \left(1+\frac{v}{c}\right)$$

$$\Rightarrow \lambda_B^2 - \lambda_S^2 = \frac{v}{c}\left(\lambda_S^2 - \lambda_B^2\right)$$

$$\Rightarrow v = c \cdot \frac{\lambda_B^2 - \lambda_S^2}{\lambda_B^2 + \lambda_S^2} = 2{,}998 \cdot 10^8\,\text{m/s} \cdot \frac{(550{,}8\,\text{nm})^2 - (121{,}54\,\text{nm})^2}{(550{,}8\,\text{nm})^2 + (121{,}54\,\text{nm})^2} = 2{,}72 \cdot 10^8\,\text{m/s}$$

(5) Für den Doppler-Effekt bei bewegtem Sender und ruhendem Empfänger gilt $f_B = f_S/(1+v/c)$. Mit $\lambda = c/f$ folgt

$$\frac{1}{\lambda_B} = \frac{c/\lambda_S}{1+v/c} \Leftrightarrow 1 + \frac{v}{c} = \frac{\lambda_B}{\lambda_S} \Rightarrow v = c \cdot \left(\frac{\lambda_B}{\lambda_S} - 1\right) = 1{,}06 \cdot 10^9\,\text{m/s} = 3{,}53\,c.$$

Rechnet man nichtrelativistisch, so ergibt sich eine Geschwindigkeit, die mehr als dreimal so groß ist wie die Lichtgeschwindigkeit. Dies ist nach der Relativitätstheorie unmöglich, da die Lichtgeschwindigkeit nicht überschritten werden darf. Damit ist ein relativistischer Ansatz zwingend erforderlich.

11 Abituraufgaben

11.1 Schwingungen und Wellen

11.1.1 Resonanz im Schwingkreis

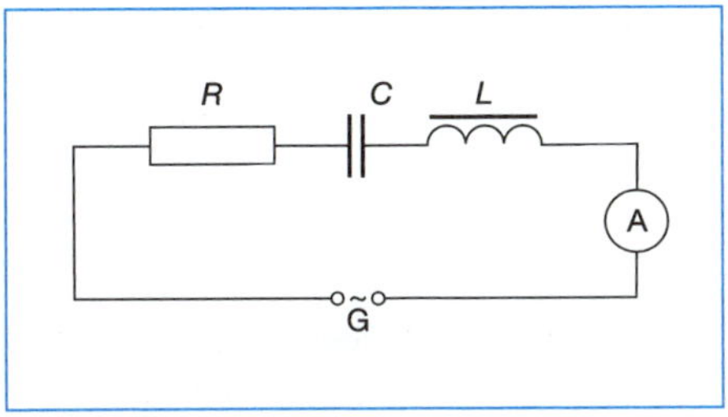

Voraussetzungen: Selbstinduktivität einer Spule; Wechselstrom-Phasenbeziehungen bei Kondensatoren und Spulen; Wechselstrom-Widerstände von *R-C-L*-Kombinationen; Kondensator- und Spulengesetze $Q = CU$ und $U = -L(dI/dt)$

In dem abgebildeten *R-C-L*-Serienkreis wird die Stromstärke *I* in Abhängigkeit von der Frequenz *f* gemessen. Hierzu kann die Frequenz der Wechselspannung ($U = 2\,\text{V}$) am Sinusgenerator G verändert werden. Folgende Messwerte werden registriert:

f in Hz	800	850	900	950	975
I in mA	14	19	30	59	106
f in Hz	1000	1025	1050	1100	1200
I in mA	200	109	62	33	23

a) Die Spule besitzt 30 Windungen aus 1 mm starkem Kupferdraht, der einlagig dicht auf einen zylindrischen Weicheisenkern ($d = 2{,}9\,\text{cm}$, $\mu_r = 2005$) gewickelt wurde. Bestimmen Sie die Selbstinduktivität *L*. (Lösung: $L = 50\,\text{mH}$)

b) Zeichnen Sie das *I*(*f*)-Diagramm und interpretieren Sie den Verlauf der Kurve mithilfe eines Phasendiagramms. Leiten Sie die Phasenbeziehungen auch auf formalem Wege her.

c) Bestimmen Sie den Widerstandswert *R* und die Kapazität *C*.

d) Nennen Sie weitere Beispiele für resonanzfähige Systeme in der Physik. Welche physikalische Eigenschaft ist all diesen Systemen gemeinsam?

Lösung

a) Der Spulenquerschnitt beträgt $A = \pi r^2 = \pi\,(1{,}45 \cdot 10^{-2}\,\text{m})^2 = 6{,}61 \cdot 10^{-4}\,\text{m}^2$.
Damit ergibt sich die Selbstinduktivität *L* zu:

$$L = \mu_r \mu_0 \frac{An^2}{l} = 2005 \cdot 1{,}257 \cdot 10^{-6}\,\frac{\text{Vs}}{\text{Am}} \cdot \frac{6{,}61 \cdot 10^{-4}\,\text{m}^2 \cdot 30^2}{3 \cdot 10^{-2}\,\text{m}} = 50{,}0\,\text{mH}$$

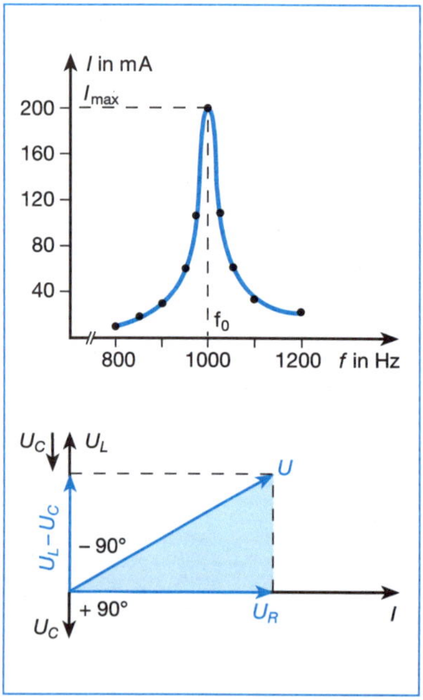

b) Das $I(f)$-Diagramm links zeigt, dass der effektive Strom I bei der Frequenz $f = 1000\,\text{Hz}$ einen resonanzartigen Spitzenwert von $I_{\text{max}} = 200\,\text{mA}$ annimmt und rechts und links davon typischerweise sehr schnell abfällt. Das Phasendiagramm darunter stellt zu einem beliebigen Zeitpunkt die Phasen der Teilspannungen U_{R}, U_{C} und U_{L} zueinander und zum gemeinsamen Strom I in Beziehung. Die Kondensatorspannung U_{C} eilt der Ohm'schen Spannung U_{R} stets um 90° hinterher, während die Spulenspannung U_{L} um 90° vorauseilt. Der Strom I ist in Phase zur Ohm'schen Spannung U_{R}, sodass U_{C} und U_{L} auch bezüglich des Stromes die zuvor genannten Phasenunterschiede aufweisen. U_{C} und U_{L} kompensieren sich infolge ihrer Phasendifferenz von 180° zur Differenzspannung $U_{\text{L}} - U_{\text{C}}$, die sich nach dem Satz des Pythagoras mit U_{R} zur angelegten Spannung U addiert und nach Division durch I^2 den Gesamtwiderstand Z dieser R-C-L-Schaltung ergibt:

$$U^2 = U_{\text{R}}^2 + (U_{\text{L}} - U_{\text{C}})^2 \;\Rightarrow\; Z^2 = R^2 + (\omega L - 1/\omega C)^2.$$

Im Falle der Resonanz kompensieren sich U_{L} und U_{C} und damit auch die entsprechenden Teilwiderstände vollständig, sodass der Strom jetzt maximal wird und nur noch durch den Ohm'schen Widerstand begrenzt wird.
Wird die Kondensatorspannung beispielsweise zu $U_{\text{C}}(t) = U_0 \sin \omega t$ angenommen, dann folgt mit $Q = CU_{\text{C}}$ und $I = \text{d}Q/\text{d}t$ für den Kondensatorstrom

$$I_{\text{C}}(t) = C \cdot \frac{\text{d}U_{\text{C}}}{\text{d}t} = C \cdot U_0 \cdot \omega \cdot \cos \omega t, \quad I_{\text{C0}} := C \cdot U_0 \cdot \omega, \quad R_{\text{C}} = \frac{U_0}{I_{\text{C0}}} = \frac{1}{\omega \cdot C}$$

ein cosinusförmiger Verlauf, was einem Phasenverzug der sinusförmigen Spannung von 90° entspricht. Die Spulenspannung $U_{\text{L}} = -U_{\text{i}} = L(\text{d}I/\text{d}t)$ ist der Selbstinduktionsspannung entgegengerichtet und die Integration $I = \int \text{d}I$ zeigt, dass der cosinusförmige Strom der Spannung um 90° hinterher eilt:

$$I_L(t) = \frac{1}{L} \int U(t)\,\text{d}t = \frac{U_0}{\omega \cdot L} \cos \omega t, \quad I_{L0} := \frac{U_0}{\omega \cdot L}, \quad R_L = \frac{U_0}{I_{L0}} = \omega \cdot L$$

c) Nach den Ausführungen zu b) geht man bei Resonanz aus von $\omega L - 1/\omega C = 0$.
Damit folgt sofort
$R = U/I_{max} = 2\,V/200\,mA = 10\,\Omega$ und
$C = 1/\omega^2 L = 1/(2\pi \cdot 1000\,Hz)^2 \cdot (50 \cdot 10^{-3}\,H) = 0{,}51 \cdot 10^{-6}\,F = 510\,nF$.

d) Resonanzfähige Systeme sind z. B. Faden-, Feder- und Torsionspendel, eingespannte Blattfedern, Stäbe oder Platten, mitschwingende Scheiben und Gläser, Flüssigkeitssäulen im U-Rohr, *R-C-L*-Serien- und Parallelkreise, u. a.
Alle resonanzfähigen Systeme können erzwungene Schwingungen ausführen, so wie z. B. die *R-C-L*-Serienschaltung durch die angelegte sinusförmige Spannung angeregt wird. Stimmt die Anregungsfrequenz mit der Eigenfrequenz des Systems überein, dann tritt Resonanz auf und das System nimmt fortwährend die mit der Anregung übertragene Energie auf, sodass sich seine Amplitude stark vergrößert und nur durch dämpfende Einflüsse begrenzt wird.
Im erweiterten Sinne können auch Anregungen der Atomhülle oder des Atomkerns, die durch definierte Photonenenergien bewirkt werden, als Resonanzerscheinungen aufgefasst werden.

11.1.2 Kundt'sche Staubfiguren

Voraussetzungen: Schnelle- und Druckwellen bei Longitudinalwellen; stehende Wellen und Bedingungen für Eigenschwingungen; Kundt'sche Röhre

Ein Lautsprecher steht dicht vor dem einen Ende einer beidseitig offenen Glasröhre der Länge $l = 38\,cm$. Bei einer Tonfrequenz von $f = 1800\,Hz$ beobachtet man vier Kundt'sche Staubfiguren.

a) Stellen Sie die Verteilungen von Schallschnelle und Schalldruck innerhalb der Röhre grafisch dar und erläutern Sie die Entstehung der Kundt'schen Staubfiguren.
b) Bestimmen Sie die Ausbreitungsgeschwindigkeit des Schalls in Luft. (Lösung: $c \approx 343\,m/s$). Bei welcher Frequenz lässt sich erstmals eine Staubfigur beobachten?
c) Die Glasröhre wird durch eine gleich lange, aber einseitig geschlossene Röhre ersetzt. Bei welcher Frequenz werden nun vier Kundt'sche Staubfiguren erzeugt? Was hat sich geändert? Hat sich die Frequenz f_0 der Grundschwingung geändert?

Lösung

a) Die mit einer Eigenfrequenz der Röhre eingestrahlten Schallwellen werden am gegenüberliegenden Ende der Röhre reflektiert, sodass sich die hin- und rücklau-

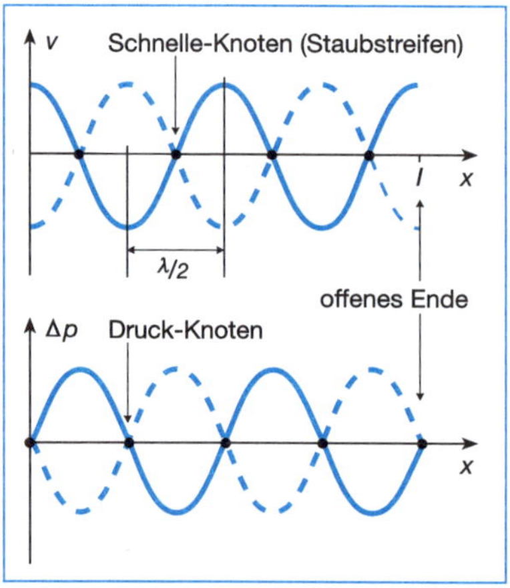

fenden Wellenzüge zu einer stehenden Welle überlagern und dabei das Korkpulver zu streifenförmigen Mustern umlagern. Man unterscheidet:
Die **Schallschnelle** $v(x)$ erfasst die Geschwindigkeit der schwingenden Luftteilchen. Sie können an beiden offenen Enden frei ausschwingen und die Reflexionen erfolgen dort ohne Phasensprung bei Ausbildung von Schnelle-Bäuchen. Das Korkpulver sammelt sich an den Schnelle-Knoten und bildet dort die Staubstreifen. Der **Schalldruck** $\Delta p(x)$ erfasst die Druckschwankungen. Weil die Luftteilchen an den offenen Enden nicht komprimiert werden, müssen hier Druck-Knoten liegen. Die Druckwelle wird jedoch mit einem Phasensprung von π reflektiert.

b) Die beidseitig offene Röhre erlaubt Eigenschwingungen für $l = \lambda_n/2 + n \cdot \lambda_n/2$, also für Wellenlängen $\lambda_n = 2l/(n+1)$, denen mit $f_n = c/\lambda_n$ die Eigenfrequenzen $f_n = (n+1)\,c/2l$ entsprechen. Vier Staubfiguren bedeuten vier halbe Wellenlängen, sodass hier die dritte $(n = 3)$ Oberschwingung beobachtet wird. Aus der Frequenzformel folgt:

$$c = \frac{2l}{n+1} f_n = \frac{2 \cdot 0{,}38\,\text{m}}{3} + 1\,1800\,\text{Hz} = 342\,\text{m}$$

Die Grundschwingung $(n = 0)$ hat die Frequenz
$f_0 = c/2l = 342\,\frac{\text{m}}{\text{s}}/(2 \cdot 0{,}38\,\text{m}) = 450\,\text{Hz}$.

c) Am geschlossenen Ende wird jetzt die Schallschnelle $v(x)$ mit einem Phasensprung von π reflektiert und es bildet sich ein Schnelle-Knoten aus. Der Schalldruck $\Delta p(x)$ hingegen wird jetzt ohne Phasensprung reflektiert und es resultiert ein Druck-Bauch.
Eigenschwingungen entstehen für $l = \lambda_n/4 + n\,\lambda_n/2$, das heißt für $\lambda_n = 4l/(2n+1)$ und $f_n = (2n+1)\,c/4l$.

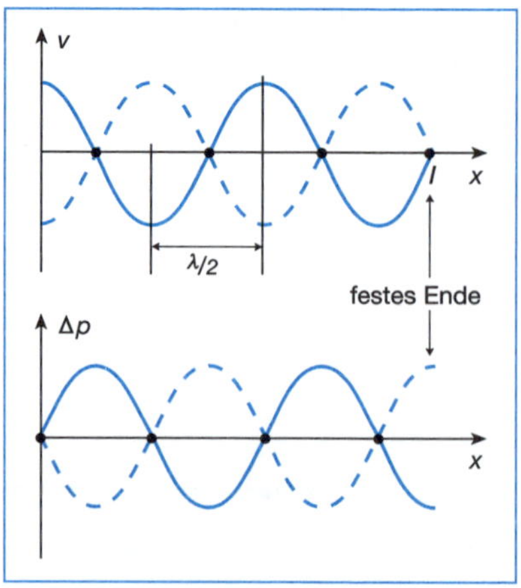

Vier Staubfiguren entsprechen nun drei halben und einer viertel Wellenlänge, also erneut der dritten Oberschwingung ($n = 3$) mit der Eigenfrequenz $f_3 = (2 \cdot 3 + 1) \cdot 342 \frac{\text{m}}{\text{s}}/(4 \cdot 0{,}38\,\text{m}) = 1575\,\text{Hz}$.
Die Grundfrequenz beträgt jetzt $f_0 = c/4l = 342 \frac{\text{m}}{\text{s}}/(4 \cdot 0{,}38\,\text{m}) = 225\,\text{Hz}$.

11.1.3 Geschwindigkeit einer bewegten Schallquelle

Voraussetzungen: Doppler-Effekt bei Schallwellen; bewegter Sender

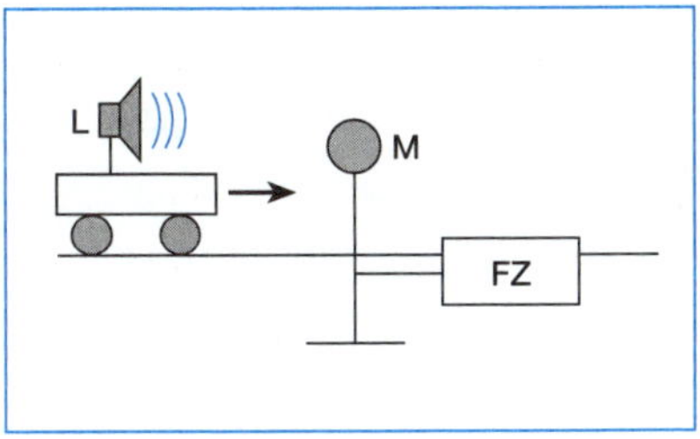

Mithilfe des Doppler-Effektes können Geschwindigkeiten gemessen werden: Der Lautsprecher L strahlt einen Ton der Frequenz $f = 3000\,\text{Hz}$ ab. Während des Vorbeifahrens am Mikrofon M zeigt der Frequenzzähler FZ einen Frequenzabfall von 46 Hz an. Wie schnell bewegt sich L?

Lösung

Der Frequenzabfall Δf ergibt sich als Differenz der Frequenzen des sich zunächst nähernden und dann entfernenden Senders. Durch anschließende Umformungen wird nach der gesuchten Geschwindigkeit v_S des Senders freigestellt:

$$\Delta f = \frac{f}{1 - \frac{v_S}{c}} - \frac{f}{1 + \frac{v_S}{c}} \Leftrightarrow \frac{\Delta f}{f}(c^2 - v_S^2) = 2c \cdot v_S \Leftrightarrow v_S^2 + 2c\frac{f}{\Delta f}v_S - c^2 = 0$$

$$\Rightarrow v_S = -c\frac{f}{\Delta f} + \sqrt{c^2 \cdot \left(\frac{f^2}{\Delta f^2} + 1\right)}$$

$$\Leftrightarrow v_S = -343\frac{\text{m}}{\text{s}} \cdot \frac{3000\,\text{Hz}}{46\,\text{Hz}} + \sqrt{\left(343\frac{\text{m}}{\text{s}}\right)^2 \cdot \left(\frac{(3000\,\text{Hz})^2}{(46\,\text{Hz})^2} + 1\right)} = 2{,}62\frac{\text{m}}{\text{s}}$$

11.2 Ladungen im homogenen Magnetfeld

Bei allen folgenden Aufgaben wird ein Paar Helmholtz-Spulen mit $n = 154$ Windungen pro Spule und einem Spulenradius von $R = 0{,}2\,\text{m}$ verwendet.

11.2.1 Funktionsweise der Hall-Sonde

Voraussetzungen: Funktionsweise einer Hall-Sonde; skalare und vektorielle Messfunktion; Homogenität von Magnetfeldern; Auswertung von Daten; lineare Zusammenhänge

Mit einer Hall-Sonde wird das Magnetfeld zwischen dem Helmholtz-Spulenpaar untersucht.

a) Beschreiben Sie die Funktionsweise einer Hall-Sonde und begründen Sie, warum die Hall-Spannung U_H zur magnetischen Flussdichte B proportional ist.

b) Das Spulenpaar wird von einem konstanten Strom durchflossen. Wie kann man die Homogenität des zwischen den Spulen erzeugten Magnetfeldes nachweisen?

c) Nach Eichung der Hall-Sonde auf $1\,\text{mV} \mathrel{\hat{=}} 0{,}25\,\text{mT}$ werden für verschiedene Spulenströme I die folgenden Hall-Spannungen U_H gemessen:

I in A	0,5	1,0	1,5	2,0	2,5	3,0
U_H in mV	1,4	2,7	4,2	5,5	6,9	8,3

Zeichnen Sie ein $B(I)$-Diagramm, leiten Sie eine funktionale Beziehung $B(I)$ her und vergleichen Sie Ihr Ergebnis mit der theoretischen Formel
$B = 0{,}715\,\mu_0\,(n/R)\,I$.

Lösung

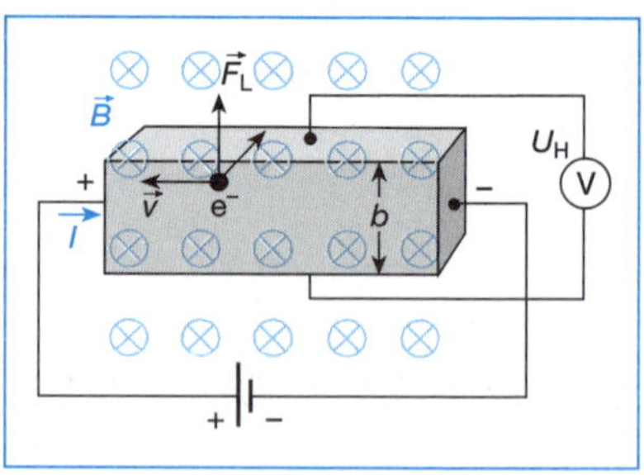

a) Eine Metallfolie der Breite b wird senkrecht von der magnetischen Flussdichte $\vec{B}$ durchsetzt und gleichzeitig vom Strom I durchflossen. Dabei bewegen sich die Leitungselektronen mit der Geschwindigkeit $\vec{v}$ und erfahren die Lorentzkraft $\vec{F}_L$, sodass sie an den oberen Rand der Folie driften. Infolge dieser Ladungstrennung kann zwischen den Rändern der Folie die Hall-Spannung U_H nachgewiesen werden. Das Ausmaß der Ladungstrennung und damit die Stärke der Hall-Spannung wird durch die elektrostatische Gegenkraft begrenzt, sobald sie im Gleichgewicht auf $\vec{F}_{el} = -\vec{F}_L$ angewachsen ist. Betrachtet man die Folien-

ränder vereinfachend als Kondensatorplatten, dann gilt $F_{el} = e\,E = e\,U_H/b$. Aus diesem Gleichgewicht folgt die messtechnisch wichtige Proportionalität
$U_H \sim B$: $F_{el} = F_L \Leftrightarrow e\,U_H/b = e\,v\,B \Leftrightarrow U_H = (v\,b)\,B$.

b) An einem ersten Messpunkt wird die Hall-Sonde so gedreht, dass die Hall-Spannung maximal wird, denn dann wird die Messfläche vom $\vec{B}$-Feld senkrecht durchsetzt. Das wird erreicht, wenn die Messfläche parallel zu den Spulen verläuft. Nun wiederholt man diese Vorgehensweise für verschiedene andere Raumpunkte zwischen den Spulen. Homogenität liegt dann vor, wenn bei gleicher Ausrichtung der Hall-Sonde stets dieselbe maximale Hall-Spannung angezeigt wird.

c) Zwischen dem Spulenstrom I und der Hall-Spannung U_H besteht ein proportionaler Zusammenhang und gemäß a) besteht die Proportionalität auch zwischen I und der magnetischen Flussdichte B. Nimmt man z. B. das letzte Messwertepaar $(3{,}0\,\text{A}|8{,}3\,\text{mV})$ $\triangleq (3{,}0\,\text{A}|2{,}08\,\text{mT})$, so folgt für die gesuchte Funktion $B(I)$:

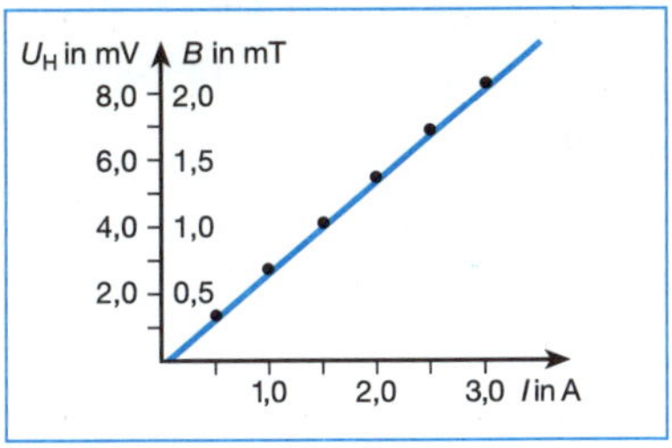

$B/I = 2{,}08\,\text{mT}/3{,}0\,\text{A} = 0{,}69\,\text{mT/A} \Leftrightarrow B(I) = 0{,}69\,\frac{\text{mT}}{\text{A}}\cdot I$

Die theoretische Formel führt übereinstimmend zu

$B = 0{,}715\cdot 1{,}257\cdot 10^{-6}\,\frac{\text{Vs}}{\text{Am}}\cdot\frac{154}{0{,}2\,\text{m}}\cdot I = 0{,}69\cdot 10^{-3}\,\frac{\text{Vs}}{\text{Am}^2}\cdot I = 0{,}69\,\frac{\text{mT}}{\text{A}}\cdot I$

11.2.2 Das Induktionsgesetz

Voraussetzungen: Allgemeines Induktionsgesetz und Sonderfälle; Bestimmung zeitlicher Ableitungen; Transformator- und Generator-Prinzip

a) Welche Induktionsspannung U_i wird an einer parallel zum homogenen $\vec{B}$-Feld ausgerichteten zylindrischen Induktionsspule ($d = 6\,\text{cm}$) mit $n = 51$ Windungen gemessen, wenn das Helmholtz-Spulenpaar von dem abgebildeten dreiecksförmigen Strom periodisch durchflossen wird?

b) Nun wird eine rechteckige Induktionsspule ($a = 6\,\text{cm}$, $b = 8\,\text{cm}$, $n = 10\,\text{Wdg.}$) in das homogene Magnetfeld gebracht. Mit welcher Frequenz f rotiert diese Spule um ihre senkrechte Achse, wenn bei einem felderzeugenden Strom von $I = 2\,\text{A}$ die effektive Induktionsspannung $U_{i\,eff} = 1{,}77\,\text{mV}$ gemessen wird?

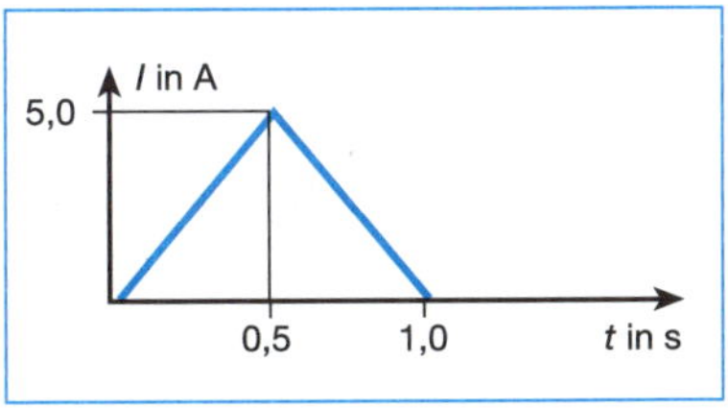

c) Notieren Sie das Induktionsgesetz in seiner allgemeinen Form und stellen Sie die in a) und b) behandelten Situationen als Sonderfälle dieses Gesetzes heraus. Geben Sie für beide Sonderfälle jeweils ein Beispiel einer technischen Anwendung an.

Lösung

a) Für den Fall, dass n Windungen der Induktionsspule mit der Querschnittsfläche A von einer sich zeitlich ändernden magnetischen Flussdichte B durchsetzt werden, lautet das Induktionsgesetz $U_i = -n\,A\,\frac{dB}{dt}$.
Die Querschnittsfläche beträgt $A = \pi\,(0{,}03\,\text{m})^2 = 28{,}3 \cdot 10^{-4}\,\text{m}^2$. Der Abbildung entnimmt man den Stromverlauf

für $0\,\text{s} \leq t \leq 0{,}5\,\text{s}$ **für $0{,}5\,\text{s} \leq t \leq 1{,}0\,\text{s}$**

$I(t) = 10\,\frac{\text{A}}{\text{s}} \cdot t$ $I(t) = -10\,\frac{\text{A}}{\text{s}} \cdot t + 10\,\text{A}$

und bildet mit dem Gesetz $B(I)$ aus Aufgabe 11.2.1 c) den zeitlichen Verlauf der magnetischen Flussdichte $B(t)$ zu:

$B(t) = 0{,}69\,\frac{\text{mT}}{\text{A}} \cdot 10\,\frac{\text{A}}{\text{s}} \cdot t$ $B(t) = 0{,}69\,\frac{\text{mT}}{\text{A}} \cdot \left(-10\,\frac{\text{A}}{\text{s}} \cdot t + 10\,\text{A}\right)$

Für die erste zeitliche Ableitung folgt dann:

$\frac{dB}{dt} = 0{,}69\,\frac{\text{mT}}{\text{A}} \cdot 10\,\frac{\text{A}}{\text{s}} = 6{,}9\,\text{mT/s}$

$= -0{,}69\,\frac{\text{mT}}{\text{A}} \cdot 10\,\frac{\text{A}}{\text{s}} = -6{,}9\,\text{mT/s}$

und aus dem Induktionsgesetz folgt die gesuchte Induktionsspannung U_i zu

$U_i = -51 \cdot 28{,}3 \cdot 10^{-4}\,\text{m}^2 \cdot 6{,}9 \cdot 10^{-3}\,\text{T/A}$

$= -1{,}0\,\text{mV}$ $U_i = 1{,}0\,\text{mV}$

$U_i(t)$ ist eine Rechteckspannung.

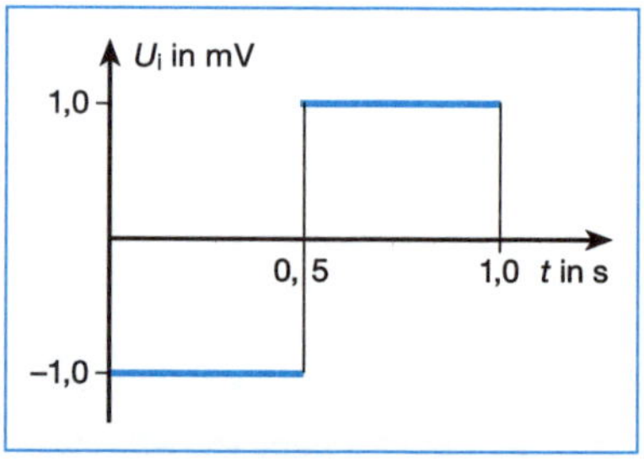

b) Für den Fall, dass n Windungen einer Induktionsspule in einem Feld konstanter magnetischer Flussdichte B rotieren, lautet das Induktionsgesetz

$U_i = -n\,B\,\frac{dA}{dt}$.

Mit $A_0 = 0{,}06\,\text{m} \cdot 0{,}08\,\text{m} = 48 \cdot 10^{-4}\,\text{m}^2$ hat die vom Magnetfeld effektiv durchsetzte Fläche den Verlauf

$A(t) = A_0 \cos \omega t$; ihre zeitliche Änderung ist $dA/dt = -A_0\,\omega \sin \omega t$.

Damit liefert das Induktionsgesetz den sinusförmigen Verlauf

$U_i(t) = n\,A_0\,B\,\omega \cdot \sin \omega t$ mit der Spannungsamplitude $U_{i0} := n\,A_0\,B\,\omega$.

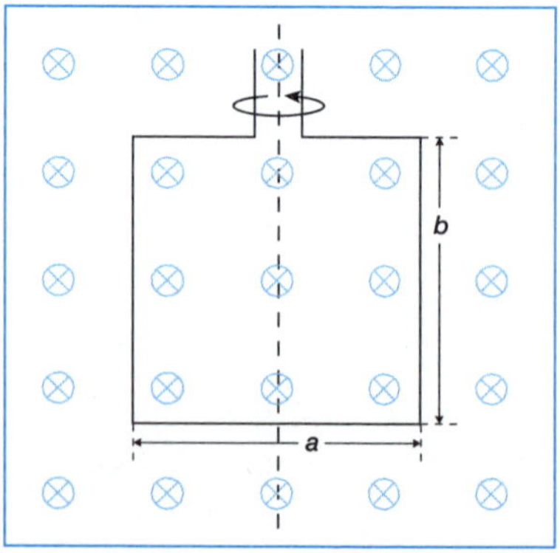

Berücksichtigt man weiter den Zusammenhang zur effektiven Spannung $U_{\text{i eff}} = U_{\text{i0}}\sqrt{2}$ und die bekannte Beziehung $\omega = 2\pi f$, dann berechnet man die gesuchte Frequenz f aus

$$U_{\text{i eff}} = \frac{U_{\text{i0}}}{\sqrt{2}} = \frac{2\pi \cdot n \cdot A_0 \cdot B f}{\sqrt{2}}; \quad f = \frac{U_{\text{i eff}}}{\sqrt{2}\,\pi \cdot n \cdot A_0 \cdot B} = \frac{1{,}77 \cdot 10^{-3}\,\text{V}}{\sqrt{2} \cdot \pi \cdot 10 \cdot 48 \cdot 10^{-4}\,\text{m}^2 \cdot 1{,}38 \cdot 10^{-3}\,\text{T}} = 6{,}0\,\text{Hz}.$$

c) Bezeichnet $\Phi = \vec{A} \bullet \vec{B} = A\,B\cos(\vec{A}, \vec{B})$ den magnetischen Fluss, der sich als das skalare Produkt aus der orientierten, von $\vec{B}$ durchsetzten Fläche $\vec{A}$ und der magnetischen Flussdichte $\vec{B}$ ergibt, so hat die in n flächengleichen Windungen induzierte Spannung den Wert

$$U_{\text{i}} = -n \cdot \frac{\text{d}\Phi}{\text{d}t} = -n \cdot \left(\frac{\text{d}\vec{A}}{\text{d}t} \cdot \vec{B} + \vec{A} \cdot \frac{\text{d}\vec{B}}{\text{d}t}\right).$$

Im Allgemeinen setzt sich U_{i} also aus zwei Beiträgen additiv zusammen. Der erste Beitrag resultiert aus einer Flächenänderung bei konstantem Magnetfeld (vergleiche b*)), während der zweite Beitrag aus einer Änderung der Flussdichte bei konstanter Fläche (vergleiche a)) herrührt.

Der erste Beitrag wird beim Generator technisch umgesetzt, denn hier rotiert ein Spulenkörper im konstanten Magnetfeld, um mechanische (Rotations-)Energie in elektrische Energie umzuwandeln. Der zweite Beitrag wird beim Transformator technisch realisiert, weil feste (Sekundär-)Windungen von einem veränderlichen Magnetfeld durchsetzt werden und dadurch eine Induktionsspannung in gewünschter Stärke erzeugt wird.

11.2.3 Bestimmung der spezifischen Ladung des Elektrons

Voraussetzungen: Funktionsweise eines Fadenstrahlrohrs; Energieerhaltung für beschleunigte Ladungen; Lorentz- und Zentripetalkraft; De-Broglie-Wellenlänge; experimentelle Nachweise wichtiger Eigenschaften von Elektronen

Die Mittelebene eines Fadenstrahlrohres wird vom homogenen Magnetfeld der Helmholtz-Spulen senkrecht durchsetzt.

a) Nachdem die Elektronen im Wehnelt-Zylinder die Beschleunigungsspannung $U_{\text{b}} = 180\,\text{V}$ durchlaufen haben, erzeugen Sie bei einem Spulenstrom von $I = 2{,}2\,\text{A}$ eine kreisförmige Leuchtfigur vom Radius $r = 3\,\text{cm}$. Kann der Literaturwert der spezifischen Ladung $e/m = 1{,}759 \cdot 10^{11}\,\frac{\text{C}}{\text{kg}}$ bestätigt werden?

b) Begründen Sie, warum Elektronen im Fadenstrahlrohr durchgehend als Teilchen und nicht als Welle beschrieben werden.

c) Geben Sie einige weitere zentrale Experimente an, durch die wichtige Eigenschaften von Elektronen nachgewiesen werden können.

Lösung

a) Im Wehnelt-Zylinder durchlaufen die Elektronen die Beschleunigungsspannung U_b. Dabei wird die elektrische Energie $E_{el} = e\,U_b$ vollständig in kinetische Energie $E_{kin} = \frac{1}{2} m\,v^2$ umgewandelt. Für das später benötigte Geschwindigkeitsquadrat v^2 ergibt sich daraus $e\,U_b = \frac{1}{2} m v^2 \Leftrightarrow v^2 = 2(e/m)\,U_b$. Der weitere kreisförmige Weg der Elektronen wird innerhalb einer Wasserstoff-Unterdruckatmosphäre durch angeregte H_2-Moleküle, die bei ihrer Rückkehr in den Grundzustand Licht aussenden, sichtbar gemacht. Die Kreisbahn kommt durch die Lorentzkraft $F_L = e\,v\,B$ zustande, die auf die Elektronen als Zentripetalkraft $F_z = m v^2/r$ einwirkt: $F_L = F_z \Leftrightarrow e v B = m v^2/r \Leftrightarrow e/m = v/rB \Leftrightarrow (e/m)^2 = v^2/(rB)^2$.
In der letzten Gleichung wird nun das Geschwindigkeitsquadrat aus der eingangs aufgestellten Energiebilanz ersetzt und man erhält die folgende Formel zur Bestimmung der spezifischen Ladung e/m: $\left(\frac{e}{m}\right)^2 = \frac{2\frac{e}{m} \cdot U_b}{r^2 B^2} \Leftrightarrow \frac{e}{m} = \frac{2U_b}{r^2B^2}$

Zunächst berechnet man die magnetische Flussdichte (vergleiche 11.2.1 c))
$B = 0{,}69 \cdot 10^{-3} \frac{\mathrm{T}}{\mathrm{A}} \cdot 2{,}2\,\mathrm{A} = 1{,}52 \cdot 10^{-3}\,\mathrm{A}$ und damit dann die spezifische Ladung

$$\frac{e}{m} = \frac{2 \cdot 180\,\mathrm{V}}{(0{,}03\,\mathrm{m})^2 \cdot (1{,}52 \cdot 10^{-3}\,\mathrm{A})^2} = 1731 \cdot 10^{11}\,\frac{\mathrm{C}}{\mathrm{kg}}$$

Dieser Wert liegt ca. 1,6 % unter dem Literaturwert und ist im Rahmen der Schulphysik eine sehr gute Bestätigung.

b) Die De-Broglie-Wellenlänge der Elektronen ist ein Maßstab für mögliche Welleneffekte und beträgt

$$\lambda = \frac{h}{p} = \frac{h}{\sqrt{2e \cdot m_e \cdot U_b}} = \frac{6{,}626 \cdot 10^{-34}\,\mathrm{Js}}{\sqrt{2 \cdot 9{,}11 \cdot 10^{-31}\,\mathrm{C} \cdot 1{,}6 \cdot 10^{-19}\,\mathrm{kg} \cdot 180\,\mathrm{V}}} = 9{,}15 \cdot 10^{-11}\,\mathrm{m}$$

Die Öffnung der Ringanode des Wehnelt-Zylinders beträgt einige Millimeter und ist damit um den Faktor 10^7 größer als λ, kann also keine Beugungserscheinungen bewirken. Auf ihrem kreisförmigen Weg werden die Elektronen dann durch einen »Schlauch« aus positiv geladenen Wasserstoff-Ionen gebündelt. Aber auch hier treten keine Beugungen oder Interferenzen auf, wie z. B. beim Auftreffen von Elektronen auf einen Kristall, denn der Durchmesser dieses Ionenkanals ist dank der verdünnten Gasatmosphäre wesentlich größer als der im Pikometerbereich liegende Netzebenenabstand eines Kristallgitters. Fazit: Die Erscheinungen im Fadenstrahlrohr können durchgehend im Teilchenbild des Elektrons zutreffend beschrieben werden.

c)
- Das Tolman-Experiment führt auf die spezifische Ladung e/m.
- Das Millikan-Experiment führt auf die Elementarladung e.
- Die Streuung eines Elektronenstrahls an einer Graphitfolie führt auf die Welleneigenschaften von Elektronen (De-Broglie-Wellen).

11.3 Massen- und Energiespektroskopie

11.3.1 Spektroskopische Analyse eines Bor-Isotopengemischs

Voraussetzungen: Isotope; Atommasse; atomare Masseneinheit und Massenzahlen; geladene Teilchen in homogenen elektrischen und magnetischen Feldern; Geschwindigkeitsfilter; Fehlerfortpflanzung

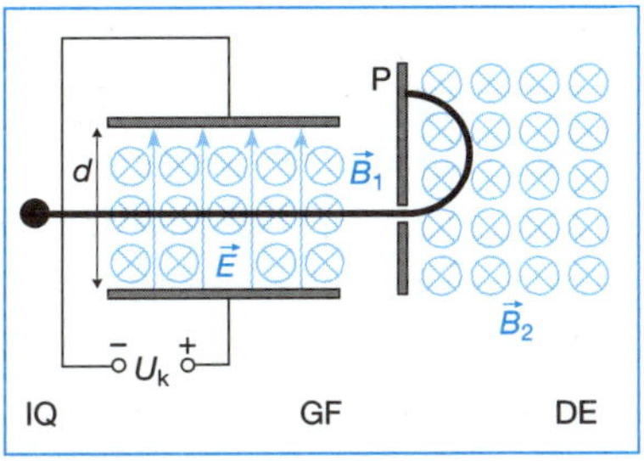

Das auf K.T. Bainbridge zurückgehende Massenspektroskop besteht aus einer Ionenquelle IQ, einem Geschwindigkeitsfilter GF und einer Detektoreinheit DE.

a) Erläutern Sie, was man unter einem Isotopengemisch versteht und warum solche Gemische mit einem Massenspektroskop analysiert werden können.

b) Zeigen Sie, dass zwischen der Isotopmasse m und dem registrierten Radius r der Zusammenhang $m = q\,B_1\,B_2\,(d/U_k)\,r$ besteht.

c) Die Ionenquelle erzeugt aus einem Gemisch zweier stabiler Bor-Isotope dreiwertig positive Ionen, die in das Magnetfeld $B_1 = 0{,}1\,\text{T}$ des Geschwindigkeitsfilters (Plattenabstand $d = 5\,\text{cm}$) gelangen. Die leichteren Ionen erreichen das Magnetfeld $B_2 = 0{,}05\,\text{T}$ der Detektoreinheit bei der Kompensationsspannung $U_{k1} = 1032\,\text{V}$, die schwereren Ionen bei $U_{k2} = 984\,\text{V}$. Die Auswertung der Fotoplatte führt auf die Radien $r_1 = 14{,}3\,\text{cm}$ und $r_2 = 14{,}9\,\text{cm}$. Bestimmen Sie die Isotopenmassen m_1 und m_2 sowie die Massenzahlen A_1 und A_2 (Atomare Masseneinheit $u = 1{,}6605 \cdot 10^{-27}\,\text{kg}$).

d) Bestimmen Sie zunächst die Spannung U_b, mit der die Ionen vor dem Verlassen der Ionenquelle beschleunigt werden. Weisen Sie anschließend den funktionalen Zusammenhang $m(r) = (q\,B_2^2/2U_b)\,r^2$ nach und begründen Sie, warum eine Messgenauigkeit von $\Delta r = 1\,\text{mm}$ ausreicht, um das Bor-Isotopengemisch sicher trennen zu können.

Lösung

a) Atome mit gleicher Anzahl Z an Protonen, aber unterschiedlicher Anzahl N an Neutronen werden als **Isotope** bezeichnet. Damit variiert auch die Massenzahl $A = N + Z$ zwischen den Isotopen eines chemischen Elementes. Liegt ein solches Element gleichzeitig in Form verschiedener Isotope vor, so spricht man von einem **Isotopengemisch.** Die übereinstimmende Protonenzahl aller Bestandteile eines Isotopengemisches bedingt eine einheitliche Konfiguration der Hüllenelektronen und damit auch ein einheitliches chemisches Verhalten. Es ist daher weder durch einfache physikalische Verfahren (z. B. Erhitzen, Zentrifugieren), noch durch chemische Reaktionen möglich, ein Isotopengemisch in seine Bestandteile zu zerlegen. Beim Massenspektroskop verlassen die Isotope infolge ihrer Massenunterschiede die Beschleunigungsspannung der Ionenquelle IQ mit unterschiedlichen Geschwindigkeiten und können dadurch vom Geschwindigkeitsfilter GF selektiert werden. Die Detektoreinheit DE wird nur von Teilchen gleicher Geschwindigkeit, also eines bestimmten Isotops aus dem anfänglichen Gemisch, erreicht. Der Radius der halbkreisförmigen Bahn erlaubt dann Rückschlüsse auf die Isotopenmasse.

b) Vom Geschwindigkeitsfilter aus gelangen nur die geradlinig passierenden Teilchen zur Detektion, also diejenigen Anteile des Isotopengemisches, bei denen sich die Lorentzkraft $\vec{F}_L$ und die entgegen gerichtete elektrische Kraft $\vec{F}_{el}$ gerade kompensieren. Die Bedingung $\vec{F}_L = -\vec{F}_{el}$ führt betraglich auf
$\vec{F}_L = \vec{F}_{el} \Leftrightarrow qE = qvB_1 \Leftrightarrow v = E/B_1$.
Somit legt das Verhältnis von elektrischer und magnetischer Feldstärke die Geschwindigkeit desjenigen Isotops fest, das anschließend zur Detektion gelangt. Im Magnetfeld $\vec{B}_2$ der Detektionseinheit folgen die einfliegenden Teilchen einer Kreisbahn, denn die Lorentzkraft wirkt als Zentripetalkraft:
$F_L = F_z \Leftrightarrow qvB_2 = mv^2/r \Leftrightarrow m = (qB_2r)/v$. Die Geschwindigkeit kann aus der Bedingung des Geschwindigkeitsfilters substituiert werden und mit der Kondensatorgleichung $E = U_k/d$ wird die elektrische Feldstärke E auf den direkt messbaren Plattenabstand d und die Kompensationsspannung U_k zurückgeführt:
$$m = \frac{(q \cdot B_2 \cdot r)}{(E/B_1)} = q \cdot B_1 \cdot B_2 \cdot \frac{d}{U_k} \cdot r$$

c) $m_1 = 3 \cdot 1{,}6022 \cdot 10^{-19}\,\text{C} \cdot 0{,}1\,\text{T} \cdot 0{,}05\,\text{T} \cdot \frac{0{,}05\,\text{m}}{1032\,\text{V}} \cdot 0{,}143\,\text{m}$
$= 1{,}6651 \cdot 10^{-26}\,\text{kg}$

$A_1 = m_1/u = 1{,}6651 \cdot 10^{-26}\,\text{kg}/1{,}6605 \cdot 10^{-27}\,\text{kg} = 10$

$m_2 = 3 \cdot 1{,}6022 \cdot 10^{-19}\,\text{C} \cdot 0{,}1\,\text{T} \cdot 0{,}05\,\text{T} \cdot \frac{0{,}05\,\text{m}}{984\,\text{V}} \cdot 0{,}149\,\text{m}$
$= 1{,}8196 \cdot 10^{-26}\,\text{kg}$

$A_2 = m_2/u = 1{,}8196 \cdot 10^{-26}\,\text{kg}/1{,}6605 \cdot 10^{-27}\,\text{kg} = 11$

Das Isotopengemisch besteht somit aus zwei Isotopen mit den Massenzahlen 10 und 11, die auch natürlicherweise im Element Bor zu 19,5 %, bzw. 80,5 % enthalten sind. (**Hinweis:** Die drei fehlenden Hüllenelektronen der B^{3+}-Ionen besitzen im Vergleich zum Atomkern eine vernachlässigbar geringe Masse und beeinträchtigen die Berechnungen nicht.)

d) Zunächst erlaubt die Bedingung des Geschwindigkeitsfilters $v = E/B_1 = U_k/(B_1\,d)$ (vergleiche Lösung zu Teil b)) die Bestimmung der Isotopgeschwindigkeiten:

$$v_1 = \frac{1032\,\text{V}}{0{,}1\,\text{T} \cdot 0{,}05\,\text{m}} = 206\,400\,\text{m/s}$$

$$v_2 = \frac{984\,\text{V}}{0{,}1\,\text{T} \cdot 0{,}05\,\text{m}} = 196\,800\,\text{m/s}$$

Ein geladenes Teilchen der Masse m und der Ladung q gewinnt aus der Beschleunigungsspannung U_b gemäß der Energieerhaltung die kinetische Energie $\frac{1}{2} m v^2 = q\,U_b \Leftrightarrow U_b = \frac{1}{2} m\,v^2/q$. Die Daten der beiden Isotope führen somit auf folgende Werte für U_b:

$$\text{Isotop } A_1 = 10\text{:}\quad U_b = \frac{0{,}5 \cdot 1{,}6651 \cdot 10^{-26}\,\text{kg} \cdot (206\,400\,\text{m/s})^2}{3 \cdot 1{,}6022 \cdot 10^{-19}\,\text{C}} = 737{,}9\,\text{V}$$

$$\text{Isotop } A_2 = 11\text{:}\quad U_b = \frac{0{,}5 \cdot 1{,}8196 \cdot 10^{-26}\,\text{kg} \cdot (196\,800\,\text{m/s})^2}{3 \cdot 1{,}6022 \cdot 10^{-19}\,\text{C}} = 733{,}1\,\text{V}$$

Die 0,3 %ige Abweichung vom Mittelwert $U_b = 735{,}5\,\text{V}$ lässt sich auch ohne genaue Fehlerrechnung durch die Toleranzen der Messgrößen B_1, B_2, U_k, d und r begründen.

Für die Detektionseinheit gilt die Bedingung $m = q\,(B_2/v)\,r$ (vergleiche Lösung zu Teil b)). Substituiert man die Teilchengeschwindigkeit v aus der Energiebilanz $v = \sqrt{2\,q\,U_b/m}$, so wird auf diese Weise berücksichtigt, dass v selbst von m abhängt. Es folgt:

$$m = \frac{q \cdot B_2}{\sqrt{2 \cdot q \cdot U_b/m}} \cdot \text{r} \;\Leftrightarrow\; \sqrt{m} = \frac{q \cdot B_2}{\sqrt{2\,q \cdot U_b}} \cdot r \;\Leftrightarrow\; m(r) = \frac{q \cdot B_2^2}{2\,U_b} \cdot r^2$$

Der konstante Bruchterm $c := (q\,B_2^2)/(2\,U_b)$ bleibt hier für die Fortpflanzung des Messfehlers Δr auf die Genauigkeit der Massenbestimmung Δm ohne Bedeutung. Denn wird die Ableitung

$$\frac{\Delta m}{\Delta r} = \frac{\text{d}m}{\text{d}r} = 2\,c \cdot r \;\Leftrightarrow\; \Delta m = 2\,c \cdot r \cdot \Delta r \qquad \Delta m \text{ durch } m(r) \text{ dividiert,}$$

$$\frac{\Delta m}{m} = \frac{2\,c \cdot r \cdot \Delta r}{c \cdot r^2} = 2\,\frac{\Delta r}{r}$$

so zeigt sich, dass der relative Fehler $\Delta m/m$ stets doppelt so groß ist wie der relative Fehler der Radiusmessung $\Delta r/r$. Mit $\Delta r = 0{,}1\,\text{cm}$ und $r \approx 14\,\text{cm}$ beträgt $\Delta r/r \approx 0{,}7\,\%$ und damit $\Delta m/m = 1{,}4\,\%$. Die Genauigkeit der Massenbestimmung liegt somit im Bereich $\Delta m = 0{,}014 \cdot m \approx 2{,}5 \cdot 10^{-28}\,\text{kg}$ und ist damit um eine Zehnerpotenz kleiner als der festgestellte Unterschied zwischen den beiden Isotopenmassen.

$m^2 - m^1 = 1{,}8196 \cdot 10^{-26}\,\text{kg} - 1{,}6651 \cdot 10^{-26}\,\text{kg} = 1{,}545 \cdot 10^{-27}\,\text{kg}.$

11.3.2 Energiespektren beim radioaktiven Zerfall von Bismut212

Voraussetzungen: Kernzerfälle; radioaktive Strahlung und Reaktionsgleichungen; Massendefekt und Energieerhaltung; geladene Teilchen im homogenen Magnetfeld.

Das durch den Bleimantel abgeschirmte radioaktive Bismut-Präparat $^{212}_{83}Bi$ ($A = 211{,}991\,272\,u$) erzeugt einen durch den Kollimator K gebündelten Teilchenstrahl. Nach Durchlaufen der quadratischen ($l = 0{,}4\,m$), vom Magnetfeld $\vec{B}$ durchsetzten Fläche wird seine Intensität vom Detektor D in der Position x gemessen.

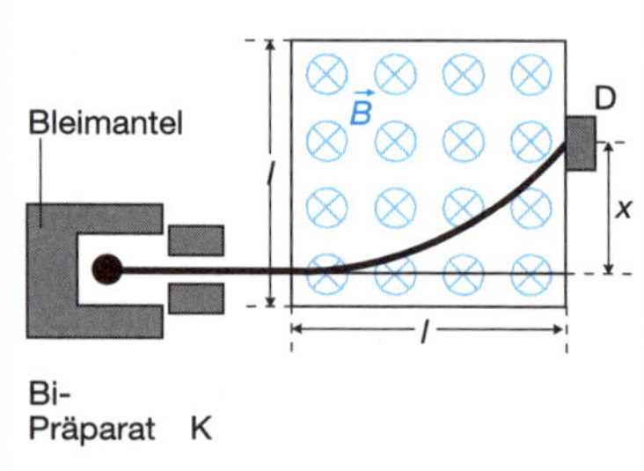

a) Zeigen Sie, dass Teilchen der Masse m, der Ladung q und der Geschwindigkeit v für $x < l$ näherungsweise um $x = 0{,}5\,(q/m)\ \ (l^2\,B/v)$ abgelenkt werden.

b) Bismut geht zu 36 % durch Aussendung von α-Teilchen ($A = 4{,}002\,602\,u$) in Thallium Tl ($A = 207{,}982\,005\,u$) über. Notieren Sie die vollständige Reaktionsgleichung. Berechnen Sie die kinetische Energie der α-Teilchen und geben Sie die Position x an, an der sie bei einer magnetischen Flussdichte von $B = 0{,}5\,T$ nachgewiesen werden können.

c) 64 % des Bismuts geht unter Aussendung von β^--Teilchen ($A = 0{,}5486 \cdot 10^{-3}\,u$) in Polonium Po über. Welche Änderung des Magnetfeldes ist neben einer Absenkung der Flussdichte auf $B = 1\,mT$ erforderlich, um das abgebildete Spektrum registrieren zu können? Welches gravierende Problem warfen β-Zerfallsspektren auf und wie wurde es gelöst? Notieren Sie die vollständige Reaktionsgleichung und berechnen Sie die atomare Masse von Polonium.

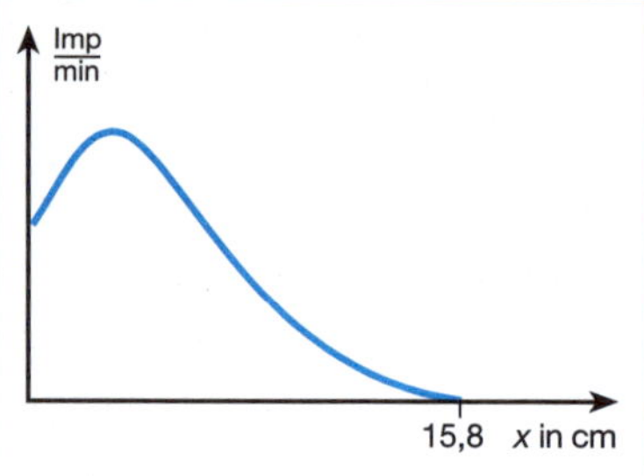

Lösung

a) Trägt man vom Anfangs- und vom Endpunkt der Kreisbahn die Bahnradien r ein, so entsteht ein rechtwinkliges Dreieck mit $(r-x)^2 + l^2 = r^2 \ \Leftrightarrow\ 2\,r\,x = x^2 + l^2$. Für $x < l$ gilt erst recht $x^2 \ll l^2$, sodass der Term x^2 vernachlässigt werden darf. Aus physikalischer Sichtweise darf diese Näherung recht großzügig ausgelegt werden und die linearisierte Gleichung lautet $x = 0{,}5\,l^2/r$.

Die Kreisbahn entsteht durch die als Zentripetalkraft wirkende Lorentzkraft
$q\,v\,B = m\,v^2/r \Leftrightarrow r = (m/q)\,(v/B)$.
Der Radius r kann nun in der zuvor hergeleiteten geometrischen Beziehung substituiert werden und es folgt sofort die genannte Ablenkungsformel
$x = 0{,}5\,l^2/\left(\frac{m}{q}\cdot\frac{v}{B}\right)$
$\Leftrightarrow x = 0{,}5\,q/m\,(l^2B/v)$.

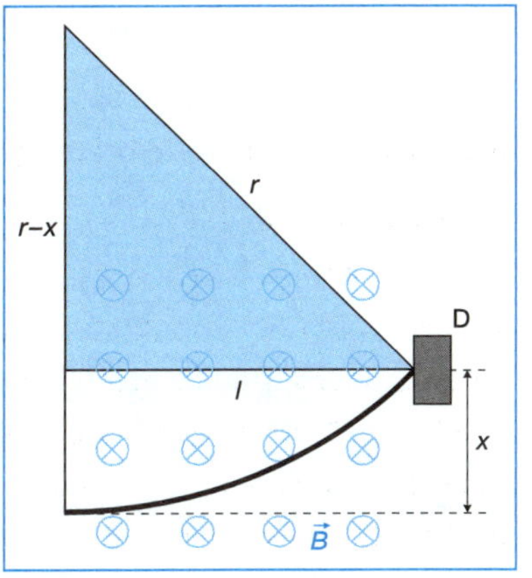

b) Zerfallsgleichung: ${}^{212}_{83}\mathrm{Bi} \rightarrow {}^{208}_{81}\mathrm{Tl} + {}^{4}_{2}\alpha$
Die kinetische Energie der α-Teilchen resultiert aus dem Massendefekt
$\Delta m = m_{\mathrm{Bi}} - (m_{\mathrm{Tl}} + m_{\alpha})$
$= 211{,}991\,272\,\mathrm{u} - (207{,}982\,005\,\mathrm{u} + 4{,}002\,602\,\mathrm{u}) = 0{,}006\,665\,\mathrm{u}$
$= 0{,}00665 \cdot 931{,}5\,\mathrm{MeV} = 6{,}2\,\mathrm{MeV}$.
Das entspricht einer Geschwindigkeit von
$$v = \frac{2E_\alpha}{m_\alpha} = \frac{2\cdot 1{,}6022\cdot 10^{-19}\,\mathrm{C}\cdot 6{,}2\cdot 10^{6}\,\mathrm{V}}{4\cdot 1{,}6606\cdot 10^{-27}\,\mathrm{kg}} = 1{,}73\cdot 10^{7}\,\frac{\mathrm{m}}{\mathrm{s}}$$
und für die Ablenkung x folgt mit der Formel aus Teil a)
$$x = 0{,}5\cdot\frac{2\cdot 1{,}6022\cdot 10^{-19}\,\mathrm{C}}{4\cdot 1{,}6606\cdot 10^{-27}\,\mathrm{kg}}\cdot\frac{(0{,}4\,\mathrm{m})^2\cdot 0{,}5\,\mathrm{T}}{1{,}73\cdot 10^{7}\,\mathrm{m/s}} = 0{,}112\,\mathrm{m}$$

c) Während α-Teilchen (Heliumkerne) positiv geladen sind, sind β-Teilchen (Elektronen) negativ geladen und deshalb muss die Orientierung der Flussdichte $\vec{B}$ umgekehrt werden. Das β-Zerfallsspektrum zeigt, dass die β-Teilchen eine kontinuierliche Energieverteilung bis hin zu einer maximalen Energie $E_{\max}$ aufweisen, die der größten Ablenkung $x_{\max} = 15{,}8\,\mathrm{cm}$ entspricht. Werden nur der zerfallende Kern und die β-Teilchen betrachtet, so wäre der Energieerhaltungssatz verletzt.
W. Pauli postulierte bereits 1930 die Existenz eines weiteren Zerfallsteilchens, des Antineutrinos ($\overline{\nu}$), das den fehlenden Energiebetrag übernimmt. E. Fermi erklärte 1950 den β-Zerfall durch die Gleichung ${}^{1}_{0}\mathrm{n} \rightarrow {}^{1}_{1}\mathrm{p} + {}^{0}_{-1}\mathrm{e}$, also durch die Umwandlung eines Neutrons in ein Proton. Für den Zerfall von Bismut gilt somit
${}^{212}_{83}\mathrm{Bi} \rightarrow {}^{212}_{84}\mathrm{Po} + {}^{-1}_{0}\beta + \overline{\nu}$.
Wird die Ablenkungsformel aus Teil a) nach v umgestellt, so ergibt sich die maximale Geschwindigkeit zu
$$v_{\max} = \frac{1}{2}\cdot\frac{q}{m}\cdot\frac{l^2B}{x_{\max}} = \frac{1}{2}\cdot\frac{1{,}6022\cdot 10^{-19}\,\mathrm{C}}{9{,}11\cdot 10^{-31}\,\mathrm{kg}}\cdot\frac{0{,}16\,\mathrm{m}^2\cdot 10^{-3}\,\mathrm{T}}{0{,}158\,\mathrm{m}} = 8{,}905\cdot 10^{7}\,\frac{\mathrm{m}}{\mathrm{s}}.$$
Daraus folgt die maximale Energie der β-Teilchen zu
$$E_{\max} = \frac{1}{2}m\,{v_{\max}}^2 = \frac{1}{2}\cdot 9{,}11\cdot 10^{-31}\,\mathrm{kg}\cdot(8{,}905\cdot 10^{7}\,\mathrm{m/s})^2 = 3{,}612\cdot 10^{-15}\,\mathrm{J} = 22{,}54\,\mathrm{keV}.$$

Nach der Einstein-Beziehung $E = m\,c^2$ entspricht das einer Masse von

$$m_E = \frac{E}{c^2} = \frac{3{,}612 \cdot 10^{-15}\,\mathrm{J}}{(3 \cdot 10^8\,\mathrm{m/s})^2} = 4{,}0133 \cdot 10^{-32}\,\mathrm{kg} = 0{,}000\,024\,17\,\mathrm{u} = 2{,}417 \cdot 10^{-5}\,\mathrm{u}.$$

Die Massenbilanz für Polonium lautet dann

$$\begin{aligned} m_{\mathrm{Po}} &= m_{\mathrm{Bi}} - (\mathrm{m}_\beta + m_E) \\ &= 211{,}991\,277\,1\,\mathrm{u} - 0{,}5486 \cdot 10^{-3}\,\mathrm{u} - 2{,}417 \cdot 10^{-5}\,\mathrm{u} \\ &= 211{,}99070\,\mathrm{u} \quad \text{(Literaturwert: } 211{,}988\,851\,8\,\mathrm{u}). \end{aligned}$$

11.3.3 Möglichkeiten der spektroskopischen Analyse

Voraussetzung: Grundzüge der Massen- und Energiespektroskopie; $\vec{B}$-Felder in der Spektroskopie

In der Massen- und der Energiespektroskopie sind Magnetfelder von zentraler Bedeutung. Vergleichen Sie die beiden Fragestellungen miteinander und geben Sie die Rahmenbedingungen an, unter denen Magnetfelder die Spektroskopie ermöglichen.

Lösung

Die Ablenkung eines geladenen Teilchens im Magnetfeld wird durch seine Masse m, seine Ladung q und seine Geschwindigkeit v bestimmt. Sind zwei dieser drei Größen bekannt, so kann die dritte Größe experimentell ermittelt werden. Bei der Massenspektroskopie sind q (Entfernung aller äußeren Hüllenelektronen) und v (Geschwindigkeitsfilter) bekannt und m wird ermittelt. Bei der Energiespektroskopie hingegen kennt man q und m als teilchenspezifische Größen, sodass v und damit auch die Energie E bestimmbar werden. Ist nur eine Größe, z. B. v bekannt, so lässt sich lediglich das Verhältnis q/m der beiden anderen bestimmen (z. B. Fadenstrahlrohr).

11.4 Elektromagnetische Wellen

11.4.1 Eigenschaften von Mikrowellen

Voraussetzungen: Frequenz; Wellenlänge und Ausbreitungsgeschwindigkeit elektromagnetischer Wellen; Interferenzbedingungen am Doppelspalt; Bragg-Reflexion und Glanzwinkel; Polarisation von Wellen

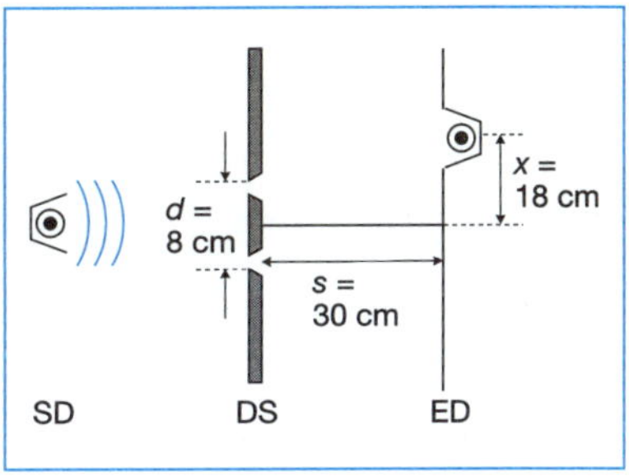

Von einem Mikrowellensender ist lediglich bekannt, dass er mit einer Frequenz im Bereich von 3 – 30 GHz abstrahlt.

a) Vom Sendedipol SD laufen ebene Mikrowellen auf den Doppelspalt DS zu. Mit dem Empfangsdipol ED lässt sich an der abgebildeten Position ein Empfangsmaximum nachweisen. Zeigen Sie, dass die Lage der Interferenzmaxima näherungsweise durch $x_n = n\lambda \cdot s/d$ ($n \in \mathbb{N}_0$) beschrieben wird und stellen Sie fest, welche der folgenden Wellenlängen nicht infrage kommen: $\lambda_1 = 0{,}5\,\text{cm}$, $\lambda_2 = 1{,}2\,\text{cm}$, $\lambda_3 = 1{,}6\,\text{cm}$, $\lambda_4 = 2{,}7\,\text{cm}$, $\lambda_5 = 4{,}8\,\text{cm}$, $\lambda_6 = 7{,}5\,\text{cm}$, $\lambda_7 = 12{,}4\,\text{cm}$.

b) Zur näheren Bestimmung der Sendefrequenz wird nun noch eine Bragg-Reflexion durchgeführt, bei der Metallplättchen die Gitterpositionen im Netzebenenabstand $\alpha = 7\,\text{cm}$ besetzen. Erlaubt der Glanzwinkel $\alpha = 13{,}21°$ eine eindeutige Bestimmung?

c) In den Experimenten a) und b) sind der Sende- und Empfangsdipol parallel zueinander ausgerichtet, um maximalen Empfang zu gewährleisten. Warum geht der Empfang auf null zurück, wenn man ED um 90° in eine gekreuzte Position dreht?

d) Nun bringt man zwischen die gekreuzten Dipole SD und ED ein Metallstabgitter, dessen Stäbe zunächst parallel zu ED verlaufen, und dreht es um den Winkel α ($0° \leq \alpha \leq 90°$) hin zur Ausrichtung von SD. Bei welchem Winkel α wird der Empfang maximal?

Lösung

a) Konstruktive Interferenz tritt genau dann auf, wenn sich die Strecken S_1E und S_2E der beiden Wellenzüge mit $S_2P = n\,\lambda$ ($n \in \mathbb{N}_0$) um ein ganzzahliges Vielfaches der Wellenlänge unterscheiden. Im rechtwinkligen Dreieck S_1S_2P gilt daher $\sin\alpha = n\lambda/d$. Im großen Dreieck MQE gilt $\tan\alpha^* = x/s$. Weil die mittlere Weglänge ME wegen $s \gg d$ nahezu senkrecht auf PS_1 steht, ist das Dreieck MQE näherungsweise ähnlich zum Dreieck S_1S_2P, sodass näherungsweise $\alpha^* = \alpha$ gilt. Schließlich darf für kleine Winkel α die Näherung $\sin\alpha = \tan\alpha$ verwendet werden, die dann auf die gesuchte Gleichung $n\lambda/d = x/s \Leftrightarrow x = n\lambda \cdot s/d$ führt.

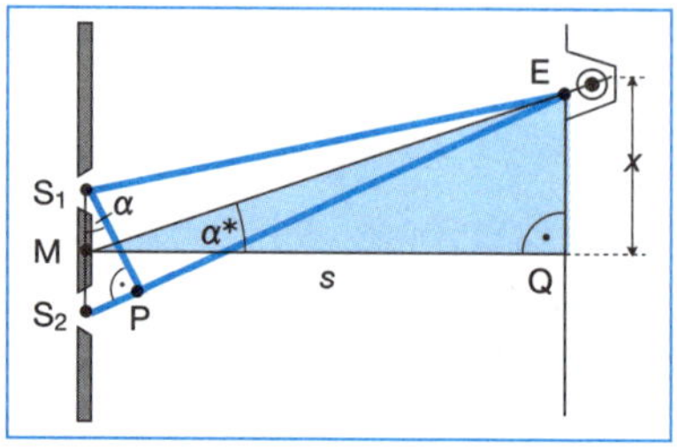

Mit der Beziehung $f = c/\lambda$ wird deutlich, dass nur die Wellenlängen zwischen $\lambda_{min} = (3 \cdot 10^8\,m/s)/(30 \cdot 10^9\,Hz) = 0{,}01\,m = 1\,cm$ und $\lambda_{max} = (3 \cdot 10^8\,m/s)/(3 \cdot 10^9\,Hz) = 0{,}1\,m = 10\,cm$ möglich sind, sodass die angegebenen Werte $\lambda_1 = 0{,}5\,cm$ und $\lambda_7 = 12{,}4\,cm$ schon vorab ausscheiden. Für die vorgegebene Position $x = 18\,cm$ ist nicht ersichtlich, welche Ordnung das zugehörende Interferenzmaximum aufweist. Daher stellt man die Bedingungsgleichung nach
$\lambda = \frac{x}{n} \cdot \frac{d}{s}$ um und prüft, welche der Ordnungen $n \in \mathbb{N}$ auf Wellenlängen führen, die zwischen λ_{min} und λ_{max} liegen:

$$n = 1 \rightarrow \lambda_1 = \frac{0{,}1\,m}{1} \cdot \frac{0{,}08\,m}{0{,}3\,m} = 4{,}8\,cm$$

$$n = 2 \rightarrow \lambda_2 = \frac{0{,}1\,m}{2} \cdot \frac{0{,}08\,m}{0{,}3\,m} = 2{,}4\,cm$$

$$n = 3 \rightarrow \lambda_3 = \frac{0{,}1\,m}{3} \cdot \frac{0{,}08\,m}{0{,}3\,m} = 1{,}6\,cm$$

$$n = 4 \rightarrow \lambda_4 = \frac{0{,}1\,m}{4} \cdot \frac{0{,}08\,m}{0{,}3\,m} = 1{,}2\,cm$$

Ein Vergleich zeigt, dass von den vorgegebenen Werten neben $\lambda_1 = 0{,}5\,cm$ und $\lambda_7 = 12{,}4\,cm$ auch $\lambda_4 = 2{,}7\,cm$ und $\lambda_6 = 7{,}5\,cm$ nicht in Frage kommen.

b) Bei der Bragg-Reflexion werden die Glanzwinkel α_n $(n \in \mathbb{N})$ aus der Bedingung $\sin\alpha_n = (n\lambda)/(2a)$ bestimmt. Hier ist nicht ersichtlich, welche Ordnung der gegebene Glanzwinkel $\alpha = 13{,}21°$ repräsentiert. Daher stellt man die Bedingung um nach $\lambda_n = \frac{2a}{n}\sin\alpha$ und prüft wie bei Teil a) nach, welche Ordnungen $n \in \mathbb{N}$ auf zulässige Wellenlängen zwischen λ_{min} und λ_{max} führen:
$n = 1 \rightarrow \lambda_1 = 2 \cdot 0{,}07\,m/1\,\sin 13{,}21° = 3{,}2\,cm$
$n = 2 \rightarrow \lambda_2 = 2 \cdot 0{,}07\,m/2\,\sin 13{,}21° = 1{,}6\,cm$
Ein Vergleich mit den vier in Teil a) ermittelten Wellenlängen zeigt, dass mit der Wellenlänge $\lambda = 1{,}6\,cm$ bzw. mit der Frequenz
$f = c/\lambda = 3 \cdot 10^8\,\frac{m}{s}\,/\,0{,}016\,m = 18{,}75\,GHZ$ gesendet wird.

c) Der Sendedipol SD legt zusammen mit der Ausbreitungsrichtung der Welle eine Ebene fest, in der der elektrische Feldstärkevektor senkrecht zur Ausbreitungsrichtung schwingt. Steht der Empfangsdipol ED parallel ① zu SD, dann induziert die auftreffende Welle dort eine Spannung, die als Signal verstärkt wird. In gekreuzter Position ②, hingegen kann infolge der geringen Querausdehnung des Dipols keine Spannung induziert werden; die Signalstärke geht dann auf null zurück. Elektromagnetische Wellen sind also Transversalwellen, die von einem Dipol als linear polarisierte Wellen abgestrahlt werden.

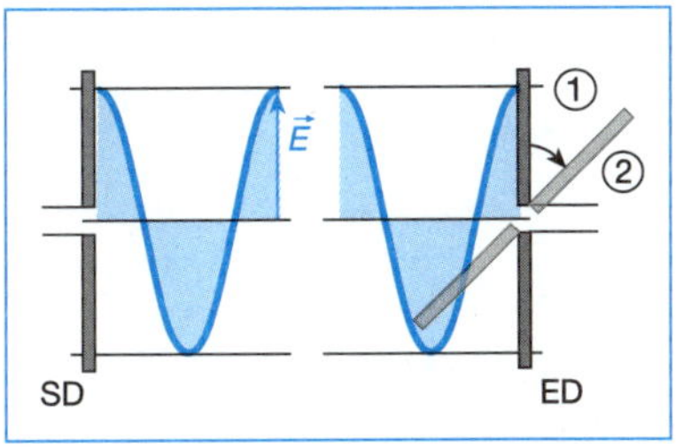

d) Der auf einen Gitterstab auftreffende Vektor $\vec{E}$ kann in die beiden Vektorkomponenten $\vec{E}_s$ und $\vec{E}_p$ zerlegt werden. Während der Anteil $|\vec{E}_s| = |\vec{E}| \cos\alpha$, der zum Stab senkrecht steht, seinen Weg ungehindert fortsetzt, induziert der parallele Anteil $|\vec{E}_p| = |\vec{E}| \sin\alpha$ im Stab eine Wechselspannung und damit auch ein elektromagnetisches Gegenfeld. Dadurch wird $\vec{E}_p$ hinter dem Stabgitter vollständig kompensiert und effektiv so wie an einer Metallplatte reflektiert.

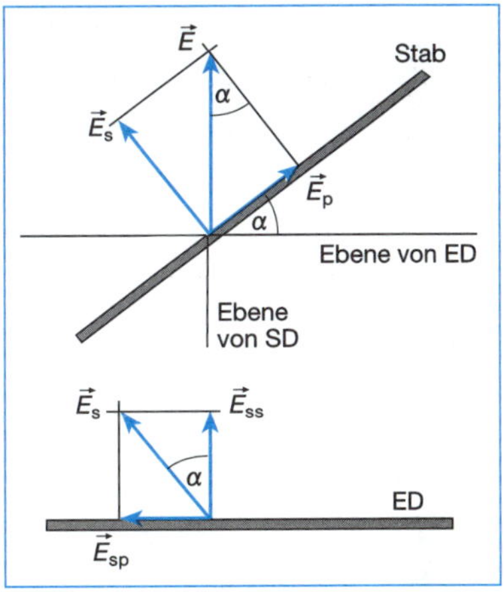

Die durchgelassene Komponente $\vec{E}_s$ muss beim Auftreffen auf die Empfangsdiode ED erneut in eine senkrechte Komponente $|\vec{E}_{s_s}| = |\vec{E}_s| \cos\alpha = |\vec{E}| \cos^2\alpha$, die nicht angezeigt wird, und in eine parallele Komponente $|\vec{E}_{sp}| = |\vec{E}_s| \sin\alpha = |\vec{E}| \sin\alpha \cdot \cos\alpha = \frac{1}{2} |\vec{E}| \sin 2\alpha$, die verstärkt und nachgewiesen wird, zerlegt werden. E_{sp} wird dann maximal, wenn der Term $\sin 2\alpha$ für $\alpha = 45°$ seinen größtmöglichen Wert 1 annimmt. Mit $E_{sp} = \frac{1}{2} E$ wird dann die Hälfte des Zeigerausschlages erreicht, der sonst bei parallel ausgerichteten Dipolen SD und ED und ohne Stabgitter auftritt.

11.4.2 Die Äther-Hypothese

Voraussetzungen: Die Äther-Hypothese; Laufzeitunterschiede in Inertialsystemen; gleichförmige Kreisbewegung der Erde um die Sonne; Interferenz am Michelson-Interferometer; Deutungen des Michelson-Experiments

In der zweiten Hälfte des 19. Jahrhunderts gewann die Frage an Bedeutung, ob die Ausbreitung von Licht, allgemeiner gesagt von elektromagnetischen Wellen, an ein als »Äther« bezeichnetes Trägermedium gebunden ist.

a) Welche physikalischen Gründe legten die Annahme eines Äthers nahe? Skizzieren Sie einige Probleme, die mit dieser Annahme, der »Äther-Hypothese«, verbunden sind.

b) Erklären Sie den Aufbau und die Funktionsweise des von A. A. Michelson entworfenen Interferometers. Wie lässt sich mit dieser Anordnung die Äther-Hypothese überprüfen?

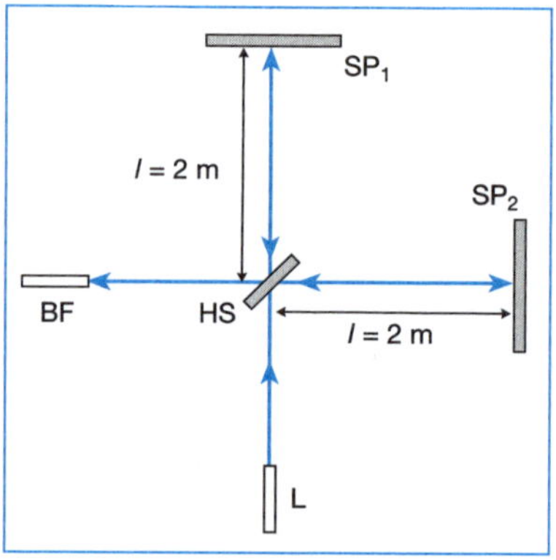

c) Zeigen Sie, dass eine Relativgeschwindigkeit v zum Äther auf die Interferometer-Laufzeitdifferenz $\Delta t = 2l/c \cdot (v/c)^2$ führt und bestätigen Sie, dass ein relativ zur Sonne ruhender Äther eine Laufzeitdifferenz von $\Delta t = 1{,}33 \cdot 10^{-16}\,\text{s}$ verursachen würde (Bahngeschwindigkeit der Erde um die Sonne: $v = 30\,\text{km/s}$).

d) Um wie viel Prozent müsste sich ein Interferenzstreifen der Breite b bei positivem Nachweis des Äthers verschieben, falls violettes Licht der Wellenlänge $\lambda = 400\,\text{nm}$ verwendet wird? Wie könnte die Nachweisgenauigkeit verbessert werden?

e) Gehen Sie kurz auf die positive Deutung ein, die A. Einstein dem negativen Ausgang des Michelson-Experimentes gab. Wie lauten die beiden Postulate, in denen Einstein seine Sichtweise niederlegte?

Lösung

a) Im 19. Jahrhundert stand das Verständnis elektromagnetischer Wellen noch ganz im Zeichen mechanischer Vorstellungen. So ging man davon aus, dass die Ausbreitung dieser Wellen – analog zur Ausbreitung von Wasser- oder Schallwellen – nur in einem elastischen Trägermedium, »Äther« genannt, möglich sei, das jedoch mit physikalischen oder chemischen Methoden nicht nachweisbar war.

Der feinstoffliche »Äther« sollte zum Teil recht widersprüchliche Eigenschaften haben, um allen Erklärungsbedürfnissen standhalten zu können. So sollte er den gesamten Weltraum ausfüllen, um die Lichtwege von den Gestirnen zur Erde zu ermöglichen. Er sollte durchsichtig sein und ohne erkennbaren Widerstand die Bewegungen der Gestirne erlauben, gleichzeitig aber sollte er die Qualität eines Festkörpers besitzen, weil nur darin die Ausbreitung von Transversalwellen möglich wäre und überdies müsste er extrem starr sein, um die extrem hohe Lichtgeschwindigkeit c zu ermöglichen.

b) Der von der monochromatischen und kohärenten Lichtquelle L (Laser) ausgehende Lichtstrahl wird am halbdurchlässigen Spiegel HS in zwei Strahlen aufgeteilt. Der erste Teilstrahl läuft nach Reflexion am Spiegel SP_1 zurück zu HS und wird von dort zum Beobachtungsfernrohr BF gelenkt. Dort interferiert er mit dem zweiten Teilstrahl, der nach Reflexion am Spiegel SP_2 ebenfalls über HS nach BF gelangt. Würde sich nun der Äther in Richtung einer der beiden Interferometerarme bewegen, so würde sich das Interferenz-Streifenmuster gegenüber demjenigen Muster, das bei ruhendem Äther entstehen würde, geringfügig verschieben. Diese Verschiebung kann natürlich nicht wahrgenommen werden, jedoch wäre eine Verschiebung in die entgegengesetzte Richtung wahrnehmbar, die nach einer Drehung der Anordnung um 90° allein im bewegten Äther auftreten müsste.

c) Angenommen, der Äther bewegt sich mit der Geschwindigkeit v von L nach SP_1, dann betragen die Laufzeiten t_1 für die Strecken HS-SP_1-HS und t_2 für HS-SP_2-HS:

$$t_1 = \frac{l}{c+v} + \frac{l}{c-v} = \frac{2lc}{c^2-v^2} = \frac{2l}{c}\cdot\frac{1}{1-(v/c)^2} \approx \frac{2l}{c}\cdot\left(1+(v/c)^2\right)$$

$$t_2 = 2\frac{l}{\sqrt{c^2-v^2}} = \frac{2l}{c}\cdot\frac{1}{\sqrt{1-(v/c)^2}} \approx \frac{2l}{c}\cdot\left(1+\frac{1}{2}(v/c)^2\right)$$

$$\Delta t^* = t_1 - t_2 = \frac{2l}{c}\cdot\left(1+(v/c)^2\right) - \frac{2l}{c}\left(1+\frac{1}{2}(v/c)^2\right) = \frac{l}{c}\cdot(v/c)^2$$

Die 90°-Drehung des Interferometers verdoppelt die Laufzeitdifferenz Δt^* gegenüber einem ruhenden Äther auf $\Delta t = 2l/c\cdot(v/c)^2$. Für einen als relativ zur Sonne ruhend angenommenen Äther folgt damit

$\Delta t = (2\cdot 2\,\text{m} / 3\cdot 10^8\,\text{m/s})\cdot(3\cdot 10^4\,\text{m/s} / 3\cdot 10^8\,\text{m/s})^2 = 1{,}33\cdot 10^{-16}\,\text{s}.$

d) Würde sich das Interferenzmuster um eine volle Streifenbreite b verschieben, so würde der Laufzeitunterschied gerade eine volle Periode T des verwendeten Lichtes betragen. Proportional hierzu stände eine anteilige Verschiebung Δb im Verhältnis zum Laufzeitunterschied Δt (vergleiche Teil c)) und man erhält unter Berücksichtigung von $T = \lambda/c$ die relative Verschiebung

$\frac{\Delta b}{b} = \frac{\Delta t}{T} = \frac{2l}{\lambda} \cdot \left(\frac{v}{c}\right)^2$ und mit Daten $\frac{\Delta b}{b} = \frac{2 \cdot 2\,\text{m}}{4 \cdot 10^{-7}\,\text{m}} \cdot \left(\frac{3 \cdot 10^4\,\text{m/s}}{3 \cdot 10^8\,\text{m/s}}\right)^2 = 0{,}1.$

Eine 10 %ige Verschiebung infolge einer 90°-Drehung des Interferometers wäre mit Sicherheit erkannt worden, aber sie blieb aus! Alle verbesserten Wiederholungen dieses Experimentes mit verlängerten Armlängen l und/oder kürzeren Wellenlängen λ lieferten ebenfalls keine Verschiebung!

e) **1. Postulat:** Alle Inertialsysteme sind zueinander gleichwertig, sodass die Naturgesetze in allen Systemen die gleiche Form haben.
2. Postulat: Die Vakuum-Lichtgeschwindigkeit besitzt in allen Inertialsystemen den konstanten Wert $c = 299\,793\,\text{km/s}$ und ist unabhängig von einer Bewegung der Lichtquelle im betrachteten Inertialsystem.
Während das 1. Postulat an das Galilei'sche Relativitätsprinzip der klassischen Mechanik anknüpft, stellt insbesondere das 2. Postulat die freie, an keinen Äther gebundene Ausbreitung des Lichtes heraus und begründet überdies die spezielle Relativitätstheorie mit allen ihren jenseits der Alltagserfahrung liegenden Phänomenen, z. B. der Zeitdilatation, der Längenkontraktion u. a.

11.5 Das Wasserstoff-Emissionsspektrum

11.5.1 Untersuchung des Wasserstoff-Spektrallichts mit einem Gitterspektrometer

Voraussetzungen: Huygens'sches Prinzip und Interferenzbedingungen am Gitter; Aufbau und Funktion eines Gitterspektrometers; Bestimmung von Wellenlängen und Frequenzen.

Gitterspektrometer ermöglichen die Ausmessung von stoffspezifischen Linienspektren und eröffnen dadurch den Zugang zur Atomphysik.

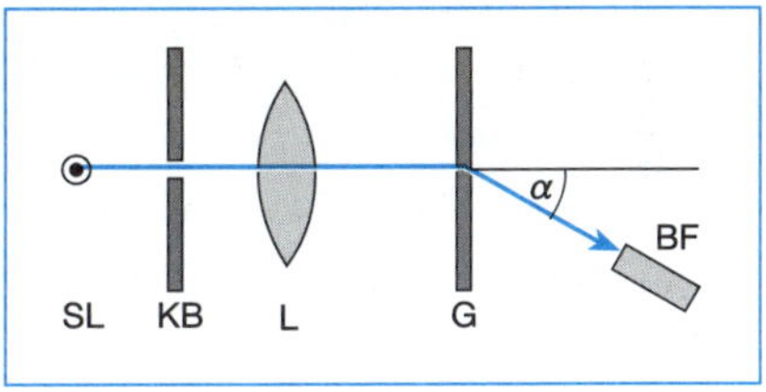

a) Erläutern Sie anhand der Abbildung rechts den Aufbau und die Funktionsweise eines Gitterspektrometers. Erklären Sie die Entstehung der Spektrallinien mithilfe des Huygens'schen Prinzips und leiten Sie die Bedingung $\sin\alpha = n\lambda/d$ für eine Linie der n-ten Ordnung ($n \in \mathbb{N}_0$) her.

b) Wie viele Striche pro Zentimeter hat das Gitter, wenn die rote Wasserstofflinie ($\lambda_\alpha = 656\,\text{nm}$) in der ersten Ordnung unter $\alpha_\alpha = 55{,}08°$ wahrgenommen wird? Weitere Linien werden unter $\alpha_\beta = 37{,}41\,°$, $\alpha_\gamma = 32{,}85°$ und unter $\alpha_\delta = 30{,}83\,°$ beobachtet. Stellen Sie alle Winkel, Wellenlängen und Frequenzen tabellarisch zusammen.

c) Kann auch das vollständige Spektrum zweiter Ordnung beobachtet werden? Was müsste gegebenenfalls geändert werden?

Lösung

a) Die Spektrallampe SL (Gasentladungsröhre) enthält das zu untersuchende Gas (hier Wasserstoff) unter niedrigem Druck, das durch die anliegende Spannung zum Leuchten angeregt wird. Der Spalt der gleichmäßig ausgeleuchteten Kollimatorblende KB befindet sich im Brennpunkt der Sammellinse L, die somit paralleles Licht zum Gitter G leitet. Dort wird das Licht in seine spektralen Bestandteile aufgespalten und die resultierenden Spektrallinien erscheinen im Beobachtungsfernrohr BF unter den auszumessenden Ablenkungswinkeln α.
Jeder Punkt einer Wellenfront erzeugt nach dem Huygens'schen Prinzip eine kreis- bzw. kugelförmige Elementarwelle. Die Einhüllende aller Elementarwellen bildet dann die neue Wellenfront. So kann jede Gitteröffnung S_1 bis S_5 als Quelle einer Elementarwelle angesehen werden. Die gemeinsamen Tangenten an zeit-

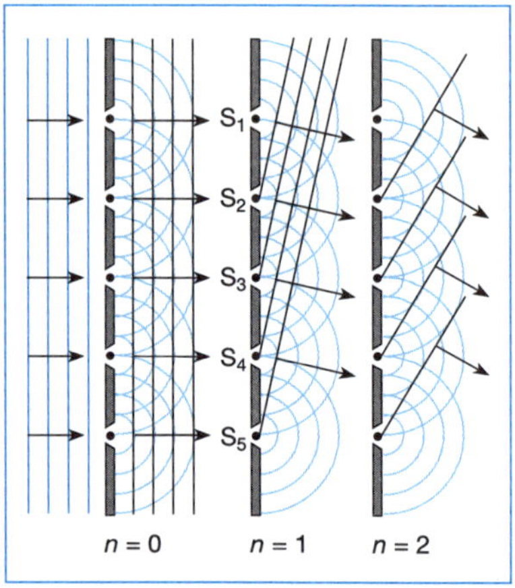

gleich erzeugte Elementarwellen führen dann zum Interferenzmaximum 0-ter Ordnung ($n = 0$). Besteht zwischen benachbarten Elementarwellen ein Laufzeitunterschied von einer bzw. zwei Wellenlängen, so resultieren diejenigen Wellenfronten, die zur Spektrallinie erster ($n = 1$) bzw. zweiter ($n = 2$) Ordnung führen. Die Bedingung für konstruktive Interferenz $\sin\alpha = n\lambda/d$ gilt gleichermaßen für das Gitter und den Doppelspalt, sodass ihre Herleitung der Lösung zu Aufgabe 11.4.1 a) zu entnehmen ist.

b) Der Abstand zweier benachbarter Gitteröffnungen beträgt
$d = n\lambda/\sin\alpha = 1 \cdot 656 \cdot 10^{-9}\,\text{m}/\sin 55{,}08° = 8 \cdot 10^{-7}\,\text{m} = 8 \cdot 10^{-5}\,\text{cm}$;
die gesuchte Strichdichte ist der Kehrwert dieses Abstands
$1/d = 1/(8 \cdot 10^{-5}\,\text{cm}) = 12\,500\,\text{cm}^{-1}$.
Die Wellenlängen der blaugrünen (β), der blauen (γ) und der violetten (δ) Spektrallinien lassen sich ebenfalls mithilfe der Formel $\sin\alpha = n\lambda/d$ berechnen, indem sie nach λ freigestellt wird:
$\lambda_\beta = (d \sin\alpha)/n = (8 \cdot 10^{-7}\,\text{m} \cdot \sin 37{,}41°)/1 = 486\,\text{nm}$,
$\lambda_\gamma = 434\,\text{nm}$ und $\lambda_\delta = 410\,\text{nm}$.
Die zugehörigen Frequenzen ergeben sich sofort aus $f = c/\lambda$.

Linie	α	β	γ	δ
α	55,08°	37,41°	32,85°	30,83°
λ in nm	656	486	434	410
f in 10^{14} Hz	4,573	6,173	6,912	7,317

c) Die rote Linie weist in jeder Ordnung den größten Ablenkungswinkel auf. Um das gesamte Spektrum zweiter Ordnung wahrnehmen zu können, müsste somit die Bedingung $\sin\alpha_{\alpha 2} < 1$ erfüllt sein.
Es gilt jedoch $\sin\alpha_{\alpha 2} = (2 \cdot 656 \cdot 10^{-9}\,\text{m})/(8 \cdot 10^{-7}\,\text{m}) = 1{,}64 > 1$. Unterschreitet der Gitterabstand d die Wellenlänge λ zu stark, so wirkt das Gitter wie eine absorbierende und/oder reflektierende Fläche, wobei dieser Effekt zuerst in den höheren Ordnungen auftritt. Man müsste somit ein Gitter geringerer Strichdichte verwenden; die Bedingung $\sin\alpha_{\alpha 2} < 1$ führt auf
$(2 \cdot 656 \cdot 10^{-9}\,\text{m})/d < 1 \Leftrightarrow d > 1{,}312 \cdot 10^{-6}\,\text{m} = 1{,}312 \cdot 10^{-4}\,\text{cm}$.

Daraus folgt $1/d < 7622$ Striche/cm als obere Grenze. Würde man die Strichdichte kontinuierlich verringern, so würden weitere Spektren höherer Ordnung auftreten und gleichzeitig würden die Spektren geringerer Ordnung zusammenrücken, sich teilweise auch überlappen, bis schließlich nur noch das zentrale Maximum sichtbar wäre. Überschreitet nämlich der Gitterabstand d die Wellenlänge λ zu sehr, so verschwinden die Beugungs- und damit auch die Interferenzeffekte.

11.5.2 Das Bohr'sche Atommodell

Voraussetzungen: Spektralserien des Wasserstoffs; Übergangsfrequenzen und Rydberg-Konstante; Energieniveau-Schema; Ionisierungsenergie und Korrespondenzprinzip; Bohr'sche Postulate und Bohr'scher Atomradius

Das Linienspektrum (vergleiche Aufgabe 11.5.1 b)) liefert wichtige Daten zum Bohr'schen Modell des atomaren Wasserstoffs.

a) 1855 entdeckte J. J. Balmer, dass die vier sichtbaren Spektralfrequenzen einem Gesetz der Form $f_{m,2} = R\left(\frac{1}{2^2} - \frac{1}{m^2}\right)$ genügen. Bestimmen Sie die Rydberg-Konstante R mithilfe der in Aufgabe 11.5.1, b) gewonnenen Daten (Literaturwert: $R = 3{,}2898 \cdot 10^{15}\,\text{s}^{-1}$). In welcher Weise konnte dieses Gesetz durch Lyman, Paschen und Brackett erweitert werden? Was sagt es aus?

b) Zeigen Sie, dass das Wasserstoffatom eine Ionisierungsenergie von 13,6 eV besitzt. Berechnen Sie die untersten vier Energieniveaus und skizzieren Sie das Energieniveau-Schema des Wasserstoffs. Was besagt das Korrespondenzprinzip?

c) Zeigen Sie, dass N. Bohr auf der Basis seines ersten Postulats die Bahnradien des Wasserstoffelektrons berechnen konnte und geben Sie den Bohr'schen Atomradius von Wasserstoff an. Rechtfertigen Sie die nicht-relativistische Rechnung.

d) Wo liegen die Grenzen des Bohr'schen Atommodells?

Lösung

a) Mit $R = f_{m,2}/\left(\frac{1}{2^2} - \frac{1}{m^2}\right)$ erhält man aus Aufgabe 11.5.1 b)

α-Linie: $R = 4{,}573 \cdot 10^{14}\,\text{Hz}/\left(\frac{1}{4} - \frac{1}{9}\right) = 3{,}2926 \cdot 10^{15}\,\text{s}^{-1}$

β-Linie: $R = 6{,}173 \cdot 10^{14}\,\text{Hz}/\left(\frac{1}{4} - \frac{1}{16}\right) = 3{,}2923 \cdot 10^{15}\,\text{s}^{-1}$

γ-Linie: $R = 3{,}2914 \cdot 10^{15}\,\text{s}^{-1}$

δ-Linie: $R = 3{,}2927 \cdot 10^{15}\,\text{s}^{-1}$.

Die gerundeten Werte stimmen bis zur zweiten Dezimalstelle mit dem Literaturwert überein, was als gute Bestätigung anzusehen ist.

Die Balmer-Serie beschreibt die Übergänge angeregter Wasserstoffatome von den Energieniveaus $m = 3, 4, 5, 6, \ldots$ auf das zweite Niveau $(n = 2)$, wobei die Energiedifferenz jeweils als Photon, zum Teil im sichtbaren Bereich, abgegeben wird. Während die Lyman-Serie die Übergänge von $m \geq 2$ in den Grundzustand $(n = 1)$ umfasst, deren Spektrallinien im UV-Bereich liegen, entdeckten Paschen und Brackett die Übergangsserien von $m \geq 4$ nach $n = 3$ bzw. von $m \geq 5$ nach $n = 4$, beide im IR-Bereich. Die Spektralfrequenzen genügen dem verallgemeinerten Gesetz $f_{m,n} = R\left(\frac{1}{n}^2 - \frac{1}{m}^2\right)$ für $m > n$, das in dieser Form eine Zuordnung zwischen den beobachteten Spektrallinien und den an den Übergängen beteiligten atomaren Anregungsniveaus erlaubt. Mit $E_{m,n} = h\,f_{m,n}$ können dann auch die energetischen Abstände zwischen den Übergangsniveaus ermittelt werden.

b) Die Ionisierungsenergie E_i entspricht derjenigen Energie, die mindestens erforderlich ist, um das im Grundzustand $(n = 1)$ gebundene Elektron freizusetzen $(m \to \infty)$:

$E_\text{i} = h \cdot \lim\limits_{m \to \infty} R\left(\frac{1}{2^2} - \frac{1}{m^2}\right) = h \cdot R$

$E_\text{i} = (6{,}626 \cdot 10^{-34}\,\text{Js}) \cdot (3{,}2898 \cdot 10^{15}\,\text{s}^{-1})$

$= 21{,}798 \cdot 10^{-19}\,\text{J}$

$= 21{,}798 \cdot 10^{-19}\,\text{J}/1{,}602 \cdot 10^{-19}\,\text{C/e}$

$= 13{,}6\,\text{eV}$

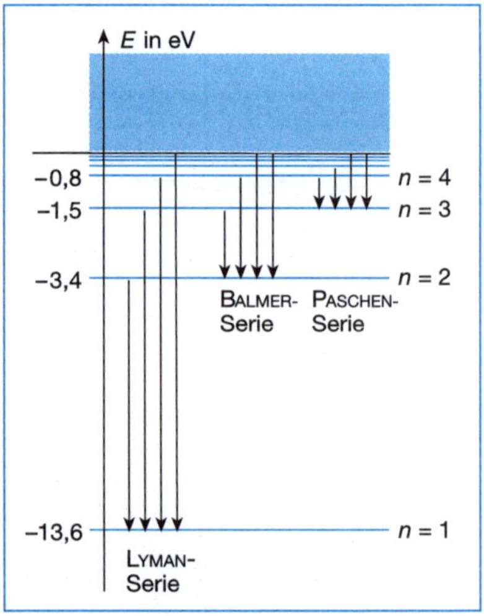

Durch Addition der Übergangsenergie $E_{m,1}$ zur Grundzustandsenergie $E_1 = -E_\text{i} = -13{,}6\,\text{eV}$ erhält man das m-te Energienieveau zu

$E_m = E_1 + E_{m,1} = E_1 + \text{h}\,f_{m,1}$:

$E_2 = -13{,}6\,\text{eV} + 6{,}626 \cdot 10^{-34}\,\text{Js} \cdot 2{,}467 \cdot 10^{15}\,\text{Hz} = -13{,}6\,\text{eV} + 10{,}2\,\text{eV} = -3{,}4\,\text{eV}$

$E_3 = -13{,}6\,\text{eV} + 6{,}626 \cdot 10^{-34}\,\text{Js} \cdot 2{,}924 \cdot 10^{15}\,\text{Hz} = -13{,}6\,\text{eV} + 12{,}1\,\text{eV} = -1{,}5\,\text{eV}$

$E_4 = -13{,}6\,\text{eV} + 6{,}626 \cdot 10^{-34}\,\text{Js} \cdot 3{,}084 \cdot 10^{15}\,\text{Hz} = -13{,}6\,\text{eV} + 12{,}8\,\text{eV} = -0{,}8\,\text{eV}$

Die aufsteigenden Energieniveaus liegen zunehmend dichter beieinander, um schließlich für das ungebundene Elektron in ein Energiekontinuum überzugehen. Das Korrespondenzprinzip trägt diesem Sachverhalt Rechnung und besagt, dass die für gebundene Elektronen typischen Quanteneffekte beim Übergang zum ungebundenen Zustand in die Gesetzmäßigkeiten der klassischen Physik einmünden.

c) Das erste Bohr'sche Postulat besagt, dass sich ein Hüllenelektron nur auf bestimmten Kreisbahnen strahlungsfrei, das heißt ohne Energieverlust bewegen kann. Sie werden durch die Quantisierung des Bahndrehimpulses $L = m_e r_n v_n = n h/2\pi \ (n \in \mathbb{N})$ festgelegt. Auf der n-ten Kreisbahn wirkt die Coulombkraft als Zentripetalkraft

$$m_e v_n^2/r_n = e^2/(4\pi \varepsilon_0 r_n^2) \Leftrightarrow m_e r_n v_n^2 = e^2/4\pi \varepsilon_0.$$

Die Quantisierungsvorschrift führt auf

$$(nh/2\pi)\, v_n = e^2/4\pi \varepsilon_0 \Leftrightarrow v_n = e^2/(2\varepsilon_0 h n).$$

Hiermit substituiert man die Geschwindigkeit in der Quantisierungsvorschrift $m_e r_n e^2/(2\varepsilon_0 h n) = nh/2\pi$ und erhält damit den Radius r_n der n-ten Bahn zu $r_n = (\varepsilon_0 h^2/\pi m_e e^2)\, n^2$. Der Bohr'sche Atomradius folgt mit $n = 1$ zu

$$r_1 = \frac{8{,}854 \cdot 10^{-12} \frac{\text{C}}{\text{Vm}} \cdot (6{,}626 \cdot 10^{-34}\,\text{Js})^2}{\pi \cdot 9{,}108 \cdot 10^{-31}\,\text{kg} \cdot (1{,}602 \cdot 10^{-19}\,\text{C})^2} = 5{,}29 \cdot 10^{-11}\,\text{m}$$

$$v_1 = \frac{e^2}{2\epsilon_0 h} = \frac{(1{,}602 \cdot 10^{-19}\,\text{C})^2}{2 \cdot 8{,}854 \cdot 10^{-12} \frac{\text{C}}{\text{Vm}} \cdot 6{,}626 \cdot 10^{-34}\,\text{Js}} = 2{,}187 \cdot 10^6\,\text{m/s}$$

und mit $v_1 \ll c$ wird die nicht-relativistische Rechnung gerechtfertigt.

d) (1) Die Strahlungsfreiheit des Elektrons steht im Widerspruch zu den Aussagen der Elektrodynamik, wonach jede beschleunigte Ladung Strahlung (Energie) abgibt.

(2) Die Drehimpulserhaltung führt auf scheibchenförmige Atome im Widerspruch zur Kugelsymmetrie, die z. B. in der kinetischen Gastheorie angenommen wird.

(3) Die klassischen Begriffe von Radius (Ort) und Geschwindigkeit (Impuls) stehen im Widerspruch zur Unschärferelation Heisenbergs.

(4) Das Bohr'sche Atommodell bewährt sich nur für Einelektronen-Systeme (H, He^+, Li^{++}), versagt aber bei Atomen mit mehr als einem Hüllenelektron.

11.5.3 Die spektrale Rotverschiebung und ihre kosmologische Bedeutung

Voraussetzungen: Rotverschiebung und ihre Ursachen; relativistischer Dopplereffekt; Hubble'sches Gesetz; kosmologische Modelle

Von einer fernen Galaxie wird das Wasserstoff-Linienspektrum empfangen, jedoch ist die rote Linie $\lambda_\alpha = 656\,\text{nm}$ hin zu $\lambda_\alpha^* = 724\,\text{nm}$ verschoben.

a) Bestimmen Sie die Fluchtgeschwindigkeit und die Entfernung dieser Galaxie. (Hubble-Konstante: $H = 20\frac{\text{km}}{\text{s}}/1\,\text{Mio LJ}$)

b) Welches kosmologische Modell wird durch die beobachtbaren Rotverschiebungen gestützt?

Lösung

a) Der relativistische Doppler-Effekt $\lambda_\alpha^* = \lambda_\alpha \cdot \sqrt{1 + v/c}/\sqrt{1 - v/c}$ kann für $v \ll c$ mithilfe der Näherungen $\sqrt{1 + v/c} \approx 1 + \frac{1}{2}v/c$ und $\sqrt{1 - v/c} \approx 1 - \frac{1}{2}v/c$ vereinfacht werden. Für die Rotverschiebung $\Delta\lambda_\alpha = \lambda_\alpha^* - \lambda_\alpha$ folgt

$$\Delta\lambda_\alpha = \lambda_\alpha \cdot \left(\frac{1 + \frac{1}{2}\frac{v}{c}}{1 - \frac{1}{2}\frac{v}{c}} - 1 \right) \approx \lambda_\alpha \cdot \frac{v}{c}.$$

Zunächst bestimmt man die Geschwindigkeit zu

$$v = \frac{\Delta\lambda_\alpha}{\lambda_\alpha} \cdot c = \frac{724\,\text{nm} - 656\,\text{nm}}{656\,\text{nm}} \cdot 3 \cdot 10^5 \frac{\text{km}}{\text{s}} = 31\,098 \frac{\text{km}}{\text{s}}$$

Das Hubble'sche Gesetz liefert dann die Entfernung der Galaxie zu

$$d = \frac{v}{H} = \frac{31\,098\,\text{km/s}}{\frac{20\,\text{km/s}}{\text{Mio LJ}}} = 1{,}56\ \ 10^9\,\text{LJ}.$$

b) Die Rotverschiebung deutet auf ein expandierendes Weltall hin, wobei sich die Fluchtgeschwindigkeit *v* gemäß dem Hubble'schen Gesetz mit zunehmender Entfernung *d* von der Erde erhöht. Da die Rotverschiebung jedoch an jedem Ort des Universums gleichermaßen beobachtet werden kann (Nachweis!), gibt sie keinen Hinweis auf ein mögliches Zentrum des Universums. Die Ausdehnung des Weltalls stützt ihrerseits die Urknalltheorie, die auch durch die Hintergrundstrahlung bei 2,7 K erhärtet wird. Seit dem Urknall sind ca. $20 \cdot 10^9$ Jahre vergangen.

11.6 Das Coulomb'sche Kraftgesetz und das Coulomb-Potential

11.6.1 Experimenteller Nachweis des Coulomb-Gesetzes

Voraussetzungen: Coulomb-Gesetz und Potential; Kräftezerlegung am Fadenpendel; rechnerische und zeichnerische Methoden der Versuchsauswertung; elektrische Feldstärke und Flächenladungsdichte; Kapazität einer frei stehenden Kugel

Die abgebildete Versuchsanordnung dient dem Nachweis des Coulomb'schen Kraftgesetzes. Mithilfe einer nicht abgebildeten Spannungsquelle können die beiden gleich großen Kugeln K_1 und K_2 elektrisch geladen werden. Die Abstände x der Kugeloberflächen und die Auslenkungen s der Pendelkugel K_2, die aus mit Graphit beschichtetem Polystyrol besteht und $m = 2{,}5\,\text{g}$ hat, werden in einer Schattenprojektion mit 5-facher Vergrößerung als x^* und s^* abgelesen.

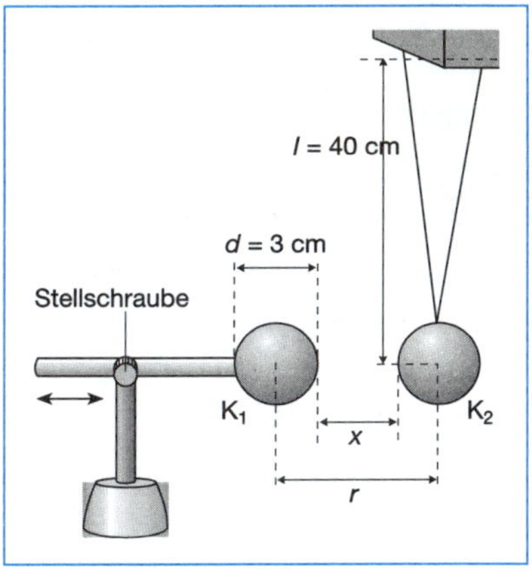

a) Erläutern Sie den Aufbau und die Funktionsweise der Versuchsanordnung und zeigen Sie, dass sich die elektrische Kraftwirkung zu $F_{el} = m\,g\,s/l$ ergibt. Welche Messreihen sind zur Bestätigung des Coulomb-Gesetzes durchzuführen?

b) Zunächst werden K_1 und K_2 beide auf $q_1 = q_2 = q$ geladen und der Abstand $x^* = 10\,\text{cm}$ wird während der gesamten Messung durch Nachregulierung beibehalten. Wie kann q_1 mithilfe einer weiteren gleichartigen Kugel auf folgende Werte verringert werden?

q_1	$1q$	$0{,}75q$	$0{,}50q$	$0{,}25q$	$0q$
s^* in m	0,023	0,017	0,011	0,005	0,000

Wie hängt die Coulombkraft F_{el} von der Ladungsstärke q_1 ab?

c) Während der zweiten Messung werden die Ladungen $q_1 = q_2 = q$ beibehalten und die Abstände x bzw. r variiert.

x^* in m	0,204	0,178	0,153	0,125	0,098	0,073	0,047
s^* in m	0,010	0,013	0,015	0,018	0,022	0,029	0,039

Wie hängt die Coulombkraft F_{el} vom Mittelpunktsabstand r beider Kugeln ab?

d) Eine dritte Messung führt für $q_1, r = \text{const}$ auf die Proportionalität $F_{\text{el}} \sim q_2$. Fassen Sie alle vorliegenden Proportionalitäten zu einer Gleichung zusammen und bestimmen Sie die verbleibende Proportionalitätskonstante aus dem Zusammenhang zwischen elektrischer Feldstärke und Flächenladungsdichte. Zeigen Sie anschließend, dass eine geladene Kugel das Potential $V(r) = \left(\frac{1}{4}\pi\,\varepsilon_0\right) \cdot (q/r)$ besitzt.

e) Bestimmen Sie die in Teil b) (oder c)) auf K_2 gebrachte Ladungsmenge q und auch die Stärke U der verwendeten Spannungsquelle.

Lösung

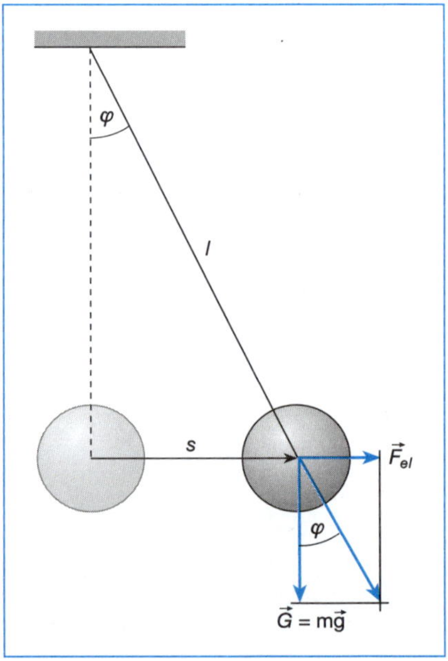

a) Sobald die beiden Kugeln K_1 und K_2 gleichnamig geladen werden, bewirkt die abstoßende elektrische Kraft F_{el}, dass K_2 um ein Stück s ausgelenkt wird. Dabei erfolgt die Auslenkung, vorgegeben durch die doppelte Aufhängung, in Verlängerung der Achse K_1K_2. Die Kugel K_2 kann mithilfe der Stellschraube entlang dieser Achse bewegt werden, sodass der gewünschte Oberflächenabstand x bzw. Mittelpunktsabstand r eingehalten wird. Der Abbildung lassen sich die Beziehungen $\sin\varphi = s/l$ und $\tan\varphi = F_{\text{el}}/mg$ entnehmen und weil für kleine Auslenkungen φ die Näherung $\sin\varphi \approx \tan\varphi$ gilt, folgt

$s/l = F_{\text{el}}/mg \Leftrightarrow F_{\text{el}} = m\,g\,s/l$.

Die Coulombkraft F_{el} ist also proportional zur Auslenkung s und lässt sich bei bekannter Pendellänge l und Kugelmasse m berechnen.

Da die Coulombkraft F_{el} von den beiden Ladungen q_1 und q_2 sowie ihrem Abstand r abhängt, sind drei Messreihen durchzuführen, bei denen jeweils eine Größe variiert wird, während die beiden anderen Größen konstant gehalten werden:

1. Messung: $F_{\text{el}} = F_{\text{el}}(q_1)$ mit $q_2, r = \text{const} \rightarrow$ Teil b)
2. Messung: $F_{\text{el}} = F_{\text{el}}(q_2)$ mit $q_1, r = \text{const} \rightarrow$ Teil d)
3. Messung: $F_{\text{el}} = F_{\text{el}}(r)$ mit $q_1, q_2 = \text{const} \rightarrow$ Teil c).

b) Wird die geladene Kugel K_1 mit einer gleichartigen ungeladenen Kugel berührt, so verteilt sich die Ladung q gleichmäßig auf beide Kugeln und auf K_1 verbleibt die Ladung $\frac{1}{2}q$. Eine Wiederholung führt auf $\frac{1}{4}q$. Wird jedoch die mit $\frac{1}{2}q$ geladene Kugel K_1 mit der gleichartigen Kugel berührt, die zuvor auf q geladen wurde, so führt ein Ladungsausgleich auf $\frac{3}{4}q$. Mit $s = s^*/5$ folgt $F_{el} = m\,g\,s/l = m\,g\,s^*/5l$; mit Daten

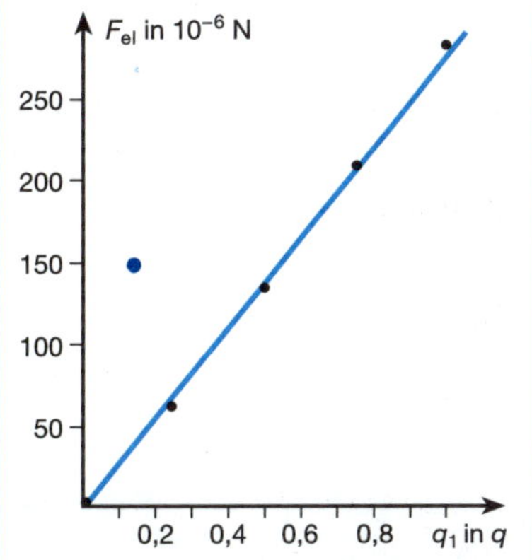

$F_{el} = 0{,}0025\,\text{kg} \cdot 9{,}81\,\frac{\text{m}}{\text{s}^2} \cdot (s^*/5 \cdot 0{,}4\,\text{m}) = 12{,}26 \cdot 10^{-3}\,\frac{\text{kg}}{\text{s}^2} \cdot s^*$

s^* in 10^{-3} m	F_{el} in 10^{-6} N	q_1	F_{el}/q_1 in 10^{-6}
23	282	q	282/q
17	208	$0{,}75\,q$	277/q
11	135	$0{,}50\,q$	270/q
5	61	$0{,}25\,q$	244/q
0	0	$0\,q$	–

Die Grafik deutet innerhalb der Messgenauigkeit die Proportionalität $F_{el} \sim q_1$ an, die auch durch den nahezu konstanten Quotienten F_{el}/q_1 in der letzten Spalte der Tabelle bestätigt wird.

c) Wird $x = x^*/5$ in $r = x + 0{,}03\,\text{m}$ eingesetzt, so folgt der Mittelpunktsabstand der Kugeln zu $r = x^*/5 + 0{,}03\,\text{m}$. Die Coulombkraft lässt sich wieder nach der in Teil b) gewonnenen Formel $F_{el} = 12{,}26 \cdot 10^{-3}\,\frac{\text{kg}}{\text{s}^2} \cdot s^*$ berechnen.

x^* in 10^{-3} m	204	178	153	125	98	73	47
r in 10^{-3} m	70,8	65,6	60,6	55,0	49,6	44,6	39,4
$1/r^2$ in m^{-2}	199	232	272	331	406	503	644
s^* in 10^{-3} m	10	13	15	18	22	29	39
F_{el} in 10^{-6} N	123	159	184	221	270	356	478
$F_{el}\,r^2$ in $10^{-9}\,\text{Nm}^2$	618	685	676	668	665	708	742

In der linken Abbildung auf der nächsten Seite wird ein hyperbelförmiger Zusammenhang $F_{el} \sim r^{-n}$ $(n \in \mathbb{N})$ angezeigt, der darunter für $n = 2$ den linearisierten Zusammenhang $F_{el} \sim r^{-2}$ liefert. Die Coulombkraft ist also zum Kehrwert des Abstandsquadrates proportional. Das zeigt sich auch in der letzten Zeile der Tabelle durch annähernd gleiche Werte für den Quotienten

$F_{el} : \frac{1^2}{r} = F_{el}\,r^2$.

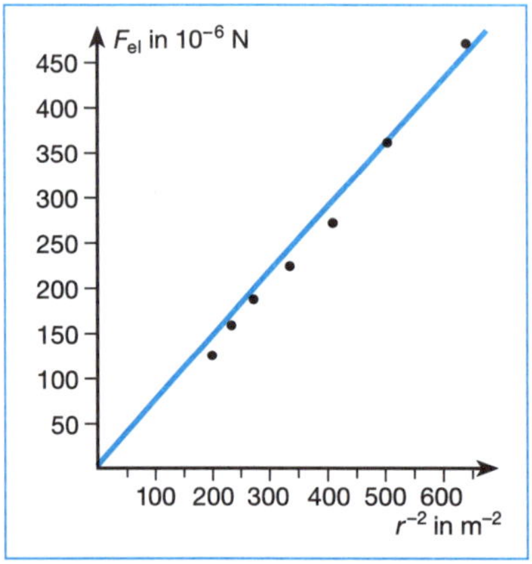

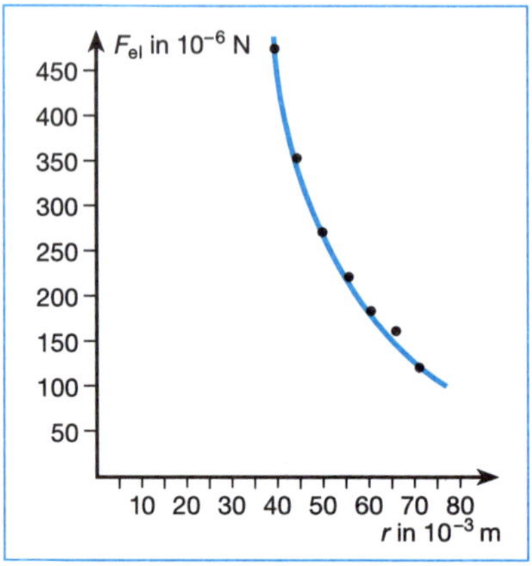

d) Neben der vorgegebenen Proportionalität $F_{el} \sim q_2$ $(q_1, r = \text{const})$ liegen noch die Proportionalitäten $F_{el} \sim q_1$ $(q_2, r = \text{const})$ aus Teil b) und $F_{el} \sim r^{-2}$ $(q_1, q_2 = \text{const})$ aus Teil c) vor. Zusammengefasst folgt

$F_{el} \sim (q_1\, q_2)/r^2 \Leftrightarrow F_{el} = k\,(q_1\, q_2)/r^2.$

Die Proportionalitätskonstante k kann nun aus der Beziehung

$D = \varepsilon_0 E \Leftrightarrow E = \frac{1}{\varepsilon_0} \cdot q_1/A = q_1/(4\,\pi\,\varepsilon_0\, r^2)$ bestimmt werden. Wird nämlich die aus dem Coulomb-Gesetz formulierte Feldstärke $E = F_{el}/q_2 = k\,q_1/r^2$ mit dem zuvor gewonnenen Ausdruck gleichgesetzt, so erhält man die Konstante k:

$q_1/4\pi\,\varepsilon_0 r^2 = k\,q_1/r^2 \Leftrightarrow k := \frac{1}{4}\pi\,\varepsilon_0.$

Damit lautet das Coulomb'sche Kraftgesetz

$F_{el} = \frac{1}{4\pi\varepsilon_0} \cdot \frac{q_1 \cdot q_2}{r_2}$ oder vektoriell $\vec{F}_{el} = \frac{1}{4\pi\varepsilon_0} \cdot \frac{q_1 \cdot q_1}{r^2} \cdot \vec{r}_0$

wobei der Einheitsvektor $\vec{r}_0$ radialsymmetrisch von der felderzeugenden Ladung weg weist.

Das Potential eines Punktes P_1 bezogen auf den frei wählbaren Bezugspunkt P_0 ergibt sich aus der folgenden Wegintegration:

$$V_{01} = -\int_{P_0}^{P_1} \vec{E} \cdot d\vec{r} = -\int_{P_0}^{P_1} \frac{q}{4\pi\varepsilon_0 r^2} \cdot d_r = \frac{q}{4\pi\varepsilon_0} \cdot \left(\frac{1}{r_1} - \frac{1}{r_0}\right) \underset{r_0 \to \infty}{\to} V(r) = \frac{q}{4\pi\varepsilon_0} \cdot \frac{1}{r}$$

e) Weil in Teil b) gleiche Ladungen $q_1 = q_2 = q$ verwendet werden, folgt aus dem Coulomb-Gesetz

$$F_{el} = \frac{1}{4\pi\varepsilon_0} \cdot \frac{q^2}{r^2} \Rightarrow q = \sqrt{4\,\pi\,\varepsilon_0 F_{el}} \cdot r$$

Das erste Wertepaar beispielsweise führt auf

$$q = \sqrt{4\,\pi \cdot 8{,}8542 \cdot 10^{-12}\,\frac{\text{C}}{\text{Vm}} \cdot 282 \cdot 10^{-6}\,\text{N}} \cdot 0{,}05\,\text{m} = 8{,}9 \cdot 10^{-9}\,\text{C}.$$

Zunächst folgt die Kapazität der frei stehenden Kugel zu

$C = q/V = q/(q/4\pi\varepsilon_0 r) = 4\pi\varepsilon_0 r$

$= 4\pi \cdot 8{,}8542 \cdot 10^{-12}\,\mathrm{C/Vm} \cdot 0{,}015\,\mathrm{m} = 1{,}67 \cdot 10^{-12}\,\mathrm{C/V} = 1{,}67\,\mathrm{pF}.$

Aus der Beziehung $q = C\,U$ lässt sich die gesuchte Spannung berechnen:

$U = q/C = 8{,}9 \cdot 10^{-9}\,C/1{,}67 \cdot 10^{-12}\,C/V = 5329\,\mathrm{V}.$

11.6.2 Das Atommodell von Rutherford

Voraussetzungen: Atommodelle; α-Zerfall und Zerfallsgleichung; Coulomb-Potential und potentielle Energie; Tröpfchenmodell und Kernradien; Tunneleffekt

1911 veröffentlichte E. Rutherford sein Atommodell, das aus der Beobachtung von an einer dünnen Goldfolie gestreuten α-Teilchen gewonnen wurde. Beim Verständnis dieses Experimentes sind Coulomb-Potentiale von zentraler Bedeutung.

a) Skizzieren Sie die bis zum Ende des 19. Jahrhunderts entwickelten Vorstellungen vom atomaren Aufbau der Materie. Welche Erwartungen durfte Rutherford an den Ausgang seines Streuexperiments stellen? Was zeigte sich tatsächlich und welche Deutung gab er seinen Beobachtungen?

b) Beim Zerfall von Radium ($^{224}_{88}\mathrm{Ra}$) zu Radon werden α-Teilchen der Energie 5,68 MeV gewonnen. Notieren Sie die Zerfallsgleichung. Wie weit können sich diese α-Teilchen einem Gold-Kern ($^{197}_{79}\mathrm{Au}$) höchstens nähern? Zeichnen Sie ein Energiediagramm.

c) Schätzen Sie mithilfe des Tröpfchen-Modells den Radius r_0 eines Nukleons sowie die Radien des Gold-Kerns und des α-Teilchens ab.
(Literaturwert: $r_0 = 1{,}48 \cdot 10^{-15}\,\mathrm{m}$).

d) Warum steht die Aussendung der α-Teilchen beim Zerfall des Radiums im Widerspruch zu den Gesetzen der klassischen Physik?

Lösung

a) Bereits in der Antike gab die Frage nach der Teilbarkeit der Materie Anlass zu unterschiedlichen spekulativ-naturphilosophischen Ansichten. So nahm beispielsweise Aristoteles (4. Jh. v. Chr.) ihre unbegrenzte Teilbarkeit und damit auch die vollständig-kontinuierliche Ausfüllung des Raumes mit Materie an. Leukippos (5. Jh. v. Chr.), ebenso Demokrit und Epikur hingegen hatten die Vorstellung von einem Atom, einer kleinsten, nicht weiter teilbaren Einheit.
Erst Ende des 18. Jahrhunderts konnte J. Dalton (1766–1808) eine erste, noch sehr grobe aber naturwissenschaftlich fundierte Vorstellung entwickeln. Sein »Billardkugel-Modell« wurde durch die Forschungsergebnisse seiner Zeitgenos-

sen M. Faraday, A. Avogadro, und anderen gestützt und basierte auf der Beobachtung ganzzahliger Verhältnisse chemischer Bindungspartner, die selbst nicht weiter zerlegbar waren und deshalb als »Elemente« bezeichnet wurden.
J. J. Thomson (1856–1940) stellte nach seiner Entdeckung des Elektrons erste Überlegungen zur Ladungsverteilung innerhalb von Atomen an und gelangte zu seinem »Rosinenkuchen-Modell«, wonach die positiven Ladungen homogen über das gesamte kugelförmige Atom verteilt sind und die negativen Elektronen darin stecken wie die Rosinen in einem Kuchen.

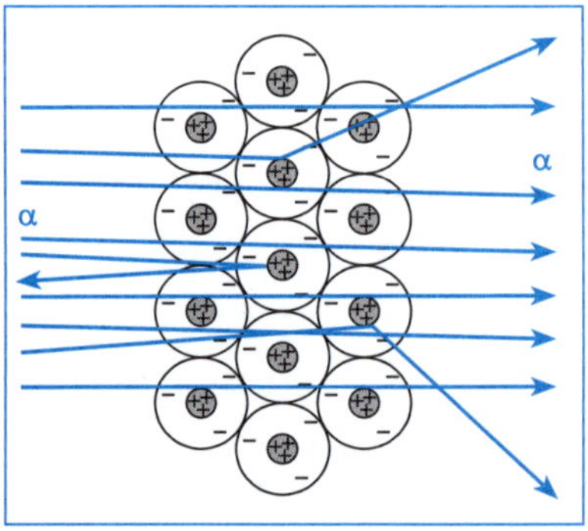

Thomsons Schüler E. Rutherford (1871–1937) bemühte sich, diese unklare Vorstellung vom Atom zu erhellen, indem er eine 0,004 mm dünne Goldfolie, das sind ca. 2000 Goldatomschichten, mit α-Teilchen beschoss. Auf der Grundlage von Daltons Modell müssten alle α-Teilchen vollständig absorbiert und/oder reflektiert werden. Das Modell von Thomson hingegen erlaubte keine Vorhersage, da es keine Aussagen über die Festigkeit der Atome und die Stärke der positiven Ladungen machte. Tatsächlich passierten nahezu alle α-Teilchen ungehindert die Folie, nur einige wurden abgelenkt, zum Teil sogar zurückgestreut. In seiner Veröffentlichung von 1911 schrieb Rutherford, dass das Atom aus einer zentralen, punktförmig konzentrierten elektrischen Ladung besteht, die von einer gleichförmig sphärischen Ladungsverteilung des entgegengesetzten Vorzeichens und des gleichen Betrages umgeben ist. Überraschend war also die Erkenntnis, dass sich nahezu die gesamte Masse und die positive Ladung vollständig im Kern konzentrieren, während die negative Hülle aus materiefreiem Raum besteht.

b) Die Zerfallsgleichung lautet:
$^{224}_{88}\text{Ra} \rightarrow {}^{220}_{86}\text{Rn} + {}^{4}_{2}\alpha$ (5,68 MeV).
Ein α-Teilchen $(q_1 = |2e|)$ erreicht bei zentraler Rückstreuung seine größte Annäherung an den Goldkern $(q_2 = |79e|)$. Seine potentielle Energie beträgt im Abstand r vom Goldkern

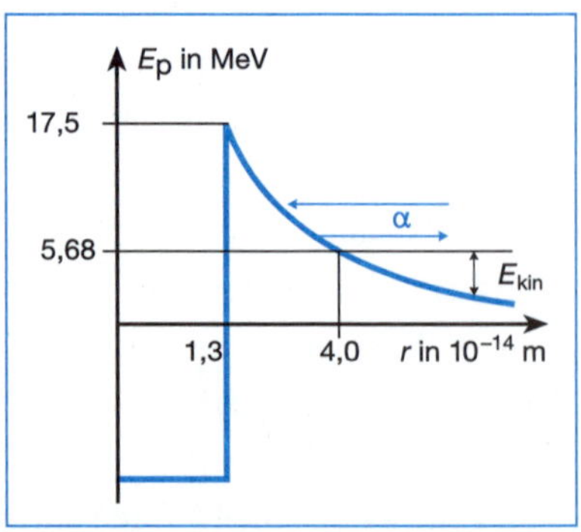

$E_p(r) = V_{Au}(r) \cdot q_1 = \frac{1}{4\pi\varepsilon_0}(q_1 q_2)/r^2$

$E_p(r) = 8{,}988 \cdot 10^9 \frac{\text{Vm}}{\text{C}} \cdot 158 \cdot (1{,}602 \cdot 10^{-19}\,\text{C})^2 \cdot 1/r = 3{,}645 \cdot 10^{-26}\,\text{Jm} \cdot 1/r.$

Bei größtmöglicher Annäherung ist die kinetische Energie des α-Teilchens vollständig in potentielle Energie umgewandelt: $E_p(r) = E_{kin}$; der Energieerhaltungssatz führt dann auf den Abstand r:

$3{,}645 \cdot 10^{-26}\,\text{Jm} \cdot 1/r = 5{,}68 \cdot 10^6\,\text{eV} \cdot 1{,}602 \cdot 10^{-19}\,\text{J/eV}$

$\Leftrightarrow\ r = 4{,}0 \cdot 10^{-14}\,\text{m}$

wobei der Wirkungsbereich $r < 1{,}3 \cdot 10^{-14}\,\text{m}$ der stark anziehenden Kernkraft nicht erreicht wird.

c) Das Tröpfchenmodell beschreibt den Atomkern aus kugelförmigen Nukleonen vom Radius r_0 und Volumen $V = 4\pi/3\, r_0^3$, die sich zum ebenfalls kugelförmigen Atomkern der Massenzahl A zusammenlagern. Der Kernradius r_A folgt dann aus

$V_A = A\,V_0 \ \Leftrightarrow\ 4\pi/3\, r_A^3 = A\, 4\pi/3\, r_0^3 \ \Leftrightarrow\ r_A = A^{1/3} r_0.$

Der in Teil b) bestimmte Minimalabstand r führt zusammen mit den Massenzahlen $A = 197$ für Gold und $A = 4$ für das α-Teilchen auf folgende Abschätzung des Nukleonenradius:

$r_{Au} + r_\alpha \le r \ \Leftrightarrow\ r_0 \cdot 197^{1/3} + r_0 \cdot 4^{1/3} \le 4{,}0 \cdot 10^{-14}\,\text{m} \ \Leftrightarrow\ r_0 \le 5{,}4 \cdot 10^{-15}\,\text{m}.$

Damit lassen sich auch die Kernradien zu

$r_{Au} \le 197^{1/3} \cdot 5{,}4 \cdot 10^{-15}\,\text{m} = 3{,}14 \cdot 10^{-14}\,\text{m}$ und

$r_\alpha \le 4^{1/3} \cdot 5{,}4 \cdot 10^{-15}\,\text{m} = 8{,}57 \cdot 10^{-15}\,\text{m}$

abschätzen. Diese Werte liegen zumindest in der richtigen Größenordnung. Eine Verbesserung ließe sich mit α-Teilchen höherer Energie erreichen, solange nicht das Kernpotential berührt wird.

d) Das α-Teilchen müsste im Abstand

$r_{Rn} + r_\alpha + r_0 = [(220)^{1/3} + 4^{1/3} + 1] \cdot 1{,}48 \cdot 10^{-15}\,\text{m} = 1{,}3 \cdot 10^{-14}\,\text{m}$

eine kinetische Energie von mindestens

$E_{kin} = 1/4\pi\varepsilon_0\,(2 \cdot 86) \cdot (1{,}602 \cdot 10^{-19}\,\text{C})^2/1{,}3 \cdot 10^{-14}\,\text{m} = 3{,}05 \cdot 10^{-12}\,\text{J} = 19{,}05\,\text{MeV}$

besitzen, um den Einflussbereich der Kernkräfte zu verlassen. Tatsächlich »durchtunnelt« es aber den Potentialwall im Bereich von 1,3 bis $4{,}36 \cdot 10^{-14}\,\text{m}$ mit lediglich 5,68 MeV, was nur durch eine quantenphysikalische Betrachtung erklärt werden kann.

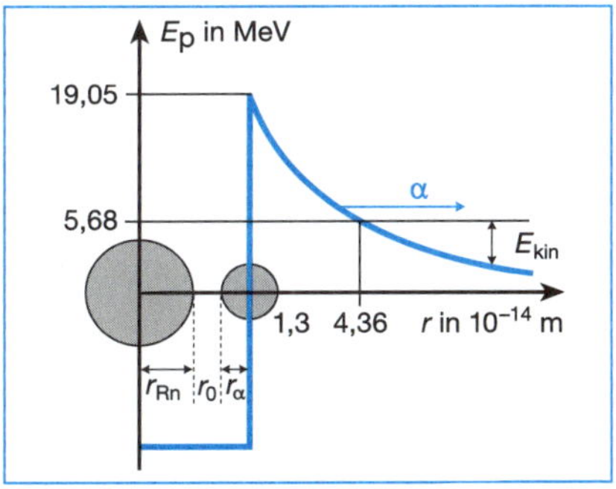

11.7 Teilchen- und Wellenaspekt des Elektrons

11.7.1 Das Elektron als klassisches Teilchen in der Braun'schen Röhre

Voraussetzungen: Braun'sche Röhre und Elektronenstrahl-Oszilloskop; Kinematik des waagerechten Wurfes; Ladungen im homogenen elektrischen Feld; Energieerhaltung; Charakteristika des Teilchenbildes und Abgrenzung zum Wellenbild

Das Kernstück eines Elektronenstrahl-Oszilloskops ist die Braun'sche Röhre.

a) Beschreiben Sie mithilfe einer geeigneten Zeichnung den Aufbau und die Funktionsweise einer Braun'schen Röhre und skizzieren Sie die messtechnischen Möglichkeiten eines Oszilloskops.

b) Zeigen Sie, dass Elektronen, die mit der Geschwindigkeit v die Ablenkplatten (Länge l, Abstand d, Ablenkspannung U_y) durchlaufen, auf einem Schirm, der sich im Abstand s hinter den Ablenkplatten befindet, einen Leuchtpunkt erzeugen, der um die Strecke

$$y = \frac{e}{m} \cdot \frac{1}{v^2} \cdot \frac{l \cdot (s + l/2)}{d} \cdot U_y$$

vom Zentrum abweicht.

c) Die Spannung $U_y(t) = 24\,\text{V} \sin(2\pi \cdot 50\,\text{Hz} \cdot t)$ führt zum nebenstehenden Oszillogramm, das keinerlei Ablenkungsverstärkung oder -abschwächung benötigt. Bestimmen Sie für $l = 6\,\text{cm}$, $d = 2\,\text{cm}$ und $s = 18\,\text{cm}$ die Beschleunigungsspannung U_b und die Geschwindigkeit v der Elektronen vor ihrer Ablenkung. Zeichnen Sie die Ablenkspannung $U_x(t)$ zeitlich parallel zu $U_y(t)$.

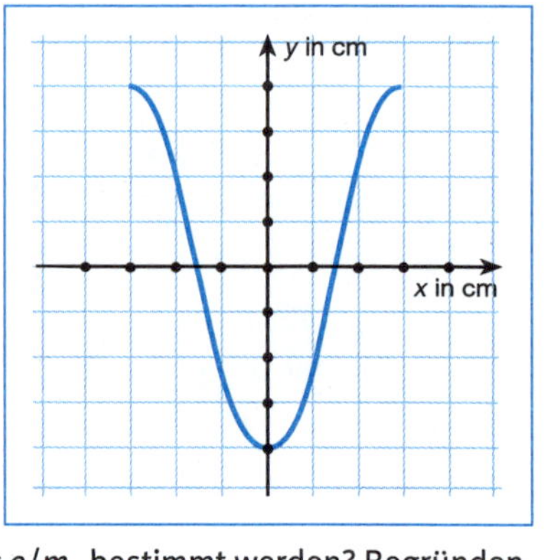

d) Kann mit der Braun'schen Röhre, analog zum Fadenstrahlrohr, die spezifische Ladung e/m_e bestimmt werden? Begründen Sie Ihre Antwort mit Bezug zu der Ablenkformel aus Teil b*).

e) Warum dürfen die Elektronen in der Braun'schen Röhre als Teilchen betrachtet werden? Geben Sie die wesentlichen Merkmale an, die dem »Teilchenbild« zugrunde liegen. Geben Sie weitere Situationen bzw. Experimente an, in denen Elektronen ebenfalls als Teilchen behandelt werden.

Lösung

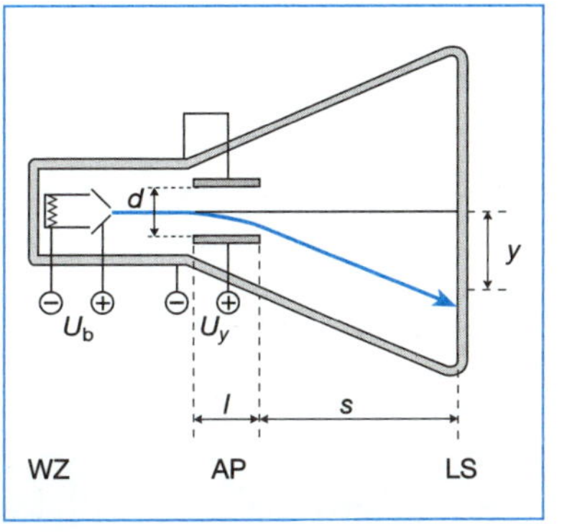

a) Im Wehnelt-Zylinder WZ durchlaufen die Elektronen, die aus der Glühkathode austreten, die Beschleunigungsspannung U_b und treten als gebündelter Strahl durch die Ringanode aus. Zwischen den Ablenkplatten AP erzeugt die Ablenkspannung U_y ein homogenes elektrisches Feld senkrecht zur Bewegungsrichtung der eintretenden Elektronen, die infolge ihrer negativen Ladung zur positiven Platte hin abgelenkt werden. Nach Verlassen der Ablenkplatten setzen sie ihren Weg geradlinig bis zum Leuchtschirm LS fort, wo sie dann im Abstand y vom Schirmzentrum die fluoreszierende Schirmbeschichtung zum Leuchten anregen. Der Ablenkungsformel aus Teil b*) lässt sich entnehmen, dass die Auslenkung y proportional zur Ablenkspannung U_y ist. Dieser Sachverhalt begründet die vielseitigen messtechnischen Möglichkeiten eines Elektronenstrahl-Oszilloskops.
Beim Oszilloskop gibt es ein zweites Paar von Ablenkplatten, das senkrecht zum ersten Paar angeordnet ist, und das bei angelegter Ablenkspannung U_x eine waagerechte Ablenkung des Elektronenstrahls hervorruft.
Die zahlreichen messtechnischen Möglichkeiten des Oszilloskops lassen sich in zwei Anwendungsgruppen einteilen. Im ersten Fall gibt man das auszumessende Spannungssignal auf den y-Eingang und schaltet die x-Ablenkung auf ein internes Sägezahnsignal. Größe und zeitlicher Verlauf der Spannung können im justierten Standbild abgelesen werden (vergleiche hierzu Teil c)). Im zweiten Fall wird auch die x-Ablenkung über ein externes Signal gesteuert. Typische Anwendungsbeispiele hierfür sind die Darstellung von Phasenbeziehungen oder von Lissajous-Figuren. In beiden Fällen können zu große oder zu kleine externe Signale durch interne Abschwächung oder Verstärkung in Ablenksignale geeigneter Größe umgewandelt werden.

b) Elektronen, die in das homogene elektrische Feld $E = U_y/d$ eintreten, erfahren senkrecht zu ihrer anfänglichen Bewegungsrichtung (z-Achse) die Kraft $m\,a = e\,E = e\,U_y/d$ und somit die Beschleunigung $a = e/m\,U_y/d$. Gemäß dem Superpositionsprinzip bleibt die waagerechte Komponente gleichförmiger Bewegung mit $z(t) = v\,t$ unbeeinflusst. Ihr überlagert sich jedoch eine senkrechte

Komponente konstant beschleunigter Bewegung mit $y(t) = \frac{1}{2} a\, t^2 = \frac{1}{2} e/m \;\; U_y/d \cdot t^2$. In y(t) kann man die Zeit durch $t = z/v$ substituieren und erkennt, dass die geschlossene Form der Bewegungskurve

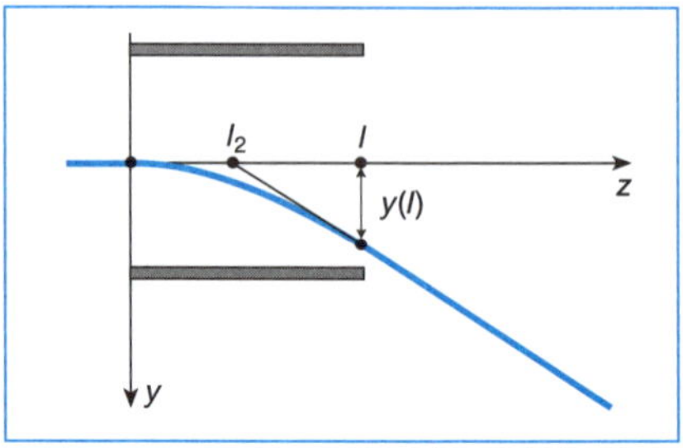

$y(z) = \frac{1}{2} e/m \;\; (U_y/d_v^2) \cdot z^2$

einen parabelförmigen Verlauf zwischen den Ablenkplatten beschreibt.

An der Stelle $z = l$ verlassen die Elektronen den Einflussbereich der Ablenkplatten und setzen ihren Weg geradlinig und in tangentialer Verlängerung der Parabel fort. Für $z > l$ lautet somit das Bewegungsgesetz

$y(z) = y'(l) \cdot (z - l) + y(l)$.

Die Ableitungsfunktion $y'(z) = e/m\; (U_y/dv^2) \cdot z$ führt an der Stelle $z = l$ auf $y'(l) = e/m\; (U_y/dv^2)\; l$ und mit $y(l) = \frac{1}{2} e/m\; (U_y/dv^2)\; l^2$ kann das Bewegungsgesetz konkretisiert werden:

$y(z) = e/m\; (U_y/dv^2)\; l\; (z - l) + \frac{1}{2} e/m\; U_y/dv^2)\; l^2$.

Für den Leuchtschirm, der die *y*-Achse bezüglich des *y*-*z*-Koordinatensystems an der Stelle $z = s + l$ senkrecht schneidet, erhält man somit die gesuchte Ablenkung zu

$y\,(s + l) = \frac{e}{m} \cdot \frac{U_y}{dv^2} \cdot l \cdot s + \frac{1}{2} \cdot \frac{e}{m} \cdot \frac{U_y}{dv^2} \cdot l^2 = \frac{e}{m} \cdot \frac{1}{v^2} \cdot \frac{l \cdot (s + l/2)}{d} \cdot U_y$

was zu zeigen war. Die Ablenkung *y* ist offensichtlich proportional zur Ablenkspannung U_y.

c) Zunächst wird die in Teil b*) genannte Ablenkungsformel nach v^2 freigestellt:

$v^2 = \frac{e}{m} \cdot \frac{1}{y} \cdot \frac{l \cdot (s + l/2)}{d} \cdot U_y$

Die im Wehnelt-Zylinder durchlaufene Beschleunigungsspannung U_b wird in einen energetisch gleichwertigen Betrag an kinetischer Energie umgewandelt:

$e\, U_b = \frac{1}{2} m\, v^2 \;\Leftrightarrow\; v^2 = 2\, e/m\, U_b$, sodass man durch die Substitution

$2\, \frac{e}{m} \cdot U_b = \frac{e}{m} \cdot \frac{1}{y} \cdot \frac{l \cdot (s + l/2)}{d} \cdot U_y$

die Beschleunigungsspannung erhält:

$U_b = \frac{1}{2y} \cdot \frac{l \cdot (s + l/2)}{d} \cdot U_y = \frac{1}{2 \cdot 0{,}04\,\text{m}} \cdot \frac{0{,}06\,\text{m} \cdot (0{,}18\,\text{m} + 0{,}03\,\text{m})}{0{,}02\,\text{m}} \cdot 24\,\text{V} = 189\,\text{V}$

Die Geschwindigkeit $v = \sqrt{2 \cdot 1{,}759 \cdot 10^{11}\,\text{C/kg} \cdot 189\,\text{V}} = 8{,}15 \cdot 10^6\,\text{m/s}$ liegt bei ca. 2,7 % der Lichtgeschwindigkeit und rechtfertigt die nicht-relativistische Rechnung. Der sägezahnförmige Verlauf der (internen) Ablenkspannung $U_x(t)$ muss einerseits mit der Frequenz $f = 50\,\text{Hz}$ der sinusförmigen Spannung $U_y(t)$ synchronisiert und andererseits auf einen Bezugspunkt, hier die Amplitude A, abgestimmt (getriggert) werden, damit ein stehendes Bild der Periode AB erscheint. Der abrupte Spannungsabfall in B* sorgt für eine umgehende Bildwiederholung.

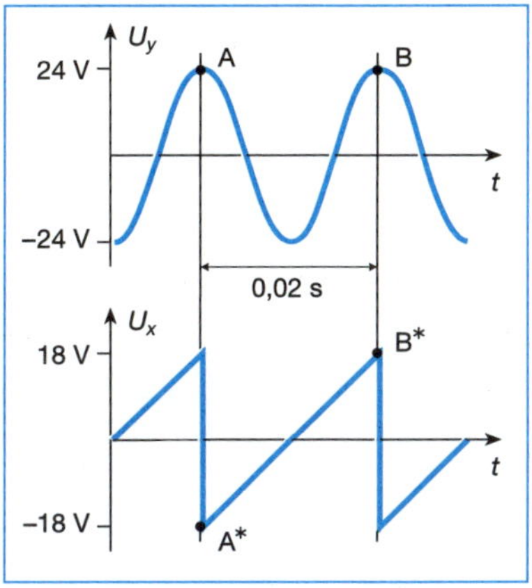

Die Bildbreite von ±3 cm entspricht bei einer Ablenkempfindlichkeit von $24\,\text{V}/4\,\text{cm} = 6\,\text{V/cm}$ einem Sägezahn-Spannungshub von ±18 V.

d) Die Ablenkungsformel aus Teil b*) würde nur dann die Bestimmung der spezifischen Ladung e/m ermöglichen, wenn alle anderen Größen messbar wären. Das ist jedoch nicht der Fall. Die Lösung zu Teil c) macht deutlich, dass die Geschwindigkeit v der Elektronen nur indirekt über die Beschleunigungsspannung U_b bestimmbar ist, was jedoch dazu führt, dass der Term e/m eliminiert wird und sich dadurch der experimentellen Bestimmbarkeit entzieht.

e) Mit der in Teil c) berechneten Geschwindigkeit v bestimmt man die De-Broglie-Wellenlänge der Elektronen zu

$$\lambda = \frac{h}{p} \cdot \frac{h}{m \cdot v} = \frac{6{,}626 \cdot 10^{-34}\,\text{Js}}{9{,}109 \cdot 10^{-31}\,\text{kg} \cdot 8{,}15 \cdot 10^{6}\,\frac{\text{m}}{\text{s}}} = 8{,}925 \cdot 10^{-11}\,\text{m}.$$

Sie ist wesentlich kleiner als alle in einer Braun'schen Röhre auftretenden Begrenzungen (z. B. die Öffnung der Ringanode oder der Abstand der Ablenkplatten), die eventuell als Blende wirken und Beugungserscheinungen verursachen könnten. Daher ist eine klassische Betrachtung im Teilchenbild angemessen. Charakteristisch hierfür ist die in einem Punkt konzentriert gedachte Elektronenmasse (Massenpunktmodell), deren exakte Orts- und Geschwindigkeitskenntnis messtechnisch realisierbar ist und dadurch eine Vorhersage der Bahnkurve ermöglicht. Für Elektronen trifft diese Sichtweise z. B. im Fadenstrahl- und im Gasentladungsrohr zu, aber auch beim Millikan- oder beim Tolman-Experiment. Auch im Bohr'schen Atommodell werden die Hüllenelektronen als Teilchen aufgefasst.

11.7.2 Elektronenbeugung und -interferenz als typische Wellenphänomene

Voraussetzungen: De-Broglie-Wellenlänge; Elektronenbeugung nach Debye und Scherrer; Gesetz der Bragg-Reflexion; Charakteristika des Wellenbildes

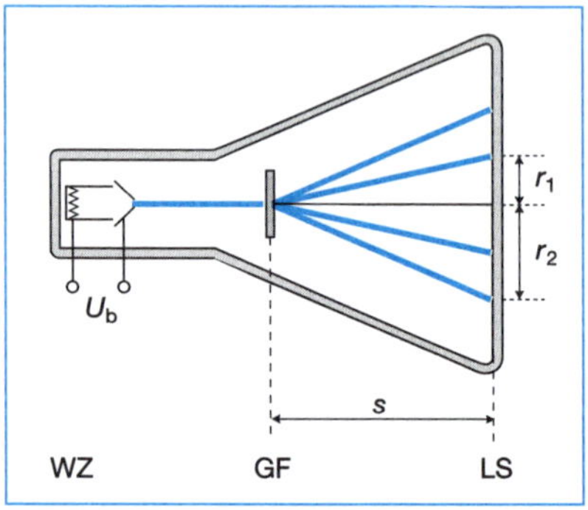

Nach Durchlaufen der Beschleunigungsspannung $U_b = 4\,kV$ verlässt ein gebündelter Elektronenstrahl den Wehnelt-Zylinder WZ und trifft auf eine polykristalline Grafitfolie GF. Im Abstand $s = 13{,}5\,cm$ hinter der Folie können auf einem Leuchtschirm LS zwei Beugungsringe erster Ordnung beobachtet werden, die bezüglich des ungebeugten Zentralstrahls die Radien $r_1 = 1{,}2\,cm$ und $r_2 = 2{,}1\,cm$ aufweisen.

a) Erklären Sie die Entstehung der beiden Beugungsringe.

b) Zum Beugungsring mit dem Radius r_1 gehört der zuvor röntgenologisch bestimmte Netzebenenabstand $d_1 = 213\,pm$. Prüfen Sie, ob die experimentelle Wellenlänge λ mit der De-Broglie-Wellenlänge übereinstimmt (Teillösung: $\lambda = 19{,}4\,pm$).

c) Welcher Netzebenabstand d_2 gehört zum Radius r_2?

d) Warum müssen die Elektronen bei diesem Experiment als Welle betrachtet werden? Welche physikalischen Eigenschaften sind für das »Wellenbild« typisch? Nennen Sie weitere Experimente, die dem Nachweis der Welleneigenschaft von Elektronen dienen.

e) Angenommen, Sie würden einen Doppelspalt mit *einzelnen* Elektronen beschießen und sie dann auf einer hinter dem Doppelspalt parallel aufgestellten fotografischen Platte registrieren. Wie würden die einzelnen Elektronen auf der Fotoplatte erscheinen? Welche Intensitätsverteilung würde im Laufe der Zeit sichtbar? Welchen Erkenntnisbeitrag liefert dieses Experiment zur Erhellung der Dualismusproblematik? Sind Elektronen Teilchen oder Wellen?

Lösung

a) Die polykristalline Graphitfolie GF enthält sehr viele kleine Einkristalle, die jedoch beliebige räumliche Orientierungen aufweisen. Beim Auftreffen der im Wehnelt-Zylinder beschleunigten und strahlförmig gebündelten Elektronen finden nun an den Netzebenen der Einkristalle Bragg-Reflexionen statt, wobei nur diejenigen Kristalle eine konstruktive Interferenz ermöglichen, deren Netzebenen zur Richtung des Zentralstrahls den Glanzwinkel α_n aufweisen. Wegen der Rotationssymmetrie beschreiben alle konstruktiv interferierenden Strahlen einen Kegelmantel mit dem Winkel $2\,\alpha_n$ zum Zentralstrahl, aus dem der hierzu senkrecht liegende Leuchtschirm LS kreisförmige Beugungsringe »ausschneidet«. Beide Beugungsringe sind Ringe erster Ordnung $(n = 1)$ und rühren von verschiedenen Netzebenen der Grafitkristalle her.

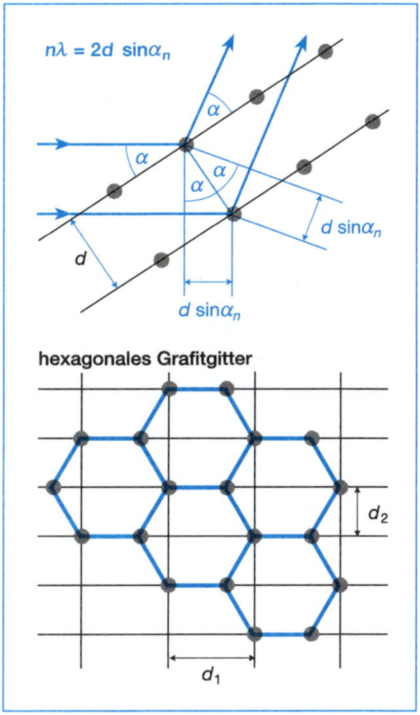

b) Es gilt $\tan 2\alpha_1 = r_1/s$. Mithilfe der Näherungen $\tan 2\alpha_1 \approx \sin 2\,\alpha_1 \approx 2 \sin \alpha_1$ und der Bragg-Formel aus der oberen Abbildung folgt

$$\frac{r_1}{s} = \frac{\lambda}{d_1} \Leftrightarrow \lambda = \frac{r_1 \cdot d_1}{s} = \frac{0{,}012\,\text{m} \cdot 213 \cdot 10^{-12}\,\text{m}}{0{,}135\,\text{m}} = 18{,}9 \cdot 10^{-12}\,\text{m} = 18{,}9\,\text{pm}.$$

Der Impuls der Elektronen folgt aus der Energieerhaltung

$eU_b = p^2/2\,m_e \Rightarrow p = \sqrt{2\,m_e\,e\,U_b}$ und mit Daten

$$p = \sqrt{2 \cdot 9{,}109 \cdot 10^{-31}\,\text{kg} \cdot 1{,}602 \cdot 10^{-19}\,\text{C} \cdot 4 \cdot 10^3\,\text{V}} = 3{,}417 \cdot 10^{-23}\,\text{kg}\,\text{m/s}.$$

Hieraus folgt die De-Broglie-Wellenlänge zu

$$\lambda = h/p = 6{,}626 \cdot 10^{-34}\,\text{Js}/3{,}417 \cdot 10^{-23}\,\text{kg}\,\text{m/s} = 19{,}4\,\text{pm}.$$

Der experimentelle Wert weicht hiervon lediglich um 2,6 % ab.

c) Die in der Lösung zu Teil b) hergeleitete Verhältnisgleichung gilt entsprechend in der Form

$$\frac{r_2}{s} = \frac{\lambda}{d_2} \Leftrightarrow d_2 = \frac{\lambda \cdot s}{r_2} = \frac{19{,}4\,\text{pm} \cdot 0{,}135\,\text{m}}{0{,}021\,\text{m}} = 125\,\text{pm}$$

Offensichtlich stellt die Elektronenbeugung eine alternative Methode zur röntgenologischen Untersuchung von Kristallen dar.

d) Die Netzebenenabstände d_1 und d_2 liegen in derselben Größenordnung wie die De-Broglie-Wellenlänge der Elektronen. Die experimentell nachgewiesenen Beugungsringe zeigen, dass jetzt der Wellencharakter der Elektronen im Vordergrund steht, ohne den die Beugungserscheinungen nicht erklärt werden können. Charakteristisch für das Wellenbild ist die räumliche Ausdehnung der Welle im Gegensatz zum Massenpunktmodell des Teilchenbildes. Folglich verteilt sich auch die von der Welle transportierte Energie über den gesamten von ihr ausgefüllten Raum. An Blenden lässt sich ihr Verhalten mithilfe Huygens'scher Elementarwellen analysieren und dadurch erklären, dass sie sich auch in Schattenbereiche ausdehnt und dorthin Energie transportiert, was für Teilchen nicht möglich ist. Schließlich können verschiedene Wellenzüge interferieren und sich dabei je nach ihrer Phasenbeziehung verstärken oder auslöschen, so wie es auch bei der Bragg-Reflexion von Bedeutung ist. 1927 führten bereits Germer und Davisson und zeitlich parallel auch G. P. Thomson die Streuung von Elektronen an sehr dünnen Metallfolien durch und erkannten die Analogie zur Röntgenstreuung. Bekannt wurden auch die Interferenzversuche von Möllenstedt und Düker (1955) sowie von Jönsson (1957), dem erstmals die galvanische Herstellung extrem feiner Metall-Doppelspalte gelang, um damit – entsprechend dem Young'schen Doppelspaltversuch der Optik – Interferenzen auch für Elektronen nachzuweisen.

e) Dieses Experiment, das unter anderem von Jönsson durchgeführt wurde, zeigt, dass sich die einzelnen Elektronen beim Auftreffen auf der Fotoplatte als diskrete Punkte darstellen, was auf ihren Teilchencharakter hinweist. Im Laufe der Zeit setzt sich jedoch die Vielzahl all dieser Punkte gleich den Teilchen eines Puzzles zu dem streifenförmigen Interferenzmuster zusammen, wie es typischerweise beim Durchgang von Wellen durch einen Doppelspalt auftritt. Können einzelne Elektronen beide Spalte gleichzeitig passieren, um die Interferenz verständlich zu machen? Als Chapman versuchte, die Wege einzelner Elektronen nachzuweisen, indem er sie hinter dem Doppelspalt mit γ-Strahlen »beleuchtete«, wich das Interferenzmuster in Übereinstimmung mit der Heisenberg'schen Unschärferelation der für Teilchen typischen doppelstreifigen Intensitätsverteilung. Elektronen sind weder Teilchen, noch Wellen. Sie zeigen – je nach Versuchsbedingung – nur aspekthaft die eine oder die andere Eigenschaft.

11.8 Neuere Formen der Energieversorgung

11.8.1 Nutzung von Kernenergie

Voraussetzungen: Kernreaktortypen und Kernkraftwerke; Risiken und Schutzmaßnahmen; Kernspaltung und Kettenreaktion von Uran; Gesetze des elastischen Stoßes und der Abbremsung schneller Neutronen; Steuerung eines Kernreaktors

In zahlreichen Industrieländern wurde die Verbrennung der fossilen Energieträger durch die Energie aus kontrollierter Kernspaltung ergänzt bzw. ersetzt, um den steigenden Energiebedarf auch zukünftig zentral decken zu können.

a) Erläutern Sie den Aufbau und die Funktionsweise eines Druckwasserreaktors. Welche Risiken birgt der Betrieb eines Kernkraftwerkes in sich und welche Schutzmaßnahmen sind vorgesehen?

b) Erläutern Sie den Ablauf der Uran-Kettenreaktion und gehen Sie dabei auch auf den Multiplikationsfaktor, die Abbremsung schneller Neutronen, die kritische Masse und auf die energetischen Aspekte dieses Prozesses ein.

c) Betrachten Sie den vereinfachten Fall, dass ein schnelles Neutron nur durch zentrale Stöße abgebremst wird. Für welches Verhältnis von Neutronenmasse m und Moderatormasse M erfolgt die Abbremsung am effektivsten? Welche Stoffe werden praktisch als Moderator verwendet?

d) Das regulierende Einfahren der Steuerstäbe erfordert wesentlich mehr Zeit als beim Auftreten einer gefährlich anwachsenden Kettenreaktion zur Verfügung steht. Warum lässt sich ein Kernreaktor dennoch auf diese Weise steuern? Welche Zeit wird benötigt, um einen Kernreaktor von anfänglich 1 kW auf seine volle Arbeitsleistung von 1,2 GW hochzufahren, wenn seine Leistung aus Sicherheitsgründen in 100 s nicht stärker als um den Faktor e gesteigert werden darf?

Lösung

a) Beim Druckwasserreaktor, wie er z. B. im Kernkraftwerk Biblis B betrieben wird, handelt es sich um einen wassergekühlten und wassermoderierten Kernreaktor (KR). 193 jeweils aus 236 Brennstäben gebündelte Brennelemente enthalten das angereicherte und spaltbare Urangemisch. Die von oben absenkbaren Steuerstäbe bewirken den kontrollierten Ablauf der Kernspaltungs-Kettenreaktionen. Das Wasser des Primärkreislaufes wird im Reaktorkern auf ca. 320 °C erhitzt und verlässt, angetrieben von der Pumpe P1, das Reaktordruckgefäß bei ca. 150 bar in Richtung Dampferzeuger (DE), wo es beim Durchströmen des Austauschers seine Wärmeenergie auf das Sekundärsystem überträgt und dort überhitzten

Dampf von ca. 270 °C und 55 bar erzeugt. Dieser Dampf treibt die Turbine (T) an, die über den Generator (G) eine elektrische Energie von 1,0 – 1,5 GW pro Kraftwerksblock erzeugt. Der Dampf wird im Kondensator (K) wieder verflüssigt und über die Pumpe P2 wieder dem Dampferzeuger zugeführt. Das zur Kühlung verwendete Flusswasser gibt die im Kondensator aufgenommene Wärmeenergie zunächst über einen Kühlturm ab, bevor es dann in den Fluss zurückströmt.

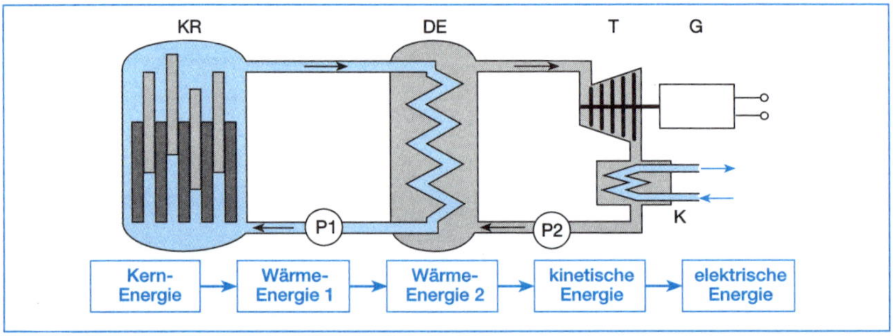

Als »Größter Anzunehmender Unfall« (GAU) oder auch »Auslegungsstörfall« wird das maximale Schadensausmaß bezeichnet, das beim Betreiben eines Kernreaktors theoretisch möglich erscheint. Für Druckwasserreaktoren stellt das Versagen des Primärwasserkreislaufes (z. B. als Folge eines Lecks) ein großes Betriebsrisiko dar. Die Überhitzung des Kerns bis hin zu seiner Schmelze können eintreten, selbst dann noch, wenn die Kettenreaktion infolge des fehlenden Moderators Wasser abbricht. Denn auch die Spalt- und ihre Zerfallsprodukte erzeugen eine erhebliche Nachwärme.

Als *inhärente* Sicherheitsmaßnahmen kommen vor allem selbstbegrenzende Regelmechanismen in Betracht. So führt eine erhöhte Kernspaltungsrate zu mehr Wärmeproduktion, die wegen der Ausdehnung des Kernmaterials die Neutronendichte absenkt und damit die Spaltungsrate wieder reduziert. Bei Druckwasserreaktoren hat eine erhöhte Dampfblasenbildung dieselbe Wirkung und selbst fehlendes Moderator-Wasser senkt die Spaltungsrate. Als *passive* Sicherheitsmaßnahmen können alle bautechnischen Maßnahmen, z. B. die meterdicken Druckgefäß-Stahlwände, der Betonsicherheitsbehälter oder das betonbewehrte Reaktorgebäude angesehen werden. Schließlich sind von den *aktiven* Sicherheitsmaßnahmen die von oben einfallenden Regelstäbe, die Notkühlsysteme oder die Notstromversorgungen zu nennen, die im Störfall aktiviert werden und sicherheitshalber mehrfach vorhanden sind. Die Reaktorunfälle von Three Mile Island und von Tschernobyl zeigen jedoch, dass GAU und Super-GAU trotz aller Sicherheitsmaßnahmen leider keine theoretischen Größen bleiben.

b) Die 1938 von O. Hahn und F. Strassmann entdeckte Spaltung des U235-Kerns wird durch langsame (thermische) Neutronen bewirkt und führt durch selbsterhaltende Wiederholungen zur Kettenreaktion. Die Gleichung lautet
$^{235}_{92}\mathrm{U} + ^{1}_{0}n \rightarrow ^{235}_{92}\mathrm{U} \rightarrow ^{A1}_{Z1}\mathrm{T}_1 + ^{A2}_{Z2}\mathrm{T}_2 + 2(3)\,n$

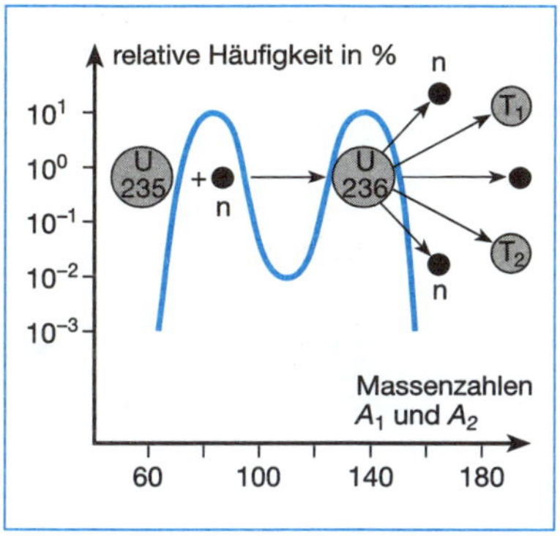

Sie besagt, dass zwei Tochterkerne T1 und T2, deren Massen sich mit größter Wahrscheinlichkeit wie $A_1 : A_2 = 2:3$ verhalten, und gleichzeitig 2 bis 3 schnelle Neutronen entstehen. Je nachdem, wie viele dieser Neutronen weitere Spaltungen bewirken, liegt eine zunehmende (Multiplikationsfaktor $k > 1$), konstante ($k = 1$) oder auch abnehmende ($k < 1$) Spaltrate vor. Die überwiegend schnellen Spaltungsneutronen (1 – 5 MeV) müssen erst durch elastische Stöße mit anderen Kernen in thermische Neutronen (ca. 0,03 eV) überführt werden, bevor sie weitere Spaltungen induzieren können. Das geschieht beim Überschreiten der *kritischen Masse*, denn andernfalls entweichen die Neutronen zu früh aus dem spaltbaren Material. Während das natürliche Uranvorkommen (99,3 % U 238 und 0,7 % U235) keine kritische Masse besitzt, liegt sie für reines U 235 bei ca. 50 kg. In Brennstäben wird U 235 lediglich auf 3 – 4 % angereichert, aber die kritische Masse gleichzeitig durch umgebende Reflektoren erheblich verringert.

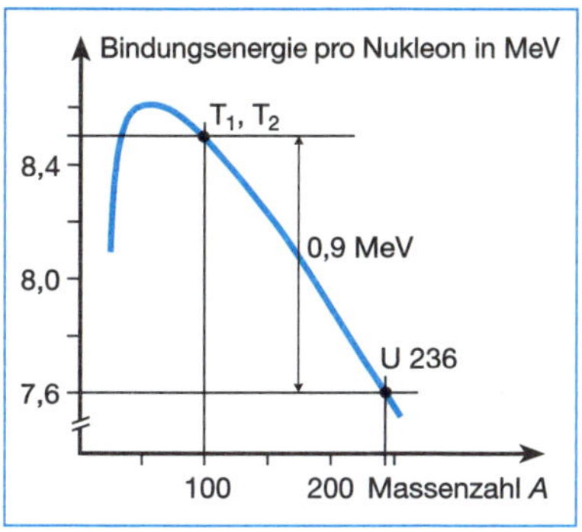

Energetisch betrachtet ist die Kettenreaktion nur deshalb möglich, weil der angeregte Zwischenkern U 236 aus der Anlagerung des eingefangenen Neutrons eine Bindungsenergie von 6,5 MeV gewinnt, zur Aktivierung seines Zerfalls aber nur 6,1 MeV benötigt. Bei allen anderen *natürlichen* Nukliden liegt die Aktivierungsenergie deutlich über der Bindungsenergie, was eine Kettenreaktion verhindert. Von den *künstlich* »erbrüteten« Nukliden kommen nur U 233 und Pu 239 als Reaktorbrennstoffe in Frage. Schließlich interessiert bei einer Uran-Kernspaltung natürlich die freigesetzte und damit nutzbare Energie. Während die

Nukleonen des U 236 eine durchschnittliche Bindungsenergie von 7,6 MeV besitzen, beträgt sie bei den Tochterkernen T_1 und T_2 mit Massenzahlen $A \approx 100$ hingegen 8,5 MeV. Die gesamte Energiedifferenz von $0{,}9\,\text{MeV} \cdot 236 \approx 210\,\text{MeV}$ wird zum größten Teil als kinetische Energie auf die Spaltungsprodukte übertragen und kann damit im Kernreaktor als thermische Energie genutzt werden.

c) Für schnelle Neutronen (p_1, E_1) überwiegen – abgesehen vom Resonanzeinfang – die elastischen Stöße mit den quasi ruhenden Moderatorkernen ($p_2 = 0, E_2 = 0$). Es gelten die Erhaltungssätze für
Impuls: $p_1 = p_1{}^* + p_2{}^*$
Energie: $E_1 = E_1{}^* + E_2{}^* \Leftrightarrow p_2^1/2\,m = p_1{}^{*2}/2\,m + p_2{}^{*2}/2\,M$.
Ersetzt man in der Energieerhaltung $1/m\,(p_1 + p_1{}^*)\,(p_1 - p_1{}^*) = 1/M\,p_2{}^{*2}$ den Klammerterm $(p_1 - p_1{}^*) = p_2{}^*$ aus der Impulserhaltung, so resultiert das lineare Gleichungssystem
(1) $p_1 - p_1{}^* = p_2{}^*$ und (2) $p_1 + p_1{}^* = m/M\,p_2{}^*$.
Die Addition von (1) und (2), führt auf $p_2{}^* = \left(\frac{2\,M}{m + M}\right) p_1$.
Damit folgt für die mit jedem zentralen elastischen Stoß bewirkte relative Energieabgabe $e = (E_1 - E_1{}^*)/E_1 = E_2{}^*/E_1$ eines Neutrons

$$e(\mu) = \frac{p_2{}^{*2}/2\,M}{p_1^2/2\,m} = \frac{\left(\frac{2\,M}{m + M}\right)^2 \cdot p_1^2/2\,M}{p_1^2/2\,m} = \frac{4\,Mm}{(m + M)^2} = \frac{4\mu}{(\mu + 1)^2} \quad \text{mit} \quad \mu := \frac{m}{M}$$

Zur Optimierung bildet man die Ableitung $e'(\mu) = 4\,(1 - \mu)/(\mu + 1)^3$, die die Nullstelle $m = 1$ besitzt; mit $e''(\mu = 1) = -\frac{1}{8} < 0$ zeigt man, dass Neutronen für $m = M$ optimal abgebremst werden, denn $e\,(\mu = 1) = 1$ bedeutet einen 100 %igen Energieverlust. Der Wasserstoff des Moderators »Wasser« erfüllt diese Bedingung, jedoch besitzt er eine unerwünscht große Einfangwahrscheinlichkeit für thermische Neutronen, die man beim Ausweichen auf schweres Wasser (Deuterium), Helium oder Kohlenstoff vermeidet.

d) 0,75 % der Spaltungsneutronen treten als »verzögerte Neutronen« erst 10 – 20 s nach der Spaltung auf. Das liegt an den instabilen Tochterkernen, die ihren Überschuss an Neutronen durch nachfolgende Kernzerfälle reduzieren. Der Reaktor wird deshalb so eingestellt, dass er ohne die verzögerten Neutronen noch nicht kritisch würde ($k \leq 1$), durch sie jedoch gerade kritisch ($k \geq 1$) wird. Dann bleibt für die Steuerstäbe die erforderliche Zeit.
Für die beschriebene Anfahrphase gilt
$10^3\,\text{W} \cdot e^{t/100\,\text{s}} \geq 1{,}2 \cdot 10^9\,\text{W} \Leftrightarrow e^{t/100\,\text{s}} \geq 1{,}2 \cdot 10^6$
$\Leftrightarrow t \geq 100\,\text{s} \cdot \ln(1{,}2 \cdot 10^6) \Leftrightarrow t \geq 23{,}3\,\text{min}$.
Kernreaktoren sind bezüglich ihrer Leistungssteuerung recht träge.

11.8.2 Nutzung von »Umwelt-Energie«

Voraussetzungen: Aufbau und Funktionsweise einer Wärmepumpe; Carnot-Zyklus und optimale Leistungszahl; Berechnung von Wärmeenergien; Berechnung der mittleren Leistungszahl

Wärmepumpen spielen bei der dezentralen Nutzung umweltfreundlicher Energiequellen eine wichtige Rolle.

a) Stellen Sie den Kreislauf des Arbeitsmediums grafisch dar und beschreiben Sie die einzelnen Stationen. Welche umweltfreundlichen Energieressourcen können in diesen Kreislauf eingespeist werden? Welche Vor- und Nachteile besitzt eine Wärmepumpen-Heizanlage gegenüber einer konventionellen Verbrennungsanlage?

b) Zeigen Sie, dass eine als Carnot-Maschine arbeitende Wärmepumpe die Leistungszahl $\varepsilon_C = T_2/(T_2 - T_1)$ hat und begründen Sie die für praktisch realisierbare Leistungszahlen ε gültige Abschätzung $e \approx \frac{1}{2}\varepsilon_C$. Welche Abweichungen zeigt der Wärmepumpen-Kreislauf vom Carnot-Zyklus?

c) Durch welche Maßnahmen lässt sich bei der Energieversorgung eines Einfamilienhauses die Leistungszahl der eingesetzten Wärmepumpe optimieren?

d) In einem Einfamilienhaus strömen in jeder Minute 10 l Wasser aus dem Heizungsrücklauf in die Verflüssigerwendel einer Wärmepumpe und werden dort von 48 °C auf 54 °C erwärmt. Wie viel Liter Grundwasser von 12 °C muss ein Brunnen stündlich liefern können, wenn diese Temperatur beim Durchströmen der Verdampferwendel um nicht mehr als 2 K abgesenkt werden kann?

e) Der Inhalt eines 250 l-Brauchwasser-Boilers soll von 20 °C auf 50 °C aufgeheizt werden. Wie viel Prozent an kostenpflichtiger elektrischer Energie kann eingespart werden, wenn dem Grundwasser von 12 °C mit einer Wärmepumpe der größtmögliche Anteil an kostenloser Umweltenergie entzogen wird? (Teillösung: Die durchschnittliche Leistungszahl beträgt $\bar{\varepsilon} = 7{,}92$).

Lösung

a) Anstelle von FCKWs oder teilhalogenierten Substanzen durchlaufen heute halogenfreie und damit ozonunschädliche Gase, z. B. Propan (R 290), den in der Grafik auf Seite 184 oben dargestellten Zyklus:
Im Verdampfer ① wechselt das flüssige Arbeitsgas durch Zufuhr von Wärmeenergie aus der Umwelt seinen Zustand, wobei sich seine innere Energie erhöht. Der Kompressor ②, erhöht den Druck und die Temperatur des Gases durch Verdichtung, sodass es im Verflüssiger ③ Wärmeenergie an den Heizungskreislauf abge-

ben kann, wobei seine Temperatur wieder unter den Kondensationspunkt sinkt. Über das Drosselventil ④ wird der immer noch hohe Druck abgebaut und gleichzeitig sinkt die Temperatur noch weiter, bevor der Zyklus von neuem beginnt. Die Umweltenergie kann in Form von Erdwärme (Austausch über ca. 1,5 m tiefe Flächennetze oder Tiefensonden), aus dem Grundwasser (Brunnenanlagen) oder aus der Luft (Umgebungs- oder Abluft) gewonnen werden. Wesentliche Vorteile einer Wärmepumpen-Heizung sind die Schonung fossiler Energiequellen und die Vermeidung bzw. Reduktion von CO_2-Emissionen. Falls die klimatischen Verhältnisse (z. B. strenger Frost) die Unterstützung durch eine konventionelle Heizanlage erfordern, so verringert sich der Kostenvorteil der reinen Wärmepumpenanlage infolge höherer Kosten für die »bivalente« Anlage oder er verschwindet gänzlich.

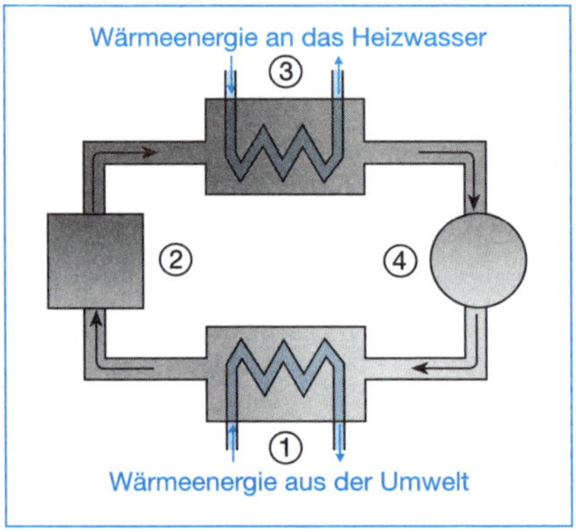

b) Der für Wärmepumpen gegen den Uhrzeigersinn durchlaufene Carnot-Prozess lässt sich mit Blick auf die Leistungszahl ε_C vorteilhaft im *S*-*T*-Diagramm darstellen:
Die isotherme Expansion ① ⟶ ② geht mit der im Verdampfer aufgenommenen Wärmeenergie Q_1 einher. Die adiabatische/isentrope Kompression ② ⟶ ③ findet im Kompressor unter Aufwand von mechanischer Energie E_{mech} statt. Die isotherme Kompression ③ ⟶ ④ wird dem Kondensator zugeordnet, wo die Wärmeenergie Q_2 abgegeben wird und schließlich findet die adiabatische/isentrope Expansion ④ ⟶ ① im Drosselventil statt. Die für Carnot-Zyklen vorausgesetzte Reversibilität der Prozessführung verbietet eine Entropieänderung:

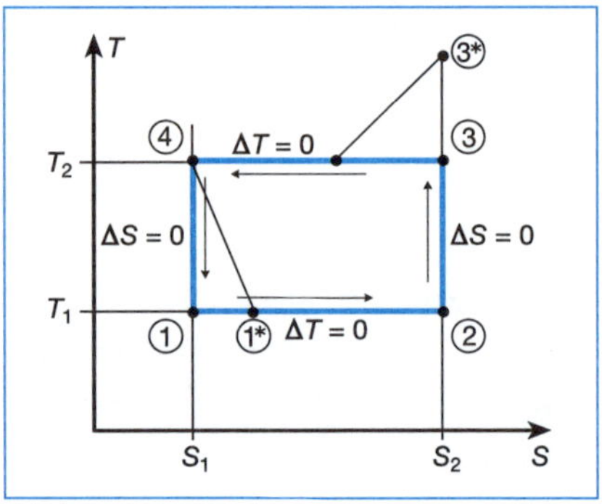

$\Delta S = 0 \Leftrightarrow Q_2/T_2 - Q_1/T_1 = 0 \Leftrightarrow Q_1/Q_2 = T_1/T_2.$

Damit folgt die Leistungszahl

$$\varepsilon_C = \frac{Q_2}{W} = \frac{Q_2}{Q_2 - Q_1} = \frac{1}{1 - Q_1/Q_2} = \frac{1}{1 - T_1/T_2} = \frac{T_2}{T_2 - T_1}$$

die von keinem anderen Kreisprozess übertroffen, von irreversiblen Prozessen aber unterschritten wird.

In der Praxis hat sich die Abschätzung $\varepsilon \approx 0{,}5\,\varepsilon_C$ bewährt, die den thermischen, mechanischen und elektrischen Verlusten Rechnung trägt. So sind nicht nur die eingesetzten Arbeitsmedien keine idealen Gase, auch weicht die Prozessführung vom Carnot-Zyklus ab. Denn einerseits verläuft die Expansion ④ $\rightarrow$ ①* tatsächlich nicht hinreichend adiabatisch/isentrop, andererseits führt auch die adiabatische/isentrope Kompression ② $\rightarrow$ ③* deutlich über die Kondensationstemperatur T_2 hinaus, sodass die Kompression ③ $\rightarrow$ ④ nur teilweise isotherm verläuft. Des Weiteren treten Strömungs- und Reibungsverluste auf und auch der Energiebedarf des Hilfsbetriebes (z. B. Verteilerpumpen) verkleinern die reale Leistungszahl ε.

c) Mit $\varepsilon \approx \frac{1}{2}\varepsilon_C$ genügt es, die Auswirkungen verschiedener Maßnahmen auf die Carnot'sche Leistungszahl $\varepsilon_C = T_2/(T_2 - T_1)$ zu betrachten. Mit selbst gewählten Werten für T_1 und T_2 können die folgenden Überlegungen konkretisiert werden:

(1) ε_C steigt, wenn die untere Temperatur T_1 bei konstantem oberen Niveau $T_2 = \text{const}$ angehoben wird. Man sollte also diejenige Umwelt-Energiequelle wählen, die langfristig das höchste Temperaturniveau T_1 aufweist. Die Erfahrung zeigt, dass sich als langfristig-durchschnittliche Leistungszahlen für Umweltluftwärme $\varepsilon = 3$, für Erdwärme $\varepsilon = 4{,}2$ und für Grundwasserwärme $\varepsilon = 5{,}3$ realisieren lassen, sodass dem Grundwasser nach Möglichkeit der Vorzug zu geben ist.

(2) ε_C steigt, wenn bei konstantem unteren Temperaturniveau $T_1 = \text{const}$ das obere Niveau T_2 abgesenkt werden kann. Dem wird in der Praxis durch den Übergang von Radiator-Heizkörpern $(T_2 \approx 45 - 65\,°\text{C})$ zur Fußbodenheizung $(T_2 \approx 20 - 30\,°\text{C})$ entsprochen, wenngleich hiermit eine erheblich größere Steuerungsträgheit verbunden ist.

(3) Die zuvor genannten Maßnahmen lassen sich beliebig kombinieren. Soll z. B. ein bestimmtes Temperaturintervall $T_2 - T_1 = \text{const}$ überwunden werden, dann würde eine gleich große Erhöhung von T_1 und T_2 zu einer verbesserten Leistungszahl ε_C führen. So kann beispielsweise mit der über Sonnenkollektoren gewonnenen und in einem Swimmingpool oder einer Zisterne gespeicherten Wärmeenergie die Grundwassertemperatur angehoben und dadurch auf eine Fußbodenheizung verzichtet werden.

d) Im Verflüssiger wird die folgende Wärmeenergie pro Stunde (Heizleistung) abgegeben:

$Q_2 = c_{H_2O} \cdot m \cdot \Delta\vartheta = 4{,}2 \frac{\text{kJ}}{\text{kg} \cdot K} \cdot 600 \frac{\text{kg}}{\text{h}} \cdot 6\,\text{K} = 15\,120\,\text{kJ/h} = 4{,}2\,\text{kW}$

Die absoluten Temperaturen betragen auf der Warmseite

$T_{21} = (273 + 48)\,\text{K} = 321\,\text{K}$ und $T_{22} = (273 + 54)\,\text{K} = 327\,\text{K}$ und auf der Kaltseite $T_{11} = (273 + 10)\,\text{K} = 283\,\text{K}$ und $T_{12} = (273 + 12)\,\text{K} = 285\,\text{K}$. Mithilfe der beiden Temperaturmittelwerte $T_2 = \frac{1}{2}(T_{21} + T_{22}) = 324\,\text{K}$ und $T_1 = \frac{1}{2}(T_{11} + T_{12}) = 284\,\text{K}$ lässt sich nun die Leistungszahl berechnen:

$\varepsilon = \frac{1}{2} T_2/(T_2 - T_1) = \frac{1}{2} 324\,\text{K}/(324\,\text{K} - 284\,\text{K}) = 4{,}05.$

Die vom Verdampfer benötigte Wärmeenergie Q1 ergibt sich aus der Umformung $\varepsilon = Q_2/(Q_2 - Q_1) \Leftrightarrow Q_1 = Q_2\,(\varepsilon - 1)/\varepsilon$ zu

$Q_1 = 15\,120 \frac{\text{kJ}}{\text{h}} \cdot (4{,}05 - 1)/4{,}05 = 11\,387\,\text{kJ/h} = 3{,}16\,\text{kW}.$

Daraus kann der stündliche Grundwasserzufluss bestimmt werden:

$m^* = \frac{Q_1}{c_{H_2O} \cdot \Delta\vartheta} = \frac{11\,387\,\text{kJ/h}}{4{,}2\,\text{kJ/kg} \cdot \text{K} \cdot 2\,\text{K}} = 1355{,}6 \frac{\text{kg}}{\text{h}} = 1{,}3 \frac{\text{m}^3}{\text{h}}.$

e) Weil die anfängliche Leistungszahl $\varepsilon_1 = \frac{1}{2} 293\,\text{K}/(293\,\text{K} - 285\,\text{K}) = 18{,}3$ sehr stark auf $\varepsilon_2 = \frac{1}{2} 323\,\text{K}/(323\,\text{K} - 285\,\text{K}) = 4{,}25$ absinkt, muss über dem Temperaturintervall von $T_{21} = 293\,\text{K}$ bis $T_{22} = 323\,\text{K}$ die genaue mittlere Leistungszahl bestimmt werden:

$$\bar{\varepsilon} = \frac{0{,}5}{323\,\text{K} - 293\,\text{K}} \cdot \int_{293\,\text{K}}^{323\,\text{K}} \frac{T}{T - 285\,\text{K}} dT = \frac{0{,}5}{323\,\text{K} - 293\,\text{K}} \cdot \int_{203\,\text{K}}^{323\,\text{K}} \left(1 + \frac{285\,\text{K}}{T - 285\,\text{K}}\right) dT$$

$$\bar{\varepsilon} = 0{,}0167\,\text{K}^{-1} \cdot [T + 285\,\text{K} \cdot \ln(T - 285\,\text{K})]\,\Big|_{293\,\text{K}}^{323\,\text{K}}$$

$$= 0{,}0167\,\text{K}^{-1} \cdot [30\,\text{K} + 285\,\text{K} \cdot \ln(38/8)] = 7{,}92$$

und mit $\vec{\varepsilon} = Q_2/(Q_2 - Q_1) \Leftrightarrow Q_1 = Q_2\,(\vec{\varepsilon} - 1)/\vec{\varepsilon}$ ergibt sich eine relative Einsparung an kostenpflichtiger Energie von

$Q_1/Q_2 = (\vec{\varepsilon} - 1)/\vec{\varepsilon} = (7{,}92 - 1)/7{,}92 = 0{,}87 = 87\,\%.$

Die zum Aufheizen von 250 l Wasser erforderliche Wärmeenergie beträgt $Q_2 = c_{H_2O}\, m\, \Delta\vartheta = 4{,}2 \frac{\text{kJ}}{\text{kg} \cdot K} \cdot 250\,\text{kg} \cdot (50 - 30)\,\text{K} = 31\,500\,\text{kJ}$, wird aber zur Beantwortung der Fragestellung nicht benötigt.

11.9 Exponentiell abklingende Prozesse

11.9.1 Radioaktiver Zerfall von Iod128

Voraussetzungen: Natürliche und künstliche Radioaktivität; das Zerfallsgesetz und seine halblogarithmische Darstellung; Halbwertszeit; Aktivität eines Präparates

Das stabile Iodisotop $^{127}_{53}\text{I}$ wird durch den Beschuss mit thermischen Neutronen in das Radioisotop $^{128}_{53}\text{I}$ überführt, welches durch anschließenden β^--Zerfall in das entsprechende Xenonisotop übergeht. 40 cm vor einer punktförmigen I128-Probe werden mit einem Geiger-Müller-Zählrohr, das einen Fensterdurchmesser von 4 cm besitzt, die folgenden Impulsraten $n(t)$ registriert, wobei die 30 s-Messintervalle jeweils dem Zeitpunkt t der Intervallmitte zugeordnet werden:

t in min	0	5	10	15	20	25	30	35	40
n in $^{\text{Imp}}/_{30\,\text{s}}$	281	243	217	192	162	146	126	118	98

a) Formulieren Sie die Reaktionsgleichungen für die Aktivierung und den Zerfall von Iod128. Grenzen Sie die künstliche gegen die natürliche Radioaktivität ab und gehen Sie auf die Bedeutung der künstlichen Radioaktivität ein.

b) In einem Vorversuch wurde während einer Messzeit von 10 min eine Umgebungsstrahlung von 280 Impulsen festgestellt. Bestimmen Sie die bereinigten Zählraten n^* und leiten Sie das Zerfallsgesetz $n^*(t)$ aus der t-$\ln n^*$-Grafik ab. Kann der Literaturwert der Halbwertszeit $t_H = 25{,}0\,\text{min}$ durch diese Messung bestätigt werden?

c) Bestimmen Sie die Aktivitäten der untersuchten Probe zu Beginn und am Ende der Messzeit. Wie viele $^{128}_{53}\text{I}$-Atome sind nach 40 Minuten zerfallen?

Lösung

a) Aktivierungsreaktion: $^{127}_{53}\text{I} + ^{1}_{0}\text{n} \rightarrow ^{128}_{53}\text{I} + \gamma$

Der I127-Kern fängt ein thermisches Neutron ein und der I128-Kern strahlt seine Anregungsenergie als γ-Quant ab.

Zerfallsreaktion: $^{128}_{53}\text{I} \rightarrow ^{128}_{54}\text{Xe} + ^{0}_{-1}\text{e} + \overline{\nu}$

Ein Neutron des I128-Kerns wandelt sich in ein Proton um und bildet dabei ein Elektron und ein Antineutrino, die beide ausgestoßen werden.

Von *natürlicher* Radioaktivität spricht man im Zusammenhang mit dem α-, β- oder γ-Zerfall der natürlich vorkommenden instabilen Isotope, deren Zerfallswege zu vier Zerfallsreihen zusammengefasst werden können und die bei einem stabilen Blei-, bzw. Bismutisotop enden. *Künstliche* Radioaktivität dagegen meint, dass die zerfallenden Substanzen zunächst aus herbeigeführten Kernreaktionen, z. B. durch Kernspaltungen, Einfang- oder Austauschreaktionen gebildet werden. Auf diese Weise lassen sich heute ca. 1300 radioaktive Substanzen herstellen, die demselben Zerfallsgesetz gehorchen wie die natürlichen Substanzen. Während der α-Zerfall für künstliche Isotope eine untergeordnete Rolle spielt, treten hier neben dem β^--Zerfall auch der β^+-Zerfall (Aussendung von Positronen), der Elektroneneinfang aus der K-Schale und seltener die Neutronenstrahlung auf.

Mit Kernwaffen-Experimenten und dem Betreiben von Kernkraftwerken ist die Produktion großer Mengen von Radioisotopen verbunden, die zu radioaktiven Verseuchungen führen können. Von eindeutig nützlichem Wert ist hingegen der Einsatz von zumeist kurzlebigen Radioisotopen in Medizin (Diagnostik, Tumortherapie), Technik (Materialprüfung), Wissenschaft und Forschung (Markierung von Substanzen).

b) Bezogen auf Messintervalle der Länge $30\,\text{s} = \frac{1}{20} \cdot 10\,\text{min}$ erhält man eine Nullrate von $14\,\text{Imp}/30\,\text{s}$, um die die Zählraten zu bereinigen sind.
Mit $n^*(t) = n(t) - 14\,\text{Imp}/30$ folgt

t in min	0	5	10	15	20	25	30	35	40
$n^*(t)$ in Imp/30 s	267	229	203	178	148	132	112	104	84
$\ln n^*(t)$	5,59	5,43	5,31	5,18	5,00	4,88	4,72	4,64	4,43

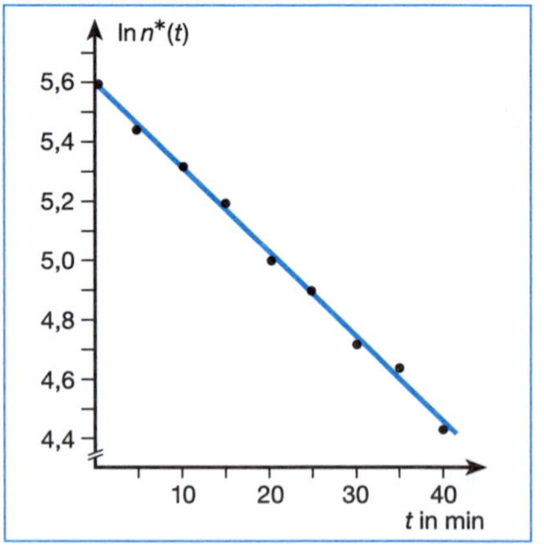

Die Grafik zeigt unter Berücksichtigung des stochastischen Charakters der Impulsraten einen linear fallenden Verlauf, sodass $\ln n^*(t) = a - b\,t$ als Ansatz gewählt werden kann. Die Parameter a und b lassen sich aus den beiden folgenden Bedingungen bestimmen:

(1) Der Logarithmus der anfänglichen Impulsrate $\ln n^*(t=0) = 5{,}59$ führt unmittelbar auf $a = 5{,}59$.

(2) Die Steigung b der Geraden kann man mit der Steigungsformel aus zwei beliebigen Messpunkten ermitteln. Um den Einfluss der Messfehler gering zu halten, werden der erste und der letzte Messpunkt gewählt. Damit ergibt sich

$b = \Delta(\ln n^*(t))/\Delta t = [\ln n^*(0) - \ln n^*(40)]/[0\,\text{min} - 40\,\text{min}]$
$= -0{,}029\,1/\text{min}$

Dann lautet die Geradengleichung $\ln n^*(t) = 5{,}59 - 0{,}029\,1/\text{min}\,t$.

Exponieren zur Basis e liefert das Zerfallsgesetz der Zählrate:

$n^*(t) = e^{5{,}59 - 0{,}029/\text{min}\cdot t} \Leftrightarrow n^*(t) = e^{5{,}59} \cdot e^{-0{,}029/\text{min}\cdot t}$

$\Leftrightarrow n^*(t) = 267\,e^{-0{,}029/\text{min}\cdot t}$

Die Halbwertszeit ergibt sich zu $t_H = (\ln 2)/0{,}029\,1/\text{min} = 23{,}9\,\text{min}$. Sie liegt nur 4,4 % unter dem Literaturwert.

c) Eine um die Probe gedachte Kugel vom Radius $r = 40\,\text{cm}$ besitzt die Oberfläche $O = 4\pi r^2 = 20\,106{,}2\,\text{cm}^2$ und wird gleichmäßig von der radioaktiven Strahlung durchsetzt. Das Zählrohr mit der Fensterfläche $F = \pi\,(2\,\text{cm})^2 = 12{,}56\,\text{cm}^2$ erfasst hiervon nur den Anteil $p = F/O = 6{,}2 \cdot 10^{-4}$ (= 0,062 %). Mit anfänglich $\Delta n^*/\Delta t = 267/30\,\text{s} = 8{,}9\,\text{s}^{-1}$ ergibt sich eine Aktivität von $A(0) = 1/p \cdot (\Delta n^*/\Delta t)$ $= 14\,355$ Zerfällen pro Sekunde. Nach 40 Minuten dann entsprechend $A(40) = (1/6{,}2 \cdot 10^{-4}) \cdot (84/30\,\text{s}) = 4516\,1/\text{s}$.

Die Beziehung $A(t) = \lambda N(t)$ besagt, dass die Aktivität A stets proportional zur Anzahl N der noch nicht zerfallenen Atome ist. Mit der Zerfallskonstanten $\lambda = 0{,}029\,1/\text{min} = 4{,}83 \cdot 10^{-4}\,1/\text{s}$ berechnet man
zu Beginn $N(0) = 14\,355\,1/\text{s} \,/\, 4{,}83 \cdot 10^{-4}\,1/\text{s} \approx 29{,}72 \cdot 10^6$
am Ende $N(40) = 4516\,1/\text{s} \,/\, 4{,}83 \cdot 10^{-4}\,1/\text{s} \approx 9{,}35 \cdot 10^6$
Iod128-Atome. Somit sind während der 40-minütigen Messzeit ca. $20{,}37 \cdot 10^6$ Atome zerfallen, das sind ca. 69,8 %.

11.9.2 Herleitung und Anwendung der Zerfallsgesetze

Voraussetzungen: Beispiele für exponentiell abnehmende Prozesse; Formulierung, Deutung und Lösung der Differentialgleichung $\dot{y} = -y$; Beschreibung der Kondensatorenentladung.

Exponentielle Abkling- und Zerfallsprozesse treten in ganz unterschiedlichen physikalischen Zusammenhängen auf. Ihre verallgemeinerte Beschreibung dient dazu, Strukturen aufzuzeigen und Lösungen für konkrete Situationen zu liefern.

a) Nennen Sie aus verschiedenen Sachbereichen der Physik Beispiele für exponentiell abnehmende Prozesse.

b) Eine allgemeine Größe $y(t)$ nimmt im Zeitverlauf exponentiell ab. Zeigen Sie, dass dieser Vorgang durch die Differentialgleichung $\dot{y} = -\lambda y$ erfasst wird und leiten Sie das Zerfallsgesetz $y(t)$ zu gegebenem Anfangswert $y(t = 0) = y_0$ her.

c) Ein Kondensator mit $C = 10\,\mu\text{F}$ wird mit der Spannung $U_0 = 8\,\text{V}$ aufgeladen und anschließend über den Widerstand *R* entladen. Zeigen Sie, dass der Entladestrom $I(t)$, die Kondensatorspannung $U_C(t)$ und auch die im Kondensator gespeicherte Energie $E_C(t)$ exponentiell abnehmen. Wie ist R zu wählen, damit die Kondensatorspannung eine Halbwertszeit von $t_H = 1\,\text{s}$ aufweist? Sind die Halbwertszeiten aller abklingenden Größen gleich?

Lösung

a) Ähnlich dem radioaktiven Zerfall ist auch der Übergang angeregter Atome in ihren Grundzustand unter Abgabe von Licht- und UV-Quanten ein stochastischer Prozess, der durch das exponentielle Zerfallsgesetz beschrieben wird. Während sich die Radioaktivität auf Umwandlungen im Atomkern bezieht, findet die Lichtemission in der Atomhülle statt. Fluoreszenz- und Phosphoreszenzerscheinungen können auf diese Weise erklärt werden, so z. B. das Nachleuchten ausgeschalteter Leuchtstoffröhren.
Gedämpft schwingende harmonische Oszillatoren (z. B. Pendel, elektrische Schwingkreise) zeigen im Zeitablauf eine exponentielle Abnahme der Amplitude, die durch Reibungsverluste bedingt wird. Ist die Dämpfung hinreichend stark, so tritt der *Kriechfall* ein: Der ausgelenkte Oszillator strebt dann lediglich exponentiell seiner Gleichgewichtslage zu, ohne Schwingungen auszuführen. Die Entladung eines Kondensators über einen Ohm'schen Widerstand kann als Beispiel dienen.
Achtung: Nicht alle physikalische Gesetze, die eine exponentielle Abnahme beschreiben, dienen der Beantwortung dieser Frage! Beispielsweise beschreibt die barometrische Höhenformel die exponentielle Abnahme des Luftdrucks mit sinkender Höhe der Luftsäule. Auch nimmt die Intensität des Lichts, das Material durchdringt, exponentiell mit der Dicke des absorbierenden Materials ab. Diese Beispiele stellen aber keine *Prozesse* dar, denn sie beschreiben das exponentielle Abnehmen nicht als einen *zeitlichen* Ablauf.

b) Das Gesetz der zeitlich exponentiellen Abnahme $y(t) = y\,\text{e}^{-\lambda t}$ wird vorausgesetzt. Die zeitliche Ableitung $\dot{y} = \text{d}y/\text{d}t = -\lambda y \text{e}^{-\lambda t} = -\lambda\, y(t)$ führt offensichtlich auf die angegebene Differentialgleichung. Wird der Differentialquotient $\text{d}y/\text{d}t$ durch den Differenzenquotient $\Delta y/\Delta t$ ersetzt, so besagt diese Differentialgleichung, dass die Abnahme $\Delta y \approx -\lambda\, \text{y}\, \Delta t$ während eines kleinen Zeitintervalls Δt stets direkt proportional zur Größe *y* erfolgt. Mit abnehmendem *y* wird somit auch die Abnahme Δy selbst geringer, sodass sich der Vorgang des Abnehmens immer mehr verlangsamt. Kann – umgekehrt betrachtet – die Differentialglei-

chung $\dot{y} = -\lambda y$ aufgestellt werden, so deutet dies stets auf einen exponentiell abklingenden Prozess hin. Mit $\dot{y} = dy/dt$ führt die Separation der Variablen auf $dy/y = -\lambda\, dt$ und die anschließende Integration ergibt
$\ln y = -\lambda t + C^* \Leftrightarrow y(t) = e^{-\lambda t + C^*} \Leftrightarrow y(t) = e^{C^*} e^{-\lambda t} = C e^{-\lambda t}$.
Die Konstante C kann dann aus der Anfangsbedingung $y_0 = y(0) = C$ bestimmt werden, sodass das eingangs genannte Gesetz $y(t) = y_0 e^{-\lambda t}$ Lösung der Differentialgleichung ist.

c) Der Kondensator C und der Entladungswiderstand R bilden einen geschlossenen Stromkreis, in dem sich die Summe aller Teilspannungen stets zu Null addieren muss: $U_C(t) + U_R(t) = 0$. Mithilfe der Gesetze
$U_C(t) = Q(t)/C$ und $U_R(t) = R\, I(t) = R\, \dot{Q}(t)$ folgt

$$1/C\, Q(t) + R = 0 \Leftrightarrow \dot{Q}(t) = -\frac{1}{RC} Q(t).$$

Ein Vergleich mit der in Teil b) genannten Differentialgleichung zeigt, dass durch die Setzungen $y(t) := Q(t)$ und $\lambda := 1/RC$ eine strukturelle Übereinstimmung erzielt wird, sodass auch die Lösung sinngemäß übernommen werden kann:
$Q(t) = Q_0 e^{-t/RC}$.
Die Anfangsladung beträgt $Q_0 = C\, U_0 = 10 \cdot 10^{-6}\,\text{F} \cdot 8\,\text{V} = 80 \cdot 10^{-6}\,\text{C} = 80\,\mu\text{C}$ und der Widerstand folgt aus
$t_H = R\, C \ln 2$ zu $R = t_H/(C \ln 2) = 1\,\text{s}/(10 \cdot 10^{-6}\,\text{F} \cdot \ln 2) = 144\,270\,\text{W} \approx 144{,}3\,\text{kW}$.
Damit ergibt sich die Zerfallskonstante
$\lambda = 1/(144\,270\,\Omega \cdot 10 \cdot 10^{-6}\,\text{F}) = 0{,}69\,1/\text{s}$. Jetzt können die Verlaufsfunktionen gebildet werden:

Ladung: $Q(t) = Q_0 e^{-t/RC} = 80\,\mu\text{C} \cdot e^{-0{,}69/\text{s} \cdot t}$

Strom: $I(t) = \dot{Q}(t) = -\frac{Q0}{RC} e^{-t/RC} = 55{,}5\,\mu\text{A} \cdot e^{-0{,}69/\text{s} \cdot t}$

Spannung: $U_C(t) = 1/C\, Q(t) = Q0/C\, e^{-t/RC} = 8\,\text{V} \cdot e^{-0{,}69/\text{s} \cdot t}$

Energie: $E_C(t) = C/2\, (U_C(t))^2 = \frac{1}{2} C U_0^2 e^{-2t/RC} = 320\,\mu\text{J} \cdot e^{-1{,}39/\text{s} \cdot t}$

Während Ladung, Strom und Spannung mit der gleichen Halbwertszeit von 1 s abnehmen, beträgt die Halbwertszeit des Energieverlaufs nur
$t_H = \ln 2/1{,}39\,1/\text{s} = 0{,}5\,\text{s}$. Das liegt daran, dass die Energie stets proportional zum Quadrat der anliegenden Spannung ist. Wenn also nach einer Sekunde die halbe Spannung anliegt, dann wird nur noch ein Viertel der Energie gespeichert, was einem Zeitintervall von **zwei** Halbwertszeiten entspricht.

11.9.3 Exakte und näherungsweise Beschreibung eines Abkühlvorgangs

Voraussetzungen: Näherung eines Funktionsverlaufs mittels Differenzengleichung; Anpassung einer Exponentialfunktion an vorliegende Daten; lineare Näherung einer Funktion; Mechanismen des Wärmetransportes

Eine Kanne mit heißem Tee kühlt im Laufe der Zeit von der Anfangstemperatur $\vartheta_a = 50\,°C$ auf die Umgebungstemperatur $\vartheta_e = 20\,°C$ ab. Die Geschwindigkeit dieses Vorganges wird durch die Abkühlkonstante $\lambda = 0{,}12\,1/\text{min}$ erfasst.

a) Der zeitliche Temperaturverlauf $\vartheta(t)$ wird näherungsweise durch die Differenzengleichung $\vartheta\,(t + \Delta t) = \vartheta(t) - (\vartheta(t) - \vartheta_e)\,\lambda\,\Delta t$ beschrieben. Stellen Sie die Temperaturverläufe für Zeitintervalle $\Delta t = 2\,\text{min}$ bzw. $\Delta t = 4\,\text{min}$ tabellarisch und grafisch dar. Welche Temperaturen werden jeweils nach 12 Minuten erreicht?

b) Genaue Messungen zeigen, dass die Temperatur exponentiell gemäß $\vartheta(t) = \text{a} + b\,\text{e}^{-\lambda t}$ abnimmt. Bestimmen Sie die Parameter a und b und vergleichen Sie die nach 12 Minuten erreichte Temperatur mit den Näherungswerten aus Teil a).

c) Leiten Sie aus der in Teil b) bestimmten Temperaturfunktion $\vartheta(t)$ die Differenzengleichung aus Teil a) her.

d) Welche physikalischen Vorgänge bewirken die Abkühlung des heißen Tees?

Lösung

a) Die Differenzengleichung lautet
$\vartheta(t + \Delta t) = \vartheta(t) - (\vartheta(t) - 20\,°\text{C}) \cdot 0{,}12\,\frac{1}{\text{min}}\,\Delta t$; und führt mit $\vartheta(0) = \vartheta_a = 50\,°\text{C}$ iterativ auf die folgenden Werte (→ Grafik nächste Seite oben):

t in min	$\vartheta(t)$ in °C	$(\vartheta(t) - \vartheta_e) \cdot 0{,}12 \cdot 2$ in °C	$\vartheta(t)$ in °C	$(\vartheta(t) - \vartheta_e) \cdot 0{,}12 \cdot 4$ in °C
0	50,0	7,20	50,0	14,40
2	42,8	5,47		
4	37,3	4,15	35,6	7,49
6	33,1	3,14		
8	30,0	2,40	28,1	3,89
10	27,6	1,82		
12	25,8		24,2	

b) **1. Bedingung:** $\vartheta(0) = \vartheta_a \;\Leftrightarrow\; a + b = \vartheta_a$
2. Bedingung: $\vartheta\,(t \to \infty) = \vartheta_e \;\Leftrightarrow\; a = \vartheta_e$
Wird die zweite Bedingung in die erste eingesetzt, so folgt $b = \vartheta_a - \vartheta_e$ und damit lautet die gesuchte Temperaturfunktion
$\vartheta(t) = \vartheta_e + (\vartheta_a - \vartheta_e)\,\text{e}^{-\lambda t} = 20\,°\text{C} + 30\,°\text{C} \cdot \text{e}^{-0{,}12/\text{min} \cdot t}$.

Die Grafik rechts zeigt, dass sie oberhalb der beiden Näherungskurven verläuft, sodass auch die exakte Temperatur $\vartheta(12) = 27{,}1\,°C$ größer ist als die Näherungswerte 25,8 °C bzw. 24,2 °C.

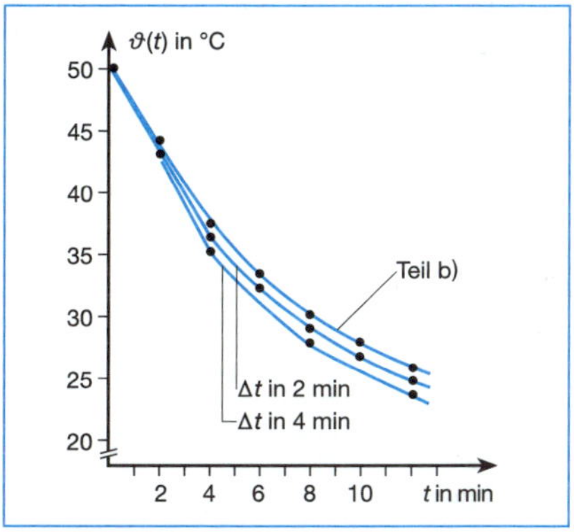

c) Ist die Temperatur $\vartheta(t)$ bekannt, so lässt sich die Temperatur $\vartheta(t + \Delta t)$ durch eine lineare Näherung alleine aus der Kenntnis von $\vartheta(t)$ zu $\vartheta(t) + \Delta\vartheta(t)$ abschätzen. Aus der Ableitung der in Teil b) bestimmten Funktion $\vartheta(t)$ ergibt sich zunächst das Temperaturgefälle näherungsweise zu
$\Delta\vartheta/\Delta t = \mathrm{d}\vartheta/\mathrm{d}t = -\lambda\,(\vartheta_a - \vartheta_e)\,e^{-\lambda t}$; damit lässt sich die Temperaturdifferenz durch $\Delta\vartheta = -\lambda\,(\vartheta_a - \vartheta_e)\,e^{-\lambda t}\,\Delta t$ abschätzen. Die tatsächliche Temperatur $\vartheta(t + \Delta t)$ kann nun näherungsweise bestimmt werden, indem zu $\vartheta(t)$ die (negative) Temperaturdifferenz $\Delta\vartheta$ addiert wird:

$$\begin{aligned}\vartheta(t + \Delta t) &\approx \vartheta(t) + \Delta\vartheta(t) = \vartheta(t) - [(\vartheta_a - \vartheta_e)\,e^{-\lambda t}]\,\lambda\,\Delta t\\ &= \vartheta(t) - [\vartheta_e + (\vartheta_a - \vartheta_e)\,e^{-\lambda t} - \vartheta_e]\,\lambda\,\Delta t\\ &= \vartheta(t) - [\vartheta(t) - \vartheta_e]\,\lambda\,\Delta t\end{aligned}$$

womit die Differenzengleichung aus Teil a) vorliegt.

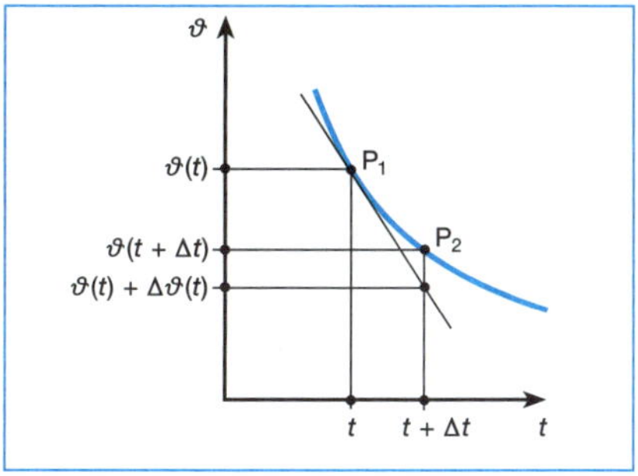

Übereinstimmend mit Teil a) macht die Abbildung auch deutlich, dass die Differenzengleichung infolge der konvexen Krümmung der Temperaturkurve stets zu Unterschätzungen führt und zwar umso stärker, je größer das Zeitintervall Δt gewählt wird und/oder je weiter die Schätz-Zeitpunkte von $t = 0$ entfernt sind.

d) (1) Wärmeleitung: Die Gefäßwände leiten die Wärme des Tees an die kühlere Umgebung.
(2) Wärmeströmung (Konvektion): Die am Gefäß erwärmte Luft steigt nach oben und kühlere Luft strömt nach.
(3) Wärmestrahlung: Bis zum Temperaturausgleich strahlt die Teekanne mehr Wärme ab als sie durch die Umgebungsstrahlung aufnimmt.

11.10 Methoden und Probleme der Zeitmessung

11.10.1 Justierung einer Pendeluhr

Voraussetzungen: Schwingungsdauer eines Fadenpendels; Energieerhaltung; Kräftezerlegung; Grundgesetz der Mechanik; Differentialgleichung des harmonischen Oszillators

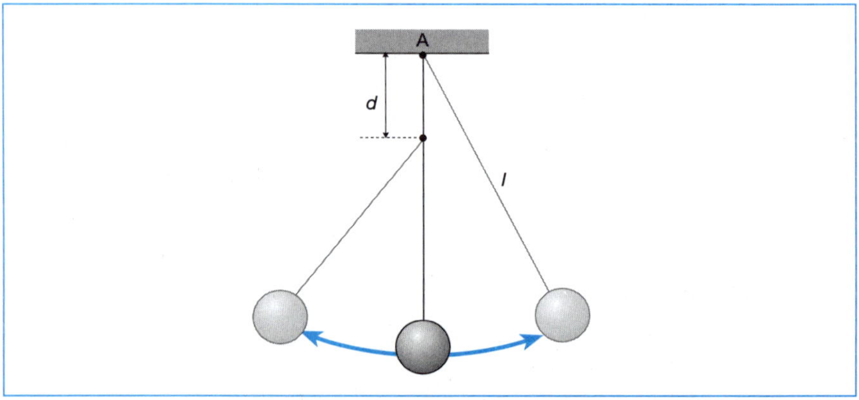

Pendeluhren nutzen die Regelmäßigkeit eines schwingenden Pendels, das als Taktgeber fungiert.

a) Ein Fadenpendel benötigt 50,6 Sekunden, um 50 Schwingungen auszuführen. Bestimmen Sie die Länge l dieses Pendels. Um wie viel Prozent weicht diese Länge von der Länge l^* des idealen Sekundenpendels ab?

b) Senkrecht unter dem Aufhängepunkt A wird im Abstand d ein Stift angebracht, der die Pendellänge während der linken Halbschwingung eben um die Strecke d verkürzt. Bestimmen Sie d so, dass das Pendel aus Teil a) zum exakten Sekundenpendel wird. Auf welcher Seite schwingt das auf diese Weise justierte Pendel höher aus ?

c) Zeigen Sie, dass ein Fadenpendel bei kleiner Anfangsauslenkung harmonische Schwingungen mit der Periode $T = 2\pi\sqrt{l/g}$ ausführt.

Lösung

a) Aus der Periode des Fadenpendels $T = 2\pi\sqrt{l/g}$ (vergleiche Teil c)) folgt die Formel $l = g\,(T/2\pi)^2$, mit der sich zur gegebenen Schwingungsdauer T die erforderliche Pendellänge l berechnen lässt. Für ein ideales Sekundenpendel ist
$T^* = 1\,\text{s}$ und damit
$l^* = 9{,}81\,\frac{\text{m}}{\text{s}^2} \cdot (1\,\text{s}/2\pi)^2 = 0{,}2485\,\text{m}.$
Das betrachtete Pendel führt hingegen mit $T = 50{,}6\,\text{s}/50 = 1{,}012\,\text{s}$ auf die Länge
$l = 9{,}81\,\frac{\text{m}}{\text{s}^2} \cdot (1{,}012\,\text{s}/2\pi)^2 = 0{,}2545\,\text{m}.$ Damit ist das Pendel um
$\Delta l = l - l^* = 0{,}006\,\text{m}$ zu lang, also um $(\Delta l/l) \cdot 100 = 2{,}4\,\%$.

b) Die angestrebte Schwingungsdauer $T^* = 1\,\text{s}$ setzt sich nun additiv zusammen aus der Zeit $t_\text{r} = 0{,}5 \cdot 1{,}012\,\text{s} = 0{,}506\,\text{s}$ für die rechte Halbschwingung mit der Länge $l_\text{r} = l$ und der Zeit t_l für die linke Halbschwingung mit der verkürzten Länge $l_\text{l} = l_\text{r} - d$, also $T^* = t_\text{r} + t_\text{l}$, das heißt $t_\text{l} = 1\,\text{s} - 0{,}506\,\text{s} = 0{,}494\,\text{s}$. Dazu gehört eine Pendellänge von $l_\text{l} = 9{,}81\,\frac{\text{m}}{\text{s}^2} \cdot (2 \cdot 0{,}494\,\text{s}/2\pi)^2 = 0{,}2426\,\text{m}.$ Es folgt
$d = l_\text{r} - l_\text{l} = 0{,}2545\,\text{m} - 0{,}2426\,\text{m} = 0{,}0119\,\text{m}.$

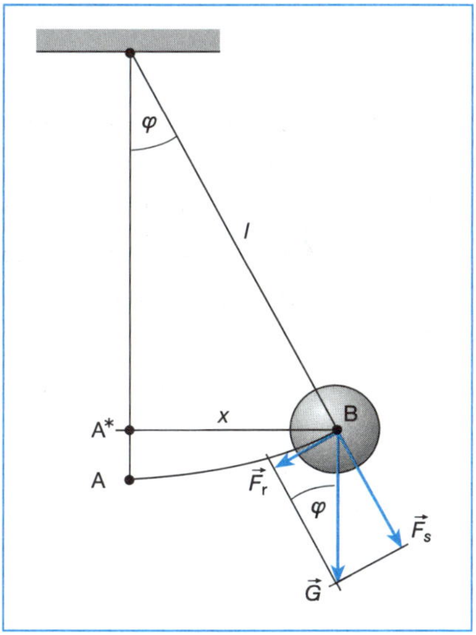

Der Justierstift muss also $d = 1{,}2\,\text{cm}$ unter dem Drehpunkt A angebracht werden.

Die Frage nach der Ausschwinghöhe ist insofern unzutreffend bzw. irreführend, als das Pendel auf beiden Seiten dieselbe Höhe erreicht. Das ergibt sich unmittelbar aus dem Energieerhaltungssatz. Wird nämlich das Pendel z. B. nach rechts ausgelenkt, so wird ihm dadurch ein bestimmter Betrag an potentieller Energie $E_\text{pot} = m\,g\,h$ bezüglich seines tiefsten Bahnpunktes $h = 0$ senkrecht unter A verliehen.
Beim Durchgang durch A liegt eben dieser Energiebetrag in Form der kinetischen Energie $E_\text{kin} = \frac{1}{2} m\,v^2 = E_\text{pot}$ vor, der sich nun beim linksseitigen Ausschwingen wieder in potentielle Energie umwandelt. Diese Umwandlung ist abgeschlossen, sobald wieder die anfängliche Auslenkungshöhe h erreicht wird. Bei dieser Betrachtung sind reibungsbedingte Energieverluste vernachlässigt worden.

c) In der Beziehung $\sin\varphi = x/l$ entspricht die Strecke $x = \overline{A^*B}$ näherungsweise der bogenförmigen Auslenkung, solange diese Auslenkung klein bleibt. Ebenso gilt nach Zerlegung der Schwerkraft $\vec{G}$ in die das Seil spannende Kraft $\vec{F}_s$ und in die Rückstellkraft $\vec{F}_r$ die Beziehung $\sin\varphi = F_r/G$. Durch Gleichsetzen folgt dann $F_r/G = x/l$ und damit $F_r = m\,(g/l)\,x$. Weil diese Rückstellkraft der auslenkenden Trägheitskraft $F = m\,a$ stets entgegengerichtet ist, führt die Grundgleichung der Mechanik mit $a = \ddot{x}$ auf die Differentialgleichung eines harmonischen Oszillators:

$F = -F_r \;\Leftrightarrow\; m\,(g/l)\ddot{x} = -m\ddot{x} \;\Leftrightarrow\; \ddot{x} + (g/l)\cdot x = 0$

$\Rightarrow\; \ddot{x} + \omega^2 x = 0$ mit $\omega := \sqrt{l/g}$.

Mit der Beziehung $\omega = 2\pi/T$ ergibt sich die gesuchte Gleichung:

$2\pi/T = \sqrt{l/g} \;\Leftrightarrow\; T = 2\pi\sqrt{g/l}$.

Anmerkung: Die Schwingungsdauer T eines Fadenpendels hängt offensichtlich nur von der Pendellänge l und der Erdbeschleunigung g ab, nicht aber von der Pendelmasse m.

11.10.2 Justierung einer elektronischen Uhr

Voraussetzungen: Induktivität einer Spule; Parallel- und Serienschaltung von Kondensatoren; Formel von Thomson und Schwingungsdauer des Parallelkreises; piezoelektrischer Effekt; Atomuhr und Definition der Zeiteinheit

Ein elektrischer Schwingkreis dient als Taktgeber eines angeschlossenen Frequenzzählers, der die Zeit in $\frac{1}{10}$-Sekunden-Schritten anzeigen soll.

a) Die verwendete Spule besteht aus 250 Windungen eines 1 mm starken Kupferdrahtes, der in 5 Lagen zu je 50 Windungen auf einen zylindrischen Ferritkern vom Durchmesser $d = 1{,}6\,\text{cm}$ gewickelt wurde, und hat die Induktivität $L = 1{,}00\,\text{H}$. Wie groß ist die Permeabilitätszahl μ_r des verwendeten Ferritkerns?

b) Die Kapazität des Schwingkreises soll aus einem $250\,\mu\text{F}$-Kondensator und drei verfügbaren Eichkondensatoren von je $5\,\mu\text{F}$ so genau wie möglich auf den $\frac{1}{10}$-Sekunden-Takt abgestimmt werden. Geben Sie die bestmögliche Schaltung an. Welche Abweichung zeigt diese Uhr nach einer Stunde?

c) Wie lässt sich die Frequenz eines elektrischen Schwingkreises und damit der Zeittakt stabilisieren? Worauf basiert die äußerst hohe Genauigkeit einer Atomuhr und wie wird die Zeiteinheit »1 Sekunde« heute definiert?

Lösung

a) Die Induktivität einer Spule mit kreisförmiger Querschnittsfläche $A = \pi r^2$ berechnet sich nach $L = \mu_0 \mu_r \pi (n r)^2 / l$. Hieraus folgt die Permeabilitätszahl des Ferritkerns zu $\mu_r = (L l)/(\mu_0 \pi n^2 r^2)$. Da die Spule aus fünf Wicklungslagen mit zunehmendem Radius besteht, ist hier zunächst der *mittlere* Radius r zu ermitteln. Er wird als arithmetischer Mittelwert $r = \frac{1}{2}(r_i + r_a)$ berechnet, wobei der Radius der innersten Lage $r_i = 8\,\text{mm} + 0{,}5\,\text{mm} = 8{,}5\,\text{mm}$ dem Kernradius und einem halben Drahtdurchmesser entspricht. Der Radius der äußersten Wicklungslage setzt sich aus dem Kernradius und viereinhalb Drahtdurchmessern zusammen, also $r_a = 8\,\text{mm} + 4{,}5\,\text{mm} = 12{,}5\,\text{mm}$. Somit beträgt der mittlere Radius $r \frac{1}{2}(8{,}5\,\text{mm} + 12{,}5\,\text{mm}) = 10{,}5\,\text{mm}$. Es folgt:

$\mu_r = (1\,\text{H} \cdot 0{,}05\,\text{m}) / (1{,}257 \cdot 10^{-6} \frac{\text{Vs}}{\text{Am}} \cdot \pi \cdot 250^2 \cdot 0{,}0105^2\,\text{m}^2)$

$= 1837.$

b) Mit der Thomson'schen Formel $T = 2\pi \sqrt{LC}$ kann die Schwingungsdauer eines aus der Induktivität L und der Kapazität C gebildeten Parallelkreises bestimmt werden. Hier ist die ideale Schwingungsdauer mit $T^* = 0{,}1\,\text{s}$ vorgegeben und die erforderliche Kapazität beträgt

$C^* = T^{*2}/(4\pi^2 L) = (0{,}1\,\text{s})^2/(4\pi^2 \cdot 1\,\text{H}) = 253{,}303\,\mu\text{F}$. Zu prüfen bleibt, wie genau diese Kapazität mit den vier gegebenen Kondensatoren $C = 250\,\mu\text{F}$ und $C_1 = C_2 = C_3 = 5\,\mu\text{F}$ gebildet werden kann. Dies kann offensichtlich nur dadurch erreicht werden, dass die Kapazität C durch eine zweite, parallelgeschaltete Kapazität ΔC auf $C^+ = C + \Delta C$ vergrößert wird. ΔC muss durch Schaltung von C_1, C_2 und/oder C_3 möglichst genau die tatsächlich fehlende Kapazität $\Delta C^* = C^* - C = 3{,}303\,\mu\text{F}$ liefern.

Hierzu sind folgende Schaltungsmöglichkeiten zu vergleichen:

(1) Mit nur einem der drei Ergänzungskondensatoren ist $\Delta C = 5\,\mu\text{F}$, was auf $C^+ = 250\,\mu\text{F} + 5\,\mu\text{F} = 255\,\mu\text{F}$ führt.

(2) Verwendet man zwei der drei Ergänzungskondensatoren, so könnte man sie beide parallel schalten, was auf $\Delta C = 5\,\mu\text{F} + 5\,\mu\text{F} = 10\,\mu\text{F}$ führt und mit $C^+ = 250\,\mu\text{F} + 10\,\mu\text{F} = 260\,\mu\text{F}$ eine im Vergleich zu (1) schlechtere Lösung darstellt. Schon besser wäre die Reihenschaltung

$1/\Delta C = 1/5\,\mu\text{F} + 1/5\,\mu\text{F} \Leftrightarrow \Delta C = 2{,}5\,\mu\text{F}$, denn der Wert

$C^+ = 250\,\mu\text{F} + 2{,}5\,\mu\text{F} = 252{,}5\,\mu\text{F}$ liegt jetzt näher bei C^* als unter (1).

(3) Bei Verwendung aller drei Ergänzungskondensatoren scheiden sowohl die reine Parallelschaltung mit $\Delta C = 15\,\mu\text{F}$ und $C^+ = 265\,\mu\text{F}$ als auch die reine Serienschaltung mit $1/\Delta C = 1/5\,\mu\text{F} + 1/5\,\mu\text{F} + 1/5\,\mu\text{F} \Leftrightarrow \Delta C = 1{,}667\,\mu\text{F}$ und

$C^+ = 251{,}667\,\mu F$ als vergleichsweise schlechtere Lösungen aus. Wird hingegen – wie in der rechten Abbildung – C_1 und C_2 in Serie $(C_{12} = 2{,}5\,\mu F)$ und C_3 hierzu parallel geschaltet $(\Delta C = C_{12} + C_3 = 7{,}5\,\mu F)$, so wird auch jetzt mit $C^+ = 257{,}5\,\mu F$ keine Verbesserung erzielt. Schließlich bleibt noch übrig – wie in der unteren Abbildung – C_1 und C_2 parallel $(C_{12} = 10\,\mu F)$ und C_3 hierzu in Serie zu schalten:

$1/\Delta C = 1/10\,\mu F + 1/5\,\mu F$

$\Leftrightarrow\ \Delta C = 3{,}333\,\mu F.$

Jetzt beträgt $C^+ = 253{,}333\,\mu F$ und weicht damit weniger von $C^* = 253{,}303\,\mu F$ ab als bei allen zuvor erläuterten Schaltungsvarianten. Daher können mit dieser Schaltung die angestrebten 0,1 s-Zeittakte auf die bestmögliche Weise erzeugt werden.

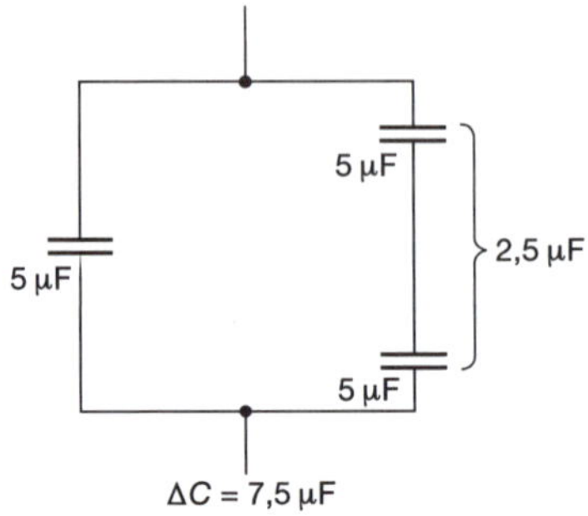

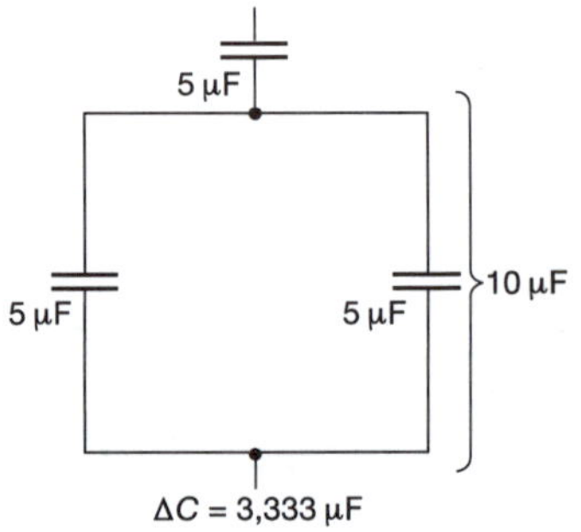

Der bestmögliche Schwingkreis besitzt dann die Periode $T = 2\pi\sqrt{1\,H \cdot 2{,}53{,}333\,\mu F} = 0{,}100\,005\,93\,s.$ Somit beträgt die Abweichung zwischen einer idealen Uhr und der realisierten Uhr nach einer Stunde $\frac{3600\,s}{0{,}1\,s} - \frac{3600\,s}{0{,}10000593\,s} = 2{,}13$ Zeittakte, was bedeutet, dass die bestmögliche Uhr um $2{,}13 \cdot 0{,}1\,s = 0{,}213\,s$ in einer Stunde nachgeht.

c) Teil b) lässt deutlich werden, dass die Erzielung hoher Genauigkeit bei elektronischen Uhren an die Verwendung höchst präziser Induktions- und Kapazitätswerte gebunden ist, soweit lediglich ein Schwingkreis als Taktgeber fungiert. Dem sind aber praktische Grenzen gesetzt. Zur Frequenzstabilisierung und damit auch zur Steigerung der Messgenauigkeit kann jedoch auf den piezoelektrischen Effekt zurückgegriffen werden: Ionenkristalle mit polarer Achse, zu denen z. B. Quarz gehört, rufen bei mechanischer Verformung eine Oberflächenspannung hervor. Umgekehrt: Ein solcher Kristall verformt sich unter dem Einfluss einer angelegten Spannung und führt unter dem Einfluss einer Wechselspannung resonanzartige Schwingungen aus, sobald die Frequenz der Wechselspannung mit der mechanischen Grund- oder Oberschwingung des Kristalls übereinstimmt. So führt der

ständige Abgleich zwischen der sehr stabilen Kristallfrequenz mit der die Schwingungen erzeugenden Frequenz eines Schwingkreises zu hoher Präzision, wie sie z. B. in Quarzuhren verwirklicht wird.
Das gleiche Prinzip, nämlich der ständige Frequenzabgleich zwischen elektrischen oder elektromagnetischen Schwingungen mit einem stabilen Referenz-Oszillator, wird auch bei Atomuhren angewandt. So werden verdampfte Cäsiumatome, die sich im energetischen Grundzustand befinden, magnetisch nach ihren beiden Hyperfeinniveaus getrennt. Die eine Sorte ändert in einem Hohlraumresonator unter dem Einfluss von Mikrowellenstrahlung ihren Zustand und wird anschließend erneut magnetisch getrennt. Bei einer bestimmten Frequenz, eben der Resonanzfrequenz der Atome, ist die Ausbeute an Zustandsänderungen am größten; man verwendet diese Frequenz sowohl zur Zeitmessung, als auch zur Definition der Zeiteinheit: »Eine Sekunde ist das 9 192 631 770-fache der Periodendauer der dem Übergang zwischen den beiden Hyperfeinstrukturniveaus des Grundzustandes von Atomen des Nuklids ^{133}Cs entsprechenden Strahlung.«

11.10.3 Zeitmessung bei der relativistischen Raumfahrt

Voraussetzungen: Bewegungen im Minkowski-Diagramm; Grundannahmen der speziellen Relativitätstheorie; Systemzeiten und Zeit-Dilatation; Zwillings-Paradoxon; radioaktiver Zerfall und Zerfallsgesetz; Aktivierungs- und Zerfallsreaktionen

Zum Zeitpunkt $t = 0\,\text{s}$ startet ein Raumschiff mit 0,6-facher Lichtgeschwindigkeit in Richtung auf den 15 Lichtjahre entfernten Zielplaneten. Beim Start wird die Bordzeit t_r mit der Erdzeit t_e auf $t_r = t_e = 0\,\text{s}$ synchronisiert.

a) Stellen Sie die ersten 10 Sekunden der Raumschiffbewegung unter Vernachlässigung der Beschleunigungsphase im Minkowski-Diagramm dar. Von der Erde aus wird zum Zeitpunkt $t_e = 1\,\text{s}$ ein Funksignal zum Raumschiff gesandt und dort beim Eintreffen sofort reflektiert. Die Rückkunft des Signals löst das nächste Signal aus usw. Lesen Sie aus dem Minkowski-Diagramm die Zeitpunkte ihrer Reflexion und ihrer Rückkunft ab. Begründen Sie mithilfe dieser Funksignale, dass es keine absolute Zeit geben kann, und bestimmen Sie die Systemzeitpunkte t_r, zu denen die Funksignale vom Raumschiff registriert werden.
b) Dem Raumschiff wird das Actiniumisotop $^{227}_{89}Ac$ als Zerfallsuhr mit einer Halbwertszeit von 21,77 Jahren mitgegeben. Das Präparat geht zu 98,6 % durch β^--Zerfall in Thorium (Th) und zu 1,4 % durch α-Zerfall in Francium (Fr) über. Da Actinium natürlicherweise nur als Spurenelement vorkommt, muss es zuvor durch Neutronenbeschuss des Radiumisotops $^{226}_{88}Ra$ künstlich hergestellt wer-

den. Formulieren Sie die Herstellungs- und die Zerfallsreaktionen. Wie viel Prozent des Actiniums sind am Ende der Reise noch vorhanden, wenn das Raumschiff nach Erreichen des Zielplaneten unverzüglich zurück fliegt?

c) Einer der Astronauten ist zu Beginn der Reise 20 Jahre alt und lässt seinen Zwillingsbruder auf der Erde zurück. Wie alt sind die beiden bei der Rückkehr des Raumschiffes? Diskutieren Sie das Zwillingsparadoxon.

Lösung

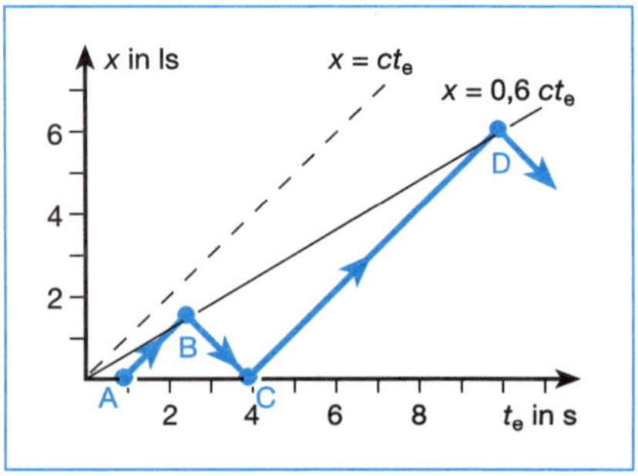

a) Die gestrichelt gezeichnete Lichtlinie $x = c\,t_e$, die der Ausbreitung eines zur Zeit $t_e = 0\,\text{s}$ in $x = 0\,\text{ls}$ ausgesandten Lichtsignals entspricht, verläuft bei der gewählten Skalierung als 45°-Linie. Weil die Lichtgeschwindigkeit c bei keiner materiellen Bewegung erreicht oder überschritten werden kann, begrenzt diese Lichtlinie zusammen mit der t_e-Achse denjenigen Bereich, in dem Bewegungen dargestellt werden können. So wird die Bewegung des Raumschiffes, das sich »nur« mit 0,6-facher Lichtgeschwindigkeit bewegt, durch die flacher verlaufende Linie $x = 0{,}6\,c\,t_e$ dargestellt. Das erste Funksignal wird in A (1 s|0 ls) abgegeben. Da es sich mit Lichtgeschwindigkeit ausbreitet, verläuft seine Linie parallel zu $x = c\,t_e$ und erreicht das Raumschiff in B (2,5 s|1,5 ls). Das reflektierte Signal wird durch eine Linie dargestellt, die senkrecht zu $x = c\,t_e$ verläuft und die Erde in C (4 s|0 ls) wieder erreicht. Das nächste Funksignal schließt in C an und wird in D (10 s|6 ls) vom Raumschiff reflektiert usw.

Die Annahme einer absoluten Zeit, wie sie für die klassische Physik gültig ist, kann im Rahmen der speziellen Relativitätstheorie durch folgende Überlegungen zum Widerspruch geführt werden: Die Reflexion des in A gesendeten Funksignals kann von der Erde aus nicht direkt beobachtet werden. Jedoch kann aus der Rückkunft in C und den offensichtlich gleichlangen Lichtwegen $\overline{AB}$ und $\overline{BC}$ geschlossen werden, dass sich die Reflexionszeit t_{eB} als arithmetisches Mittel der Zeitpunkte t_{eA} und t_{eC} berechnen lässt, also $t_{eB} = \frac{1}{2}(t_{eA} + t_{eC}) = \frac{1}{2}(1\,\text{s} + 4\,\text{s}) = 2{,}5\,\text{s}$. Die Gleichwertigkeit aller Inertialsysteme legt nun dieselbe Vorgehensweise für das Raumschiff nahe, von dem aus die in C stattfindende Reflexion des in B abgesandten Signals nicht direkt beobachtet werden kann. Dort würde man $t_{rC} = \frac{1}{2}(t_{rB} + t_{rD}) = \frac{1}{2}(2{,}5\,\text{s} + 10\,\text{s}) = 6{,}25\,\text{s}$ berechnen. Gäbe es eine absolute Zeit, so müsste stets $t_r = t_e$ gelten, was aber im Widerspruch zur tatsächlichen Erd-Reflexionszeit $t_{eC} = 4\,\text{s}$ steht.

Das für die Relativitätstheorie fundamentale Postulat einer absoluten Lichtgeschwindigkeit c führt zum Effekt der Zeit-Dilatation. Die Systemzeit t_r des Raumschiffs wird bezüglich der Erd-Systemzeit t_e um den Faktor

$\sqrt{1-(v/c)^2} = \sqrt{1-(0{,}6\,c/c)^2} = 0{,}8$ verlangsamt;

es gilt $t_r = 0{,}8\,t_e$. Das Raumschiff registriert somit die Zeiten $t_{rB} = 2\,\text{s}$ und $t_{rD} = 8\,\text{s}$, was auf $t_{rC} = \frac{1}{2}(2\,\text{s} + 8\,\text{s}) = 5\,\text{s}$ führt. Bedenkt man schließlich, dass auch die Erdzeit infolge der Gleichwertigkeit der Inertialsysteme um den Faktor 0,8 zur Raumschiffzeit dilatiert wird, dann führt die Umrechnung $t_{eC} = 0{,}8 \cdot t_{rC} = 0{,}8 \cdot 5\,\text{s} = 4\,\text{s}$ auf den zutreffenden Erd-Zeitpunkt zurück.

b) Herstellung von Ac: ${}^{226}_{88}\text{Ra} + {}^{1}_{0}\text{n} \rightarrow {}^{227}_{88}\text{Ra} \rightarrow {}^{227}_{89}\text{Ac} + {}^{0}_{-1}\text{e}$

Radium226 bildet unter Neutronenbeschuss das instabile Isotop Radium227, das beim nachfolgenden β^--Zerfall in das gewünschte Actinium227 übergeht.

Zerfall von Ac: ${}^{227}_{89}\text{Ac} \rightarrow {}^{227}_{90}\text{Th} + {}^{0}_{-1}\text{e}$ oder ${}^{227}_{89}\text{Ac} \rightarrow {}^{223}_{87}\text{Fr} + {}^{4}_{2}\alpha$

Die Länge des Hin- und Rückweges von insgesamt 30 la führt bei der Geschwindigkeit von $0{,}6\,c$ auf eine Reisezeit von $t_e = 30\,\text{la}/0{,}6\,c = 50$ Erd-Jahre.

Infolge der Zeit-Dilatation entspricht das $t_r = 0{,}8 \cdot 50\,\text{a} = 40$ Raumschiff-Jahren, während der das Actinium-Präparat mit der Zerfallskonstanten

$\lambda = \ln 2/tH = \ln 2/21{,}77\,\text{a} = 0{,}031\,84\,1/\text{a}$ zerfällt.

Von den anfänglichen N_0 Actinium-Kernen verbleiben noch

$N(40\,\text{a}) = N_0\,\mathrm{e}^{-0{,}03184/a \cdot 40\,a} = 0{,}28\,N_0 \Leftrightarrow N(40\,\text{a})/N_0 \cdot 100 = 28\,\%$

Auf der Erde wären vergleichsweise nur 20 % der Actinium-Kerne noch nicht zerfallen.

c) In Teil b) wurde die Reisedauer bereits zu 50 Erd-Jahren, bzw. 40 Raumschiff-Jahren berechnet, sodass der Astronaut dann 60 Jahre und sein auf der Erde verbliebener Bruder hingegen 70 Jahre alt wären. Dieser »Jungbrunnen-Effekt« schneller Raumfahrten ist – genau wie der vergleichsweise langsamere Zerfall radioaktiver Stoffe und langsamere Ablauf aller Vorgänge auf dem Raumschiff – ein erstaunlicher, jenseits der alltäglichen Lebenserfahrung liegender Effekt; er stellt jedoch – für sich betrachtet – noch kein Paradoxon dar. Die logischen Widersprüche werden erst durch die Gleichwertigkeit aller Inertialsysteme, eine der Grundannahmen der speziellen Relativitätstheorie, aufgeworfen. Aus der Sicht des Raumfahrers entfernt sich die Erde ja ebenfalls mit 0,6-facher Lichtgeschwindigkeit, sodass sein Zwillingsbruder ebenfalls vom »Jungbrunnen-Effekt« profitieren müsste. Die Zwillingsbrüder können aber – und das ist paradox – nicht gleichzeitig schneller und langsamer altern. Dieser Widerspruch verschwindet jedoch, wenn man die vernachlässigten Beschleunigungsphasen des Raumschiffes, während der es kein Inertialsystem darstellt, mit berücksichtigt. Die allgemeine Relativitätstheorie bestätigt dann, dass alleine der Astronaut die Reise vergleichsweise jünger beenden wird.

Anhang

Formelsammlung zu den Kapiteln

zu Kapitel 2.1
Mechanik: Grundlagen

Impuls

$\vec{p} = m \cdot \vec{v}$; [kg m/s]

Kinetische Energie

$\left(W_{\text{kin}} = \frac{1}{2} m \cdot v^2\right)$; [J]

Stoß im Schwerpunktsystem

$u_1 = v_1^2 \cdot \left(1 - \frac{\epsilon}{W_{\text{kin}}}\right)$ bzw.

$u_2^2 = v_2^2 \cdot \left(1 - \frac{\epsilon}{W_{\text{kin}}}\right)$

---

zu Kapitel 2.2
Newton

Kreisbewegung

$\vec{r}(t) = R \cdot (\sin \omega t, \cos \omega t)$; [m]

– Geschwindigkeit

$\dot{\vec{r}}(t) = \omega \cdot R \cdot (\cos \omega t, -\sin \omega t) = \vec{v}$

$\Rightarrow v = \omega \cdot R$; [m/s]

– Zentripetalbeschleunigung

$\ddot{\vec{r}}(t) = -\omega^2 \cdot R \cdot (\sin \omega t, \cos \omega t) = \vec{a}$

$\Rightarrow a = -\omega^2 \cdot R = -\frac{v^2}{R}$; [m/s²]

– Zentripetalkraft

$\vec{F}_p = m \cdot \ddot{\vec{r}} = -\omega^2 \cdot m \cdot R \cdot (\sin \omega t, \cos \omega t)$

$\Rightarrow F_p = m \cdot a = -m \cdot \frac{v^2}{R}$; [N]

Newton'sche Grundgleichung

$\vec{F} = m \cdot \vec{a}$

Schiefer Wurf

$\vec{r}(t) = \vec{g} \cdot \frac{1}{2} t^2 + \vec{v}_0 \cdot t + \vec{r}_0$; [m]

($\vec{g}$: (Erd)Beschleunigung; $\vec{v}_0$: Anfangsgeschwindigkeit; $\vec{r}_0$: Anfangspunkt)

– Polarkoordinaten

$x(t) = v_0 \cdot t \cdot \cos \varphi \wedge$

$y(t) = \frac{1}{2} g \cdot t^2 + v_0 \cdot t \cdot \sin \varphi$

oder $y(x) = \frac{-g}{2 v_0^2 \cdot \cos^2 \varphi} \cdot x^2 + x \cdot \tan \varphi$; [m]

($\vec{g}$ zeigt in – y-Richtung und $\vec{r}_0$ ist gleich 0)

---

zu Kapitel 3.1
Elektrostatisches Feld

Ablenkung eines Elektronenstrahls

$Y = \frac{1}{2} a \cdot t^2 = t^2 \cdot \frac{U_y \cdot e}{2 d_y \cdot m_e} = \frac{U_y \cdot x^2}{4 d_y \cdot U_A}$; [m]

(U_y = Ablenkspannung; d_y = Plattenabstand; U_A = Anodenspannung)

Arbeit

$W = \vec{F} \cdot \vec{s} = \vec{E} \cdot q \cdot \vec{s} = q \cdot U$; [J]

Coulombkraft

$F = \frac{Q_1 \cdot Q_2}{4 \pi \cdot \epsilon_0 \cdot \epsilon_r \cdot r^2}$; [N]

Coulombanziehung

$W = \int F \, dr = -\frac{Q_1 \cdot Q_2}{4 \pi \cdot \epsilon_0 \cdot \epsilon_r \cdot r}$; [J]

(r: Abstand der Ladungen)

Elektrische Feldstärke

$E = \frac{\vec{F}}{Q}$; [V/m]

... im homogenen Feld

$E = \frac{U}{s}$

Energiedichte

$\rho_{el} = \frac{W}{V} = \frac{1}{2}\epsilon_0 \cdot \epsilon_r \cdot E^2$; $[\mathrm{J/m^3 = kg/s^2\,m}]$

Feldenergie eines Kondensators

$\int Q \, dU = \int C \cdot U \, dU = \frac{1}{2} C \cdot U^2$; [J]

... eines homogenen Feldes

$= \frac{1}{2}\epsilon_0 \cdot \epsilon_r \cdot V \cdot E^2$; [$V$: Volumen in m^3]

Flächendichte

$\sigma = \frac{Q}{A} = \epsilon_0 \cdot \epsilon_r \cdot E$; $[\mathrm{C/m^2 = As/m^2}]$

Kapazität

$C = \frac{Q}{U}$; [F = C/V]

... Plattenkondensator

$C = \epsilon_0 \cdot \epsilon_r \cdot \frac{A}{d}$

Kraft

$\vec{F} = q \cdot \vec{E}$; [N]

Ladung

$Q = \int I \, dt = I \cdot t$; [C]

Spannung

$U = \frac{W}{Q}$; [V]

... im homogenen Feld

$U = E \cdot s$; [V]

Stromstärke

$I = \frac{Q}{t} = \lim\limits_{\Delta t \to 0} \frac{\Delta Q}{\Delta t} = \dot{Q}$; [A]

zu Kapitel 3.2 Magnetisches Feld

Feldenergie

$W = \int U \cdot I \, dt = \int L \cdot I \, dI = \frac{1}{2} L \cdot I^2$; [J]

... im homogenen Feld

$= \frac{B^2 \cdot V}{2\mu_0 \cdot \mu_r}$

Geschwindigkeit von Elektronen in Leitern

$v = \frac{I}{n \cdot e \cdot A}$

(n: Anzahl freier Elektronen pro m^3; A: Leiterquerschnitt)
(Halbleiter: $n = 2 \cdot 10^{20}\,\mathrm{m^{-3}}$; Metall: $n \approx 2 \cdot 10^{28}\,\mathrm{m^{-3}}$, das heißt 1 Elektron pro Atom)

Induktionsspannung

$U_{\text{ind}} = B \cdot d \cdot v_s = B \cdot d \cdot \frac{\Delta s}{\Delta t}$

$\vec{v}_s \perp \vec{B}$; $\vec{A}_s \perp \vec{B}$; $\vec{s}_s \parallel \vec{v}_s$

$= B \cdot \frac{\Delta A_s}{\Delta t} - \frac{\Delta \Phi}{\Delta t} = -\dot{\Phi} = (B \cdot \dot{A}_s + \dot{B} \cdot A_s)$; [V]

... einer Spule

$U_{\text{ind}} \cdot n$

Induktivität

$L = n \cdot \mu_0 \cdot \mu_r \cdot A \cdot \frac{\Delta H}{\Delta I} = n \cdot A \cdot \frac{\Delta B}{\Delta I}$

$= n \cdot \frac{\Delta \Phi}{\Delta I}$; [H]

... einer lang gestreckten Spule

$L = \frac{\mu_0 \cdot \mu_r \cdot A \cdot n^2}{l}$

(l = Spulenlänge)

Kreisbewegung von Elektronen

$r = \frac{v_s \cdot m_e}{B \cdot e}$ $\vec{v}_s \perp \vec{B}$, r in [m]

– Zentripetalkraft

$F = m \cdot \frac{v_2}{r} = B \cdot e \cdot v$; [N]

– Geschwindigkeit

$$v = \frac{B \cdot e \cdot r}{m_e} = \sqrt{\frac{2e \cdot U}{m_e}}; \; [\text{m/s}]$$

– Spezifische Ladung eines Elektrons

$$\frac{e}{m_e} = \frac{2U}{B^2 \cdot r^2}; \; [\text{C/kg}]$$

Lorentzkraft

$$\vec{F}_L = q \cdot (\vec{v} \times \vec{B}) = B \cdot v \cdot q \; \sin\varphi; \; [\text{N}]$$

... auf Leiter

$$= B \cdot s \cdot I \cdot \sin\varphi = I \cdot (\vec{s} \times \vec{B})$$

($\vec{s}$ zeigt von + → –)

Magnetische Feldstärke

$$H = \frac{B}{\mu_0 \cdot \mu_r}; \; [\text{A/m}]$$

... einer lang gestreckte Spule

$$H = I \cdot \frac{n}{l}$$

(l = Spulenlänge)

Helmholtz-Spulenpaar

$$H = \frac{n \cdot R^2 \cdot I}{(R^2 + b^2)^{\frac{2}{3}}}$$

(R: Spulenradius; b: halber mittlerer Spulenabstand)

Magnetische Flussdichte

$$B = \mu_0 \cdot \mu_r \cdot H = \frac{\Delta\Phi}{\Delta A_s}$$

$$= \mu_0 \cdot \mu_r \cdot \epsilon_0 \cdot \epsilon_r \cdot v \cdot E; \; [\text{T}]$$

... einer lang gestreckte Spule

$$B = \mu_0 \cdot \mu_r \cdot I \cdot \frac{n}{l}$$

(l = Spulenlänge)

Magnetischer Fluss

$$\Phi = B \cdot A_s \; [\text{V}_\text{s}]; A_s \perp \text{B}$$

... einer lang gestreckte Spule

$$\Phi = I \cdot \frac{L}{n}$$

Selbstinduktionsspannung

$$U_{\text{ind}} = -n \cdot \mu_0 \cdot \mu_r \cdot A \cdot \frac{\Delta H}{\Delta t} - L \cdot \frac{\Delta I}{\Delta t}; \; [\text{V}]$$

Linke-Faust-Regel

Bewegte Elektronen sind von einem magnetischen Feld umgeben, dessen Feldlinien konzentrische Kreise senkrecht zur Bewegungsrichtung bilden. In der Richtung der Elektronenbewegung (Daumen) gesehen, zeigen sie linksherum (Finger).

Linke-Hand-Regel

Zeigt der Daumen der linken Hand in Richtung der Elektronenbewegung und der Zeigefinger in Richtung der magnetischen Feldlinien, so zeigt der Mittelfinger in Richtung der Lorentzkraft.

---

zu Kapitel 4.1
Die harmonische Schwingung

Anzahl der Schwingungen zur Zeit *t*

$$n = \frac{t}{T} = f \cdot t = \frac{\alpha}{2\pi}; \; [\,]$$

Amplitude

$$\hat{s} = \frac{b}{\alpha} = \frac{\hat{v}}{\omega} = \frac{\hat{a}}{\omega^2} = \frac{\hat{F}}{D}; \; [\text{m}]$$

Beschleunigung im Umkehrpunkt

$$\hat{a} = \frac{\hat{F}}{m} = \omega^2 \cdot \hat{s} = \hat{v} \cdot \omega = \frac{\hat{v}^2}{\hat{s}^2}; \; [\text{m/s}^2]$$

Beschleunigung zur Zeit *t*

$a = \frac{F}{m} = \hat{a} \cdot \sin \alpha = \hat{a} \cdot \sin \omega t = \dot{v} = \ddot{s};$
$[\mathrm{m/s^2}]$

Dämpfung

$\hat{s}_n = \frac{\hat{s}_0}{K^n}$

Elongation

$s = \hat{s} \cdot \sin \omega t = \hat{s} \cdot \sin \alpha = \frac{F}{D};$ [m]

Geschwindigkeit im Nulldurchgang

$\hat{v} = \omega \cdot \hat{s} = \hat{s} \cdot \sqrt{\frac{D}{m}} = 2\pi \cdot \frac{\hat{s}}{T} = 2\pi \cdot f \cdot \hat{s}$

$= \frac{\hat{a}}{W} = \sqrt{\hat{a} \cdot \hat{s}} = \frac{b}{t};$ [m/s]

Geschwindigkeit zur Zeit *t*

$v = \hat{v} \cdot \cos \alpha = \hat{v} \cdot \cos \omega t = \dot{s};$ [m/s]

Frequenz

$f = \frac{\omega}{2\pi} = \frac{n}{t} = \frac{1}{T};$ [Hz]

Kinetische Energie

$W_{\mathrm{kin}} = \frac{1}{2} m \cdot v^2;$ [J]

Kreisbogen, Bahnlänge

$b = \alpha \cdot \hat{s} = \hat{v} \cdot t;$ [m]

Kreisfrequenz, Winkelgeschwindigkeit

$\omega = 2\pi \cdot f = \frac{2\pi}{T} = \sqrt{\frac{D}{m}}$

$= \frac{\hat{v}}{\hat{s}} = \frac{\hat{a}}{\hat{v}} = \sqrt{\frac{\hat{a}}{\hat{v}}} = \frac{\alpha}{t};$ [1/s]

Periodendauer

$T = \frac{2\pi}{\omega} = 2\pi \cdot \sqrt{\frac{m}{D}} = 2\pi \cdot \frac{\hat{v}}{\hat{a}}$

$= 2\pi \cdot \frac{\hat{s}}{\hat{v}} = \frac{t}{n} = \frac{1}{f};$ [s]

Phasenwinkel in Bogenmaß

$\alpha = \omega \cdot t = \alpha^\circ \cdot \frac{\pi}{180^\circ} = \frac{b}{\hat{s}};$ [ ]

Phasenwinkel in Grad

$\alpha^\circ = \alpha \cdot \frac{180^\circ}{\pi};$ [°]

Potentielle Energie

$W_{\mathrm{pot}} = \int F \, ds = \frac{1}{2} D \cdot s^2;$ [J]

Richtgröße

$D = \frac{F}{s} = \frac{\hat{F}}{\hat{s}} = m \cdot \omega^2 = 4\pi^2 \cdot \frac{m}{T^2}$

$= m \cdot \frac{\hat{v}^2}{\hat{s}^2}$

$= m \cdot \frac{\hat{a}^2}{\hat{v}^2};$

$[\mathrm{N/m = kg/s^2}]$

Rückstellkraft im Umkehrpunkt

$\hat{F} = m \cdot \hat{a} = D \cdot \hat{s} = m \cdot \omega^2 \cdot \hat{s}$

$= m \cdot \frac{\hat{v}^2}{\hat{s}} = 4\pi^2 \cdot \frac{m \cdot \hat{s}}{T^2};$ [N]

Rückstellkraft zur Zeit *t*

$F = D \cdot s = m \cdot a = \hat{F} \cdot \sin \alpha$

$= \hat{F} \cdot \sin \omega t;$ [N]

Schwebung

$s(t) = \hat{s}_0 \cdot \sin(b_0 \cdot \omega \cdot t) + \hat{s}_1 \cdot \sin(b_1 \cdot \omega \cdot t)$

für $b_0 \neq b_1 \wedge b_0 \approx b_1$

– Schwebungsfrequenz

$f_s = |f_0 - f_1|$

(Anzahl der Maxima pro Sekunde)

Zeit seit Beginn der 1. Schwingung

$t = T \cdot n = \frac{n}{f} = \frac{\alpha}{\omega} = \frac{b}{\hat{v}};$ [s]

(Nulldurchgang $- \to +$)

zu Kapitel 4.2
Spezielle Schwingungen

Mathematisches Fadenpendel

$T = 2\pi \cdot \sqrt{\frac{l}{g}}$

(l = Pendellänge in [m]; T in [s])

Schwingkreis

$R_L = \omega \cdot L \wedge R_C = \frac{1}{\omega \cdot C} \wedge R_L = R_C$; [Ω]

$f = \frac{1}{2\pi \cdot \sqrt{L \cdot C}}$; [HZ]

(Parallelschaltung: Widerstandsmaximum bei Resonanz;
Reihenschaltung: Widerstandsminimum bei Resonanz)

---

zu Kapitel 5.1
Wellen: Allgemeine Eigenschaften

Allgemeines

$\lambda = T \cdot c; \; x = t \cdot c$

Brechung

$n = \frac{\sin \alpha}{\sin \beta} = \frac{c_1}{c_2}; \; \sin \beta_{\text{grenz}} = \frac{1}{n}$

$c_2 < c_1 \wedge \lambda_2 < \lambda_1$

$\beta \leq \beta_{\text{grenz}}; \; \beta > \beta_{\text{grenz}} \Rightarrow$ Totalreflexion

Doppelspalt
(entspricht Interferenz mit 2 Erregern)

– Auslöschung

$\sin \alpha = (2n-1) \frac{\lambda}{2g} = \frac{d_n}{a} = \tan \alpha$

$\wedge \, d_n = (2n-1) \cdot \frac{\lambda \cdot a}{2g}$

– Verstärkung

$\sin \alpha = (n-1) \cdot \frac{\lambda}{g} = \frac{d_n}{a} = \tan \alpha$

$\wedge \, d_n = (n-1) \cdot \frac{\lambda \cdot a}{g} \quad n \leq \frac{g}{\lambda} + \frac{1}{2}$

Einzelspalt

– Auslöschung

$\sin \alpha = n \cdot \frac{\lambda}{l} = \frac{d_n}{a} \tan \alpha$

– Nebenmaxima

$\sin \alpha = (2n-1) \cdot \frac{\lambda}{2l}$

Fortschreitende Welle

$y = r \cdot \sin\left[\frac{2\pi}{T} \cdot \left(t - \frac{x}{c}\right)\right]$

$= r \cdot \sin\left[2\pi \cdot \left(\frac{t}{T} - \frac{x}{\lambda}\right)\right]$

$= r \cdot \sin\left[\frac{2\pi}{\lambda} \cdot (t \cdot c - x)\right]$

Gitter

$\Delta d = \lambda \cdot \frac{a}{g}$

(Maxima wie Doppelspalt)

Interferenz mit 2 Erregern

$\tan \alpha = \frac{d}{a} \wedge \sin \alpha = \frac{\delta}{g}$

– Auslöschung

$\delta = (2n-1) \cdot \frac{\lambda}{2} \wedge \sin \alpha = (2n-1) \cdot \frac{\lambda}{2d}$

$n \leq \frac{d}{\lambda} + \frac{1}{2}$

– Verstärkung

$\delta = n \cdot \lambda \wedge \sin \alpha = (n-1) \cdot \frac{\lambda}{d}$

$n \leq \frac{d}{\lambda} + 1$

Reflexion

$\alpha = \beta$

– festes Ende

$L = \frac{2n-1}{4\lambda}$

– loses Ende

$L = \frac{1}{2} n \cdot \lambda$

Schwingung des Erregers

$$y = r \cdot \sin \omega t = r \cdot \sin\left(t \cdot \frac{2\pi}{T}\right)$$

Stehende Wellen

$$y = 2r \cdot \cos\left(2\pi \cdot \frac{x}{\lambda}\right) \cdot \sin\left(\frac{2\pi}{T} \cdot t\right); \quad \hat{y} = 2r$$

– Schwingungsbäuche bei

$$x = \frac{1}{2} n \cdot \lambda \wedge t = \frac{1}{4}(2n-1) \cdot T$$

– Schwingungsknoten bei

$$x = \frac{1}{4}(2n-1) \cdot \lambda$$

Pfeife, Kundt'sches Rohr

– geschlossenes Ende

$$L = \frac{1}{4}(2n-1) \cdot \lambda$$

$$c = \frac{f \cdot 4L}{2n-1}$$

$$\lambda = \frac{4L}{2n-1}$$

$$f = (2n-1) \cdot \frac{c}{4L}$$

– offenes Ende

$$L = \frac{1}{2} n \cdot \lambda$$

$$c = f \cdot \frac{2L}{n}$$

$$\lambda = \frac{2L}{n}$$

$$f = n \cdot \frac{c}{2L}$$

(Grundfrequenz bei $n = 1$)

zu Kapitel 5.2
Elektromagnetische Wellen

Ausbreitungsgeschwindigkeit

$$c = \frac{1}{\sqrt{\epsilon_0 \cdot \epsilon_r \cdot \mu_0 \cdot \mu_r}}; \quad [\text{m/s}]$$

Avogadro-Konstante

$$N_A = \frac{M_1 + M_2}{2\delta \cdot d_3}; \quad \delta \text{ in } [\text{g/cm}^3]$$

Bestrahlungsstärke

$$S = \frac{W}{A \cdot t} = \frac{1}{2} \epsilon_0 \cdot \epsilon_r \cdot c \cdot \hat{E}^2; \quad [\text{kg/s}^3 = \text{W/m}^2]$$

Bragg-Reflexion

$$2d \cdot \sin \varphi_n = n \cdot \lambda$$

Debye-Scherrer-Verfahren

$$\tan(2\varphi_n) = \frac{r_n}{s}$$

(φ_n Glanzwinkel; d: Netzebenenabstand; r: Radius; s: Filmabstand)

Compton-Effekt

$$\Delta\lambda = \lambda' - \lambda = \lambda_C \cdot (1 - \cos\beta) = 2\lambda_c \sin^2\frac{\beta}{2}$$

$$\frac{1}{W'} = \frac{1 - \cos\beta}{W_c} + \frac{1}{W}$$

$$\frac{1}{f'} = 1 \frac{-\cos\beta}{f_c} + \frac{1}{f}$$

Energie eines Quants

$$W = h \cdot f; \quad [\text{J}] \text{ oder } [\text{eV}]$$

Feldenergie

$$W_{ges} = W_{el(eff)} + W_{mag(eff)}$$
$$= 2W_{el(eff)} = 2W_{mag(eff)}; \quad [\text{J}]$$

$$\widehat{W}_{el} = 2W_{el(eff)} = \frac{1}{2} \epsilon_0 \cdot \epsilon_r \cdot V \cdot \hat{E}^2; \quad [\text{J}]$$

$$\widehat{W}_{mag} = 2W_{mag(eff)} = V \cdot \frac{\hat{B}^2}{2\mu_0 \cdot \mu_r}$$

($_{(eff)}$: Effektivwert der Sinusfunktion, er entspricht $\frac{1}{2}$ des Spitzenwertes)

Feldstärke

$E = B \cdot c$

Fotoeffekt

– Ablösearbeit

$W_A = h \cdot f - e \cdot U$; [J]

– Grenzfrequenz

$f_{gr} = \frac{W_A}{h}$; [Hz]

– Planck'sches Wirkungsquantum

$h = e \cdot \frac{(U_1 - U_2)}{f_1 - f_2}$; [Js]

Impuls eines Photons

$p_{ph} \cdot m_{ph} \cdot c = \frac{h \cdot f}{c} = \frac{h}{\lambda} = \frac{W_{ph}}{c}$

Photonen-Masse

$m_{ph} = \frac{h \cdot f}{c^2} = \frac{h \cdot c}{\lambda} = \frac{P_{ph}}{c}$

$\lambda_c = \frac{h}{m_e \cdot c} = 2{,}4263\,\text{pm}$

$f_c = \frac{m_e \cdot c^2}{h} = 1{,}23559 \cdot 10^{20}\,\text{Hz}$

$W_c = m_e \cdot c^2 = 0{,}511\,\text{MeV}$

Transmissionsfaktor

$T = \frac{\text{durchgelassene Strahlung}}{\text{aufgetroffene Strahlung}}$

Würfel mit 2 mol Atomen

$n^3 = 2N_A$

$V = (n \cdot d)^3 = \frac{m}{\delta} = \frac{M_1 + M_2}{\delta}$; δ in [g/cm³]

– Netzebenenabstand (in [cm])

$d = \sqrt[3]{\frac{M_1 + M_2}{2\delta \cdot N_A}}$; δ in [g/cm³]

zu Kapitel 6.1 Quantenphysik: Grundlagen

De-Broglie-Materiewellen

$\lambda = \frac{h}{p} = \frac{h}{m \cdot v}$

– Geschwindigkeit

$v_{\text{Welle}} = \frac{c^2}{v_{\text{Masse}}} > c$

Heisenberg'sche Unbestimmtheitsrelation

$h \approx \overline{\Delta x} \cdot \overline{\Delta p_x}$; $h \approx \overline{\Delta W} \cdot \overline{\Delta t}$

Paarbildung

$W = h \cdot f = 2m_e \cdot c^2 + 2W_{kin}$

$2\,W_0 = 2\,m_e \cdot c^2 = 1{,}02\,\text{MeV}$

$p_{ph} = m_{ph} \cdot c = h \cdot \frac{f}{c} = \frac{h}{\lambda}$

$p_e = \sqrt{2\,m_e \cdot W_{kin}}$

$p_{rest} = p_{ph} - p_e \Rightarrow$ Atomkern im Medium

Relativistische Masse

$m = \frac{m_0}{\sqrt{1 - \frac{v^2}{c^2}}}$

$\Delta m = m - m_0$

– Energie

$W = (\Delta m_0 + \Delta m) \cdot c^2$

$W^2 = W_0^2 + p^2 \cdot c^2$

– Impuls

$p = m \cdot v = (m_0 + \Delta m) \cdot v$

– kinetische Energie

$$\Delta W = \Delta m \cdot c^2$$

Wahrscheinlichkeitsdichte

$$\sigma = \frac{\Delta\overline{N}}{N \cdot \Delta A}$$

– Photonenlokalisation

$$\sigma = \frac{\hat{E}^2 \cdot \Delta t \cdot c \cdot \epsilon_0 \cdot \epsilon_r}{2N \cdot h \cdot f}; \quad \sigma \sim \hat{E}^2 \sim S$$

$$\Delta\overline{W} = \Delta\overline{N} \cdot h \cdot f = \sigma \cdot N \cdot \Delta A \cdot h \cdot f$$

Zerstrahlung

2 Quanten entgegengesetzter Richtung mit

$W = m_e \cdot c^2 = 0{,}51\,\text{MeV}$ und $\lambda = \lambda_c$

---

zu Kapitel 6.2 Atomaufbau

Atomradius Wasserstoff

$$R = \frac{3\pi \cdot \epsilon_0 \cdot h^2}{8m \cdot e^2} = 2 \cdot 10^{-10}\,m$$

Dreidimensionaler Potentialtopf

$$p^2 = p_x^2 + p_y^2 + p_z^2 = (n_x^2 + n_y^2 + n_z^2) \cdot \frac{h^2}{4L^2}$$

$$W_n = \frac{p^2}{2m} = (n_x^2 + n_y^2 + n_z^2) \cdot \frac{h^2}{8m \cdot L^2}$$

– Nullpunktsenergie

$$W = \frac{3h^2}{8m \cdot L^2}$$

– relativistisch

$$W_n^2 = W_0^2 + p_n^2 \cdot c^2$$

$$W_0 = m_0 c^2$$

$$p_n^2 \cdot c^2 = (n_x^2 + n_y^2 + n_z^2) \cdot \frac{h^2 \cdot c^2}{4L^2}$$

$$W_1^2 = W_0^2 + p_1^2 \cdot c^2$$

$$p_1^2 \cdot c^2 = \frac{3h^2 \cdot c^2}{4L^2}$$

Eindimensionaler Potentialtopf

$$L = \frac{1}{2} n \cdot \lambda \wedge p = m \cdot v = \frac{h}{\lambda} = \frac{h \cdot n}{2L};$$

h in [Js]

$$\wedge\ \lambda = W_n = \frac{1}{2} m \cdot v^2 = \frac{p^2}{2m} = n^2 \cdot \frac{h^2}{8m \cdot L^2}$$

– Nullpunktsenergie

$$W_1 = \frac{h^2}{8m \cdot L^2}$$

Energieniveau des Wasserstoffs

$$W_{\text{Ges, n}} = -\frac{m \cdot e^4}{8\epsilon_0^2 \cdot h^2 \cdot n^2}; \text{ (Schrödinger)}$$

– Energiedifferenz

$$\Delta W = W_1 - W_2 = f_R \cdot h \cdot \left(\frac{1}{n_1^2} - \frac{1}{n_2^2}\right)$$

Mittlerer Abstand Elektron – H-Kern

$\bar{r} = 0{,}80 \cdot 10^{-10}\,\text{m} = 0{,}4 \cdot R$ (Schrödinger)

Spektrallinien des Wasserstoffs

$$f = f_R \cdot \left(\frac{1}{n_1^2} - \frac{1}{n_2^2}\right) \text{ mit } n_2 > n_1$$

($n_1 = 1$ (Lymanserie; UV); $n_1 = 2$ (Balmerserie, sichtbar); $n_1 = 3$, $n_1 = 4$ (IR))

zu Kapitel 7.1 Spezielle Relativitätstheorie: Grundlagen

Galilei-Transformation

– Vektorielle Darstellung

$\vec{x} = \vec{x}' + \vec{V} \cdot t$ und $\vec{v} = \vec{v}' + \vec{V}$

– Ortskoordinaten ($\vec{V}$ in x-Richtung)

$x = x' + V \cdot t$ und $y = y'$ und $z = z'$

– Geschwindigkeiten ($\vec{V}$ in x-Richtung)

$v_x = v_x' + V$ und $v_y = v_y'$ und $v_z = v_z'$

Abstand zweier Weltpunkte

$$s^2 := c^2 (t_2 - t_1)^2 - (x_2 - x_1)^2 - (y_2 - y_1)^2 - (z_2 - z_1)^2$$

$s^2 > 0$ **zeitartig**
$s^2 < 0$ **raumartig**
$s^2 = 0$ **lichtartig**

Lorentz-Transformation

$$x = \frac{x' + V \cdot t'}{\sqrt{1 - \frac{V^2}{c^2}}} = \gamma \cdot (x' + V \cdot t')$$

$$t = \frac{t' + \frac{V}{c^2} x'}{\sqrt{1 - \frac{V^2}{c^2}}} = \gamma \cdot \left(t' + \frac{V}{c^2} x'\right)$$

mit $\gamma := \frac{1}{\sqrt{1 - \frac{V^2}{c^2}}}$ und $y = y'$ und $z = z'$

Lorentz-Transformation für Geschwindigkeiten

$$w_x = \frac{w_x' + V}{1 + \frac{V}{c^2} w_x'}$$

$$w_x = \frac{w_y'}{\gamma \cdot \left(1 + \frac{V}{c^2} w_x'\right)}$$

$$w_x = \frac{w_z'}{\gamma \cdot \left(1 + \frac{V}{c^2} w_x'\right)}$$

---

zu Kapitel 7.2 Spezielle Relativitätstheorie: Konsequenzen

Zeitdilatation

$t' = \frac{1}{\gamma} t$ mit $\gamma \geq 1$

Längenkontraktion

$l' = \frac{1}{\gamma} l$ mit $\gamma \geq 1$

Klassischer Dopplereffekt
(bewegte Sender, ruhender Beobachter)

$$f = \frac{c}{(c - V)T'} = \frac{1}{1 - \frac{V}{c}} f'$$

(Richtungsumkehr durch Austauschen von V durch $-V$.)

Relativistischer Dopplereffekt
(bewegter Sender, ruhender Beobachter)

$$f = \frac{1}{\gamma} \cdot \frac{1}{1 - \frac{V}{c}} f' = \sqrt{\frac{1 + \frac{V}{c}}{1 - \frac{V}{c}}}\, f'$$

(Richtungsumkehr durch Austauschen von V durch $-V$.)

Relativistische Masse

$$m_{rel} = \gamma \cdot m_0 = \frac{m_0}{\sqrt{1 - \frac{V^2}{c^2}}}$$

Relativistischer Impuls

$$p_{rel} = m_{rel} \cdot V = \gamma \cdot m_0 \cdot V$$

Relativistische Gesamtenergie

$$W = m_{rel}c^2 = \sqrt{W_0^2 + p^2 c^2} = \sqrt{m_0^2 c^4 + p^2 c^2}$$

$$W^2 = W_0^2 + p^2 \cdot c^2$$

Ruheenergie

$$W_0 = m_0 c^2$$

Relativistische kinetische Energie

$$W_{kin} = (m_{rel} - m_0)\, c^2 = (\gamma - 1)\, m_0 c^2 = \left(\frac{1}{\sqrt{1 - \frac{v^2}{c^2}}}\right) m_0 c^2 = \frac{p^2}{(\gamma + 1)\, m_0} = \frac{\gamma^2}{\gamma + 1} m_0 v^2$$

---

zu Kapitel 8.1
Kinetische Gastheorie

Innere Energie (ideales Gas)

$$U = \frac{f}{2} N k_B T = \frac{f}{2} \upsilon R T$$

Boltzmann-Konstante

$$k_B = 1{,}380\,658 \cdot 10^{-23} \frac{\mathrm{J}}{\mathrm{K}}$$

Maxwell-Boltzmann-Verteilung

$$f(v)\, dv = 4\pi v^2 \left(\frac{m}{2\pi k_B T}\right)^{\frac{3}{2}} \exp\left(\frac{-\frac{1}{2} m v^2}{k_B T}\right) dv$$

Mittlere quadratische Geschwindigkeit

$$\overline{v^2} = 3 \frac{k_B T}{m}$$

Druck eines idealen Gases

$$p = \frac{F}{A} = \frac{1}{3} n \cdot m \cdot \overline{v^2} = n \cdot k_B \cdot T = \frac{N}{V} \cdot k_B \cdot T$$

Ideales Gasgesetz

$$p \cdot V = N \cdot k_B \cdot T = \upsilon \cdot R \cdot T$$

Molare Gaskonstante

$$R = N_A \cdot k_B = 8{,}314\,510 \frac{\mathrm{J}}{\mathrm{mol \cdot K}}$$

---

zu Kapitel 8.2
Hauptsätze der Thermodynamik

1. Hauptsatz der Thermodynamik

$$\Delta U = \Delta Q + \Delta W$$

2. Hauptsatz der Thermodynamik

$$S \leq S_{\text{Gleichgewicht}}$$

3. Hauptsatz der Thermodynamik

$$T > 0 \text{ Kelvin} \triangleq -273{,}15\,°\mathrm{C}$$

---

zu Kapitel 8.3
Wärme und Energie

Wärmekapazität
bei konstantem Volumen

spezifisch: $\Delta Q = m c_V \Delta T$
molar: $\Delta Q = \nu C_{V,mol} \Delta T$

– ideales Gas
molar: $C_{V,mol} = \frac{f}{2} R$

Wärmekapazität bei konstantem Druck

spezifisch: $\Delta Q = m\, c_p\, \Delta T$
molar: $\Delta Q = \nu\, C_{p,mol}\, \Delta T$

– ideales Gas:

spezifisch: $c_p = c_V + \frac{R}{M_{mol}}$

molar: $C_{p,mol} = C_{V,mol} + R$

Adiabatenkoeffizient

$\kappa = \frac{c_p}{c_V} = \frac{c_{p,mol}}{c_{V,mol}}$

$\kappa_{ideales\ Gas} = 1 + \frac{2}{f}$

$\kappa_{Luft} = 1{,}4$

Volumenausdehnung

$\Delta V = \gamma \cdot V \cdot \Delta T$

Reversible Prozesse idealer Gase

Isothermer Prozess: $T = \text{konst}$

Isochorer Prozess: $V = \text{konst}$

Isobarer Prozess: $p = \text{konst}$

Adiabatischer Prozess:

$\Delta Q = 0 \Leftrightarrow S = \text{konst}$

$\left(\frac{T_2}{T_1}\right)^{\frac{f}{2}} = \left(\frac{V_1}{V_2}\right)$

$\left(\frac{T_2}{T_1}\right)^{1+\frac{f}{2}} = \frac{p_2}{p_1}$

$\left(\frac{V_2}{V_1}\right)^{1+\frac{f}{2}} = \left(\frac{p_1}{p_2}\right)^{\frac{f}{2}}$

Gesetz von Boyle und Mariotte

$p \cdot V = \text{konst}$

$\Delta Q = N k_B T \ln \frac{V_2}{V_1} \overset{(*)}{=} N k_B T \ln \frac{p_1}{p_2} = -\Delta W$

Gesetz von Amontons

$\frac{p}{T} = \text{konst.}$

$\Delta Q = \frac{f}{2} N k_B \cdot \Delta T = \frac{f}{2} \upsilon R \cdot \Delta T$

Gesetze von Gay-Lussac

$\frac{V}{T} = \text{konst}$

$V(T) = V_0\left(1 + \frac{T - T_0}{T_0}\right)$

$p(T) = p_0\left(1 + \frac{T - T_0}{T_0}\right)$

$\Delta Q = \frac{f}{2} N k_B \cdot \Delta T + p \cdot \Delta V$

$= \frac{f}{2} \upsilon R \cdot \Delta T + p \cdot \Delta V$

– Adiabatengleichung

$p \cdot V^{\kappa} = \text{konst}$

Carnot'scher Kreisprozess

isotherme Dekompression

adiabatische Dekompression

isotherme Kompression

adiabatische Kompression

$-\Delta W = (S_2 - S_1) \cdot (T_1 - T_2)$

$\Delta Q = (S_2 - S_1) \cdot T_1$

– Wirkungsgrad

$\eta_C = \frac{-\Delta W}{\Delta Q} = 1 - \frac{T_2}{T_1}$

Konstanten

absoluter Nullpunkt	$T_0 = -273{,}15\,°\mathrm{C}$
Atomare Masseneinheit	$u = 1{,}660\,551\,9 \cdot 10^{-27}\,\mathrm{kg}$
Avogadro-Konstante	$N_\mathrm{A} = 6{,}0221 \cdot 10^{23}\,1/\mathrm{mol}$
Comptonwellenlänge (Elektron)	$\lambda_c = \frac{h}{m_e \cdot c_0} = 2{,}4263\,\mathrm{pm}$
Dielektrizitätszahl	Vakuum $\epsilon_\mathrm{r} = 1$ Luft $\epsilon_\mathrm{r} \approx 1$
elektrische Feldkonstante $[\mathrm{F/m} = \mathrm{s^4A^2/kg\,m^3}]$	$\epsilon_0 = 8{,}854\,187 \cdot 10^{-12}\,\mathrm{F/m}$
Elementarladung	$e = 1{,}6022 \cdot 10^{-19}\,\mathrm{C}$; [As]
Fallbeschleunigung	$g = 9{,}80665\,\mathrm{m}/s^2$
Lichtgeschwindigkeit	$c_0 = \frac{1}{\sqrt{\epsilon_0 \cdot \mu_0}} = 299792{,}458 \cdot 10^3\,\mathrm{m/s}$
magnetische Feldkonstante	$\mu_0 = 1{,}25664 \cdot 10^{-6}\,\mathrm{H/m}$ $[\mathrm{H/m} = \mathrm{Vs/Am} = \mathrm{Tm/A} = \mathrm{kg\,m/s^2A^2}]$
Permeabilitätszahl	Vakuum $\mu_\mathrm{r} = 1$ Luft $\mu_\mathrm{r} \approx 1$
Planck'sches Wirkungsquantum	$h = 4{,}13570 \cdot 10^{-15}\,\mathrm{eVs} = 6{,}626\,176 \cdot 10^{-34}\,\mathrm{Js}$
Ruhemasse	Elektron $m_e = 9{,}109\,534 \cdot 10^{-31}\,\mathrm{kg}$ Neutron $m_n = 1{,}6749 \cdot 10^{-27}\,\mathrm{kg}$ Proton $m_p = 1{,}6726 \cdot 10^{-27}\,\mathrm{kg}$
Rydberg-Frequenz	$f_R = 3{,}288\,102 \cdot 10^{15}\,\mathrm{Hz}$ $= \frac{m_e \cdot e^4}{8\epsilon_0^2 \cdot h^3} = 3{,}28991 \cdot 10^{15}\,\mathrm{Hz}$
Schallgeschwindigkeit in Luft	$c = 331{,}6\,\mathrm{m/s} \cdot \sqrt{1 + \frac{\nu}{237\,°\mathrm{C}}}$

Physikalische Konstanten

Konstante	Symbol	Wert
Gravitationskonstante	γ	$6{,}672\,6 \cdot 10^{-11}\,m^3/(kg \cdot s^2)$
Erdbeschleunigung	g	$9{,}806\,7\,m/s^2$
Vakuum-Lichtgeschwindigkeit	c	$2{,}997\,924\,58 \cdot 10^8\,m/s$
Boltzmann-Konstante	k	$1{,}380\,7 \cdot 10^{-23}\,J/K$
Universelle Gaskonstante	R	$8{,}314\,5 \cdot 10^3\,J/(K \cdot kmol)$
Elektrische Feldkonstante	ε_0	$8{,}854\,2 \cdot 10^{-12}\,As/Vm = 1/(\mu_0 c^2)$
Magnetische Feldkonstante	μ_0	$1{,}256\,6 \cdot 10^{-6}\,Vs/Am = 4\pi \cdot 10^{-7}\,Vs/Am$
Elektronvolt		$1\,eV = 1{,}602\,2 \cdot 10^{-19}\,J$
Elementarladung	e	$1{,}602\,2 \cdot 10^{-19}\,C$
Masse des Elektrons	m_e	$9{,}109\,4 \cdot 10^{-31}\,kg$ $0{,}511\,0\,MeV/c^2$ $5{,}485\,8 \cdot 10^{-4}\,u$
Klassischer Elektronenradius	r_e	$2{,}817\,9 \cdot 10^{-15}\,m$
Spezifische Ladung des Elektrons	e/m_e	$1{,}758\,8 \cdot 10^{11}\,C/kg$
Rydberg-Konstante	R	$3{,}289\,8 \cdot 10^{15}\,1/s$
Planck's Wirkungsquantum	h	$6{,}626\,1 \cdot 10^{-34}\,Js$
Compton-Wellenlänge	$\wedge\lambda C$	$2{,}426\,3 \cdot 10^{-12}\,m$
Bohr'scher Radius	r_B	$0{,}529\,2 \cdot 10^{-10}\,m$
Atomare Masseneinheit	1 u	$1{,}660\,5 \cdot 10^{-27}\,kg$ $931{,}5\,MeV/c^2$
Masse des Protons	m_p	$1{,}672\,623\,1 \cdot 10^{-27}\,kg$ $938{,}3\,MeV/c^2$ $1{,}007\,276\,5\,u$
Masse des Neutrons	m_n	$1{,}674\,928\,6 \cdot 10^{-27}\,kg$ $939{,}6\,MeV/c^2$ $1{,}008\,664\,9\,u$

Einheiten

Arbeit	W	$J = Nm = Ws = kg\,m^2/s^2$ $1\,J = 6{,}24146 \cdot 10^{18}\,eV$ $1\,eV = 1{,}602\,1892 \cdot 10^{-19}\,J$ $1\,kWh = 3{,}6\,MJ$ $1\,cal = 4{,}1868\,J$
Beschleunigung	a	m/s^2
Dichte	ρ	$1\,g/cm^3 = 1\,kg/l = 1000\,kg/m^3$
		$1\,kg/m^3 = 0{,}001\,kg/l = 0{,}001\,g/cm^3$
Druck	p	$Pa = N/m^2 = kg/ms^2$ $1\,bar = 10^5\,Pa$
elektrische Feldstärke	E	$V/m = N/C = kg\,m/s^3A$
Energie	W	→ Arbeit
Frequenz	f	$Hz = 1/s$
Geschwindigkeit	v	$1\,m/s = 3{,}6\,km/h$ $1\,km/h = 0{,}2778\,m/s$
Impuls	p	$Ns = kg\,m/s$
Induktivität	L	$H = Vs/A = kg\,m^2/s^2A^2$
Kapazität	C	$F = C/V = As/V = s^4A^2/kg\,m^2$
Kraft	F	$N = kg\,m/s^2$
Kreisfrequenz	ω	$1/s$
Ladung	Q	$C = As$
Leistung	P	$W = J/s = kg\,m^2/s^3$
magnetischer Fluss	Φ	$Vs = kg\,m^2/s^2A$
magnetische Flussdichte	B	$T = Vs/m^2 = kg/s^2A$
Spannung	U	$V = W/A = J/C = kg\,m^2/s^3A$
Stromstärke	I	$A = C/s$
Widerstand	R	$V = V/A = kg\,m^2/s^3A^2$

Größen und SI-Einheiten

Größe	Symbol	Einheit
Länge	l	1 m
Masse	m	1 kg
Zeit	t	1 s
Elektrischer Strom	I	1 A

Thermodynamische Temperatur	T	1 K
Geschwindigkeit	v	1 m/s
Beschleunigung	a	1 m/s^2
Impuls	p	1 kg m/s
Kraft	F	1 kg m/s^2 =1 N
Energie	E, Q, W	1 kg m^2/s^2 =1 Nm = 1 J =1 Ws
Leistung	P	1 kg m^2/s^3 =1 Nm/s =1 J/s =1 W
Frequenz	f,v	1/s =1 Hz
Kreisfrequenz, Winkelgeschwindigkeit	$w\omega$	1/s =1 Hz
Winkelbeschleunigung	$a\alpha$	1/s^2
Drehmoment	M	1 kg m^2/s^2 =1 Nm
Trägheitsmoment	J	1 kg m^2 =1 Nm s^2
Drehimpuls	L	1 kg m^2/s =1 Nm s
Druck	p	1 kg/m s^2 =1 N/m^2 =1 Pa
Entropie	S	1 kg m^2/(K s^2) =1 J/K
Elektrische Ladung	Q	1 A s = 1 C
Elektrische Spannung	U	1 kg m^2/(A s^3) = 1 J/C = 1 V
Kapazität	C	1 A^2 s^4/(kg m^2) = 1 C/V = 1 F
Elektrische Feldstärke	E	1 kg m/(A s^3) = 1 V/m
Elektrische Leistung	P	1 kg m^2/s^3 = 1 VA =1 W
Elektrischer Widerstand	R	1 kg m^2/(A^2 s^3) = 1 V/A = 1 Ω
Induktivität	L	1 kg m^2/(A^2 s^2) =1 V s/A =1 H
Magnetische Feldstärke	B	1 kg/(A s^2) =1 V s/m^2 = 1 T
Zerfallsaktivität	A	1/s = 1 Bq

Atommassen einiger Nuklide

H1	1,007 825 u	**Cs133**	132,905 43 u	**Ra224**	224,020 20 u
He4	4,002 602 u	**Cs137**	136,907 07 u	**Ra226**	226,025 44 u
C12	12,000 000 u	**Pb206**	205,974 48 u	**U233**	233,039 65 u
C14	14,003 242 u	**Pb208**	207,976 66 u	**U235**	235,043 94 u
N14	14,003 074 u	**Tl208**	207,982 01 u	**U238**	238,050 82 u
N15	15,000 109 u	**Po212**	211,988 85 u	**Np239**	239,052 95 u
CO59	58,133 137 u	**Bi212**	211,991 27 u	**Pu239**	239,052 18 u
CO60	59,933 810 u	**Rn220**	220,011 40 u	**Pu240**	240,053 83 u

Stichwortverzeichnis

fett gedrucket Seitenzahlen verweisen auf Formeln im Anhang;
α, β und γ sind unter a, b und g zu finden

1. Grundgesetz der Mechanik 14
2. Grundgesetz der Mechanik 15
1. Hauptsatz der Thermodynamik
(Energieerhaltungssatz) 72, 97, **212**
2. Hauptsatz der Thermodynamik ... 73, **212**
3. Hauptsatz der Thermodynamik 73, **212**

A

α-Strahlung 130
Abkühlvorgang 192
Ablenkung eines Elektronenstrahls **203**
Absorptionsspektren 121
Adiabatengleichung 77, **213**
Adiabatenkoeffizient 74, **213**
Aggregatzustände 94
Allgemeine Gasgleichung 96
Altersbestimmung 129
Amontons, Gesetz von **213**
Amplitude **205**
Äquivalenz von Masse und Energie 132
Arbeit 14, **203**
Aristoteles 169
Äther-Hypothese 156
Atomaufbau 55
Atome 121
Atomkern 57
Atommodell von Rutherford 169
Atomradius Wasserstoff **210**
Avogadro-Konstante 71, **208**

B

β-Strahlung 130
β-Zerfallsspektren 150
Bahndrehimpuls 134
Balmer, J.J. 59, 161
Beschleunigte Bezugssysteme 15
Beschleunigung 14
im Umkehrpunkt **205**
zur Zeit *t* **206**
Beugung 118
Beugungserscheinungen 127
Billardkugel-Modell 169
Binnendruck 71
Bohr'sches Atommodell . 121, 133, 134, 161
Bohr, 1. Postulat 161
Bohr-Modell 126
Bohr-Radius 122
Boltzmann-Konstante 68, **212**
Boyle und Mariotte, Gesetz von 76, **213**
Bragg-Reflexion 48, 153, 176, **208**
Braun'sche Röhre 24, 172
Brechung 38
Brechungszahl 39
Brown'sche Molekularbewegung 95

C

Carnot'scher Kreisprozess 78, **213**
Carnot-Maschine 183
Compton-Effekt 49, 125, **208**
Comptonwellenlänge 49
Coulomb-Gesetz 102, 165
Coulomb-Potential 165
Coulombanziehung **203**
Coulombkraft 22, 93, **203**

D

Dämpfung 35, **206**
De-Broglie-Materiewellen 54, **209**
De-Broglie-Wellen 127, 146
De-Broglie-Wellenlänge ... 49, 127, 146, 176
Debye-Scherrer-Verfahren 48, **208**
Deuteronen 105

Dielektrikum 21, 99
Dielektrizitätszahl 21, 99
Differentialgleichung für die
elektromagnetische Schwingung 113
Doppelspalt 43, 118, 160
Doppler-Effekt 65, 133, **211**
klassischer **211**
relativistischer **211**
Schallwellen 141
Drehimpulserhaltungssatz 15
Dreidimensionaler Potentialtopf 56, **210**
Dreifinger-Regel 26
Druck 70, **212**
eines idealen Gases **212**
Druckwasserreaktor 179
Dulong-Petit'sches Gesetz 76

E

Ebene Wellen 37
Eigenvolumen 71
Eindimensionaler Potentialtopf 55, **210**
Einfache mechanische Schwingungen 89
Einfachspalt 118
Einstein'sches Additionstheorem 132
Elektrische Feldkonstante 21
Elektrische Feldkraft 106
Elektrische Feldstärke **204**
im homogenen Feld **204**
Elektromagnetische Induktion 109
Elektromagnetische Schwingungen 116
Erzeugung 116
Elektromagnetische Wellen 44, **208**
Elektromagnetischer Schwingkreis 113
Elektron
als klassisches Teilchen 172
Bestimmung der spezifischen Ladung 145
Eigenschaften 145
Geschwindigkeit in Leitern **204**
im Kondensator 103
Schwingung eines 93
Spezifische Ladung **205**
Elektronengeschwindigkeit 28
Elektronenstrahl-Oszilloskop 172
Elektronenzwilling 133
Elektronische Uhr 196
Elektroschweißen 112
Elektrostatisches Feld 19
Elementarladung 19
Elementarmagnete 25
Elemente 170
Elongation **206**
Energie 14
Energiedichte 21, **204**
Energieerhaltungssatz 15, 50, 105
Energieniveau des Wasserstoffs 161, **210**
Energieniveau-Schema
des Wasserstoffs 161
Energiespektrum emittierter Elektronen 125
Energiestufen des Wasserstoffatoms 121
Energieversorgung 179
Erzwungene Schwingungen 35

F

Fadenpendel 36, 194
Fadenstrahlrohr 30
Fallbeschleunigung 85
Faraday-Käfig 20
Farbspektrum 119
FCKW 183
Feder- und Fadenpendel 89
Federpendel 113
Feldenergie 30, **204**, **208**
im homogenen Feld **204**
Feldenergie eines Kondensators **204**
eines homogenen Feldes **204**
Feldlinien 19
Feldstärke 20
Ferromagnetika 26
Flächendichte **204**
Fotoeffekt 47, **209**
Ablösearbeit **209**
Grenzfrequenz **209**
Fotoelektronen 47, 125
Franck-Hertz-Versuch 61

Freier Fall ... 85
Freiheitsgrade ... 68
Frequenz ... **206**

G

γ-Strahlung ... 44, 131
Galilei'sches Relativitätsprinzip ... 158
Galilei-Transformation ... 63, **211**
Gasentladungsröhre ... 159
Gaskonstante ... 71
Gay-Lussac, Gesetze von ... 77, **213**
Gesamtenergie ... **212**
relativistische ... **211**
Geschwindigkeit ... 14, **212**
im Nulldurchgang ... **206**
mittlere quadratische ... **212**
von Elektronen in Leitern ... **204**
zur Zeit *t* ... **206**
Gesetz von Amontons ... **213**
Gesetz von Boyle und Mariotte ... 76, **213**
Gesetze der harmonischen Schwingung ... 89
Gesetze von Gay-Lussac ... 77, **213**
Gitter ... 43
Beugung am ... 119
Gitterspektrometer ... 159
Glanzwinkel ... 48
Gleichförmige Bewegung ... 87
Gleichverteilungssatz ... 68
Glühlampe ... 118
Glühlampen ... 123
Gravitation ... 132
Grundgrößen der Mechanik ... 14

H

Hall-Sonde, Funktionsweise ... 142
Halleffekt ... 28
Harmonische Schwingung ... 32
Harmonische Schwingungen und Wellen ... 89, 93
Heisenberg'sche Unbestimmtheits-/Unschärferelation ... 53, 126, **209**
Helmholtz-Spulen ... 30
Helmholtz-Spulenpaar ... 142, **205**
Hochpassfilter ... 112
Homogenes Magnetfeld ... 142
Hooke'sche Gesetz ... 32
Hubble'sches Gesetz ... 164
Hubble-Konstante ... 164
Huygens'sche Elementarwellen ... 178
Huygens'sches Prinzip ... 37, 159

I

Ideales Gas ... 71
Ideales Gasgesetz ... **212**
Impuls ... 14, **203**, **211**
relativistischer ... **211**
Impulserhaltungssatz ... 15, 50
Impulsraten ... 130
Induktion ... 28
Induktionsgesetz ... 143
Induktionsspannung ... **204**
einer Spule ... **204**
Induktionsstrom ... 111
Induktionsversuch ... 109
Induktivität ... **204**
einer lang gestreckten Spule ... **204**
Inertialsysteme ... 14, 62
Influenz ... 20
Infrarotstrahlung ... 44
Innere Energie (ideales Gas) ... **212**
Interferenz ... 118
Interferenzmuster ... 48
Irreversible Prozesse ... 75
Isotope ... 147
Isotopengemisch ... 147

K

Kapazität ... 21, **204**
Plattenkondensator ... **204**
Kernenergie ... 179
Kernfusionen und -spaltungen ... 133
Kernkraftwerke ... 188
Kernreaktortypen ... 179
Kernspaltung ... 179

Kernumwandlungen ... 129
Kernwaffen-Experimente ... 188
Kinetische Energie ... 14, **203**, **206**, **212**
relativistische ... **212**
Kinetische Gastheorie ... 68
Kondensator ... 116
Konstruktive Interferenz ... 153
Korpuskularer Strahlung ... 45
Korrespondenzprinzip ... 161, 162
Kraft ... 14, **204**
Kreisbahn für Elektronen ... 30
Kreisbewegung ... 18, **203**
Geschwindigkeit ... **203**
Zentripetalbeschleunigung ... **203**
Zentripetalkraft ... **203**, **204**
Kreisbewegung von Elektronen ... **204**
Kreisbogen, Bahnlänge ... **206**
Kreisfrequenz ... **206**
Kreisprozess ... 96
Kreiswellen ... 37
Kundt'sche Staubfiguren ... 139
Kundt'sches Rohr ... 41, **208**
Ausbreitungsgeschwindigkeit ... **208**
Bestrahlungsstärke ... **208**
geschlossenes Ende ... **208**
offenes Ende ... **208**
Künstliche Radioaktivität ... 187

L

Ladung ... **204**
Länge ... 14
Längenkontraktion ... 65
Längs- oder Longitudinalwellen ... 37
Laserlicht ... 118
Laserpointer ... 123
Lenz'sche Regel ... 111
Lenz'sches Gesetz ... 29
Licht ... 44, 118, 121
als Quant ... 121
als Welle ... 121
Welleneigenschaften ... 118
Lichtelektrischer Effekt ... 125
Lichtgeschwindigkeit ... 45
Lichtquant ... 134
Linke-Faust-Regel ... 25, **205**
Linke-Hand-Regel ... **205**
Lorentz-Transformation ... 64, **211**
für Geschwindigkeiten ... **211**
Längenkontraktion ... **211**
Zeitdilatation ... **211**
Lorentzkraft ... 25, 27, 106, 130, **205**
auf Leiter ... **205**
Loschmidt-Zahl ... 71
Lotrechter Wurf nach oben ... 85
Lyman ... 59
Lyman-a-Serie ... 133

M

Magnetfeld ... 25
Magnetfelder ... 105
Magnetische Feldstärke ... **205**
einer lang gestreckte Spule ... **205**
Magnetische Flussdichte ... 25, 29, **205**
einer lang gestreckte Spule ... **205**
Magnetischer Fluss ... 28, 111, **205**
einer lang gestreckte Spule ... **205**
Masse ... 14, **211**
relativistische ... **212**
Massen- und Energiespektroskopie ... 147
Massendefekt ... 132
Massenspektroskop ... 106, 147
Materiewellen ... 127
Mathematisches Fadenpendel ... **207**
Maxwell-Boltzmann-Verteilung ... 69, **212**
Maxwell-Gleichungen ... 45
Mechanische Wellen ... 37
Michelson-Experiment ... 156
Einsteins Postulate (zum Michelson-Experiment) ... 156
Michelson-Interferometer ... 156
Mikrowellen ... 44
Mikrowellen, Eigenschaften ... 153
Millikan-Experiment ... 146, 175
Millikan-Versuch ... 22

Minkowski-Diagramm 199
Minkowskiraum 63
Molare Gaskonstante **212**

N

Nahwirkungstheorie 63
Natürliche Radioaktivität 187
Newton'sche Grundgleichung .. 17, 104, **203**

O

Ohm'scher Widerstand 112
Orientierungspolarisation 20
Oszilloskop 117, 173
Ozonunschädliche Gase 183

P

Paarbildung 132, **209**
Pendeluhr 89, 194
Periodendauer **206**
Permanentmagnete 25
Perpetuum Mobile 73
Pfeife 40, **208**
Phasenverschiebung 32
Phasenwinkel
in Bogenmaß **206**
in Grad **206**
Photon, Impuls eines **209**
Photonen-Masse **209**
Photonenimpulse 123
Photonenlokalisation **210**
Planck'sches Wirkungsquantum **209**
Plattenkondensator 21, 98
Aufladung 100
Energiebilanz 100
Kapazität 98, 99
Polarisation 121
Polarisationsfilter 121
Potentielle Energie 14, **206**
Protonen im E- und B-Feld 105

Q

Quanten 121
Quantenphysik 51
Quantensprung 60
Quantenvorstellung 121
Quant, Energie eines **208**
Quarzuhren 199
Quer- oder Transversalwellen 37

R

Radialkraft 130
Radioaktive Strahlungsarten 130
Radioaktiver Zerfall 128
von Iod128 187
Energiespektren beim
Bismut212 150
Radioaktivität 128
Radiometer 123
Radiowellen 44
Rauchteilchen 95
Reales Gas 71
Rechte-Faust-Regel 25
Reflexion 38
Relativistische Geschwindigkeiten 132
Relativistische Masse 66, **209**
Relativistische Massenabhängigkeit 130
Relativitätsprinzip 62
Relativitätstheorie 132, 133
Resonanz 35
Resonanzfähige Systeme 139
Resonanzfrequenz 35
Reversible Prozesse 75
Reversible Prozesse idealer Gase **213**
Richtgröße **206**
Ritz'sches Kombinationsprinzip 59
Röntgenstrahlung 44
Rosinenkuchen-Modell 170
Rotierende Bezugssysteme 15
Rotverschiebung 164
Rubens'sches Flammenrohr 92
Rückstellkraft 32
Rückstellkraft im Umkehrpunkt **206**

Rückstellkraft zur Zeit *t* **206**
Ruheenergie 132, **212**
Ruhemasse 132
Rutherford, Atommodell von 169
Rydberg 59
Rydberg-Konstante 161
Rydbergfrequenz 59

S

Satellit 132
Schallgeschwindigkeit 41, 92
Schiefer Wurf 17, **203**
Schräger Wurf 85
Schrödinger 58
Schwebung **206**
Schwebungsfrequenz 35, **206**
Schwingkreis 36, 116, **207**
　Resonanz im 137
Schwingungen 137
Schwingungen, Anzahl der zur Zeit *t* **205**
Selbstinduktion 29
Selbstinduktionsspannung 30, **205**
Solarflügelrad 123
Sonnenkollektoren 185
Spannung 20, **204**
　im homogenen Feld **204**
Spektrallinien des Wasserstoffs **210**
Spektren 118
Spektroskop 107
Spektroskopische Analyse 147
Spezielle Relativitätstheorie 62
Spezifische Ladung 102
Spezifische Ladung eines Elektrons **205**
Starkstromtransformatoren 112
Stehende Welle 39, 92
Stoke'sches Gesetz 23
Stoß im Schwerpunktsystem **203**
Stoßvorgänge 15
Stromstärke **204**

T

Teilbarkeit der Materie 169
Teilchenstrahlung 45
Temperatur 68
Thermische Bewegung 123
Thermodynamik 68, 94
Thomson'sche Formel 197
Thomson'sche Schwingungsformel 116
Tiefpassfilter 112
Tolman-Experiment 146, 175
Trägheitssatz 14
Transmissionsfaktor **209**
Transversalwasserwelle 90
Triode 116
Tröpfchenmodell 169

U

Überlagerung 35
Unabhängigkeitsprinzip 88
Urknalltheorie 164
UV-Strahlung 44, 121

V

Van-der-Waals-Gleichung 71
Verschiebungspolarisation 20
Volumenausdehnung **213**

W

Wahrscheinlichkeitsdichte 52, **210**
Wahrscheinlichkeitswellen 55
Wärmekapazität 74, 94, **212**
　bei konstantem Druck **212**
　bei konstantem Volumen **212**
　ideales Gas **212**
Wärmekraftmaschinen 78
Wärmepumpe 183
Wasserstoff
　Atomradius **210**
　Energieniveau 161, **210**
　Energiestufen 121

Wasserstoff-Spektrallicht 159
Wasserstoffatom 58
Wasserwellen 90, 91
Wechselstromkreis 112
Wechselwirkungsgesetz 15
Wehnelt-Röhre 30
Wehnelt-Zylinder 24, 146, 173
Wellen 137, **207**
  Allgemeines **207**
  Auslöschung **207**
  Brechung **207**
  Doppelspalt **207**
  Einzelspalt **207**
  Fortschreitende Welle **207**
  Gitter **207**
  Interferenz mit 2 Erregern **207**
  Nebenmaxima **207**
  Reflexion **207**
  Schwingung des Erregers **208**
  Schwingungsbäuche **208**
  Schwingungsknoten **208**
  Stehende Wellen **208**
  Verstärkung **207**
Wellenfront 37
Wellenlänge 37
Wellenstrahl 37
Weltpunkt 63
Weltpunkte, Abstand zweier **211**
Winkelgeschwindigkeit 32, **206**
Wirkungsgrad 78, **213**
Wurfbewegungen 85

Y

Young'scher Doppelspaltversuch
  der Optik 178

Z

Zeit 14
Zeit seit Beginn der 1. Schwingung **206**
Zeitdilatation 65, 132
Zeitmessung 194
Zentripetalbeschleunigung 18
Zerfallsgesetz 129
Zerfallsgesetze 189
Zerstrahlung **210**
Zwillings-Paradoxon 199
Zylinderkondensator 99